"十三五"职业教育国家规划教材配套辅导用书

保险人伤理赔实务

BAOXIAN RENSHANG LIPEI SHIWU

（第2版）

主　编　陈艳茜
副主编　王越华　叶　红　曾桥峰
主　审　黄　素

中国财经出版传媒集团
中国财政经济出版社

图书在版编目（CIP）数据

保险人伤理赔实务/陈艳茜主编. --2版. --北京：
中国财政经济出版社，2026.1
“十三五”职业教育国家规划教材配套教材
ISBN 978-7-5223-0553-0

Ⅰ.①保… Ⅱ.①陈… Ⅲ.①伤残-人身保险-理赔-中国-职业教育-教材 Ⅳ.①F842.62

中国版本图书馆CIP数据核字（2021）第105217号

责任编辑：蔡　宾　　　　责任校对：张　凡
封面设计：陈宇琰

中国财政经济出版社 出版
URL：http://www.cfeph.cn
E-mail：cfeph@cfeph.cn

社址：北京市海淀区阜成路甲28号　邮政编码：100142
营销中心电话：010-88191522　编辑部门电话：010-88190666
天猫网店：中国财政经济出版社旗舰店
网址：https://zgczjjcbs.tmall.com
北京密兴印刷有限公司印刷　各地新华书店经销
成品尺寸：185mm×260mm　16开　22.75印张　530 000字
2021年7月第2版　2026年1月北京第2次印刷
定价：49.00元
ISBN 978-7-5223-0553-0
（图书出现印装问题，本社负责调换，电话：010-88190548）
本社质量投诉电话：010-88190744
打击盗版举报热线：010-88191661　QQ：2242791300

再版前言

随着社会经济的快速发展、国民保险意识的增强，机动车保险、雇主责任保险、意外伤害保险等保险业务不断发展壮大，这些产品无一不涉及人身损害的赔偿。但是由于人伤案件处理周期长，法律关系复杂，涉及面广等原因，目前这些保险险种的理赔呈现赔付额度不断走高、客户满意度并不理想的态势。这不但影响到保险公司的稳健经营，也日益成为关乎民生的社会热点。基于此，上至国家宏观政策，下至保险公司微观实务操作，都在努力改善人伤理赔现状。改善人伤理赔现状自然离不开人伤理赔专业人才的培养，而人伤理赔专业人才的培养离不开专业的人伤理赔教材建设。

2017 年，我们在总结保险职业学院与阳光保险集团、中国人寿财产保险股份有限公司合作订单培养车险人伤理赔人才经验、调研保险公司以及保险中介机构人伤理赔岗位知识与技能的基础上，借鉴国内外已有的人伤理赔实务手册、培训手册等相关资料，以人伤理赔相关岗位职责和工作知识技能需求为导向，编写了理实相融、工学结合、教学做一体化的《保险人伤理赔实务》教材，为金融保险类大学、保险公司、保险中介机构以及培训机构提供教学和培训的实用教材，弥补了人伤理赔教材市场的不足。

但是，随着国家人身损害赔偿相关法律法规的不断健全和完善、保险实务的不断变化，原有的《保险人伤理赔教材》已经不能完全适应人伤理赔专业人才培养需要。因此，我们组织理论功底与实践经验兼备的专业教师，并诚邀从事保险人伤理赔、人伤诉讼及司法鉴定的资深实务专家，在充分调研人伤理赔岗位知识与技能需求的基础上，对原有教材进行了修订。

修订后的教材面向保险实务，立足教学，突出高职实践技能与理论知识相结合培养的需要，具备以下特点：

1. 内容完善。本书基于保险实务人伤理赔岗位知识与技能需求的调研，内容涵盖机动车辆保险人伤理赔、雇主责任保险理赔、公众责任保险理赔以及意外伤害保险理赔等，共五大项目，涉及保险条款、法律、司法鉴定以及理赔实务操作。

2. 教学做一体化。本书基于保险实务需要，采用真实案例，基于学情设计角色演练、案例分析等多样化实训项目，以“做”为载体，提炼“做”中知识，优化教学内容，强化实践技能提升，设计“做一做”“想一想”等栏目，突出教学做一体化。

3. 紧贴保险前沿。人伤理赔是当前社会的热点与难点，基于保险前沿，本书设置了“拓展阅读”“相关链接”等栏目。

本教材共分五个项目，参编人员有陈艳茜、王越华、叶红、曾桥峰、吴新建、胡辛、章小兵、凌志、王广鹏、余香成、李云飞、李志新。编写成员既有来自高校具有多年教学经验的专任教师，又有来自保险公司从事人伤理赔的实务专家，还有来自律师事务所从事保险埋赔诉讼业务的高级合伙人。全书由陈艳茜总纂，黄素主审。编写和出版过程中得到了中国财政经济出版社的鼎力相助，还参考了不少学者的著作论文、众多保险公司实务资料以及保险网络资讯等，恕未能一一列出，谨在此一并表示衷心的感谢！

由于编者水平有限，加之时间仓促，书中难免有错误与疏漏，竭诚欢迎各位读者批评指正。

编　者

2021年3月

目 录

1 项目一 机动车保险人伤理赔

学习目标

【知识学习目标】

➢ 了解机动车责任保险人伤赔付形势与发展；

➢ 了解机动车责任保险人伤理赔流程、岗位设置与管理模式；

➢ 了解机动车责任保险案件接报案的工作内容；

➢ 熟悉机动车责任保险人伤案件特点与理赔方法；

➢ 熟悉机动车责任保险的保险责任与免除责任；

➢ 熟悉机动车责任保险人伤案件的欺诈防范；

➢ 熟悉机动车责任保险人伤案件诉讼的应对；

➢ 掌握机动车责任保险人伤首次查勘、跟踪的工作内容与注意事项；

➢ 掌握机动车责任保险人伤调查的方法与技巧；

➢ 掌握机动车责任保险人伤定损的法律依据；

➢ 掌握机动车责任保险人伤司法鉴定的审核；

➢ 掌握机动车责任保险人伤案件的调解技巧。

【技能训练目标】

➢ 能够审核机动车责任保险人伤案件的保险责任，并对拒赔案件进行有效沟通；

➢ 能够设计调查方案，进行机动车责任保险人伤案件的调查并缮制调查报告；

➢ 能够开展机动车责任保险人伤案件的查勘工作并缮制查勘报告；

➢ 能够进行机动车责任保险人伤赔偿费用的预估与核定；

➢ 能够预估道路交通事故伤者的伤残等级、误工期、营养期以及护理期，审核司法鉴定文件的客观性；

➢ 能够进行机动车责任保险人伤案件的调解；

➢ 能够对机动车责任保险人伤诉讼案件开展诉前准备、出庭答辩以及诉后跟踪工作。

工作任务

➢ 能完成接报案工作；

➢ 能完成人伤查勘工作；

➢ 能完成人伤调查工作；

➢ 能完成人伤定损工作；

➢ 能完成人伤调解工作；

➢ 能完成人伤诉讼工作。

导入案例

张三驾驶标的车导致行人李四受伤入院，入院诊断：①左侧股骨颈骨折；②全身多处软组织挫伤。住院45天，医疗费用1.1万元，司法鉴定伤残9级。

王五驾驶标的车导致行人赵六受伤入院，入院诊断：①左侧股骨颈骨折；②全身多处软组织挫伤。住院60天，医疗费用1.8万元，司法鉴定伤残10级。

问题：

(1) 道路交通事故中，不同伤者同样的伤情，为何住院时间、医疗费用不一致？保险公司对于医疗费用又如何界定的？

(2) 不同伤者同样伤情，为何伤残鉴定结论不一致，保险公司如何裁定司法鉴定结论？

(3) 保险公司最终赔款如何裁定，赔付依据有哪些？

(4) 如何开展车险人伤理赔工作，既能提高保险客户的满意度，又能兼顾保险公司的承保利润？

任务1 认知机动车保险人伤理赔工作

任务情景

交通事故中，保险公司对人伤是怎么赔？

我于今年中旬驾车从加油站出来右拐时刮碰到一辆正在直行的电瓶车，造成车辆轻微损坏和人员轻微受伤。经交警认定我全责，事后对方要求我赔偿医药费和误工费，还有其他补偿。对方为女性，年龄大概25岁左右，医生，在医院上班，称其收入为3000元，再加奖金。一张门诊单上面写着建议休假一周，还有一张急诊单上面写着建议休假3天，没有住院。我想问的是我车子所投保的保险公司赔偿的误工费和医药费的限度，还有对方的误工费怎么计算。当时交警调解说最好出具一年的个人所得税税单，如果说要赔偿误工费，那么他的误工费有多少？她持有的两张疾病证明单子是否有效？还要另外到她当时就医的医院开病假单吗？还需去她的单位要开误工证明吗？如果要，请问怎么开？多谢！

资料来源：https：//zhidao. baidu. com/question/1796526909001044027. html

问题：

(1) 机动车保险人伤案件有哪些特点？

(2) 面对机动车保险客户的咨询，保险公司如何指导客户索赔？

(3) 胜任机动车保险人伤理赔工作，需要掌握的专业知识、技能、素质以及理赔方法有哪些？

一、机动车保险人伤案件的特点

(一) 被保险人的公众性，标的流动性大，案件涉及面广

机动车保险是以机动车本身及其造成的赔偿责任为保险标的运输工具保险。交通事故发生无处不在，造成的人身损害赔偿通常涉及保险人、被保险人、受害方（伤者）、致害方（肇事司机）、医疗机构、司法鉴定机构和公安交通管理部门、司法机关等，在确定事故责任、赔偿标准、费用标准等方面，涉及的范围较广，法律规定比较多，计算复杂，标准不一，纠纷也比较多。

做一做

收集、整理上海、湖南、新疆、云南、广东等地交通事故人身损害赔偿相关法律法规以及政策。

(二) 机动车保险人伤案件的处理专业性强，需要多方面的知识和能力

机动车保险人身损害赔偿案件中，保险人依据保险合同约定以及国家法律规定对被保险人依法承担的人身损害进行赔偿。机动车保险人伤案件的处理专业性强，理赔人员不但需要比较专业的医疗、保险知识，还需要懂得人身损害赔偿相关的法律法规，更需要较强的洞察能力、良好的沟通协调能力。

(三) 人身损害赔偿相关法律法规存在“模糊地带”

目前交通事故人伤案件处理的相关法律法规还存在一些不明确的地方，或有些方面仅做原则性的规定，使交通事故人伤案件中的各方在运用人身损害赔偿相关法律规定时存在一些差异，势必增加了车险人伤案件处理的难度。而且各地公安交通管理部门及司法机关在处理交通事故时运用政策法规的尺度有所不一，难免会导致交通事故人身损害

赔偿案件处理过程中出现一些纠纷。

（四）交通事故人身损害赔偿案件涉及两个不同的法律关系

机动车保险人伤案件中，一般存在两种不同的法律关系。一是被保险人方（即肇事方）与事故第三者（即受害方）之间的人身损害民事侵权关系，受民事相关法律法规约束；二是被保险人与保险人之间的保险合同关系，受《中华人民共和国民法典》《中华人民共和国保险法》等法律的约束。两种不同的法律关系，导致被保险人需要支付给受害人的赔偿与其可以从保险合同中获得的赔偿之间存在一定的差异，如果保险人与被保险人、受害者缺乏有效沟通，难免会导致保险理赔纠纷的发生。

想一想

交通事故人身损害赔偿案件中，肇事者和受害者的心理需求有哪些?

（五）同一损害事实，因相关赔偿因素不同而赔偿金额迥异

机动车保险人伤案件中，赔偿因素往往存在一定的差异，比如伤者体质、户籍所在地、收入标准等。伤情相同，但是由于受害者体质的差异性，其医疗方案和医疗费用有所不同；同一交通事故中，受害者户籍所在地的不同，其残疾赔偿金、死亡补偿费、被抚养人生活费的也会存在差异；不同的职业和收入造成误工费、护理费的差异；不同的出险地赔付标准也不一样等。这些因素导致人伤案件损失的确定无法像车损、物损一样，通过一次或两次的查勘和跟踪就能明确下来。保险实务中，车险人伤案件损失的发生是一个动态过程，从事故的发生到调解结案，情况一直在不断地变化中。因此需要保险人对案件进行动态跟踪，及时结案。

做一做

保险客户不幸发生交通事故导致行人李某受伤住院，诊断为：①左侧桡骨头粉碎性骨折；②多处软组织挫裂伤。某日咨询保险理赔工作人员时提及他的邻居开车撞伤一人，伤情和他所撞伤者差不多，当时保险公司赔了30万元，问这次案件保险公司是不是也能赔30万元。针对此情景，请角色扮演客户和保险理赔工作人员。

（六）案件处理周期普遍较长，难免存在道德风险

机动车保险理赔遵循损失补偿原则，因此保险人一般需要待保险客户损失确定后方能依据保险合同约定进行赔偿。交通事故人身损害案件的理赔涉及受害人的就医治疗、

损伤恢复以及事故当事人之间的损害赔偿协商，因此，相比财产损失案件中财产损失确定的过程，车险人伤案件处理的周期普遍相对较长，一般会在3—6个月，有的会长达几年，甚至更长。由于车险人伤案件涉及面广，立场不同，利益有所不同，难免存在道德风险，从而可能导致人伤损失出现不合理扩大化。

二、机动车保险人伤案件处理的方法

工作实例

客户张某开车不慎撞伤行人李某，诊断：①左侧第五肋骨骨折；②全身多处软组织损伤；③肝囊肿。李某，女，64岁，住院79天，住院费用3.2万元，其中电针1800元、穴位按摩1600元、中药熏药治疗700元、跌打酒100瓶。出院医嘱提示加强营养，休息3个月。

备注：根据某保险公司真实案例整理。

问题：李某受伤治疗中，有无不合理医疗行为？保险人如何处理？

一方面，机动车保险人伤案件专业性强，保险客户对交通事故人身损害赔偿相关法律法规以及保险合同的认识有限，因此发生车险人伤保险事故后，保险人需要向被保险人及事故相关人员提供专业的理赔服务，指导处理交通事故人身损害赔偿相关事宜，充分发挥保险产品的保障作用。另一方面，由于车险人伤案件涉及面广，理赔周期长，利益需求的不同可能存在道德风险，导致人伤损失不合理的扩大，因此保险人需要与交警、法医、医院、社会保险等相关部门积极沟通协调，及时有效化解人伤案件处理中的矛盾，提高保险客户满意度。

车险人伤案件的损失处于动态变化中，如何兼顾保险客户满意度、受害者合法权益以及保险公司经营利益，保险人不但需要遵守人身损害赔偿相关法律规定和保险合同，还需掌握车险人伤案件处理的方法，高效开展理赔工作。

（一）提前介入，事先告知

交通事故人身损害赔偿案件中，涉及法律法规较多，事故当事人对于案件处理认知有限，出于主动为伤者排忧解难、为客户着想的服务意识，车险人伤案件处理时需要提前介入，主动告知理赔程序、索赔单证要求、保险理赔标准以及相关注意事项等，以便于交通事故人伤案件顺利结案，减少保险理赔的纠纷。

保险公司接到报案后，应立即指派调查人员与被保险人及伤者接触，了解其治疗医院、伤者个人情况及伤情、治疗方案、治疗费用等，告知事故相关人员交通事故人身损害案件处理程序、赔偿标准，指导被保险人收集索赔单证，特别提醒交通事故人身损害赔偿相关注意事项，以预防客户因有保险而对不合理损失采取放任态度和行为，减少客户因单证材料提交不完整、与受害者沟通不畅等原因而产生的理赔纠纷。

工作实例

交通事故双方因赔偿产生争议，受害者不愿意提交病历资料、误工材料给被保险人，导致被保险人不能按照保险公司要求提交索赔资料。

问题：保险人如何做，才能避免索赔资料提交困难？

（二）主动预防，过程跟踪

车险人伤案件涉及面广，利益需求存在差异，可能存在道德风险。车险人伤案件处理中存在两种不同的法律关系，肇事者和受害者赔偿心理期待不一，难免影响交通事故人身损害案件在案件顺利结案。因此车险人伤案件处理过程中，保险人应主动预防道德风险的发生，积极与道路交通事故当事人联系，动态把握案件发展势态，及时掌握伤者的病情发展、治疗方案、医疗费用、司法鉴定以及事故双方赔偿协商等事宜。

伤情轻微的人伤事故，保险人应积极督导事故双方在院外进行有效沟通和协调并争取一次性解决，以减少“小病住院、小病大养”等过度医疗现象的发生，预防不合理医疗费用的产生。这样做还能简化交通事故人伤案件处理程序，方便受害者尽快获得赔付。

伤情需要住院的人伤事故，保险人一方面需要对受害者每一治疗阶段的用药、治疗手段及医疗费用跟踪记载，另一方面更需要与事故多方沟通，宣传保险理赔特色服务、就医规定、理赔政策，发放“人伤索赔须知”宣传单，引导事故多方在保障伤者伤情恢复前提下争取提前调解结案。

想一想

2018年5月12日，61岁的李开遭遇车祸，受伤入住当地卫生院。诊断为：1. 头部损伤：头皮血肿，头皮擦挫伤；2. 多处软组织挫伤；3. 腰椎退行性病变；4. 肺部感染；5. 2型糖尿病，糖尿病肾病；6. 高脂血症；7. 重度贫血；8. 脂肪肝；9. 冠心病。

问题：李开外伤伤情如何？车险人伤案件处理过程中，保险人需要主动预防的事项有哪些？

（三）加强联系，营造良好理赔环境

车险人伤事故的处理涉及公安交警部门、医疗单位、司法部门、社会保险和相关鉴定机构，因此案件的处理需要保险人主动加强与交通事故人身损害赔偿案件相关部门的联系，围绕交通事故人身损害赔偿案件的处理进行多途径的交流与研讨，共同营造良好的理赔环境，以便于交通事故人伤案件的顺利处理。

相关链接

轻微人伤交通事故也能快处快赔了

https：//epaper. qlwb. com. cn/qlwb/content/20170708/ArticelB06002FM. htm

（四）联系实际，合理赔付

虽然保险理赔需要遵循损失原则，往往需要等待受害者治疗结束才能确定损失，但是出于满足事故多方尽快结案的需求，在不影响受害者治疗前提下，保险人充分了解受害者伤情治疗、预后发展以及其他赔偿相关信息，可以引导事故多方沟通达成提前调解结案，这样做既能提高了车险人伤案件理赔速度，又能保障受害者得到有效治疗。目前，交通事故人身损害赔偿相关法律法规逐步完善，但是基于地区经济条件的差异、交通事故处理相关规定的差异，保险人在处理车险人伤案件时应联系实际，认真研究事故发生所在地实际情况，结合具体案情，合理处理赔案。

工作实例

某重大交通事故导致三名车上人员一死两伤，其中死者为南京市某高校在职教师，伤者甲严重颅脑损伤入住 ICU，伤者乙诊断为：①左侧 4—9 根肋骨骨折；②血胸；③多处软组织损伤；④冠心病。查询保单提示被保险人于某投保保险有：①交强险；②机动车三者责任保险，保额 50 万元，不计免赔；③车上人员险，每座位保额 5 万元，不计免赔。

问题：该案件一定需要等待两位伤者治疗结束才能结案吗？需要提前告知被保险人的索赔注意事项有哪些？

三、机动车保险人伤理赔原则

随着人身损害赔偿标准的逐年提高，人们法律意识的提高，车险人伤理赔工作难度不断加大，造成了车险人伤案件处理时间长、纠纷多等问题，不仅影响到车险业务的稳健经营，而且影响到保险客户的合法权益。只有在理赔实践中坚持机动车保险人伤理赔工作原则，才能切实加快车险人伤案件的处理速度，降低诉讼案件量，提高车险人伤理赔服务水平，最终提高客户满意度。

（一）主动迅速原则

交通事故人伤损失处于动态变化中，交通事故人身损害赔偿专业性强，事故当事方对其认知有限，因此需要人伤调查岗人员主动联系客户，及时对伤者进行实地查勘和调查，了解伤者的信息，并将相关的索赔须知、注意事项向被保险人及伤者说明。对于伤情严重的案件，还需主动进行多次跟踪调查，及时掌握案件的发展，以防患于未然。

相关链接

“人伤骗保”致车险理赔金畸高怎么破？

资料来源：http：//money.163.com/19/0902/08/EO298NO200259DLP.html

（二）客观合理原则

客观合理原则就是要求人伤岗工作人员在事故调查、费用审核、保险责任界定时，应依据法律法规，遵循客观事实和客观规律，尊重交通事故当事方的意见，准确、合理地核定各项赔偿费用，做到不惜赔、不滥赔。

（三）调解为主原则

交通事故人伤案件处理周期长、其人身损害赔偿没有绝对统一的标准，易产生纠纷。出于满足保险客户和伤者尽快结案的需求，在不影响伤者治疗的前提下，人伤岗工作人员应依据人身损害赔偿的法律规定，结合各地的赔偿标准，积极引导被保险人和伤者进行人身损害赔偿调解。

拓展阅读

交通事故酿惨祸，人民调解巧化解

2019年3月26日，向某某兄妹及罗某某来到排浦司法所反映称2019年3月20日晚上10点半自己的家人向某某、陆某某、罗某某在下班途中驾驶摩托车行驶在白马井镇滨海大道与飞海路交汇处不慎与一辆土方车相撞，导致发生交通事故死亡，现双方就死者的人身权发生纠纷。据当事人杨某某介绍：2019年3月20日晚上10点半，自己驾驶一辆土方车往白马井方向行驶，在行驶到白马井镇滨海大道与飞海路交汇处与一辆逆行而来的摩托车相撞，导致摩托车上的三人当场死亡。事故发生后，自己立马下车查看并拨打了110和120，几分钟后边防派出所的干警就到达了现场，并把其带离了事发现场，事后具体发生了什么，其也不太清楚，只知道当时查看时3人已经当场死亡。杨某某称自己也不想发生这样的事情，自己是穷人家的小孩，前两年父亲刚得癌症花了一大笔钱，现在家里还有嗷嗷待哺的小孩，出现这种事情，也是其万分不想的，但是既然发生了，其也愿意承担责任，只希望求得死者家属的原谅，其会尽自己最大的努力来对死者家属进行赔偿。死者家属情绪比较激动，双方就死者人身权的赔偿问题发生纠纷。

资料来源：https：//www. fadoudou. com/new/48368. html

（四）减损增效原则

交通事故人伤案件涉及面广，处理周期长，出于防范道德风险的需要，人伤岗工作人员应注重案件的风险管控，依法赔偿，坚决剔除不合理、不真实的损失和费用，最终达到降低不合理人伤赔付的目的。

四、机动车保险人伤理赔流程

工作实例

平安人伤“快处快赔”带给客户不一样的“快”体验

平安客户马先生驾车与电动车相撞，电动车主受伤。查勘员刘术良接到派工后，迅速赶赴事故现场。经过专业的查勘认定，电动车主受轻微伤。于是刘术良积极引导双方调解，推介人伤“快处快赔”服务。双方客户被刘术良的专业、真诚打动，接受刘术良的建议，调解结案。整案从报案到赔款到账，用时53分钟！客户为人伤理赔如此快速而惊叹，连连点赞。河北平安人伤理赔，不一样的“快”体验。

资料来源：http：//finance. hebnews. cn/2018 -04/27/content_ 6862499. htm

问题：在客户对人伤案件“快处快赔”的心理需求下，机动车保险人伤理赔流程应如何优化？

不同保险公司在设置机动车保险人伤理赔流程有所不同，但是一般都包含接报案、调度、查勘、人伤跟踪、人伤定损、人伤核损等环节。

（一）接报案

接报案是指保险事故发生后，被保险人或者其他人通过电话、网络等方式向保险公司报案，保险人按照公司的接报案操作规范受理客户报案，进行案情询问、核实客户资料、详细记录车辆出险信息、告知理赔等事项。

（二）调度

调度是指保险事故发生后，保险公司根据案情、客户风险等级，利用现代高科技手段定位理赔人员距离事故现场的远近、工作量、人员分配等情况，调度理赔人员对案件进行现场查勘、定损、人伤调查等处理，调度救援合作单位进行救援服务（适用于有救援需求的）。

（三）查勘

人伤查勘是指机动车保险人伤案件发生后，保险公司安排工作人员进行现场、医院等地点的查勘，调查事故的经过、了解伤者信息（包括伤者姓名、性别、年龄、交通方式、伤情、治疗方式、就诊医院、治疗科室、病床号等），指导客户处理事故。

（四）人伤跟踪

人伤后续跟踪是指人伤案件发生后，经过第一次人伤查勘后，由于人伤治疗周期长，损失处于动态变化中，需要对案件的伤情、司法鉴定等项目进行后期的过程跟踪。

人伤案件跟踪是指交通事故发生后，保险理赔人员对发生在伤者住院治疗到交通事故结案期间所有涉及人伤赔付的环节进行追踪，了解伤者病情和案件的进展，及时向被保险人反馈信息并提出指导意见，防范各环节中可能出现的漏洞。

（五）人伤调查

人伤调查是指对机动车保险人伤案件进行理赔分析，针对理赔处理过程中存在不确定的因素进行的专项调查。

（六）受理单证

受理单证是指保险公司对客户提交的索赔资料（主要有医疗票据、病历资料、证明文件、事故责任认定书、调解书、法院判决书及仲裁协议书等）进行审核，并对索赔资料提交不全的客户进行相应的指导。

（七）医疗审核

医疗审核是指保险理赔人员遵循国家人身损害赔偿相关法律规定和保险合同约定，审核人伤查勘、调查资料以及客户提交的索赔资料，确定人伤赔偿费用。

（八）人伤核损

人伤核损是保险理赔人员根据人身损害赔偿的法律规定，对人伤定损的赔偿项目、赔偿金额、医疗票据、事故证明等进行审查，对损失的合理性和准确性做出判断，为赔案的最终审核提供参考意见。

（九）核赔

核赔是整个车险人伤案件的最后审核环节，主要审核保险事故是否属于保险责任、损失是否合理、单证是否齐全及真实有效、赔付金额计算是否准确等，并出具最终审核意见。

想一想

基于车险人伤案件的特点，车险人伤理赔流程中需要重点管控的环节有哪些？为什么？

做一做

调研车险人伤赔付现状与保险公司理赔流程设计，对车险人伤理赔流程进行优化设计。

五、机动车保险人伤理赔管理模式

一方面机动车保险人伤案件风险节点分散，理赔管控难度大，保险分支机构理赔管控手段弱化趋重，跑冒滴漏屡禁不止；另一方面如果各级保险公司理赔服务理念及标准不一，动作不统一，难免导致理赔服务能力差，成本高，客户满意度不高等问题。因此机动车保险人伤理赔管理必须以客户为中心，建立相对独立、专门化管理、专业化运作、实现垂直条线式的理赔经营管理体系。

目前，国内保险对机动车保险人伤理赔采取集中统一管理模式，强调以客户为中心，通过流程的专门化，人员的专业化实现车险人伤理赔工作的全面质量管理。这种管理模式既有利于解决理赔风险节点分散、理赔管控失真问题，又有利于资源优化配置，将精尖的专业骨干力量集中，使车险人伤理赔关键风险处理标准化、专业化、分类化，提升关键风险节点的操作效能，切实保护保险消费者的合法权益。

（一）集中统一管理原则

集中统一管理原则是指总公司统一制定理赔管理制度，规范理赔服务流程及标准，完善监督考核机制，实现全国或区域接报案集中，以及对核损、核价、医疗审核、核赔等理赔流程关键环节和关键数据修改的总公司集中管控。遵循理赔管理集中服务分散，实质集中形式多样原则，保险事故发生后统一报案、统一报价、统一核损、统一核赔。由于交通事故人伤案件发生地域广、调查查勘时间要求紧，理赔查勘、调查则是分散至各保险机构相应理赔人员负责。

（二）分支机构实行分级授权理赔管理

在充分分析公司业务规模、经营效益、管理水平、区域条件等因素的基础上，机动车保险人伤案件选择“从人授权”和“从机构授权”理赔管理方式。从机构授权是指根据分支机构的经营管理水平、风险控制能力、经营效益以及服务需求授予不同理赔环节和内容的管理权限，一般限于总公司对省级分公司的授权。“从人授权”则是根据理赔人员专业技能、考试评级结果授予不同金额、不同类型案件的审核权限。

（三）总公司对理赔线实行人、财、物全部垂直化管理

随着信息技术在保险业务中广泛应用，强化总公司集中统一的管理、控制和监督，逐步实现全过程流程化、信息化、规范化、标准化、一致性的理赔管理服务模式。公司理赔信息系统数据库建立在总公司，总公司不得授予省级分公司程序修改权和数据修改权，所有程序及数据的修改应保存审批及操作记录，以确保数据真实、准确、规范。对核损、核价、医疗审核、核赔等关键岗位人员，逐步实行总公司自上而下垂直管理，统一负责聘用、下派、任命、考核、薪酬发放、职务变动以及理赔审核管理权限授予等。

相关链接

《机动车辆保险理赔管理指引》

资料来源：http://www.cbirc.gov.cn/cn/view/pages/ItemDetail.html?docId=333042&itemId=4098&generaltype=0

做一做

调研保险公司车险人伤理赔管理制度设计，分析其中利弊，并提出个人优化对策。

六、机动车保险人伤岗位设置及其职责

根据车险人伤理赔流程以及工作内容的不同，机动车保险人伤相关岗位一般可分为：座席岗、调度岗、现场查勘岗、人伤调查岗、人伤定损岗、人伤核损岗等。各岗位主要职责如下：

（一）座席岗

（1）受理客户报案，核实客户资料，详细记录车辆出险信息；

（2）受理客户理赔咨询、投诉，并按规定进行解答和回复；

（3）按公司规定对客户进行理赔回访。

（二）调度岗

（1）对案情进行分析并提出处理意见和指引；

（2）调度理赔人员对案件进行现场查勘、定损、人伤调查等处理；

（3）调度救援合作单位进行救援服务（适用于有救援需求的）；

（4）负责受理代查勘案件的派工处理和回复，负责对外代查勘案件的委托、协调、跟踪处理。

（三）现场查勘岗（车险查勘员兼任）

（1）负责含人伤案件的现场查勘；

（2）核实事故真实性、事故经过、伤者身份、伤情等，并拍照上传理赔系统存档；

（3）启动小额人伤案件快速处理，完成赔偿协议签订和人身损害赔偿信息采集；

（4）拍摄事故现场照片，采集被保险人和伤者或家属姓名、年龄、手机等信息，收集相关单证；

（5）出具现场查勘报告，发放客户索赔须知，告知索赔注意事项。

（四）人伤调查岗

（1）负责辖区内车险人伤案件的伤者慰问、伤者信息采集、影像证据固定、复勘及跟踪调查；

（2）协助客户进行轻微人伤案件的调解；

（3）对受害人家庭情况、务工证明、收入证明以及护理信息等项目进行调查核实；

（4）指导客户处理交通事故，告诉被保险人其应知的保险合同双方的权利和义务，详细说明索赔注意事项；

（5）负责对后台审核人员存疑的其他单证或事故真实性进行调查核实；

（6）缮制“人伤调查跟踪报告”，特殊情况及时上报核损、核赔岗。

（五）人伤定损岗（也称医疗审核岗）

（1）指导查勘人员进行现场快速人伤案件的处理；

（2）审核人伤调查报告及医疗跟踪调查报告，出具医疗审核指导意见，指导人伤调查人员制定人伤事故医疗跟踪调查计划，督促人伤调查人员按计划进行跟踪处理；

（3）审核索赔单证的完整性和真实性，然根据相应条款内容对人伤案件进行费用确定；

（4）指导人伤案件的估损，综合人伤调查情况和相关人伤医疗资料及未决调整规则，及时调整估损金额；

（5）参照公司各项管理规定，并结合创伤医学临床特点，制订保险事故人伤案件相关医疗及赔偿费用审核操作细则。

（六）人伤核损岗

（1）负责辖内人伤队伍的建设，人伤制度的制定和完善，组织培训，开展典型案例分析和讨论等；

（2）负责对人伤调查岗、人伤定损岗，人伤案件理赔流程推动、跟踪估损等质量和时效的督导和考核；

（3）会同法务人员起拟定诉讼人伤案件应诉方案，对已判决人伤案件判断是否上诉，拟定上诉状，负责部分人伤案件的到庭应诉工作；

（4）负责对住院和死亡案件前期上报处理方案的审核和指导；

（5）负责对超权限的复杂大额人伤案件进行核损；

（6）负责人伤案件保险责任和人伤损伤的复核。

（七）法务追偿岗

（1）负责理赔诉讼、仲裁案件的管理及处理；

（2）负责交强险垫付责任案件的追偿；

（3）负责保险追偿案件的管理及处理；

（4）参与重大调查案件的调查取证；

（5）对公司内部进行法务知识的培训。

拓展阅读

某公司人伤查勘定损岗位招聘

职责描述：

1. 判断人伤损失的责任风险及合理性；

2. 指导客户正确理赔程序，解答客户提出的与事故相关的问题；

3. 完成实地查勘的标准动作，撰写查勘报告，并对案件损失进行系统预估录入；

4. 完成对实地查勘案件后续案件未决跟踪任务；

5. 完成人伤案件的实地复堪及调查工作，并撰写复堪报告及调查报告；

6. 提升人伤服务质量的其他工作。

任职要求：

1. 全日制本科及以上学历，临床、预防、医保、药学、法律、法医、康复等相关专业；

2. 具有一年（含）以上的医疗理赔从业经验者优先，具有临床工作经验者优先，有C1及以上车辆驾照者优先；

3. 具有较强的医学、保险、法律知识，熟悉常见的外科疾病的发生、治疗方法并能做出合理的预后评估。

资料来源：https：//www.liepin.com/job/1926079713.shtml? d_ sfrom = search_ title&d_ ckId = 96bdc77f68b5ceab94a21ebf67864cfa&d_ curPage = 0&d_ pageSize = 39&d_ headId = 96bdc77f68b5ceab94a21ebf67864cfa&d_ posi = 16

思考：1. 优秀理赔人员应该具备哪些条件？

2. 如何管理能有效提升保险理赔人员专业素养？

七、机动车保险人伤理赔形势与发展

近年来，随着我国机动车社会保有量的迅速增长，机动车保险的规模也在不断发展壮大，车险保费收入在财产保险保费收入中占比呈现出越来越高的趋势。同时车险人伤案件无论是数量还是赔款额度也随着车险业务的发展呈现上升的趋势。尽管如此，由于车险人伤案件自身的特点、理赔环境以及保险公司内部管理等多方面原因，目前车险人伤理赔客户满意度并不高，理赔纠纷占比多，诉讼案件占比高。

车险人伤赔付额度增加，直接影响到保险公司的经营。车险人伤客户满意度低则影响到保险行业的社会形象，也影响到保险行业的发展。当前，实现车险人伤案件合理赔付，提高客户满意度，不断提升车险人伤理赔服务水平是产险公司盈利战略建设的核心，也是产险公司车险理赔管控中的重点和难点。

目前，车险人伤理赔面临一些新形势。机动车保险商业费改、人身损害赔偿标准城乡统一、公立医院改革、新评残标准的实施、大数据应用以及相关社会治理层面重大变化，使车险人伤赔付成本上升将成为一种常态。

新形势下，车险人伤赔付率的上升将是产险公司持续面临的一个压力。改革理赔管理模式，优化车险人伤理赔管理，加强车险人伤理赔人才队伍建设，营造良好的理赔环境，方能不断提升车险人伤理赔服务水平，有效遏制人伤赔付上升势头。

车险人伤理赔岗位是基于保险合同的客户服务岗位，是临床医学、保险、民事法律、管理等诸多学科相融合的交叉岗位。2001年平安财产保险公司最先成立自己的车险人伤理赔队伍。经过多年的发展，车险人伤理赔队伍不断壮大，大量的临床医学、护理学、法医学、法学及其他相关专业人员加入到车险人伤理赔服务队伍中来。同时也有很多涉及人伤赔偿的第三方调查处理平台（如公估公司、独立的调查实体）孕育而生（在部分国家被称为“保险侦探”）。

随着国民经济的发展，未来国人汽车保有量在一定时间内还会有所上升，车险业务发展空间依然很大，随之而来对车险人伤理赔人才的需求也会增多。但是新形势下，车险人伤理赔人员的专业知识、实践技能以及综合素质更需要不断提升。

相关链接

1. 车险新政策、新形势下车险人伤理赔管理策略探讨

资料来源：http：//www. walekan. com/news/16163

2. 新技术与欺诈“斗智斗勇”——美国市场车险人伤理赔现状

资料来源：https：//baijiahao. baidu. com/s？ id = 1643090669106996841&wfr = spider&for = pc

3. 保险科技给车险人伤理赔带来颠覆性变革

资料来源：https：//baijiahao. baidu. com/s？ id = 1634189641782464731&wfr = spider&for = pc

任务2 解读与人伤理赔相关的机动车保险条款

任务情景

交通肇事采取措施后逃逸，保险公司能否拒赔

2017 年 6 月 15 日晚上，任某驾驶小车行驶至江西省金溪县万豪酒店旁交叉路口时，在转弯过程中与对向一辆由肖某驾驶的二轮摩托车（后载曾某）发生碰撞，造成肖某、曾某受伤及两车受损的交通事故。事故发生后，被告任某用手机及时拨打了急救电话和报警电话，救护车随即将两原告送至医院治疗，之后任某弃车离开事故现场。经交警部门认定，任某承担全部责任，肖某、曾某不负责任。涉案车辆行驶证上登记所有人为任某，该车在保险公司投保了机动车交通事故责任强制保险（以下简称“交强险”）及机动车第三者责任商业保险（以下简称“商业三者险”）。

资料来源：https：//www. chinacourt. org/article/detail/2018/09/id/3515192. shtml

问题：

（1）保险公司能否在交强险范围内承担赔偿责任？为什么？

（2）保险公司能否在商业三者险范围内承担赔偿责任？为什么？

随着我国国民经济的快速发展和人民生活水平的不断提高，机动车保险已经成为与社会公众关系最紧密、感受最直接、利益最明显的保险业务领域之一。而随着机动车使用量的增加，机动车肇事率高，机动车保险逐渐成为车辆所有人或者管理

人转嫁自身民事赔偿责任和保障受害人合法权益的必要手段。

机动车保险一般包括交强险和商业险。现行我国机动车商业保险市场统一适用的机动车商业保险条款，是由中国保险行业协会于2020年9月3日发布的《中国保险行业协会机动车商业保险示范条款（2020版）》《中国保险行业协会特种车商业保险示范条款（2020版）》《中国保险行业协会摩托车、拖拉机商业保险示范条款（2020版）》《中国保险行业协会机动车单程提车保险示范条款（2020版）》以及《中国保险行业协会驾乘人员意外伤害保险示范条款（2020版）》五个商业车险示范条款。现行机动车保险产品中涉及人身损害赔偿责任的主要有：交强险、机动车第三者责任保险、机动车车上人员责任保险、附加精神损害抚慰金责任险、附加医保外医疗费用责任险。

相关链接

1.《中国银保监会关于印发实施车险综合改革指导意见的通知》（银保监发〔2020〕41号）

资料来源：http：//www. gov. cn/zhengce/zhengceku/2020 - 09/04/content_5540321. htm

2. 中国保险行业协会《关于发布〈中国保险行业协会机动车商业保险示范条款（2020版）〉等五个商业车险示范条款的通知》（中保协发〔2020〕47号）

资料来源：http：//www. iachina. cn/art/2020/9/4/art_ 24_ 104621. html

3. 中国保险行业协会《关于发布〈机动车交通事故责任强制保险条款〉及〈机动车交通事故责任强制保险新费率浮动系数方案〉的通知》（中保协发〔2020〕54号）

资料来源：http：//www. iachina. cn/art/2020/9/17/art_ 24_ 104639. html

4.《中国银保监会关于调整交强险责任限额和费率浮动系数的公告》（2020年第2号）

资料来源：http：//www. cbirc. gov. cn/cn/view/pages/ItemDetail. html

一、机动车交通事故责任强制保险条款解读

机动车交通事故责任强制保险，简称“交强险”，是指由保险公司对被保险机动车发生道路交通事故造成本车人员、被保险人以外的受害人的人身伤亡、财产损失，在责任限额内予以赔偿的强制性责任保险。2003年10月国家颁布《中华人民共和国道路交通安全法》的第十七条明确规定：“国家实行机动车第三者责任强制保险制度，设立道路交通事故社会救助基金。”为保障机动车道路交通事故受害人依法得到赔偿，促进道路交通安全，2006年3月国务院颁布《机动车交通事故责任强制保险条例》（以下简称《交强险条例》），同年7月1日起施行，此后，机动车第三者责任强制保险又被称之为“交强险”。建立交强险制度，旨在保障道路交通事故受害人获得及时有效的经济保障和医疗救治、减轻交通事故肇事方的经济负担、促进道路交通安全、通过“奖优罚劣”的费率经济杠杆手段促进驾驶人增强安全意识，以发挥保险的社会保障功能，维护社会

稳定。交强险具有强制性、公益性、普遍性三大特点，在赔偿实务中遵循无过失责任原则。即投保了交强险的机动车所有人或管理人，不论在交通事故中是否有过错，只要造成了第三人的人身损害或财产损失，保险人均需在责任限额内予以赔偿。

相关链接

交强险制度建立的背景

资料来源：http：//www. gov. cn/zwhd/2006 - 06/30/content_ 324106. htm

《机动车交通事故责任强制保险条款》是由中国保险行业协会制定的全国统一适用的强制保险条款。2006 年 6 月 19 日，保监会《关于中国保险行业协会制定机动车交通事故责任强制保险行业协会条款费率的批复》（保监产险〔2006〕638 号）批复同意中国保险行业协会制定的《机动车交通事故责任强制保险条款》和《机动车交通事故责任强制保险费率方案》（中保协条款〔2006〕1 号）。2008 年 1 月 11 日，保监会发布《关于调整交强险责任限额的公告》，规定 2008 年 2 月 1 日零时后发生的道路交通事故执行新的责任限额。即交强险总限额 122000 元，医疗费用赔偿限额 10000 元，死亡伤残赔偿限额 110000 元，财产损失赔偿限额 2000 元。2020 年 9 月 2 日，中国银保监会发布《关于实施车险综合改革的指导意见》（银保监发〔2020〕41 号）明确“提高交强险责任限额”，“将交强险总责任限额从 12. 2 万元提高到 20 万元，其中死亡伤残赔偿限额从 11 万元提高到 18 万元，医疗费用赔偿限额从 1 万元提高到 1. 8 万元，财产损失赔偿限额维持 0. 2 万元不变。无责任赔偿限额按照相同比例进行调整，其中死亡伤残赔偿限额从 1. 1 万元提高到 1. 8 万元，医疗费用赔偿限额从 1000 元提高到 1800 元，财产损失赔偿限额维持 100 元不变”。该通知文件自 2020 年 9 月 19 日开始施行。2020 年 9 月 9 日，中国银保监会发布《关于调整交强险责任限额和费率浮动系数的公告》（2020 年第 2 号），对“新交强险责任限额方案”明确规定：“在中华人民共和国境内（不含港、澳、台地区），被保险人在使用被保险机动车过程中发生交通事故，致使受害人遭受人身伤亡或者财产损失，依法应当由被保险人承担的损害赔偿责任，每次事故责任限额为：死亡伤残赔偿限额 18 万元，医疗费用赔偿限额 1. 8 万元，财产损失赔偿限额 0. 2 万元。被保险人无责任时，死亡伤残赔偿限额 1. 8 万元，医疗费用赔偿限额 1800 元，财产损失赔偿限额 100 元。”同时对“新方案实行时间”明确规定：“上述责任限额和费率浮动系数从 2020 年 9 月 19 日零时起实行。截至 2020 年 9 月 19 日零时保险期间尚未结束的交强险保单项下的机动车在 2020 年 9 月 19 日零时后发生道路交通事故的，按照新的责任限额执行；在 2020 年 9 月 19 日零时前发生道路交通事故的，仍按原责任限额执行。”

（一）交强险相关定义

1. 受害人

交强险合同中的受害人是指因被保险机动车发生交通事故遭受人身伤亡或者财产损失的人，但不包括被保险机动车本车车上人员、被保险人。

2. 被保险人

交强险合同中的被保险人是指投保人及其允许的合法驾驶人。

作为被保险机动车发生道路交通事故时的受害人，是交强险合同双方之外的第三方。但是出于防范道德风险、降低制度成本等考虑，不少国家对受害第三者的范围作了限制，我国亦不例外。《交强险条例》规定的责任保险的对象在物理上应位于被保险机动车之外，在法律上则不包括被保险机动车本车人员和被保险人。

对于将被保险人排除在第三者范围之外，符合机动车交通事故责任强制保险的原理和国际立法惯例，也有利于防止道德风险。而将本车人员排除在第三者范围之外，主要理由：一是受到交强险的赔偿限额、投保人的实际承受能力的限制。交强险作为一种法定强制保险，其保障水平和保障范围是有限的，现阶段只适宜保障本车人员和被保险人之外的受害人，不能不顾现实盲目扩大范围，否则适得其反，不利于交强险的顺利开展。二是基于乘车人与驾驶人建立了一种信任关系，对可能发生的风险有一定的预测和认知，因此，《交强险条例》规定由乘客自行承担这种可以预见的风险，以减轻机动车强制保险制度的负担。三是对客运车辆出现的群死群伤事故已通过其他制度实现了保障。2004年5月发布的《中华人民共和国道路运输条例（2019年修订）》第三十五条规定，客运车辆从事客运服务必须购买承运人责任险，因此，相应的责任保障已得到实现，无须在交强险制度中重复规定。①

想一想

被保险人驾驶被保险机动车行驶在半路上，发现货箱没有归位。于是将车停靠路边进行调整，遗憾的是头刚刚伸进货箱底部，被突然落下的货箱砸中头部，经抢救无效死亡。

问题：该事故是否属于交强险的保险责任，为什么？

3. 交强险责任限额

交强险合同中的责任限额是指被保险机动车发生交通事故，保险人对每次保险事故所有受害人的人身伤亡和财产损失所承担的最高赔偿金额。责任限额分为死亡伤残赔偿限额、医疗费用赔偿限额、财产损失赔偿限额以及被保险人在道路交通事故中无责任的赔偿限额。其中无责任的赔偿限额分为无责任死亡伤残赔偿限额、无责任医疗费用赔偿限额以及无责任财产损失赔偿限额。

在定义上，突出责任限额的保险人对“每次事故”“所有受害人”的最高赔偿金额，以避免在理赔实践中产生误解和纠纷。在分类上，《交强险条例》并没有对“被保险人在道路交通事故中无责任的赔偿限额”进行说明，而在业务实践中确有明确的必要，所以在交强险条款中对“被保险人在道路交通事故中无责任的赔偿限额”进行了进一步的细分。全国实行统一的交强险责任限额、实行分项责任限额。

机动车交通事故责任强制保险责任限额由国务院保险监督管理机构会同国务院公安

① 刘炤、杨华柏、郭左践：《机动车交通事故责任强制保险条例释义》，北京：法律出版社2006年4月第1版，第9～10页。

部门、国务院卫生主管部门、国务院农业主管部门规定。确定交强险责任限额时需要考虑的因素主要有：满足交通事故受害人基本保障需要；与国民经济发展水平和消费者支付能力相适应；参照了国内其他行业和一些地区赔偿标准的有关规定。目前交强险责任限额采用的是中国银保监会2020年9月9日发布的《中国银保监会关于调整交强险责任限额和费率浮动系数的公告》。2006年7月1日至今交强险责任限额变化及具体适用详见表1－1。

表1－1　　交强险责任限额适用一览表

<table>
<tr><th colspan="10">交强险责任限额适用一览表（2006～2020）</th></tr>
<tr><th rowspan="2">分项责任限额</th><th colspan="3">2006版</th><th colspan="3">2008版</th><th colspan="3">2020版</th></tr>
<tr><th>责任限额（元）</th><th>分项说明</th><th>实行期间</th><th>责任限额（元）</th><th>分项说明</th><th>实行期间</th><th>责任限额（元）</th><th>分项说明</th><th>实行期间</th></tr>
<tr><td>交强险总责任限额</td><td>60000</td><td rowspan="8">无责限额是有责限额的20%</td><td rowspan="8">2008年2月1日零时前发生的道路交通事故</td><td>122000</td><td rowspan="8">无责限额是有责限额的10%，但财产是有责的5%</td><td rowspan="8">2008年2月1日零时后至2020年9月19日零时前发生的道路交通事故</td><td>200000</td><td rowspan="8">无责限额是有责限额的10%，但财产是有责的5%</td><td rowspan="8">2020年9月19日零时后发生的道路交通事故</td></tr>
<tr><td>医疗费用赔偿限额</td><td>8000</td><td>10000</td><td>18000</td></tr>
<tr><td>死亡伤残赔偿限额</td><td>50000</td><td>110000</td><td>180000</td></tr>
<tr><td>财产损失赔偿限额</td><td>2000</td><td>2000</td><td>2000</td></tr>
<tr><td>交强险无责总责任限额</td><td>12000</td><td>12100</td><td>19900</td></tr>
<tr><td>无责任医疗费用赔偿限额</td><td>1600</td><td>1000</td><td>1800</td></tr>
<tr><td>无责任死亡伤残赔偿限额</td><td>10000</td><td>11000</td><td>18000</td></tr>
<tr><td>无责任财产损失赔偿限额</td><td>400</td><td>100</td><td>100</td></tr>
</table>

想一想

交强险分项赔偿还是不分项赔偿，保险人赔付结果差异大吗？既然交强险旨在保障道路交通事故受害人获得及时有效的经济保障和医疗救治，那么交强险为何实行分项赔偿？

4. 抢救费用

《交强险条例》中规定的抢救费用是指机动车发生道路交通事故导致人员受伤时，医疗机构参照国务院卫生主管部门组织制定的有关临床诊疗指南，对生命体征不平稳和虽然生命体征平稳但如果不采取处理措施会产生生命危险，或者导致残疾、器官功能障碍，或者导致病程明显延长的受伤人员，采取必要的处理措施所发生的医疗费用。

交强险合同中的抢救费用是指被保险机动车发生交通事故导致受害人受伤时，医疗机构对生命体征不平稳和虽然生命体征平稳但如果不采取处理措施会产生生命危险，或者导致残疾、器官功能障碍，或者导致病程明显延长的受害人，参照国务院卫生主管部门组织制定的交通事故人员创伤临床诊疗指南和国家基本医疗保险标准，采取必要的处理措施所发生的医疗费用。

可见，针对抢救费的定义，交强险条款相比《交强险条例》进行了更具操作性的细化。一是将“有关临床诊疗指南”进一步界定为“交通事故人员创伤临床诊疗指南”，以防止“指南”指向不清，造成实践中的混乱；二是设置了医疗费用发生的标准，强调需要参照国务院卫生主管部门组织制定的交通事故人员创伤临床诊疗指南和国家基本医疗保险标准以规范医疗机构诊疗行为，从而使保险人支付、垫付抢救费用时有了统一的标准，避免加重被保险人的经济负担，在不同的受害人之间造成不公平。

拓展阅读

1. 《道路交通事故受伤人员临床诊疗指南》（卫医发〔2007〕175号）①

2. 国家医保局、人力资源社会保障部关于印发《国家基本医疗保险、工伤保险和生育保险药品目录》的通知

http://www.nhsa.gov.cn/art/2019/8/20/art_37_1666.html

3. 国家基本医疗保险、工伤保险和生育保险药品目录解读

http://www.nhsa.gov.cn/art/2019/8/22/art_38_1677.html

想一想

为何交强险条款设定抢救费用赔付需遵循国家基本医疗保险标准？

保险实务中，抢救费用的支付与垫付需要注意以下几点：

（1）抢救费用限于因抢救交强险范围内的受害人而产生的费用。因抢救发生交通事故的机动车本车人员和被保险人产生的费用，不属于交强险中抢救费用的范畴，保险公司无须垫付。

（2）抢救费用的发生前提：若不立即进行抢救，将会对受伤人员产生严重后果，如生命危险，或者导致残疾、器官功能障碍，或者导致病程明显延长。

（3）抢救费用指抢救交通事故受伤人员而进行紧急处理和治疗所产生的费用，包括事故现场急救、伤员转运、诊疗室紧急处理等必要的、合理的费用。

（4）抢救费用具有一定的额度限制。目前根据中国银保监会2020年公布的交强险责任限额，医疗费用赔偿限额为18000元，因此有责任的抢救费用额度限制目前为18000元，无责任的抢救费用额度限制为1800元。

（5）卫生部《关于印发〈道路交通事故受伤人员临床诊疗指南〉的通知》（卫医发〔2007〕175号）第二篇“道路交通事故受伤人员医疗处置原则和认定”第三条明确规定：“在对道路交通事故受伤人员进行临床诊疗的过程中，各项临床检查、治疗包

① 中国医师协会、中国保险行业协会、中华医学会：《道路交通事故受伤人员临床诊疗指南》，北京：中国法制出版社2007年6月第1版。

括用药和使用医用材料，以及病房和病床等标准，在当地基本医疗保险规定的范围内选择。”说明交强险的医疗费赔付标准仍限定为“当地基本医疗保险规定的范围内”，非医保费用不属于交强险的理赔范围。

依据中国保险行业协会《交强险理赔实务规程（2020 版）》（中保协发〔2020〕55 号）文件规定，抢救费用支付的标准如下：

（1）按照交通事故人员创伤临床诊疗指南和抢救地的国家基本医疗保险的标准，在交强险医疗费用赔偿限额或无责任医疗费用赔偿限额内垫付抢救费用。

（2）第三者受害人中被抢救人数多于一人且在不同医院救治的，在交强险医疗费用赔偿限额或无责任医疗费用赔偿限额内按人数进行均摊；也可以根据医院和交警的意见，在限额内酌情调整。

做一做

被保险人张赫驾驶被保险机动车撞伤行人李虎，急诊抢救治疗，产生抢救费总额为 8789 元。交警依法认定被保险机动车主责，保险人需要支付的抢救费是 8789 元吗？为什么？

（二）交强险的保险责任

1. 交强险条款第八条规定

在中华人民共和国境内（不含港、澳、台地区），被保险人在使用被保险机动车过程中发生交通事故，致使受害人遭受人身伤亡或者财产损失，依法应当由被保险人承担的损害赔偿责任，保险人按照交强险合同的约定对每次事故在下列赔偿限额内负责赔偿：

（1）死亡伤残赔偿限额为 180000 元；

（2）医疗费用赔偿限额为 18000 元；

（3）财产损失赔偿限额为 2000 元；

（4）被保险人无责任时，无责任死亡伤残赔偿限额为 18000 元；无责任医疗费用赔偿限额为 1800 元；无责任财产损失赔偿限额为 100 元。

死亡伤残赔偿限额和无责任死亡伤残赔偿限额项下负责赔偿丧葬费、死亡补偿费、受害人亲属办理丧葬事宜支出的交通费用、残疾赔偿金、残疾辅助器具费、护理费、康复费、交通费、被扶养人生活费、住宿费、误工费，被保险人依照法院判决或者调解承担的精神损害抚慰金。

医疗费用赔偿限额和无责任医疗费用赔偿限额项下负责赔偿医药费、诊疗费、住院费、住院伙食补助费，必要的、合理的后续治疗费、整容费、营养费。

做一做

道路交通事故发生于2020年9月19日，属于交强险保险责任，被保险机动车负事故主要责任。经核定三者损失：医药费用2万元，护理费1万元，住院伙食补助费0.4万元，交通费0.2万元，误工费2万元，后续治疗费1万元。依据保险合同和人身损害赔偿相关法律规定，交强险应赔付的额度是多少？如果被保险机动车负事故次要责任，保险公司赔付多少？如果被保险机动车无责，保险公司赔付多少？

相关链接

交强险医疗赔偿最多赔1万元连住院费都不够咋办

资料来源：https：//www.66law.cn/topic2010/jqxylfypcse/19271.shtml

2. 交强险保险责任的成立条件

《交强险条例》第二十一条规定：被保险机动车发生道路交通事故造成本车人员、被保险人以外的受害人人身伤亡、财产损失的，由保险公司依法在机动车交通事故责任强制保险责任限额范围内予以赔偿。道路交通事故的损失是由受害人故意造成的，保险公司不予赔偿。依据国家法律及交强险条款规定，保险实务中界定交强险保险责任时需要考虑保险事故发生同时满足以下五个条件：

（1）保险事故是由被保险机动车造成的；

（2）保险事故是在中华人民共和国境内发生的（不含港、澳、台）；

（3）保险事故的性质是道路交通事故；

（4）保险事故造成了本车人员、被保险人以外的受害人人身伤亡、财产损失；

（5）交强险保险责任是依法应当由被保险人承担的损害赔偿责任。

想一想

1. 被保险机动车停靠路边卸货时，工作人员不慎导致货物砸伤过路行人。该事故是否属于交强险的保险责任，为什么？

2. 被保险机动车停靠路边卸货时，工作人员不慎导致货物砸伤由南向北正常骑行电动车的张某。该事故是否属于交强险的保险责任，为什么？

3. 精神损害抚慰金的赔偿次序

（1）保险行业操作实务。中国保险行业协会《关于印发〈交强险承保、理赔实务规程〉（2009版）的通知》（中保协发〔2009〕216号）规定：对被保险人依照法院判决或调解承担的精神损害抚慰金，原则上在其他赔偿项目足额赔偿后，在死亡伤残赔偿限额内赔偿。2020 年 9 月 14 日中国保险行业协会《关于发布〈交强险承保实务（2020 试行版）〉和〈交强险理赔实务（2020 试行版）〉的通知》（中保协发〔2020〕55 号）删除了精神损害抚慰金按序赔偿的实务操作规定。

（2）司法实践审判实务。关于机动车交通事故造成人身损害的物质损害和精神损害赔偿总和大于交强险赔偿限额时应如何赔偿的问题，最高人民法院在 2008 年 11 月 3 日给安徽省高级人民法院的（2008）民一他字第 25 号复函中明确：精神损害赔偿与物质损害赔偿在强制责任保险中的赔偿次序，请求权人有权进行选择。请求权人选择优先赔偿精神损害，对物质损害赔偿不足部分由商业第三者责任险赔偿。2012 年 12 月 21 日施行的《最高人民法院关于审理道路交通事故损害赔偿案件适用法律若干问题的解释（2020 修正）》（法释〔2012〕19 号）第 13 条明确规定：被侵权人或者其近亲属请求承保交强险的保险公司优先赔偿精神损害的，人民法院应予支持。

实务中，司法解释规定优于行业自律文件，因此交强险中精神损害赔偿优先选择权的“请求权人”主体应限定为“被侵权人或者其近亲属”，作为侵权人的被保险人无权选择交强险精神损害抚慰金的优先赔偿。当然，最新的交强险理赔实务规程（2020 试行版）对此问题不再规定，表明保险行业实务操作已与司法审判实践趋于一致。

4. 鉴定费的保险赔偿

交强险条款的保险责任采用列明式，未列明的不属于保险责任。交强险条款列明的赔偿项目仅限于 20 项，分别为丧葬费、死亡补偿费、受害人家属办理丧葬事宜支出的交通费用、残疾赔偿金、残疾辅助器具费、护理费、康复费、交通费、被抚养人生活费、住宿费、误工费、精神损害抚慰金、医药费、诊疗费、住院费、住院伙食补助费、后续治疗费、整容费、营养费、财产损失。以上赔偿项目并不包括鉴定费，因此实务中，保险公司一般不予赔付鉴定费。但是对受害人提供的司法鉴定意见存疑而要求重新鉴定时，保险公司一般需要承担相应的鉴定费。

此外，需要说明的是：2021 年 1 月 1 日修正施行的《最高人民法院关于审理人身损害赔偿案件适用法律若干问题的解释》（法释〔2020〕17 号）删除了原第 17 条有关“受害人死亡的，赔偿义务人除应当根据抢救治疗情况赔偿本条第一款规定的相关费用外，还应当赔偿丧葬费、被扶养人生活费、死亡补偿费以及受害人亲属办理丧葬事宜支出的交通费、住宿费和误工损失等其他合理费用”的规定。而同时施行的《中华人民共和国民法典》第一千一百七十九条恰恰又取消了“受害人亲属办理丧葬事宜支出的交通费、住宿费和误工损失等其他合理费用”的赔偿项目，而以“丧葬费”涵盖之。

做一做

道路交通事故属于交强险保险责任，被保险机动车负主要责任。经核定三者损失：医药费 20000 元，住院伙食 1000 元，后续治疗费 5000 元，护理费 5000 元，交通费 1000 元，误工费 8000 元，鉴定费 3000 元，残疾赔偿金 60000 元。计算交强险赔付的金额。

（三）交强险的垫付与追偿

1.《交强险条例》第二十二条规定

有下列情形之一的，保险公司在机动车交通事故责任强制保险责任限额范围内垫付抢救费用，并有权向致害人追偿：

（1）驾驶人未取得驾驶资格或者醉酒的；

（2）被保险机动车被盗抢期间肇事的；

（3）被保险人故意制造道路交通事故的。

有前款所列情形之一，发生道路交通事故的，造成受害人的财产损失，保险公司不承担赔偿责任。

2. 交强险条款第九条规定

被保险机动车在本条（1）至（4）之一的情形下发生交通事故，造成受害人受伤需要抢救的，保险人在接到公安机关交通管理部门的书面通知和医疗机构出具的抢救费用清单后，按照国务院卫生主管部门组织制定的交通事故人员创伤临床诊疗指南和国家基本医疗保险标准进行核实。对于符合规定的抢救费用，保险人在医疗费用赔偿限额内垫付。被保险人在交通事故中无责任的，保险人在无责任医疗费用赔偿限额内垫付。对于其他损失和费用，保险人不负责垫付和赔偿。

（1）驾驶人未取得驾驶资格的；

（2）驾驶人醉酒的；

（3）被保险机动车被盗抢期间肇事的；

（4）被保险人故意制造交通事故的。

对于垫付的抢救费用，保险人有权向致害人追偿。

3.《最高人民法院关于审理道路交通事故损害赔偿案件适用法律若干问题的解释（2020 修正）》第十五条规定

有下列情形之一导致第三人人身损害，当事人请求保险公司在交强险责任限额范围内予以赔偿，人民法院应予支持：

（1）驾驶人未取得驾驶资格或者未取得相应驾驶资格的；

（2）醉酒、服用国家管制的精神药品或者麻醉药品后驾驶机动车发生交通事故的；

（3）驾驶人故意制造交通事故的。

保险公司在赔偿范围内向侵权人主张追偿权的，人民法院应予支持。追偿权的诉讼时效期间自保险公司实际赔偿之日起计算。

想一想

交强险条款、《交强险条例》以及《最高人民法院关于审理道路交通事故损害赔偿案件适用法律若干问题的解释》中关于交强险的垫付与追偿的规定，差异何在？保险实务中如何处理？

4. 保险实务中交强险垫付情形

结合交强险条款以及《最高人民法院关于审理道路交通事故损害赔偿案件适用法律若干问题的解释》相关规定，保险实务中交强险垫付情形有以下五种情形。

（1）驾驶未取得驾驶资格的，包括驾驶车辆与准驾车型不符（简称“无证驾驶”）；

（2）驾驶人醉酒的，即血液中的酒精含量在 80mg/100mL 以上的（简称“醉驾”，一般的饮酒驾驶仍然属于交强险责任）；

（3）被保险机动车被盗抢期间肇事的（仅垫付抢救费）；

（4）被保险人故意制造道路交通事故的；

（5）服用国家管制的精神药品或者麻醉药品后驾驶机动车发生交通事故的（简称“毒驾”）。

前款五种情形，致害人向受害人支付死亡伤残赔偿金和医疗费用后，依交强险合同要求保险公司承担保险责任的，人民法院不予支持。

对于上述“无证驾驶”“醉驾”“毒驾”“被保险人故意”四种情形下的交通肇事致人损害，《最高人民法院关于审理道路交通事故损害赔偿案件适用法律若干问题的解释（2020 修正）》第十五条明确规定保险公司就受害人的人身伤害损失予以全部垫付，并享有追偿权。[①] 对于“盗抢期间肇事”致人损害的情形，《中华人民共和国民法典》第一千二百一十五条[②]规定交强险仅垫付抢救费用并享有追偿权。

想一想

无证驾驶、醉驾、被保险人故意发生的道路交通事故，既然不属于交强险保险责任，为何交强险条款与国家相关法律法规规定保险人需要对其发生的人身损害费用垫付？垫付之后的追偿有无风险？保险实务中如何处理？

5. 保险实务中抢救费垫付与追偿的处理

（1）抢救费垫付条件。依据中国保险行业协会《关于发布〈交强险承保实务（2020 试行版）〉和〈交强险理赔实务（2020 试行版）〉的通知》（中保协发〔2020〕55 号）》文件规定，抢救费用的垫付条件需要同时满足以下要件：

①符合《机动车交通事故责任强制保险条例》第二十二条规定的情形；

②接到公安机关交通管理部门要求垫付的通知书；

① 2012 年 2 月 15 日《最高人民法院关于当前形势下加强民事审判切实保障民生若干问题的通知》（法〔2012〕40 号）第五条“妥善审理道路交通事故损害赔偿纠纷案件，依法惩恶扬善，确保公平公正”明确：“在醉酒驾驶、无证驾驶等违法情形的责任承担上，应当在确定保险公司承担相应的赔偿责任的同时，赋予保险公司追偿权。”

② 《中华人民共和国民法典》第一千二百一十五条：“盗窃、抢劫或者抢夺的机动车发生交通事故造成损害的，由盗窃人、抢劫人或者抢夺人承担赔偿责任。盗窃人、抢劫人或者抢夺人与机动车使用人不是同一人，发生交通事故造成损害，属于该机动车一方责任的，由盗窃人、抢劫人或者抢夺人与机动车使用人承担连带责任。保险人在机动车强制保险责任限额范围内垫付抢救费用的，有权向交通事故责任人追偿。”

③第三者受害人送医院抢救，且抢救费用已经发生，抢救医院提供了抢救费用单据和明细项目；

④不属于应由道路交通事故社会救助基金垫付的抢救费用。

想一想

道路交通事故社会救助基金垫付抢救费的情形有哪些?

（2）垫付标准。依据中国保险行业协会《关于发布〈交强险承保实务（2020试行版）〉和〈交强险理赔实务（2020试行版）〉的通知》（中保协发〔2020〕55号）》文件规定，抢救费用的垫付标准需要同时满足以下条件：

①按照交通事故人员创伤临床诊疗指南和抢救地的国家基本医疗保险的标准，在交强险医疗费用赔偿限额或无责任医疗费用赔偿限额内垫付抢救费用。

②第三者受害人中被抢救人数多于一人且在不同医院救治的，在医疗费用赔偿限额或无责任医疗费用赔偿限额内按人数进行均摊；也可以根据医院和交警的意见，在限额内酌情调整。

（3）垫付方式。自收到交警部门出具的书面垫付通知、伤者病历/诊断证明、抢救费用单据和明细之日起，及时向抢救受害人的医院出具“承诺垫付抢救费用担保函”，或将垫付款项划转至抢救医院在银行开立的专门账户，不进行现金垫付。

（4）追偿。对于所有垫付的案件，保险人垫付后有权向致害人追偿。追偿收入在扣减相关法律费用（诉讼费、律师费、执行费等）、追偿费用后，全额冲减垫付款。

（四）交强险的责任免除

交强险条款第十条明确规定以下几种费用不属于交强险责任：

（1）受害人故意造成的交通事故的损失；

（2）被保险人所有的财产以及被保险机动车车上的财产遭受的损失；

（3）被保险机动车发生交通事故，致使受害人停业、停驶、停电、停水、停气、停产、通讯或者网络中断、数据丢失、电压变化等造成的损失以及受害人财产因市场价格变动造成的贬值、修理后因价值降低造成的损失等其他各种间接损失；

（4）因交通事故产生的仲裁或者诉讼费用以及其他相关费用。

如果交通事故仅对受害人造成财产损失而未给受害人造成人身损害，受害人因车辆维修发生的误工费、交通费、出租车司机的车份钱、营运损失、车损减值等损失，均不应由交强险赔偿。简言之，常见的车辆停运损失费、代步车费、车辆贬值损失费、停车费、停业损失费、诉讼费、鉴定费、律师费等各种间接损失，均不属于交强险的理赔范围①。

① 某种意义上，这些常见的间接损失费用在被保险机动车未投保相应附加险的情形下，也不属于商业三者险的理赔范围。

（五）交强险的保险期间

除国家法律、行政法规另有规定外，交强险合同的保险期间为一年，以保险单载明的起止时间为准。但以下机动车不受保险期间一年的限制，可以投保短期交强险：

（1）临时入境的境外机动车；

（2）距报废期限不足一年的机动车；

（3）临时上道路行驶的机动车；

（4）保监会规定的其他情形。

此外，鉴于交强险的强制性和法定性，保险监督管理机构要求保险公司打破商业车险零时起保的保险惯例，尽量实行交强险即时生效。

2009 年 3 月 25 日，中国保监会《关于加强机动车交强险承保工作管理的通知》（保监厅函〔2009〕91 号）明确要求：由于交强险保单中对保险期间有关投保后次日零时生效的规定，使部分投保人在投保后、保单未正式生效前的时段内得不到交强险的保障。为使机动车道路交通事故的受害人得到有效保障，更好地发挥交强险促进道路交通安全的作用，各公司可在交强险承保工作中采取以下适当方式，以维护被保险人利益：一是在保单中“特别约定”栏中，就保险期间作特别说明，写明或加盖“即时生效”等字样，使保单自出单时立即生效。二是公司系统能够支持打印体覆盖印刷体的，出单时在保单中打印“保险期间自 × 年 × 月 × 日 × 时……”覆盖原“保险期间自 × 年 × 月 × 日零时起……”字样，明确写明保险期间起止的具体时点。

（六）其他需要注意的交强险实务问题

1. 交强险投保强制，理赔法定，排除当事人约定。

2. 交强险合同原则上不得解除，但以下三种情形除外：

（1）被保险机动车被依法注销登记的；

（2）被保险机动车办理停驶的；

（3）被保险机动车经公安机关证实丢失的。

此外，同一被保险机动车重复投保交强险的，保险期在后的交强险合同可以解除，出险时由保险期在前的保险合同负责赔偿。

3. 交强险不得重复投保，重复投保也只能获赔一份交强险保障。

4. 挂车不投保交强险，但若牵引车和挂车分别投保交强险的情况下发生交通事故，保险公司应当严格按两个交强险责任限额累加进行赔付。

5. 机动车在道路外通行时发生事故，比照《交强险条例》处理。

6. 以下几种特殊情形仍属于交强险的理赔范围：饮酒（酒精含量达在 20mg/100mL 以上未达在 80mg/100mL 醉驾标准的）、交通肇事逃逸、被保险人及允许的驾驶人的家庭成员的人身伤亡。

拓展阅读

1.《机动车交通事故责任强制保险条例》

2.《机动车交通事故责任强制保险条款》

3.《交强险承保、理赔实务规程（2020 试行版）》

二、机动车第三者责任保险条款解读

机动车第三者责任保险，又称“商业性机动车第三者责任保险”或者“机动车第三者责任商业保险”，简称“商业三者险”。

2020年9月2日，中国银保监会实施车险综合改革，发布了《关于实施车险综合改革的指导意见》（银保监发〔2020〕41号）。该指导意见明确将“商车险示范产品的准入方式由审批制改为备案制”，财险公司使用商车险行业示范条款费率的，应当报银保监会备案。财险公司开发商车险创新型条款费率的，应当报银保监会审批。同时，“拓展和优化商车险保障服务”，具体表现如下：

（1）理顺商车险主险和附加险责任

在基本不增加消费者保费支出的原则下，支持行业拓展商车险保障责任范围。引导行业将机动车示范产品的车损险主险条款在现有保险责任基础上，增加机动车全车盗抢、玻璃单独破碎、自燃、发动机涉水、不计免赔率、无法找到第三方特约等保险责任，为消费者提供更加全面完善的车险保障服务。支持行业开发车轮单独损失险、医保外用药责任险等附加险产品。

（2）优化商车险保障服务

引导行业合理删减实践中容易引发理赔争议的免责条款，合理删减事故责任免赔率、无法找到第三方免赔率等免赔约定。

（3）提升商车险责任限额

结合经济社会发展水平，支持行业将示范产品商业三责险责任限额从5万—500万元档次提升到10万—1000万元档次，更加有利于满足消费者风险保障需求，更好发挥经济补偿和化解矛盾纠纷的功能作用。

（4）丰富商车险产品

支持行业制定新能源车险、驾乘人员意外险、机动车延长保修险示范条款，探索在新能源汽车和具备条件的传统汽车中开发机动车里程保险（UBI）等创新产品。引导行业规范增值服务，制定包括代送检、道路救援、代驾服务、安全检测等增值服务的示范条款，为消费者提供更加规范和丰富的车险保障服务。①

为全面贯彻落实《关于实施车险综合改革的指导意见》精神，深化车险市场的供给侧结构性改革，保护消费者合法权益，在中国银保监会的指导下，中国保险行业协会组织行业力量对2014版商业车险示范条款进行了修订完善，在征求多方意见的基础上，形成了《中国保险行业协会机动车商业保险示范条款（2020版）》等五个商业车险示范条款。具体包括《中国保险行业协会机动车商业保险示范条款（2020版）》《中国保险行业协会特种车商业保险示范条款（2020版）》《中国保险行业协会摩托车、拖拉机商业保险示范条款（2020版）》《中国保险行业协会机动车单程提车保险示范条款（2020版）》以及《中国保险行业协会驾乘人员意外伤害保险示范条款（2020版）》五款，除驾乘意外险示范条款以外，其他四款商业车险示范条款的保险责任与责任免除大

① 参考：2020年9月2日，《中国银保监会关于印发实施车险综合改革指导意见的通知》（银保监发〔2020〕41号）。

同小异，但也存在一定差异。此处以《中国保险行业协会机动车商业保险示范条款（2020 版）》（以下简称“机动车示范条款”）和《中国保险行业协会特种车商业保险示范条款（2020 版）》（以下简称“特种车示范条款”）为例，展开论述。

（一）保险责任

1. 机动车示范条款第二十条规定

保险期间内，被保险人或其允许的驾驶人在使用被保险机动车过程中发生意外事故，致使第三者遭受人身伤亡或财产直接损毁，依法应当对第三者承担的损害赔偿责任，且不属于免除保险人责任的范围，保险人依照本保险合同的约定，对于超过机动车交通事故责任强制保险各分项赔偿限额的部分负责赔偿。

2. 机动车示范条款第二十一条规定

保险人依据被保险机动车一方在事故中所负的事故责任比例，承担应的赔偿责任。

被保险人或被保险机动车一方根据有关法律法规规定选择自行协商或由公安机关交通管理部门处理事故，但未确定事故责任比例的，按照下列规定确定事故责任比例：

被保险机动车一方负主要事故责任的，事故责任比例为 70%；

被保险机动车一方负同等事故责任的，事故责任比例为 50%；

被保险机动车一方负次要事故责任的，事故责任比例为 30%。

涉及司法或仲裁程序的，以法院或仲裁机构最终生效的法律文书为准。

想一想

2019 年 7 月 11 日 18 时，车主张某雇请司机袁某驾驶一辆轻型自卸货车运载木材，并搭载肖某、杨某等 4 人。当货车行至一急弯路段时，由于车速过快，车辆打滑，货车坠落道路右侧的山峪中，坐在车厢上的肖某、杨某从车上被甩出，后被滚落的车辆及木材砸到当场死亡。

问题：事故中的肖某和杨某是否属于第三者？为什么？

保险实务中关于商业三者险保险责任的理解，需要注意：

（1）第三者是指因被保险机动车发生意外事故遭受人身伤亡或者财产损失的人，但不包括被保险机动车本车车上人员、被保险人。

（2）车上人员是指发生意外事故的瞬间，在被保险机动车车体内或车体上的人员，包括正在上下车的人员。

（3）商业三者险实行按责赔付规则，即只有当被保险机动车一方负有事故责任时，保险公司才可能在商业三者险的保险责任范围内承担赔偿责任。

想一想

1. 乘客上车过程中，车辆突然起动，导致乘客摔伤，该乘客能否界定为车上人员?

2. 车辆发生碰撞事故，车上乘客被甩出车外后又被该车碾压，该乘客应界定为车上人员还是第三者? 为什么?

3. 道路交通事故人身损害赔偿案件中，车上乘客因两车碰撞被抛出车外受伤，相对于其所乘坐的车辆，该伤者属于“本车人员”还是“第三者”? 能否获得其所乘车辆的交强险赔偿? 为什么?

拓展阅读

车祸中被抛出车外的人算不算第三者

https：//www. pcauto. com. cn/cxxj/1853/18538805. html

（二）免除责任

1. 免除责任条款设置的一般情形

免除责任是指保险合同约定的，而在保险责任内予以剔除的损失和事由。一般列为免责条款的情形主要有以下几种：

（1）国家道路安全法律法规已有禁止性规定。如“饮酒、吸食或注射毒品、服用国家管制的精神药品或者麻醉药品”“无驾驶证”“驾驶与驾驶证载明的准驾车型不相符合的机动车”等。

（2）缺乏历史统计数据积累，无法统计风险发生概率，缺少费率计算基础。如“战争”“军事冲突”“核反应”“核辐射”等。

（3）属于保险标的本身原因、自然变化或市场变化因素。如“因市场价格变动造成的贬值、修理后因价值降低引起的减值损失”“自然磨损、腐蚀、故障、本身质量缺陷”。

2. 商业三者险的具体免责情形

（1）情形除外

将只要具有免除责任条款列举的情形，不论任何原因造成被保险机动车损失的任何损失和费用或者造成的人身伤亡、财产损失和费用，保险人均不负责赔偿，解释说明为“情形除外”。如机动车示范条款第二十二条明确为“情形除外”，即只要具有该条列举的情形，不论任何原因造成的人身伤亡、财产损失和费用，保险人均不负责赔偿。

①事故发生后，被保险人或驾驶人故意破坏、伪造现场，毁灭证据（适用于驾驶人调包的情形，驾驶人离开事故现场构成“故意破坏现场”）。

②驾驶人有下列情形之一者：

a. 交通肇事逃逸（是指发生道路交通事故后，当事人为逃避法律责任，驾驶或者遗弃车辆逃离道路交通事故现场以及潜逃藏匿的行为）；

b. 饮酒、吸食或注射毒品、服用国家管制的精神药品或者麻醉药品（适用于酒驾、毒驾的情形，这里的“饮酒”是广义的酒驾，包括狭义的“饮酒驾驶”和“醉酒驾驶”）；

c. 无驾驶证，驾驶证被依法扣留、暂扣、吊销、注销期间（适用于无证驾驶的情形）；

d. 驾驶与驾驶证载明的准驾车型不相符合的机动车（适用于准驾不符的情形）；

e. 实习期内驾驶执行任务的消防车、救护车、工程救险车、载有危险物品的机动车或牵引挂车的机动车（适用于特种车示范条款，不适用机动车示范条款）；

f. 使用被保险机动车无国家有关部门核发的有效操作证、许可证或其他必备证书（本适用于特种车示范条款，不适用机动车示范条款）；

g. 非被保险人允许的驾驶人。

③被保险机动车有下列情形之一者：

a. 发生保险事故时被保险机动车行驶证、号牌被注销的（“车辆未按规定年检或检验不合格”不再是免责情形）；

b. 被扣留、收缴、没收期间（“扣押”“政府征用”不再是免责情形）；

c. 竞赛、测试期间，在营业性场所维修、保养、改装期间；

d. 全车被盗窃、被抢劫、被抢夺、下落不明期间。

想一想

驾驶证过了换证时间，但查询公安交管系统该证件为有效状态，驾驶员持该驾驶证驾车发生事故，导致车外人员受伤，保险公司是否赔付？为什么？

（2）原因除外

将由于免除责任条款所列举的原因导致的被保险机动车的损失和费用或者造成的人身伤亡、财产损失和费用，保险人均不负责赔偿，解释说明为“原因除外”。如机动车示范条款第23条明确为“原因除外”，即由于该条所列举的原因导致的人身伤亡、财产损失和费用，保险人不负责赔偿：

①战争、军事冲突、恐怖活动、暴乱、污染（含放射性污染）、核反应、核辐射（“地震及其次生灾害”不再是免责情形）；

②第三者、被保险人或驾驶人故意制造保险事故、犯罪行为，第三者与被保险人或其他致害人恶意串通的行为（适用于故意犯罪的情形）；

③被保险机动车被转让、改装、加装或改变使用性质等，被保险人、受让人未及时通知保险人，且因转让、改装、加装或改变使用性质等导致被保险机动车危险程度显著增加。

（3）损失和费用除外

将无论造成损失和费用的原因是什么，免除责任条款所列举的损失和费用，保险人均不负责赔偿，解释说明为“损失和费用除外”。如机动车示范条款第24条明确为“损失和费用除外”，即无论任何原因，该条所列举的人身伤亡、财产损失和费用，保险人均不负责赔偿：

①被保险机动车发生意外事故，致使任何单位或个人停业、停驶、停电、停水、停气、停产、通讯或网络中断、电压变化、数据丢失造成的损失以及其他各种间接损失；

②第三者财产因市场价格变动造成的贬值，修理后因价值降低引起的减值损失；

③被保险人及其家庭成员、驾驶人及其家庭成员所有、承租、使用、管理、运输或代管的财产的损失，以及本车上财产的损失；

④被保险人、驾驶人、本车车上人员的人身伤亡；

⑤停车费、保管费、扣车费、罚款、罚金或惩罚性赔款；

⑥超出《道路交通事故受伤人员临床诊疗指南》和国家基本医疗保险同类医疗费用标准的费用部分；

⑦律师费，未经保险人事先书面同意的诉讼费、仲裁费；

⑧投保人、被保险人或驾驶人知道保险事故发生后，故意或者因重大过失未及时通知，致使保险事故的性质、原因、损失程度等难以确定的，保险人对无法确定的部分，不承担赔偿责任，但保险人通过其他途径已经知道或者应当及时知道保险事故发生的除外；

⑨因被保险人违反有关协商定损条款约定（机动车示范条款第二十八条：因保险事故损坏的第三者财产，修理前被保险人应当会同保险人检验，协商确定维修机构、修理项目、方式和费用。无法协商确定的，双方委托共同认可的有资质的第三方进行评估）导致无法确定的损失；

⑩精神损害抚慰金；应当由机动车交通事故责任强制保险赔偿的损失和费用。

保险事故发生时，被保险机动车未投保机动车交通事故责任强制保险或机动车交通事故责任强制保险合同已经失效的，对于机动车交通事故责任强制保险责任限额以内的损失和费用，保险人不负责赔偿。

想一想

王某倒车时，不慎将自己父亲撞伤，同时又撞坏了父亲家的大门，保险公司是否能在商业三者险项下赔付事故损失？为什么？

（4）其他法定或约定免责情形

①保险合同成立时保险费未交清前发生的保险事故（机动车示范条款第5条第2款：保险费未交清前，本保险合同不生效）；

②发生保险事故时，被保险人故意或者因重大过失未及时通知，致使保险事故的性质、原因、损失程度等难以确定的，对于无法确定的部分（《保险法》第二十一条、机动车示范条款第二十四条第8项）；

③保险事故发生时，被保险人对被保险机动车不具有保险利益的（《保险法》第四十八条）；

④被保险人或其允许的驾驶人给第三者造成损害，未向该第三者赔偿的（《保险法》第六十五条第三款，机动车示范条款第二十七条第三款）；

⑤未经保险人书面同意，被保险人自行承诺或支付的不属于保险人赔偿范围或超出保险人应赔偿金额的部分（机动车示范条款第三十条第二款）；

⑥重复保险中其他保险人应承担的赔偿金额（《保险法》第五十六条）。

（三）免赔率

1. “免赔率”的概念

免赔率是指保险合同中约定的，保险公司不负赔偿责任的损失占总体损失的比例，保险公司在理赔时，将按照此比例计算不负赔偿的损失额度，然后在赔款中进行扣减。[①] 免赔率具体包括事故（责任）免赔率和绝对免赔率。事故免赔率又称“相对免赔率”，投保人可以通过加保“不计免赔险”扩展承保。绝对免赔率又称“增加免赔率”，原则上不能通过增加保险费扩展承保。

2. 免赔率条款

《中国保险行业协会机动车综合商业保险示范条款（2014 版）》第二十七条规定保险人在依据本保险合同约定计算赔款的基础上，在保险单载明的责任限额内，按照下列方式免赔：

（1）被保险机动车一方负次要事故责任的，实行 5% 的事故责任免赔率；负同等事故责任的，实行 10% 的事故责任免赔率；负主要事故责任的，实行 15% 的事故责任免赔率；负全部事故责任的，实行 20% 的事故责任免赔率；

（2）违反安全装载规定的，实行 10% 的绝对免赔率。

2020 年 9 月 19 日施行的中国银保监会关于车险综合改革的指导意见，明确增加“不计免赔率”作为商业车险的保险责任。自此，《中国保险行业协会机动车商业保险示范条款（2020 版）》不再设置免赔率章节规定，保险公司在计算赔款时也不再扣除免赔率。

（四）赔偿处理

赔款计算公式如下：

（1）机动车示范条款（2014 版）赔款计算方式

保险人按照《道路交通事故受伤人员临床诊疗指南》和国家基本医疗保险的同类医疗费用标准核定医疗费用的赔偿金额，依据道路交通事故责任比例，对于超过交强险赔付的范围进行赔偿。

①当（依合同约定核定的第三者损失金额 − 机动车交通事故责任强制保险的分项赔偿限额）×事故责任比例等于或高于每次事故赔偿限额时：

---

① 根据中华人民共和国国家标准 GB/T 36687－2018《保险术语》定义：“免赔额”是指“保险合同约定的，保险人不负赔偿责任的、由被保险人自行承担损失的数额”。（第 2.30 条）；“免赔率”是指“保险合同中约定的，免赔金额与被保险人遭受的损失金额的比率。”（第 4.3.1.11 条）。

赔款＝每次事故赔偿限额×（1－事故责任免赔率）×（1－绝对免赔率之和）

②当（依合同约定核定的第三者损失金额－机动车交通事故责任强制保险的分项赔偿限额）×事故责任比例低于每次事故赔偿限额时：

赔款＝（依合同约定核定的第三者损失金额－机动车交通事故责任强制保险的分项赔偿限额）×事故责任比例×（1－事故责任免赔率）×（1－绝对免赔率之和）

（2）机动车示范条款（2020版）赔款计算方式

①当（依合同约定核定的第三者损失金额－机动车交通事故责任强制保险的分项赔偿限额）×事故责任比例等于或高于每次事故赔偿限额时：

赔款＝每次事故赔偿限额

②当（依合同约定核定的第三者损失金额－机动车交通事故责任强制保险的分项赔偿限额）×事故责任比例低于每次事故赔偿限额时：

赔款＝（依合同约定核定的第三者损失金额－机动车交通事故责任强制保险的分项赔偿限额）×事故责任比例

（3）机动车示范条款（2014版）免赔率计算

保险公司在依据商业三者险合同约定计算赔偿的基础上，在保单载明的责任限额内，按下列免赔率免赔：

①负次要责任的事故责任免赔率为5%，负同等责任的事故责任免赔率为10%，负主要责任的事故责任免赔率为15%，负全部责任的事故责任免赔率为20%；

②违反安全装载规定的（包括超载、超宽、超高、超长、人货混装等法律法规规定的违反安全装载的行为），实行10%的绝对免赔率。

做一做

甲车在A保险公司投保了交强险和第三者责任险，责任限额为10万元。乙车在B保险公司投保了第三者责任险，责任限额10万元。甲车在保险期限内与乙车相撞，导致两车受损、两车车上人员各一人以及路上行人受伤。交警认定甲车负事故主要责任，乙车负事故次要责任。事故双方达成赔偿协议，约定甲方承担60%赔偿责，乙方承担40%赔偿责任。经核定：甲车车损为1万元，车上人员刘某经治无效而亡，核定医疗费用3万元，死亡伤残费用为20万元；乙车车损2万元，车上人员李某受伤，医疗费用2万元，死亡伤残费用6万元；行人王某医疗费用5000元，死亡伤残费用8000元。计算甲、乙两车各自承保的保险公司应赔付多少？

（五）责任限额

1. 每次事故责任限额

商业三者险责任限额和交强险责任限额一样，都是按照每次事故计算责任限额，是指被保险机动车发生意外事故，保险人对每次保险事故所有受害第三者的人身伤亡和财产损失所承担的最高赔偿金额。同一保险期间内，被保险机动车多次发生保险事故的，赔偿总限额不作限制，但每次事故赔偿限额以保单载明的商业三者险责任限额为限。

2. 主挂车连接使用时的责任限额

机动车示范条款第二十六条明确：主车和挂车连接使用时视为一体，发生保险事故时，由主车保险人和挂车保险人按照保险单上载明的机动车第三者责任保险责任限额的比例，在各自的责任限额内承担赔偿责任（删除了2014版示范条款规定的“但赔偿金额总和以主车的责任限额为限”，说明今后主挂车责任限额可以叠加赔付）。

2013年3月1日起修订施行的《交强险条例》第四十三条规定：“挂车不投保机动车交通事故责任强制保险。发生道路交通事故造成人身伤亡、财产损失的，由牵引车投保的保险公司在机动车交通事故责任强制保险责任限额范围内予以赔偿；不足的部分，由牵引车方和挂车方依照法律规定承担赔偿责任。”这意味着今后主挂车连接使用时作为一辆机动车，交强险和商业三者险均只需投保一份，理赔一份，交强险多保视为重复投保，但商业三者险作为商业责任保险可叠加责任限额赔付。

3. 主挂车赔款计算①

（1）当机动车第三者责任保险为2020版示范条款时

主车和挂车连接使用时视为一体，发生保险事故时，由主车保险人和挂车保险人按照保险单上载明的机动车第三者责任保险责任限额的比例，在各自的责任限额内承担赔偿责任。总赔款限额以主车与挂车第三者责任限额之和为限。

主车应承担的赔款 = 总赔款 × [主车责任限额 ÷（主车责任限额 + 挂车责任限额）]

挂车应承担的赔款 = 总赔款 × [挂车责任限额 ÷（主车责任限额 + 挂车责任限额）]

挂车未投保商业险的，不参与分摊在商业三者险项下应承担的赔偿金额。

（2）当机动车第三者责任保险为2014版示范条款时

主车和挂车连接使用时视为一体，发生保险事故时，由主车保险人和挂车保险人按照保险单上载明的机动车第三者责任保险责任限额的比例，在各自的责任限额内承担赔偿责任，但赔偿金额总和以主车的责任限额为限。

计算公式与（1）同。

（3）主挂车分别承保2014版和2020版条款保单时，达到赔偿限额的，按照各自保单条款中的约定计算赔偿。

（4）挂车未与主车连接时发生保险事故，在挂车的责任限额内承担赔偿责任。

说明：

①“机动车交通事故责任强制保险的分项赔偿限额”分为：死亡伤残赔偿限额、医疗费用赔偿限额、财产损失赔偿限额以及被保险人在道路交通事故中无责任的赔偿限额。其中无责任的赔偿限额分为无责任死亡伤残赔偿限额、无责任医疗费用赔偿限额以

---

① 2020年9月3日，中国保险行业协会《关于发布〈商业车险示范产品承保理赔实务要点（2020试行版）的通知〉》（中保协发〔2020〕49号）。

及无责任财产损失赔偿限额。

②“绝对免赔率”是指投保人与保险人在投保附加绝对免赔率特约条款时约定的免赔率。

③被保险机动车未投保机动车交通事故责任强制保险或机动车交通事故责任强制保险合同已经失效的，视同其投保了机动车交通事故责任强制保险进行计算。

④保险期间内，被保险人或其允许的驾驶人在使用被保险机动车过程中，造成被保险人或驾驶人的家庭成员（配偶、父母、子女和其他共同生活的近亲属）人身伤亡的，属于第三者责任保险的赔偿责任，但被保险人、驾驶人及家庭成员为本车上人员的除外。

拓展阅读

主、挂车均投保责任保险，主、挂车连接使用时发生交通事故的，如何处理？

在交强险中，保险业对此问题已达成较一致的观点。中国保险行业协会《机动车交通事故责任强制保险承保、理赔实务规程要点（2006年版）》《交强险承保、理赔实务规程（2008版）》和《交强险互碰赔偿处理规则（2008版）》均规定，主车和挂车在连接使用时发生交通事故的，主车与挂车的交强险保险人分别在各自的责任限额内承担赔偿责任。中国保监会《转发交通运输部等五部委关于促进甩挂运输发展的通知》（保监厅发〔2010〕11号）也指出，“认真做好挂车交强险承保和理赔服务工作。各公司不得拒绝或拖延承保挂车交强险；对于主车和挂车在连接使用时发生交通事故的，要严格按两个责任限额累加进行赔付”。上述行业惯例和保监会的意见，可以作为审理交强险案件的参考依据。

在商业责任保险中，如合同明确约定“主车和挂车连为一体发生事故，两车的保险赔偿限额以主车的保险限额为限”等内容，并且保险人履行了提示和明确说明义务的，法院应当认定上述合同条款有效，并根据合同约定确定保险赔偿责任。如保险合同对此没有约定或者约定不明的，可以参照交强险的行业惯例处理。①

（六）医保赔付条款解读

机动车示范条款第三十条约定：保险人按照《道路交通事故受伤人员临床诊疗指南》和国家基本医疗保险的同类医疗费用标准核定医疗费用的赔偿金额。未经保险人书面同意，被保险人自行承诺或支付的赔偿金额，保险人有权重新核定。不属于保险人赔偿范围或超出保险人应赔偿金额的，保险人不承担赔偿责任。

所谓“同类医疗费用标准”是指对于交通事故受伤者治疗过程中所发生的非医保

① 引自：2010年12月17日，上海市高级人民法院民事审判第五庭《关于印发〈关于审理保险合同纠纷案件若干问题的解答（一）〉的通知》（沪高法民五〔2010〕4号）第七条。

药费，依据保险合同约定和国家基本医疗保险的医疗保障标准，按照同类标准、同等程度进行审核替换，从而确定确定保险公司应予赔付的具体保险金数额，剩余的非医保药费则由作为肇事方的投保人承担。

保险实务中关于非医保费用“同类医疗费用标准”的处理需要注意以下几点：

（1）受害人发生的非医保费用必须与交通事故损伤治疗有关；

（2）受害人所选用非医保药与医保药具有可替代性，两种药品具有相同的功能，能够实现相同的治疗目的，具有功能上的可替代性。功能可替代性的前提是药品具有相同的成分，属于同种药品。鉴于药品市场上同种药品价格差异较大，实际操作中需要确定一个公平、合理的基准价，具体可借鉴我国医保范围内药品价格控制的相关政策文件，如国家发展改革委 2011 年 11 月印发的《药品差比价规则》（发改价格〔2011〕2452 号）。

（3）如果受害人选用的非医保药品，无法找到与医保药品相对应的同种药品，该药品与医保药具有不同的成分和功能，缺乏与之对应的“同类医疗费用标准”，那么出于防控不合理、过度医疗费用需要，保险人一方面需要提前介入，积极引导受害人选用医保内药品或与医保相对应的同种药品，另一方面还需积极举证“同类标准”。

工作实例

交通事故导致行人李某受伤入院。住院过程中，李某依据其责任医生的建议要求肇事者王某院外购买其骨折治疗所需要的支架。王某知晓李某需求后，打电话给保险公司理赔人员，询问支架费用是否由商业三者险赔付。针对此情景，角色扮演客户与保险理赔人员进行沟通演练。

拓展阅读

1.《中华人民共和国保险法》

2.《最高人民法院关于适用〈中华人民共和国保险法〉若干问题的解释（二）》

3.《最高人民法院关于适用〈中华人民共和国保险法〉若干问题的解释（三）》

4.《最高人民法院关于适用〈中华人民共和国保险法〉若干问题的解释（四）》

5. 国家基本医疗保险药品目录、诊疗项目、医疗服务设施标准相关的政策文件

6.《最高人民法院关于审理人身损害赔偿案件适用法律若干问题的解释》

7.《最高人民法院关于审理道路交通事故损害赔偿案件适用法律若干问题的解释》

8.《国家发展改革委关于印发〈药品差比价规则〉的通知》（发改价格〔2011〕2452 号）

三、机动车车上人员责任保险条款解读

机动车车上人员责任保险以《中国保险行业协会机动车商业保险示范条款（2020版）》（下称“机动车示范条款”）为例，展开解读。

（一）保险责任

1. 机动车示范条款第三十一条规定

保险期间内，被保险人或其允许的驾驶人在使用被保险机动车过程中发生意外事故，致使车上人员遭受人身伤亡，且不属于免除保险人责任的范围，依法应当对车上人员承担的损害赔偿责任，保险人依照本保险合同的约定负责赔偿。

2. 机动车示范条款第三十二条规定

保险人依据被保险机动车一方在事故中所负的事故责任比例，承担相应的赔偿责任。被保险人或被保险机动车一方根据有关法律法规规定选择自行协商或由公安机关交通管理部门处理事故，但未确定事故责任比例的，按照下列规定确定事故责任比例：

被保险机动车一方负主要事故责任的，事故责任比例为70%；

被保险机动车一方负同等事故责任的，事故责任比例为50%；

被保险机动车一方负次要事故责任的，事故责任比例为30%。

涉及司法或仲裁程序的，以法院或仲裁机构最终生效的法律文书为准。

保险实务中界定车上人员责任保险的保险责任，需要注意：“依法应当对车上人员承担的损害赔偿责任”不包括依法应由其他事故车辆方交强险承担的部分，也不包括其他事故车辆未投保交强险依法应由该车所有人或管理人在相当于交强险限额内承担的部分。车上人员是指发生意外事故的瞬间，在被保险机动车车体内或车体上的人员，包括正在上下车的人员。但“正在上下车的人员”是否包括车上人员因交通事故被甩出车外伤亡、车上人员主动跳车伤亡等非正常下车的情形，机动车示范条款未予明确，实务中存在一定争议。关于“车体内”和“车体上”是否包括非驾驶室座位上的位置，如货车车厢内、车顶上的人员是否属于“车上人员”，争议较大。

想一想

车辆投保车上人员责任险，发生交通事故造成车上人员受伤，交警队判定被保险机动车负事故的主要责任，被保险人能向承保的保险公司申请赔偿受伤人员的全部损失吗？为什么？

（二）责任免除

车上人员责任险和商业三者险一样，同样将责任免除分为情形除外、原因除外、损失和费用除外。其中，情形除外和原因除外的免责事项与商业三者险基本相同，在此不再赘述。损失和费用除外的免责事项根据车上人员责任险的特点，略有差异。

机动车示范条款第三十五条明确“损失和费用除外”，即无论造成损失和费用的原

因是什么，该条所列举的损失和费用，保险人均不负责赔偿：

（1）被保险人及驾驶人以外的其他车上人员的故意行为造成的自身伤亡；

（2）车上人员因疾病、分娩、自残、斗殴、自杀、犯罪行为造成的自身伤亡；

（3）罚款、罚金或惩罚性赔款（同商业三者险免赔约定）；

（4）超出《道路交通事故受伤人员临床诊疗指南》和国家基本医疗保险同类医疗费用标准的费用部分（同商业三者险免赔约定）；

（5）律师费，未经保险人事先书面同意的诉讼费、仲裁费（同商业三者险免赔约定）；

（6）投保人、被保险人或其驾驶人知道保险事故发生后，故意或者因重大过失未及时通知，致使保险事故的性质、原因、损失程度等难以确定的，保险人对无法确定的部分，不承担赔偿责任，但保险人通过其他途径已经知道或者应当及时知道保险事故发生的除外（同商业三者险免赔约定）；

（7）精神损害抚慰金（同商业三者险免赔约定）；

（8）应当由交强险赔偿的损失和费用（同商业三者险免赔约定）。

需要特别注意的是：2020 版示范条款已删除“违法、违章搭乘人员的人身伤亡”免责情形。

想一想

王某将一辆出租车向保险公司投保车损险、交强险、第三者责任险及车上人员责任险。若夜间运营时被歹徒抢劫时砍伤，保险公司如何处理？若搭乘妊娠高血压综合征的孕妇，行驶中抽搐昏迷致死，保险公司如何处理？若驾驶员下车查看路况忘记拉手刹，车子滑行撞伤驾驶员，保险公司如何处理？

（三）赔偿处理

1. 赔款计算公式

机动车示范条款（2014 版）第四十二条、第四十八条明确：在计算车上人员责任险赔款时，免赔率的计算应当“先限后免”，具体计算公式如下：

（1）对每座的受害人，当“（依合同约定核定的每座车上人员人身伤亡损失金额 - 应由交强险赔偿的金额）× 事故责任比例”高于或等于每次事故每座赔偿限额时：

赔款 = 每次事故每座赔偿限额 ×（1 - 事故责任免赔率）

（2）对每座的受害人，当“（依合同约定核定的每座车上人员人身伤亡损失金额 - 应由交强险赔偿的金额）× 事故责任比例”低于每次事故每座赔偿限额时：

赔款 =（依合同约定核定的每座车上人员人身伤亡损失金额 - 应由交强险赔偿的金额）× 事故责任比例 ×（1 - 事故责任免赔率）

机动车示范条款（2020 版）赔款计算：

（1）对每座的受害人，当“（依合同约定核定的每座车上人员人身伤亡损失金额 -

应由交强险赔偿的金额）×事故责任比例”高于或等于每次事故每座赔偿限额时：

赔款=每次事故每座赔偿限额

（2）对每座的受害人，当“（依合同约定核定的每座车上人员人身伤亡损失金额－应由交强险赔偿的金额）×事故责任比例”低于每次事故每座赔偿限额时：

赔款=（依合同约定核定的每座车上人员人身伤亡损失金额－应由交强险赔偿的金额）×事故责任比例

2. 事故责任免赔率条款

机动车示范条款（2014版）第四十三条明确：保险人在依据本保险合同约定计算赔款的基础上，在保险单载明的责任限额内，按照下列方式免赔：

被保险机动车一方负次要事故责任的，实行5%的事故责任免赔率；负同等事故责任的，实行10%的事故责任免赔率；负主要事故责任的，实行15%的事故责任免赔率；负全部事故责任或单方肇事事故的，实行20%的事故责任免赔率。

机动车示范条款（2020版）已删除免赔率条款的规定。

3. 责任限额

机动车示范条款第三十六条规定：驾驶人每次事故责任限额和乘客每次事故每人责任限额由投保人和保险人在投保时协商确定。投保乘客座位数按照被保险机动车的核定载客数（驾驶人座位除外）确定。

想一想

被保险机动车与货车相追尾，导致被保险机动车上人员一死一伤。交警认定被保险机动车同责，被保险机动车驾驶员医疗费3万元。驾驶员座位险责任限额5万元。思考被保险机动车所承保保险公司应赔付驾驶员多少钱？

（四）第三者身份转化案件处理

机动车车上人员责任险（亦称“座位险”）仅适用于车上人员在保险车辆座位上发生的保险事故。车上人员正常下车，其身份已经转换为第三者，故应当适用交强险和商业三者险。当保险车辆出现危险状态，车上人员跳离车辆过程中或因车辆事故被抛出车外所致伤害，对离车人员应当适用车上人员责任险（座位险）。[①]

1. 第三者身份转化观点

实践中，关于车上人员与第三者身份转化问题存在可转化说和固定说两种对立的争议观点。

可转化说认为车上人员与第三者身份可以转化，典型代表为最高人民法院公报案例：①根据机动车辆保险合同的约定，机动车辆第三者责任险中的“第三者”，是指除

① 2010年4月7日，《重庆市高级人民法院印发〈全市法院保险纠纷案件审判实务研讨会会议纪要〉的通知》（渝高法〔2010〕101号）第十一条。

投保人、被保险人和保险人以外的，因保险车辆发生意外事故遭受人身伤亡或财产损失的保险车辆下的受害人；车上人员责任险中的“车上人员”，是指发生意外事故时身处保险车辆之上的人员。据此，判断保险车辆发生意外事故而受害的人属于“第三者”还是属于“车上人员”，必须以该人在事故发生当时这一特定的时间是否身处保险车辆之上为依据，在车上即为“车上人员”，在车下即为“第三者”。②由于机动车辆是一种交通工具，任何人都不可能永久地置身于机动车辆之上，故机动车辆保险合同中所涉及的“第三者”和“车上人员”均为在特定时空条件下的临时性身份，即“第三者”与“车上人员”均不是永久的、固定不变的身份，二者可以因特定时空条件的变化而变化。因保险车辆发生意外事故而受害的人，如果在事故发生前是保险车辆的车上人员，事故发生时已经置身于保险车辆之下，则属于“第三者”。至于何种原因导致该人员在事故发生时置身于保险车辆之下，不影响其“第三者”的身份。[①]

可转化说又具体细分为符合二次碰撞条件可转化说，即只有保险车辆在发生事故时二次碰撞受害人，车上人员才能转化为第三者，否则仍应按车上人员处理。如江西省高级人民法院认为：“不能单纯以伤亡结果发生在车外就认定乘客身份转化为第三者，而要看伤亡是否是车上损害结果的延续，如果伤亡系车上损害结果的延续，则仍属于乘客；如果伤亡结果系甩出车外后又因本车碰撞、碾压造成，则可以由本车乘客身份转化为交强险赔偿对象的第三者。”[②]

固定说认为车上人员与第三者身份不能发生转化，典型代表为中国保监会和最高人民法院民一庭意见：①中国保监会意见：保险车辆在行驶途中发生意外事故，车上乘客被甩出车外，落地后被所乘车辆碾压造成自身伤亡的情况，属于车上人员责任险的责任范围。[③] ②最高人民法院民一庭意见：当被保险车辆发生交通事故时，如本车人员脱离了被保险车辆，不能视其为机动车第三者责任强制保险中的“第三者”，不应将其作为机动车第三者责任强制保险限额赔偿范围的理赔对象。[④]

2. 车上人员与第三者身份转化观点的选择

最高人民法院民事审判第一庭在《最高人民法院关于道路交通损害赔偿司法解释

---

① 最高人民法院办公厅主编：《最高人民法院公报》（2008 年第 7 期）之“郑克宝诉徐伟良、中国人民财产保险股份有限公司长兴支公司道路交通事故人身损害赔偿纠纷案”公报案例，人民法院出版社 2008 年版；沈德咏主编/最高人民法院办公厅编：《最高人民法院公报案例大全》（上卷），人民法院出版社 2009 年版，第 871 ~ 877 页。

② 2012 年 8 月 23 日《江西高级人民法院关于中国人民财产保险股份有限公司新干支公司与邓宗庚机动车交通事故责任强制保险合同纠纷一案请示的答复》（〔2012〕赣民一他字第 6 号）。

③ 2001 年 9 月 18 日《中国保险监督管理委员会关于〈机动车辆保险条款〉第四条第（三）款解释的批复》（保监办函〔2001〕59 号）。

④ 最高人民法院民事审判第一庭：《民事审判指导与参考》（2010 年第 3 集总第 43 集）之“被保险车辆中的‘车上人员’能否转化为机动车第三者责任强制保险中的‘第三者’”指导性案例，北京：法律出版社 2011 年版，第 139 ~ 142 页。

最高人民法院民事审判第一庭编著：《民事审判指导与参考》（2015 年第 4 辑总第 64 辑）之“关于当前商事审判工作中的若干具体问题”第四条“关于保险合同纠纷案件的审理问题”：“正确认定第三者责任保险中的‘第三者’。应当按照合同法第一百二十五条第一款规定的合同解释方法来确定保险格式条款中‘第三者’的范围。如仍存在两种以上解释的，应当按照保险法第三十条规定作出有利于被保险人的解释。”最高法院民二庭疑似采纳不利解释规则对“第三者”范围作出认定。选自最高人民法院审判委员会委员/民事审判第二庭庭长杨临萍于 2015 年 12 月 24 日在第八次全国民事商事审判工作会议上的讲话，人民法院出版社 2016 年版，第 76 页。

理解与适用》一书中对此做了明确说明[①]：

（1）车上人员下车休息时，被疏忽的驾驶人撞死等，我们倾向认为，应将上述人员纳入交强险的赔偿范围。

（2）车上的司乘人员发生交通事故时先摔出车外，后被车碾压致死的情况，我们认为，“车上人员”与“车外人员”的区别是比较固定的，因交通事故的撞击等原因导致车上人员脱离本车的，不存在“转化”为第三人的问题，上述人员仍属于“车上人员”，不应由交强险予以赔偿。

（3）至于驾驶人下车查看车辆状况时，被未熄火的车辆碾压致死的情形，争议更大。这种情况，驾驶人本人就是被保险人，且对机动车有实际的控制力，同时，因行为人自己行为造成自身受损害，对其赔偿不符合我国交强险的规定，故我们倾向认为，在现有法律规定下，这种情况下的驾驶人不属于“第三者”。

3. 关于被保险人是否可以转化为第三者的问题

江西省高级人民法院民一庭意见：交强险作为责任保险，是以投保人、被保险人对第三者依法应承担的赔偿责任为保险标的。依照侵权法原理，自己不能成为自己权益的侵害者并因此承担赔偿责任。被保险人不能对自己承担赔偿责任。故不存在“被保险人”与“第三者”之间的身份转化问题。[②]

4. 实务操作注意事项

（1）必须调查核实受害人（乘客）受到伤害或死亡是否系保险车辆二次碰撞或碾压所致。若车上乘客系因被直接甩出车外伤亡（如摔死、摔伤等），则不存在转化为“第三者”。

（2）必须核实受害人（车上人员）于事故发生时的身份是否系保险车辆驾驶人。若事发时受害人系本车驾驶人，则无论该受害人于事发时是否在车上或车下，以及是否遭本车二次碰撞或碾压，均不能转化为本车的“第三者”。

（3）本车驾驶人正常下车后因保险车辆溜坡受害，该驾驶人在车下的人身伤亡，既不属于交强险和商业三者险的理赔范围，也不属于车上人员责任险的理赔范围。

（4）本车乘客因交通事故被甩出车外，后被本车碾压或碰撞，此时该乘客身份是否转化为“第三者”，争议较大，应按固定说抗辩。

（5）保单记名被保险人（非驾驶人情形）在车下时的人身伤亡是否受交强险和商业三者险保障，争议较大，应按责任保险原理抗辩。

---

① 最高人民法院民事审判第一庭：《最高人民法院关于道路交通损害赔偿司法解释理解与适用》，北京：人民法院出版社2015年第2版，第231～232页。

② 2012年8月23日《江西省高级人民法院关于中国人民财产保险股份有限公司吉安市吉州支公司与帅军霞、郑婕、郑浩权、杨友娣、郑亮平机动车交通事故责任强制保险合同纠纷一案请示的答复》（〔2012〕赣民一他字第5号）及《江西省高级人民法院关于中国人民财产保险股份有限公司新干支公司与熊香连、邓一航、邓鹤廷、邓则老、邓金兰机动车交通事故责任强制保险合同纠纷一案请示的答复》（〔2012〕赣民一他字第10号）。

工作实例

（1）王某驾驶油罐车通过某农村路段时，因横穿马路的所架设的电线过低导致油罐车无法正常通过。王某便安排同乘人员李某下车爬至车顶，用竹竿将电线顶起来，王某再将车辆缓缓往前开过去，但在李某顶电线过程中，王某突然启动车辆导致李某未站稳而摔下油罐车并受伤，请问此时李某是否可以获赔本车车上人员责任险的理赔？

（2）公交车乘客下车过程中，一脚车上一脚车下，公交车司机误以为乘客已经完全下车便关门启动，导致乘客被车门夹伤后甩出车外，后又被公交车右后轮碾压，该乘客的人身损失应如何赔偿？

（3）保险车辆发生碰撞事故，车上乘客被甩出车外后又被本车碾压，该乘客应界定为"车上人员"还是"第三者"？若该乘客直接被甩出车外直接摔死或摔伤，该乘客身份如何界定？若该乘客在发现车辆遇险后，主动跳车导致自身摔伤，其身份又如何界定？

做一做

湘 KS8897 在甲保险公司购买了车上人员责任险，每次事故每座位责任限额为 10 万元。保险期限内湘 KS8897 车因与湘 KJ2525 车碰撞，湘 KS8897 负全责，其车上人员（乘客）三人受伤。经初步核定乘客甲的医疗费、营养费、后续治疗费及住院伙食补助费合计 12220.47 元，乘客乙的医疗费 1013.91 元，误工费和护理费 5000 元，合计 6013.91 元，乘客丙的医疗费 500 元，误工费 1690.15 元，合计 2190.15 元。计算湘 KS8897 在车上人员责任险限额内应赔付多少？湘 KS8897 车和湘 KJ2525 车各应如何承担保险赔偿责任？

拓展阅读

1. 机动车车上人员责任保险条款
2. 《道路交通事故受伤人员临床诊疗指南》（中国法制出版社）
3. 《最高人民法院关于道路交通损害赔偿司法解释理解与适用》（人民法院出版社）
4. 《最高人民法院关于保险法司法解释（二）理解与适用》（人民法院出版社）
5. 《最高人民法院关于保险法司法解释（三）理解与适用》（人民法院出版社）
6. 《最高人民法院关于保险学司法解释（四）理解与适用》（人民法院出版社）

四、机动车保险附加险条款解读

中国保险行业协会发布的《机动车商业保险示范条款（2020 版）》共设置了 11 项附加险条款，其中专属于商业三者险和车上人员责任险的附加险有 3 项，分别为“附加车上货物责任险”“附加精神损害抚慰金责任险”“附加医保外医疗费用责任险”。此处围绕对上述 3 项相关联的附加险条款的解读予以展开。

（一）车上货物责任险条款解读

车上货物责任险只有在投保了商业三者险的营业货车（含挂车）的基础上方可投保。其保险责任是：保险期间内，发生意外事故致使保险车辆所载货物遭受直接损毁，依法应由被保险人承担的损害赔偿责任，保险人负责赔偿。

其免除责任如下：

（1）偷盗、哄抢、自然损耗、本身缺陷、短少、死亡、腐烂、变质、串味、生锈、动物走失、飞失、货物自身起火燃烧或爆炸造成的货物损失；

（2）违法、违章载运造成的损失；

（3）因包装、紧固不善，装载、遮盖不当导致的任何损失；

（4）车上人员携带的私人物品的损失；

（5）保险事故导致的货物减值、运输迟延、营业损失及其他各种间接损失；

（6）法律、行政法规禁止运输的货物的损失。

实务中，被保险人索赔时，应提供运单、起运地货物价格证明等相关单据。保险人在责任限额内按起运地价格计算赔偿。发生保险事故后，保险人依据本条款约定在保险责任范围内承担赔偿责任，赔偿方式由保险人和被保险人协商确定。

> **做一做**
>
> 2017 年 3 月 3 日，郭某为自己的营运货车投保了车损险 8 万元，第三者责任险 50 万元，车上货物责任险 5 万元，保险期限为 2017 年 3 月 4 日至 2018 年 3 月 3 日。2017 年 5 月 8 日郭某在为某一家电商场运输一批价值 3 万元的电风扇时，因所行路面塌陷使货车车体倾覆，造成货车及车上货物损失，郭某向保险公司报案，并提出索赔申请。保险公司现场勘察，了解到本次事故共造成了货车维修费 8000 元、电风扇完全损毁和贬值部分 5000 元以及因事故发生时路边行人哄抢的损失 3000 元，合计 16000 元。
>
> 思考：依照车上货物责任保险条款约定，保险公司应该赔付的金额是多少？

（二）精神损害抚慰金责任险条款解读

精神损害抚慰金责任险只有在投保了商业三者险或车上人员责任险的基础上，才可投保。其保险责任是：保险期间内，被保险人或其允许的驾驶人在使用保险车辆过程中，发生投保的主险约定的保险责任内的事故，造成第三者或车上人员的人身伤亡，受害人据此提出精神损害赔偿请求，保险人依据法院判决及保险合同约定，对应由被保险人或其被保险机动车驾驶人支付的精神损害抚慰金，在扣除机动车交通事故责任强制保险应当支付的赔款后，在本保险赔偿限额内负责赔偿。

其免除责任如下：

（1）根据被保险人与他人的合同协议，应由他人承担的精神损害抚慰金；

（2）未发生交通事故，仅因第三者或者车上人员的惊恐而引起的损害；

（3）怀孕妇女的流产发生在交通事故发生之日起 30 天以外的。

实务中，在投保人仅投保机动车第三者责任保险的基础上附加精神损害抚慰金责任险时，保险人只负责赔偿第三者的精神损害抚慰金；在投保人仅投保机动车车上人员责任保险的基础上附加精神损害抚慰金责任险时，保险人只负责赔偿车上人员的精神损害抚慰金。本附加险赔偿金额依据生效法律文书或当事人达成且经保险人认可的赔付协议，在保险单所载明的赔偿限额内计算赔偿。

（三）医保外医疗费用责任险条款解读

投保了商业三者险或车上人员责任险的机动车，可投保本附加险。其保险责任为：保险期间内，被保险人或其允许的驾驶人在使用被保险机动车的过程中，发生主险保险事故，对于被保险人依法应对第三者或车上人员承担的医疗费用，保险人对超出《道路交通事故受伤人员临床诊疗指南》和国家基本医疗保险同类医疗费用标准的部分负责赔偿。

其免除责任如下：

（1）在相同保障的其他保险项下可获得赔偿的部分；

（2）所诊治伤情与主险保险事故无关联的医疗、医药费用；

（3）特需医疗类费用。

实务中，被保险人索赔时，应提供由具备医疗机构执业许可的医院或药品经营许可的药店出具的、足以证明各项费用赔偿金额的相关单据，如医疗费发票。治疗与交通事故损伤无关的医疗费用，即便属于非医保范围，也不能纳入本附加险的理赔范围。其他保险项下已经赔付的医疗费用，本附加险不予重复理赔。

工作实例

王某驾驶的车辆发生交通事故致李某受伤，受害人李某住院治疗共花费医疗费用 20000 元，经核算，用药清单显示：治疗胃病费用 2000 元，不属于医保范围的费用 2000 元。李某投保了意外险一份，已报销医疗费 6000 元。王某为肇事车辆在保险公司投保了交强险、商业三者险 100 万元及附加医保外医疗费用责任险限额 10000 元，请问保险公司应如何理赔？

拓展阅读

1. 机动车第三者责任保险条款
2. 附加医保外医疗费用责任险条款

五、驾乘人员意外伤害保险条款解读

2020年9月3日，中国保险行业协会发布《中国保险行业协会机动车商业保险示范条款（2020版）》等五个商业车险示范条款，其中首次将《中国保险行业协会驾乘人员意外伤害保险示范条款（2020版）》（以下简称“驾乘意外险示范条款”）纳入商业车险示范条款的范畴。现对驾乘意外险示范条款的相关内容予以解读。

（一）基本概念

驾乘人员意外伤害保险，简称驾乘意外险，是保险公司专门针对机动车驾驶人和乘车人开发的一款人身意外伤害保险，本质上属于人身保险，而非财产保险。但因驾乘意外险与机动车使用密切相关，故纳入商业车险范畴管理。

几个与驾乘意外险相关的概念：

1. 被保险人：必须为身体健康、能正常工作或正常生活的自然人。

2. 投保人：必须为具有完全民事行为能力的被保险人本人、对被保险人有保险利益的其他人。

3. 受益人：属于保险合同的关系人，又称保险金受领人，是指由投保人或被保险人在保险合同中指定的，于保险事故发生时，享有赔偿请求权的人。《中华人民共和国保险法》第十八条第三款规定：受益人是指人身保险合同中由被保险人或者投保人指定的享有保险金请求权的人。投保人、被保险人可以为受益人。驾乘意外险的受益人包括身故保险金受益人及伤残保险金、医疗保险金受益人两大类。

（1）身故保险金受益人

订立本保险合同时，被保险人或投保人可指定一人或数人为身故保险金受益人。身故保险金受益人为数人时，应确定其受益顺序和受益份额；未确定受益份额的，各身故保险金受益人按照相等份额享有受益权。投保人指定受益人时须经被保险人同意。

被保险人死亡后，有下列情形之一的，保险金作为被保险人的遗产，由保险人依照《中华人民共和国民法典》的规定履行给付保险金的义务：

①没有指定受益人，或者受益人指定不明无法确定的；

②受益人先于被保险人死亡，没有其他受益人的；

③受益人依法丧失受益权或者放弃受益权，没有其他受益人的。

受益人与被保险人在同一事件中死亡，且不能确定死亡先后顺序的，推定受益人死亡在先。

被保险人或投保人可以变更身故保险金受益人，但需书面通知保险人，由保险人在本保险合同上批注。

投保人指定或变更身故保险金受益人的，应经被保险人书面同意。被保险人为无民事行为能力人或限制民事行为能力人的，应由其监护人指定或变更身故保险金受益人。

（2）伤残保险金和医疗保险金受益人

除另有约定外，本保险合同的伤残保险金和医疗保险金的受益人为被保险人本人。

做一做

2020 年 12 月初，钱女士为自己购买了保额为 10 万元的驾乘人员意外伤害保险，并指定身故受益人为其丈夫汪先生。2021 年初，钱女士与丈夫因感情不和协议离婚。6 个月后钱女士驾车不慎发生道路交通事故，抢救无效而亡。丧事办完后，钱女士父母向保险公司申请理赔。钱女士的前夫知道此事后，也向保险公司提出了领取保险金的申请。分析案例，想一想钱女士身故保险金应该赔付给谁？为什么？如果当初购买保险时未指定受益人，该案件的身故保险金应该赔付给谁？为什么？

（二）保险责任

保险期间内，被保险人驾驶或乘坐保险单载明车牌号码的机动车辆（不包括摩托车、拖拉机、特种车），在车辆使用过程中因遭受自然灾害、意外事故导致身故、伤残或医疗费用支出的，保险人依照下列约定给付保险金。这里的“使用被保险机动车过程”是指，保险单载明车牌号码的机动车作为一种工具被使用的整个过程，包括行驶、停放及作业，但不包括在营业场所被维修养护期间、被营业单位拖带或被吊装等施救期间。这里的“自然灾害”是指，对人类以及人类赖以生存的环境造成破坏性影响的自然现象，包括雷击、暴风、暴雨、洪水、龙卷风、冰雹、台风、热带风暴、地陷、崖崩、滑坡、泥石流、雪崩、冰陷、暴雪、冰凌、沙尘暴、地震及其次生灾害等。这里的“意外事故”是指，被保险人不可预料、无法控制的突发性事件，但不包括战争、军事冲突、恐怖活动、暴乱、污染（含放射性污染）、核反应、核辐射等。这里的“意外伤害”是指，以外来的、突发的、非本意的、非疾病的客观事件为直接且单独的原因致使身体受到的伤害。

1. 身故保险责任

在保险期间内，被保险人驾驶或乘坐保险单载明车牌号码的机动车辆，在车辆使用过程中因遭受自然灾害、意外事故，并自事故发生之日起一百八十日内因该事故身故的，保险人按意外伤害保险金额给付身故保险金，对该被保险人的保险责任终止。

被保险人因遭受道路交通事故且自该事故发生日起下落不明，后经人民法院宣告死亡的，保险人按意外伤害保险金额给付身故保险金。但若被保险人被宣告死亡后生还的，保险金受领人应于知道或应当知道被保险人生还后三十日内退还保险人给付的身故保险金。

2. 伤残保险责任

在保险期间内，被保险人驾驶或乘坐保险单载明车牌号码的机动车辆，在车辆使用过程中因遭受自然灾害、意外事故，并自该事故发生之日起一百八十日内因该事故造成《人体损伤致残程度分级》所列伤残之一的，保险人按该表所列给付比例乘以意外伤害保险金额给付伤残保险金。如第一百八十日治疗仍未结束的，以治疗终结、伤情稳定后进行客观评残的结果为依据给付保险金。

当同一保险事故造成两处或两处以上伤残时，应首先对各处伤残程度分别进行评定，如果几处伤残等级不同，以最重的伤残等级作为最终的评定结论；如果最重的两处或两处以上伤残等级相同，伤残等级在原评定基础上最多晋升一级，最高晋升至第一级。同一部位和性质的伤残，不应采用《人体损伤致残程度分级》条文两条以上或者同一条文两次以上进行评定。

被保险人如在本次保险事故之前已有伤残，保险人按合并后的伤残程度在《人体损伤致残程度分级》中所对应的给付比例给付伤残保险金，但应扣除原有伤残程度在《人体损伤致残程度分级》所对应的给付比例给付伤残保险金。

3. 医疗保险责任

本保险期间内，被保险人驾驶或乘坐保险单载明车牌号码的机动车辆，在车辆使用过程中因遭受自然灾害、意外事故导致意外伤害，并因此在符合本保险合同释义的医院（以下简称“释义医院”）① 进行治疗，保险人就其自事故发生之日起一百八十日内实际支出的未超出《道路交通事故受伤人员临床诊疗指南》和国家基本医疗保险同类医疗费用标准的必要、合理的医疗费用，在意外伤害医疗保险金额内负责赔偿。

做一做

2020年12月15日，吴某将自有轿车向保险公司投保了交强险、第三者责任险、机动车损失保险、车上人员险以及驾乘人员意外伤害保险。2021年2月8日，吴某在驾驶上述保险车辆过程中，癫痫发作引发交通事故，致使车下人员何某死亡、自己受伤致残。交警部门出具交通事故认定书，认定吴某负事故主要责任。死者何某的法定继承人将吴某诉至法院，要求赔偿损失。该民事赔偿案件终审认定，吴某在癫痫发作的情况下驾驶车辆，是导致事故发生的唯一原因，判决吴某赔偿何某的法定继承人各项损失共计1574210元。吴某全额给付赔偿款后，向保险公司提出索赔。想一想保险人如何处理，并说明理由。

（三）责任免除

与机动车示范条款一样，驾乘意外险的责任免除同样分为情形除外、原因除外以及损失和费用除外三种类型。

① 释义医院，是指保险人与投保人约定的定点医院，未约定定点医院的，则指经中华人民共和国卫生部门评审确定的二级或二级以上的公立医院，但不包括主要作为诊所、康复、护理、休养、静养、戒酒、戒毒等或类似的医疗机构。该医院必须具有符合国家有关医院管理规则设置标准的医疗设备，且全天二十四小时有合格医师及护士驻院提供医疗及护理服务。

1. 情形除外

被保险人作为驾驶人时存在下列情形之一的，保险人对该被保险人不承担给付保险金责任：

（1）饮酒、吸食或注射毒品、服用国家管制的精神药品或者麻醉药品；

（2）无驾驶证，驾驶证被依法扣留、暂扣、吊销、注销期间；

（3）驾驶与驾驶证载明的准驾车型不相符合的机动车；

（4）竞赛、测试期间；

（5）发生保险事故时保险单载明车牌号码的机动车行驶证、号牌被注销。

2. 原因除外

下列原因导致的被保险人身故、伤残的，保险人不承担给付保险金责任：

（1）投保人、被保险人或驾驶人故意制造保险事故；

（2）被保险人自致伤害或自杀，但被保险人自杀时为无民事行为能力人的除外；

（3）因被保险人挑衅或故意行为而导致的打斗、被袭击或被谋杀；

（4）被保险人妊娠、流产、分娩、疾病、药物过敏、中暑、猝死；

（5）被保险人故意犯罪或者抗拒依法采取的刑事强制措施；

（6）保险单载明车牌号码的机动车被转让、改装、加装或改变使用性质等，导致保险单载明车牌号码的机动车危险程度显著增加，且未及时通知保险人，因危险程度显著增加而发生保险事故的。

3. 损失和费用除外

下列损失和费用，保险人不承担给付保险金责任：

（1）所诊治伤情与保险事故无关联的医疗、医药费用；

（2）超出《道路交通事故受伤人员临床诊疗指南》和国家基本医疗保险同类医疗费用标准的费用部分；

（3）不以器官功能恢复为目的的整容、矫形手术、植入材料支付的医疗费用；

（4）预防类、保健类、心理治疗类医疗费用；

（5）交通费、伙食费、误工费、丧葬费；

（6）投保人、被保险人或受益人知道保险事故发生后，因故意或者因重大过失未及时通知，致使保险事故的性质、原因、损失程度等难以确定的，保险人对无法确定的部分，不承担赔偿责任，但保险人通过其他途径已经及时知道或者应当及时知道保险事故发生的除外；

（7）保险金申请人未能提供有关材料，导致保险人无法核实该申请的真实性的，保险人对无法核实部分不承担给付保险金的责任。

（四）保险金额

驾乘意外险的保险金额实行分项限额，具体分为意外伤害保险金额和意外伤害医疗保险金额，由投保人、保险人双方约定，并在保险单中载明。保险期间内，身故保险金、伤残保险金的保险金累计给付金额以保险单载明的意外伤害保险金额为限。

（五）保险金给付

（1）被保险人身故前保险人已给付伤残保险金的，身故保险金应扣除已给付的伤残保险金。

（2）在保险期间内，被保险人如果已从其他途径获得补偿，则保险人只承担合理医疗费用剩余部分的意外伤害医疗保险金给付责任。

（3）被保险人不论一次或多次发生意外伤害保险事故，保险人均分别给付意外伤害医疗保险金。

（4）被保险人发生保险事故，导致以此给付金额达到保险金额，保险人按本合同约定给付保险金后，本保险责任终止，保险人不退还驾乘人员意外伤害保险及其附加险的保险费。

（六）相关附加险

驾乘意外险有两项附加险，分别为附加住院津贴保险和附加医保外医疗费用补偿险。

1. 附加住院津贴保险

（1）保险责任。保险期间内，发生主险保险事故，并自事故发生之日起一百八十日内因该事故在医院进行住院治疗，保险人就被保险人的合理住院天数，按照保险单载明的意外伤害住院津贴日额计算给付“意外伤害住院津贴保险金”。

被保险人多次遭受自然灾害、意外事故进行住院治疗，保险人均按上述规定分别给付意外伤害住院津贴保险金，但保险人一次或多次累计给付意外伤害住院津贴保险金的天数以一百八十天为限，当累计给付天数达到一百八十天时，本附加保险合同对被保险人的保险责任终止。

（2）保险金额。本保险合同的住院津贴日额由投保人、保险人双方约定，并在保险单中载明。

2. 附加医保外医疗费用补偿险

（1）保险责任。保险期间内，发生主险保险事故，被保险人需要入院进行治疗，保险人对超出《道路交通事故受伤人员临床诊疗指南》和国家基本医疗保险同类医疗费用标准的部分进行补偿。

（2）保险金额。保险金额由投保人和保险人在投保时协商确定，并在保险单中载明。

（3）责任免除。下列损失、费用，保险人不负责赔偿：①被保险人的损失在相同保障的其他保险项下可获得赔偿的部分；②所诊治伤情与主险保险事故无关联的医疗、医药费用；③特需医疗类费用。

（4）保险金给付。被保险人索赔时，应提供医院出具的，足以证明各项费用的单据。保险人根据被保险人的实际损失，在保险单载明的保险金额内承担保险金给付责任。

附加医保外医疗费用补偿险与附加医保外医疗费用责任险的保障范围、责任免除基本一致，只是二者分属不同主险的附加险，前者系驾乘意外险的附加险，而后者系商业三者险和车上人员责任险的附加险。

拓展阅读

1. 驾乘人员意外伤害保险条款
2. 附加住院津贴保险条款
3. 附加医保外医疗费用补偿险

任务3　车险人伤案件的司法鉴定

任务情景

司法鉴定“黄牛”套路：虚假增加一个伤残等级，可多得13.6万元赔付

据上海本地媒体报道，复旦大学中山医院青浦分院附近的上海隆祥律师事务所，做交通事故代理理赔业务。2015年6月，当地居民黄某因在交通事故中受伤，到该律师事务所洽谈代理理赔事宜。律师事务所相关人员明知黄某在事故前就存在耳聋的情况，还让黄某将耳聋的原因归结为此次事故。

该律师事务所相关人员找到了上海锦曼法律咨询有限公司的朱龙福做司法鉴定。朱龙福此前曾在华东政法大学司法鉴定中心工作过。其通过关系，弄到了一张虚假的司法意见鉴定书。该律师事务所和黄某从保险公司共拿到了86万元的理赔款。在分给黄某29万元后，其余57万元落入隆祥律师事务所相关人员的腰包。

2016年6月，他们又花15万元“买断”了顾某的伤情理赔，将其伤残等级夸大虚报为6级伤残，共获保险理赔款52万余元。除去15万元“买断费”，37万元再次落入相关人员囊中。

资料来源：https：//www. sohu. com/a/274190525 _ 220095？tc _ tab = s _ news&block = s_ news&index = s_ 2&strategyId = online&t = 1541750142000

问题：

（1）虚假评残对车险人伤案件赔款有哪些不利影响？

（2）面对虚假评残报告，保险人如何处理？

（3）保险实务中，保险人如何提前风险管控，以减少虚假评残事件的发生？

（4）车险人伤涉及伤残案件中，客户进行司法鉴定存在哪些疑惑？保险人如何解答？

司法鉴定是指在民事纠纷或刑事案件中鉴定人运用科学技术或者专门知识对诉讼涉及的专门性问题进行鉴别和判断并提供鉴定意见的活动，涉及的鉴定专业非常广泛。机动车辆责任保险涉及的司法鉴定主要包括事故性质、原因、责任，以及涉及事故损失的司法鉴定。掌握司法鉴定相关的法律法规、鉴定标准、鉴定规范文件，甄别司法鉴定意见的真实性、客观性、科学性、合法性，运用司法鉴定思维解决专门性问题，对开展车险人伤理赔具有重要指导意义。

一、司法鉴定的相关法律规范

车险人伤案件中，误工费、护理费、残疾赔偿金等人身损害赔偿项目的核定往往涉及司法鉴定。司法鉴定是指在诉讼活动中鉴定人运用科学技术或者专门知识对诉讼涉及的专门性问题进行鉴别和判断并提供鉴定意见的活动。或者说，司法鉴定是指在诉讼过程中，对案件中的专门性问题，由司法机关或当事人委托法定鉴定单位，运用专业知识和技术，依照法定程序作出鉴别和判断的一种活动。

想一想

1. 什么是专门性问题？能否举例说明？哪些不是专门性问题？

2. 与案件审理结果无关的问题是否为专门性问题？

3. 证人知道的事实是否为专门性问题？专家知道的事实是否为专门性的问题？专门性问题除了通过司法鉴定，还有哪些方法可以说明？

基于规范司法鉴定业务，国家出台了多部司法鉴定相关的法律文件，主要有《全国人民代表大会常务委员会关于司法鉴定管理问题的决定》《司法鉴定程序通则》《司法鉴定执业活动投诉处理办法》等。

（一）《全国人民代表大会常务委员会关于司法鉴定管理问题的决定》

为了加强对鉴定人和鉴定机构的管理，适应司法机关和公民、组织进行诉讼的需要，2005年2月全国人民代表大会常务委员会通过了《全国人民代表大会常务委员会关于司法鉴定管理问题的决定》，并于2015年4月24日经第十二届全国人民代表大会常务委员会修正。

1.《全国人民代表大会常务委员会关于司法鉴定管理问题的决定》出台背景

案例一：遭遇轻微交通事故后，受害人朱某向事故责任人索赔，但事故责任人对他拿来的伤残鉴定结论表示怀疑，争执不下只有重新鉴定，可出来的结论迥然不同：三级、十级、七级，究竟该采信哪个？

案例二：2003年2月24日，21岁的女教师黄静被发现全身赤裸地死于湘潭市雨湖区临丰小学的宿舍。其后，湘潭市雨湖区公安分局、湘潭市公安局、湖南省公安厅先后三次做出法医鉴定，认为黄静因疾病自然死亡。但黄静之母不认同这三份鉴定结论。同年7月3日、8月14日，南京医科大学法医司法鉴定所和中山大学法医鉴定中心分别提交新的鉴定书，认为此前三个鉴定结论缺乏证据。8月2日，最高人民法院司法鉴定中心做出第5次法医鉴定："黄静在潜在病理改变的基础下，因姜俊武采用较特殊方式进行的性活动促发死亡。"

由以上案例，反映出的问题有：①司法鉴定管理职权归属混乱，管理越位、错位、缺位；②司法鉴定机构重复设置，自审自鉴、自诉自鉴、自罚自鉴。

这些问题主要表现如下：

(1) 立法缺失。司法鉴定工作在法律定位、管理体制、鉴定程序、鉴定标准等方面缺乏具体可行的相关规定。

(2) 鉴定机构设置重复。司法鉴定管理分散，法院、检察院、公安机关内部分别设有鉴定机构，一些科研院所、高校也设有面向社会的鉴定机构，政府部门指定的医院也进行司法鉴定。多头鉴定、重复鉴定、法院自审自鉴现象突出，不同鉴定结论往往相互矛盾。

(3) 鉴定人资格认定混乱。长期以来缺乏对鉴定人资格条件的规定和专门管理机构。近几年来，最高人民法院、司法部及一些省市人大分别制定了关于司法鉴定的规定、规章和地方性法规，对规范鉴定工作起了一定的积极作用，但鉴定管理问题并没有得到根本解决。

为此，社会各界反映强烈，许多全国人大代表提出议案，要求尽快立法规范司法鉴定工作，《全国人民代表大会常务委员会关于司法鉴定管理问题的决定》由此制定颁布。

2.《全国人民代表大会常务委员会关于司法鉴定管理问题的决定》主要内容

(1) 国家对法医类、物证类、声像资料等司法鉴定业务的鉴定人和鉴定机构实行登记管理制度。国务院司法行政部门主管全国鉴定人和鉴定机构的登记管理工作。省级人民政府司法行政部门依照本决定的规定，负责对鉴定人和鉴定机构的登记、名册编制和公告。

(2) 申请登记从事司法鉴定业务的人员需具备下列条件之一：具有与所申请从事的司法鉴定业务相关的高级专业技术职称；具有与所申请从事的司法鉴定业务相关的专业执业资格或者高等院校相关专业本科以上学历，从事相关工作五年以上；具有与所申请从事的司法鉴定业务相关工作十年以上经历，具有较强的专业技能。因故意犯罪或者职务过失犯罪受过刑事处罚的，受过开除公职处分的，以及被撤销鉴定人登记的人员，不得从事司法鉴定业务。

(3) 法人或者其他组织申请从事司法鉴定业务的，应当具备下列条件：有明确的业务范围；有在业务范围内进行司法鉴定所必需的仪器、设备；有在业务范围内进行司法鉴定所必需的依法通过计量认证或者实验室认可的检测实验室；每项司法鉴定业务有三名以上鉴定人。

(4) 各鉴定机构之间没有隶属关系，鉴定机构接受委托从事司法鉴定业务，不受地域范围的限制。鉴定人应当在一个鉴定机构中从事司法鉴定业务，鉴定人和鉴定机构应当在鉴定人和鉴定机构名册注明的业务范围内从事司法鉴定业务。鉴定人应当依照诉讼法律规定实行回避，当事人对鉴定意见有异议的，经人民法院依法通知，鉴定人应当出庭作证。

(二)《司法鉴定程序通则》

为规范司法鉴定机构和司法鉴定人的司法鉴定活动，保障司法鉴定质量，保障诉讼活动的顺利进行，根据《全国人民代表大会常务委员会关于司法鉴定管理问题的决定》

和有关法律、法规的司法规定制定，由司法部于2007年8月7日发布，自2007年10月1日起施行。2015年12月24日司法部部务会议修订通过，2016年5月1日起施行新的《司法鉴定程序通则》。主要内容有总则、司法鉴定的委托与受理、司法鉴定的实施、司法鉴定意见书的出具以及附则。

《司法鉴定程序通则》进一步优化了司法鉴定程序。明确规定司法鉴定人回避的具体情形，严格鉴定人到现场提取检材的程序要求，完善了鉴定标准、重新鉴定、终止鉴定的规定，保证了司法鉴定活动规范有序开展。

《司法鉴定程序通则》进一步健全了司法鉴定防错纠错机制。明确补充鉴定应当由原司法鉴定人进行鉴定；提高了重新鉴定的司法鉴定人资质条件，规定重新鉴定的司法鉴定人中至少有一名具有相关专业高级技术职称；完善专家参加咨询的相关要求；进一步强化鉴定机构对鉴定人的内部监督，明确司法鉴定机构应当指定具有相应资质的人员对鉴定程序和鉴定意见进行复核。

《司法鉴定程序通则》进一步完善了司法鉴定文书规范。明确司法鉴定机构决定受理鉴定委托的，应当与委托人签订司法鉴定委托书，并对司法鉴定委托书的内容进行了修改完善；强调司法鉴定机构和司法鉴定人应当按照统一的文本格式制作司法鉴定意见书；增加对有瑕疵的司法鉴定意见书进行补正的条件和补正措施。

《司法鉴定程序通则》进一步规范了鉴定机构与诉讼当事人之间的关系。明确规定司法鉴定人不得违反规定会见诉讼当事人或其委托的人，司法鉴定机构应当统一受理办案机关的司法鉴定委托，诉讼当事人对鉴定材料有异议的，应当向委托人提出，从制度上保障鉴定机构和鉴定人的鉴定活动不受干扰，保障鉴定活动合法、公正。

《司法鉴定程序通则》对鉴定人出庭作证作了规范。明确规定司法鉴定人无正当理由不得拒绝出庭作证，司法鉴定人出庭作证必须遵守诉讼程序和法庭规则，司法鉴定机构应当支持司法鉴定人出庭作证等。

（三）《司法鉴定执业活动投诉处理办法》

为规范司法鉴定执业活动投诉处理工作，加强司法鉴定执业活动监督，根据《全国人民代表大会常务委员会关于司法鉴定管理问题的决定》，结合司法鉴定工作实际制定，由司法部于2010年4月8日发布，自2010年6月1日起施行。当前实行的版本是2019年4月4日修订并重新发布的，其主要内容有：总则、投诉受理、调查处理、监督以及附则。保险理赔从业人员需要熟悉《司法鉴定执业活动投诉处理办法》赋予的相关权利，但不能滥用权利，投诉是对司法鉴定行业的一个监督行为，也是自身权利保护途径。

《司法鉴定执业活动投诉处理办法》进一步畅通投诉渠道。一是扩大了投诉受理范围，如可以对司法鉴定机构或司法鉴定人支付回扣、介绍费以及进行虚假宣传等不正当行为进行投诉，并对不予受理情形的表述更加清晰；二是规定了便民利民措施，规定设区的市级或者直辖市的区（县）司法行政机关以及县级司法行政机关接到投诉的，应当受理并处理；三是规定了对司法鉴定机构或者司法鉴定人在诉讼活动之外开展的相关鉴定业务也可以提出投诉；四是规定了外国人、无国籍人、外国组织提出投诉的权利。

《司法鉴定执业活动投诉处理办法》进一步增强对投诉人的权利保护。一是明确立法目的是维护投诉人的合法权益；二是进一步明确了投诉人应当提供的投诉材料，并完善投诉材料补充程序；三是进一步规范告知程序，规定司法行政机关对投诉人的各项告知必须书面作出；四是明确投诉人权利救济途径，可以对投诉处理依法申请行政复议或者提起行政诉讼。

《司法鉴定执业活动投诉处理办法》进一步增强投诉针对性。一是明确投诉人的范围是与鉴定事项有利害关系的公民、法人和非法人组织；二是将投诉期限明确为应当自知道或者应当知道被投诉人出具相关司法鉴定意见书或者鉴定活动侵害其合法权益之日起三年内；三是保障对投诉人之外的其他公民、法人和非法人组织对司法鉴定执业活动的举报权。

《司法鉴定执业活动投诉处理办法》进一步完善投诉处理工作机制。一是明确省级司法行政机关接到投诉的，可以交由设区的市级或者直辖市的区（县）司法行政机关处理；设区的市级或者直辖市的区（县）司法行政机关以及县级司法行政机关接到投诉的，应当依法直接处理；二是明确司法行政机关根据投诉处理工作需要，可以委托司法鉴定协会协助开展调查处理等工作；三是明确司法行政机关可以引导双方当事人在自愿、平等的基础上，依法通过调解方式解决涉及司法鉴定活动的民事纠纷。

（四）《人民法院司法鉴定工作暂行规定》

为了规范人民法院司法鉴定工作，2001 年 11 月 16 日由最高人民法院颁布《人民法院司法鉴定工作暂行规定》。该文件就司法鉴定的各方权利、义务及司法鉴定程序作出了规定，这些规定的条款是保险机构答辩、申请鉴定或重新鉴定的法律依据，也是思考司法鉴定是否存在问题的思维参照模板。

（五）《关于建立司法鉴定管理与使用衔接机制的意见》

2016 年 10 月 9 日，最高人民法院和司法部联合出台《关于建立司法鉴定管理与使用衔接机制的意见》。这份意见指出：司法行政机关要严格履行登记管理职能，切实加强对法医类、物证类、声像资料、环境损害司法鉴定等鉴定事项的管理，严格把握鉴定机构和鉴定人准入标准，加强对鉴定能力和质量的管理，规范鉴定行为，强化执业监管，推动司法鉴定工作依法有序进行。人民法院要规范鉴定委托，完善鉴定材料的移交程序，规范技术性证据审查工作，规范庭审质证程序，指导和保障鉴定人出庭作证，加强审查判断鉴定意见的能力，确保司法公正。人民法院和司法行政机关要建立常态化的沟通协调机制和信息交流机制，协调解决司法鉴定委托与受理、鉴定人出庭作证等实践中的突出问题，不断健全完善相关制度。

拓展阅读

1. 《全国人民代表大会常务委员会关于司法鉴定管理问题的决定》
2. 《人民法院对外委托司法鉴定管理规定》
3. 《关于建立司法鉴定管理与使用衔接机制的意见》
4. 《人民法院司法鉴定工作暂行规定》
5. 《司法鉴定执业活动投诉处理办法》
6. 《司法鉴定程序通则》

想一想

上述司法鉴定法律规范，对车险人伤理赔实务工作的开展有何意义？司法行政机关强调的问题，是否为工作实务中容易出现的问题？

案例分析

2018年4月1日的交通事故，原告驾驶的浙××号面包车与被告驾驶的浙××重型自卸车相撞，标的车同等责任。原告单方委托司法鉴定，以脑震荡评定为10级伤残，误工120天，护理60天，营养60天，并于2018年11月8日首次向法院起诉。

被告保险公司于2018年12月3日向法院提出重新鉴定申请，重新鉴定的理由主要有：①损伤的客观依据缺失，原告伤后CT、MRI检测结果均正常，原鉴定既没有脑功能方面的检查结果，也没有器质性损伤的检查结果，主观判断认为存在伤残违反鉴定的客观性原则。②据保险公司调查了解，原告本人已经正常工作，并不存在精神伤残的情形。③原鉴定为原告单方委托，而且跨省鉴定，不符合常理。

法院于2018年12月5日作出“对外委托鉴定机构选定通知书”，选定A司法鉴定中心、B司法鉴定中心为本次对外委托司法评估的评估机构。2018年12月24日被告保险公司向A司法鉴定中心支付鉴定费3870元。鉴定中心通知原告进行鉴定，但原告选择撤回起诉。

2019年5月7日原告以第一次起诉的资料再次起诉到法院。被告保险公司仍坚持提出重新鉴定申请，并提出直接到A司法鉴定中心进行鉴定，同时答辩称：因原告在前一次诉讼中不配合鉴定，应当承担举证不利的法律后果，单方委托的鉴定不可被采信。

最终法院认定：因原告不配合鉴定，同时被告保险公司已经提出单方委托的鉴定书中存在合理的疑问，理由成立，原告没有提出反驳证据材料。因此，对其单方委托的鉴定不予采信。经过法院主持调解，最终以没有伤残的方案达成调解。

想一想

1. 上述案例，保险公司针对原告单方委托的鉴定意见提出反驳的法律依据是什么？

2. 上述案例，保险公司需要注意哪些程序性工作？如果保险公司没有及时缴纳鉴定费的法律后果又是什么？

二、司法鉴定原则

司法鉴定原则是司法鉴定立法的指导思想和设计司法鉴定权的配置，是司法鉴定主体资格、权利、义务、责任、司法鉴定程序、司法鉴定结论审查等问题的重要理论依据。在我国现行司法鉴定地方法规和部门鉴定规章中确定的司法鉴定原则有很多，其中合法性原则、独立性原则、客观性原则、公正性原则是普遍一致的，也是主要的，业内人士简称为"司法鉴定四原则"。"司法鉴定四原则"是实务工作过程中，对一份鉴定意见书进行审查的主要内容，也是提出重新鉴定的主要理由。

（一）司法鉴定合法性原则

司法鉴定合法性原则，是指司法鉴定活动必须严格遵守国家法律、法规的规定。它是评断鉴定过程与结果是否合法、鉴定结论是否具备证据效力的前提。这一原则在立法和鉴定过程中主要体现为：鉴定主体合法；鉴定材料合法；鉴定程序合法；鉴定步骤、方法、标准合法；鉴定结果合法五个方面。

1. 司法鉴定主体合法

司法鉴定机构必须是按法律、法规、部门规章规定，经过省级以上司法机关审批，取得司法鉴定实施权的法定鉴定机构，或按规定程序委托的特定鉴定机构。司法鉴定人必须是具备规定的条件，获得司法鉴定人职业资格，具有执业许可证的自然人。

实践中，为核实鉴定机构、鉴定人资质问题、诚信等信息，可以通过各省司法厅网站或下属司法鉴定网查询司法鉴定机构、司法鉴定人资质许可登记情况，以及诚信档案。还可以到各省高院建设的对外委托机构信息平台网站上查询到由各法院对鉴定机构的监督、处罚公告信息。

司法鉴定主体常见的违法行为有：鉴定资质异地挂靠、违法设点、"司法黄牛"违法从事鉴定业务、超鉴定范围、鉴定人工作由鉴定人助理完成、鉴定人不知案件鉴定细节等。

相关链接

1. 全国司法鉴定人和司法鉴定机构查询平台：http：//www. sfjdml. com/web
2. 中国政府法制信息网司法鉴定类行政处罚和行业处分通报：http：//www. moj. gov. cn/government_ public/node_ sfjdl. html
3. 中国裁判文书网：http：//wenshu. court. gov. cn/

做一做

1. 请查询并统计出最近两年，司法鉴定机构、司法鉴定人被行政处罚的原因，统计出哪些鉴定机构处罚最多，哪些处罚主要原因有哪些，是否与地域有关？

2. 请找出司法鉴定机构被起诉的原因有哪些？鉴定人员被追究法律责任的有哪些？

2. 司法鉴定材料、对象合法

司法鉴定材料主要是指鉴定对象及其作为被比较的样本（样品）。鉴定对象必须是法律规定的案件中的专门性问题，法律未作规定的专门性问题不能作为司法鉴定对象，鉴定材料的来源（含提取、保存、运送、监督等）必须符合相关法律规定的要求。我国现阶段对司法心理测定（俗称测谎）、气味鉴别（警犬鉴定）等尚未作为法定鉴定对象，其鉴定结论不能作为证据。

实践中，鉴定材料的核查是司法鉴定中的重点，可从证据的真实性、关联性、合法性，也称“证据的三性”进行核查。

司法鉴定材料、对象常见的违法行为有：他人的鉴定材料、伪造的鉴定材料、与事故无关的鉴定材料以及隐匿鉴定材料等。车险人伤理赔案件中，司法鉴定材料主要涉及的是医疗费票据，门诊、住院病历资料，影像学片及报告等。

想一想

1. 理赔实务中，从哪些方面证明司法鉴定材料的完整性、客观性、关联性？一份有效的鉴定材料，需要经历哪些司法程序后才能有效？

2. 鉴定材料对鉴定意见起着什么作用？如果一份鉴定意见书，被证实其鉴定材料存在不完整、不客观、无关联问题，对该鉴定意见如何进行质证？提出重新鉴定理由是什么？如何设置申请鉴定人出庭的询问提纲？

3. 鉴定程序合法性

司法鉴定程序主要包括司法鉴定的提请、决定与委托、受理、实施、补充鉴定、重新鉴定、专家共同鉴定等，各个环节必须符合诉讼法、其他相关法律法规和部门规章的规定。

实践中，鉴定程序常见于单方委托鉴定、“鉴定询价”，部分省份要求鉴定时通知保险公司参与鉴定，鉴定委托时要求交警队或法院出具委托书。这些规定仅仅涉及鉴定程序中的提请程序、实施，对于鉴定机构受理、委托会诊、鉴定听证、鉴定材料质证等关键环节并没有明确保险公司的参与。委托外聘专家进行会诊或者聘请鉴定机构内部确定时，如果外聘专家法律意识薄弱，保险公司对外聘专家意见的签字、客观性未能有效监督，难免会存在出具意见不真实的情况。特别是对外聘专家不做签字要求时，所提出的专家意见往往存在问题。实务中，还有些专家故意不签字来逃避法律责任，最终被追究了刑事责任。

想一想

1. 鉴定程序中的各环节，容易出现问题的环节有哪些？保险机构能够介入的、进行事前、事中、事后监督的环节有哪些？

2. 如何针对鉴定机构内部外聘专家的专家意见进行质证？

4. 鉴定的步骤、方法合法

鉴定的步骤、方法应当是经过法律确认的、有效的，鉴定标准要符合国家法定标准或部门（行业）标准。

实践中，司法鉴定意见书中应对鉴定的步骤、方法有记载，包括版本号、生效日期。诸如：《法医临床检验规范》编号：SF/Z JD0103003－2011，生效日期：2011 年 3 月 17 日。

鉴定标准是法定的，是一个度量标准，也不会经常发生改变。而鉴定方法是一个专业技术问题，很容易随着技术革新而发生改变。比如：《朱墨时序鉴定规范》于 2010 年 4 月 7 日生效，2019 年 4 月 1 日废止，被统一到《文件制作时间鉴定技术规范》（GB/T 37233－2018）。前者是司法部颁发的司法鉴定技术规范，后者则提升为国家标准。

实务中，鉴定标准存在国家标准、行业标准、机构标准、无标准等情形。因此，对鉴定标准与方法的检索查证非常重要。

做一做

登录司法鉴定科学研究院网站“标准化”栏目的子栏目“部颁规范”，查找现行有效的鉴定技术规范，并思考工作中有哪些问题可以通过司法鉴定来解决？此外，还能找到其他哪些鉴定技术规范吗？哪些规范效力更高？

相关链接

司法鉴定部颁规范：http：//www. ssfjd. com/Info/List1. aspx？P＝206&ID＝123

5. 鉴定结果的合法性

主要表现为司法鉴定文书的合法性。鉴定文书必须具备法律规定的文书格式和必备的各项内容，鉴定结论必须符合证据要求和法律规范。

想一想

拿到一份司法鉴定文书，保险理赔人如何审查鉴定机构、鉴定人资质的合法性？如何核实鉴定标准、鉴定规范的合法性？

（二）司法鉴定独立性原则

司法鉴定活动坚持独立性原则，是由科学技术自身的特殊性和鉴定结论的证据要求所决定的。从本质上讲，司法鉴定活动是鉴定人提供证据材料的活动，这种活动必须独立进行，才能有利于鉴定结论的客观性、科学性、真实性、公正性。鉴定活动的独立性是鉴定结论客观性和公正性的保证。司法鉴定活动的独立性原则主要体现在五个方面：

1. 司法鉴定机构要相对独立

社会鉴定机构必须是独立的法人组织，侦查机关内设的鉴定机构应当与侦查业务部门分离。鉴定人的活动，包括鉴定方案的制订、鉴定的实施、鉴定结论的出具、鉴定人出庭质证等，必须独立进行，司法机关和鉴定机构负责人不得暗示或干预。

想一想

鉴定人出庭接受质询，手持准备好的稿子宣读。当询问稿子以外的内容，他要么不知道，要么拒绝回答，保险人伤法务如何面对？对鉴定人出庭发表的意见如何质证？

2. 鉴定人要相对独立

鉴定人必须在鉴定机构执业。鉴定机构对鉴定实施日常管理，对鉴定人的活动应提供必要的条件和保障，但不能干预鉴定结论，也不能要求或暗示鉴定人出具某种结论。鉴定活动不受机关、团体、社会组织和个人的非法干扰，诉讼当事人干扰鉴定活动也要承担相应的法律责任。

想一想

鉴定意见书中“鉴定地点”显示为本司法鉴定机构，而所附的照片背景是被鉴定人家中床上，保险理赔人如何发表鉴定质证意见？

3. 司法鉴定机构之间相对独立

司法鉴定机构之间是平等的、独立的，相互间无隶属关系，鉴定结论不受相互制约和影响，无服从与被服从关系（当前局部地区规定对鉴定结论实行“复核鉴定”与

“两鉴终局制”等均与独立性原则相抵触）。

4. 责任承担相对独立

司法鉴定实行鉴定人负责制，鉴定人的活动应对鉴定结论承担法律责任，必须在鉴定书上签名或盖章。多人参加鉴定，对鉴定结论意见不一致的，应当在鉴定书上分别注明不同意见的人数及其理由。鉴定过程中，任何机关、团体、社会组织和个人，不得非法干预鉴定人的活动。鉴定结论实行鉴定人负责制，不能以少数服从多数办法强行统一。

5. 依法接受法律监督

司法鉴定活动坚持独立性原则与依法接受法律监督两者并不矛盾，而是相互制约、相互促进，其共同目的在于确保鉴定活动及其结果的客观性、公正性。我国许多司法鉴定法规、规章中，都有司法鉴定机构和司法鉴定人从事司法鉴定活动应当接受国家、社会、诉讼当事人、鉴定委托机关监督的规定。

司法鉴定监督贯穿于鉴定活动的全过程，体现在各个方面。如对鉴定程序合法性的监督，对鉴定标准、鉴定文书规范性的监督，对鉴定人进行职业道德、执业纪律的监督等。

想一想

司法鉴定人私自会见一方当事人，司法鉴定人的这种行为违反的了哪些司法鉴定原则?

（三）司法鉴定客观性原则

司法鉴定的客观性是鉴定活动的生命，要求鉴定结论的真实性和全面性。如果鉴定结论是虚假的，鉴定活动就无客观性可言。如果鉴定结论具有片面性，说明鉴定活动客观性差。鉴定活动的客观性主要体现在四个方面：

1. 司法鉴定机构和鉴定人必须秉公办案，不徇私情

不受案情、人情、私利、内外干扰等因素的影响偏离科学鉴定的轨道，这是做到客观鉴定的前提，也是坚持鉴定活动客观性的思想保证。

2. 司法鉴定必须遵守法定程序，自觉接受法律监督

这是坚持鉴定活动客观性的法律保证。违法鉴定，很难达到客观要求。

3. 司法鉴定必须坚持科学方法和科学标准

鉴定材料的提取、收集、保存、复制等要符合科学要求；鉴定材料的数量、质量要符合规定的鉴定条件；鉴定的步骤要符合科学原则；鉴定的手段、方法要具备科学性、有效性、先进性；鉴定结论要符合科学标准；鉴定原理必须获得科学与法律的确认。鉴定结论不符合科学标准，则没有科学性，就是最大的不客观、不真实。

4. 鉴定结论科学依据不充分，表明其客观性不强

对于不符合科学标准的鉴定结论，尽管与案件事实本身没有差错，但是其鉴定行为也是不客观的表现。

（四）司法鉴定公正性原则

司法鉴定公正性原则是司法鉴定结论、司法鉴定活动服务对象——诉讼活动所追求的目的之一。司法鉴定公正性原则，体现在程序公正、实体公正和鉴定主体公正三个方面。

1. 司法鉴定程序公正

司法鉴定程序主要有鉴定提请、鉴定决定与委托、鉴定受理、鉴定实施、补充鉴定、重新鉴定、专家共同鉴定、鉴定结论的质证等环节，在立法和司法两个层面都应当体现平等、合理原则，更多地保护诉讼当事人的合法权益。如在制定证据规则鉴定法中主张鉴定提请和鉴定决定、委托实行同举证责任相一致原则，重新鉴定实行协商与限制性原则，鉴定活动实行监督原则，鉴定结论的法庭质证推行技术顾问辩论原则等都是程序公正的体现。

2. 司法鉴定实体公正

司法鉴定实体公正就是要确保鉴定结论的客观性、准确性、真实性，这是司法鉴定最大的公正，也是鉴定的根本目的所在。要做到司法鉴定实体公正，最重要的是立法规范各类鉴定的步骤、方法，制定各类专门性问题的鉴定标准严格按科学要求办事，克服不重视科学方法、不严格遵守鉴定标准的不科学、不严肃的鉴定作风，杜绝随意性的鉴定结论。鉴定结论如果没有标准，科学上难以评断其是非，法律上就不能确定其真伪。没有科学标准的鉴定结论就是没有公正性的鉴定结论。

3. 司法鉴定主体的中立性

司法鉴定主体的中立性是确保鉴定活动和鉴定结论公正性的关键。鉴定程序和实体的公正性必须通过鉴定主体去实施。若鉴定主体不居中实施，鉴定过程与结果都可能不公正。鉴定机构和鉴定人必须站在科学技术的立场上，不偏向诉讼主体的任何一方。这是受司法鉴定为诉讼活动提供鉴定结论——证据材料这一根本性质决定的。

想一想

车险人伤理赔实务中，从哪些方面去审查一份司法鉴定文书?

案例分析

赵某承包由某港市盐场管理的水域，用于养殖海蜇。后因某港市盐场作为水位控制方，未履行合同约定的水位保持义务，导致赵某所养殖海蜇因水量过低死亡。赵某对水位进行测量后，委托鉴定机构对海蜇死亡原因及损失数额进行鉴定。赵某在告知某港市盐场鉴定时间并通知某港市盐场到达鉴定现场的情况下，委托某海洋水产资源资产评估有限公司进行海蜇损失鉴定，鉴定过程由公证人员陪同。

诉讼之后，某港市盐场不认可损失数额，认为：赵某2010—2013年海蜇捕捞产量仅为22.5万公斤，其单方委托的某海洋水产资源资产评估有限公司为丙级资质，不能跨地域进行鉴定。本案并无死亡海蜇的实物，鉴定意见所认定的死亡海蜇110.4万公斤，价值1422.5万元无事实依据。原审判决对公证书、赵某单方委托鉴定形成的鉴定意见应不予采信。赵某在诉前及诉中均可依法申请证据保全，并可申请司法鉴定，某港市盐场对水量不负责，赵某损失与水位测量并无利害关系，其单方申请的公证属于不予受理和拒绝公证的情形，该公证书违反法律规定。涉案损失数额应通过司法鉴定程序进行，其自行委托鉴定所得出的鉴定结论不应采信。

法院认为：根据《最高人民法院关于民事诉讼证据的若干规定》第二十八条规定，一方当事人自行委托有关部门作出的鉴定结论，另一方当事人有证据足以反驳并申请重新鉴定的，人民法院应予准许。根据该规定，当事人单方委托有关部门所作鉴定意见，在对方当事人没有反驳证据且无新的鉴定意见予以推翻的情况下，应当作为认定案件事实的依据。本案争议发生后，赵某在告知某港市盐场鉴定时间并通知某港市盐场到达鉴定现场的情况下，委托某海洋水产资源资产评估有限公司进行海蜇损失鉴定，鉴定过程由公证人员陪同，程序合法。该鉴定机构具有海蜇损失价格的鉴定资质，虽存在跨地域执业行为，但不足以否定其所作评估报告的真实性。某港市盐场没有提交充分证据对该评估报告予以反驳，其申请重新鉴定也因已无鉴定基础而不具有现实可能性。在此情况下，原审判决对涉案海蜇损失评估报告予以采信符合本案情况。某港市盐场申请再审称当事人无权单方委托鉴定以及涉案海蜇损失鉴定报告程序违法不应采信的主张于法无据，不能成立，故而驳回再审申请。

想一想

1. 如果你接到赵某关于海蜇死亡出险报案后，你应该怎么办？

2. 保险理赔案件前期最为重要的工作是锁定证据，而本案的焦点问题有哪些？如何锁定证据？

3. 赵某单方委托第三方鉴定事宜中哪些是值得吸取成功经验？有哪些做的存在不足？我们是否还有其他诉讼程序来保全证据，其效力是否更高？

4. 被告某港市盐场在此次争议中哪些事情做的存在不足？

5. 被告某港市盐场对鉴定意见及公证书的质证意见是否充分？存在哪些不足？仅仅提出程序性异议是否可以达到否定鉴定意见的效果？

6. 针对赵某提交的鉴定意见，除了程序性审查提出异议之外，还可以从哪些方面进行审查？

三、人伤案件中涉及的司法鉴定项目

《全国人民代表大会常务委员会关于司法鉴定管理问题的决定》明确规定了司法鉴定大类别为：①法医类鉴定；②物证类鉴定；③声像资料鉴定；④根据诉讼需要由国务院司法行政部门商最高人民法院、最高人民检察院确定的其他应当对鉴定人和鉴定机构实行登记管理的鉴定事项。鉴定通常包括：

法医类鉴定，即对与案件有关的尸体、人身、分泌物、排泄物、胃内物、毛发等进行鉴别和判断的活动。主要包括法医病理鉴定、法医临床鉴定以及法医精神病鉴定。

第一，法医病理鉴定，俗称尸体鉴定。参考目前国内的有关规定，法医病理鉴定，是指运用法医病理学的理论和技术，通过尸体外表检查、尸体解剖检验、组织切片观察、毒物分析和书证审查等，对涉及与法律有关的医学问题进行鉴定或推断。法医病理鉴定主要涉及以下内容：

（1）确定死亡原因。主要在于确定自然死亡（病死或老死）还是非自然死亡（暴力死亡），在同时存在损伤与疾病时，要分析损伤、疾病与死亡的关系，对于存在几种致命性损伤，应确定主要死因，以便澄清谁应负主要致死责任。

（2）判定致死方式。即判定是他杀、自杀还是意外死亡，判定致死方式要比确定死亡原因复杂，常须结合现场勘验和案情调查进行全面分析，然后作出判断。

（3）推断死亡时间。是指人死后到尸体检验的时间，推定死亡时间有助于侦查范围的确定，主要根据尸体现象所见和对生物化学变化的检测，结合当时当地的气象条件进行综合判断。

（4）认定致死伤物体。主要是根据损伤的形态、大小、程度及其他性质，如损伤内的附着物来推定的，或对咬痕、扼痕、捆绑痕、注射针孔以及各种工具打击痕迹等的性质、形成方式和方法来判断。

（5）鉴别生前伤与死后伤。即推断死者损伤是生前造成的还是死后形成的，以及生前损伤后经过的时间。在鉴定中，还可通过骨骼、牙、毛发的检验推定死者的性别、身高、年龄、血型等。

第二，法医临床鉴定，俗称活体损伤鉴定，是指运用法医临床学的理论和技术，对涉及与法律有关的医学问题进行鉴定和评定。其主要内容包括：人身损伤程度鉴定、损伤与疾病关系评定、道路交通事故受伤人员伤残程度评定、职工工伤与职业病致残程度评定、劳动能力评定、活体年龄鉴定、性功能鉴定、诈病（伤）及造作病（伤）鉴定、致伤物和致伤方式推断等。

法医临床鉴定主要涉及以下内容：

（1）损伤程度的鉴定。这是活体检查中最常见的内容，确定损伤的性质与程度、推定致伤物体与作用方式、估价损伤的预后及可能发生的后遗症。其中的损伤程度鉴定直接关系到定罪与量刑，民事赔偿和治安行政处罚。根据损伤的严重程度分为重伤、轻伤和轻微伤。

（2）伤残程度与劳动能力鉴定。鉴定时须参考与残疾程度鉴定有关的法规，主要有道路交通事故伤残十级分类法，职业伤与职业病致残程度鉴定标准，人身保险伤残程度分类表等。

（3）性问题鉴定。检验是否被强奸，有无性病传染，有无妊娠分娩，是否堕胎，确定性功能状态。

（4）疾病的诊察，确定现有疾病与损伤的因果关系。疾病是否由损伤所引起，或原有疾病因损伤而加重、恶化。

（5）诈病（伤）及造作病（伤）鉴定。诈病是身体健康的人为了达到个人目的伪装有病，如伪装肢体瘫痪或伪装精神病，造作病是故意毁损自己或授意别人毁损自己造成的损伤或疾病。活体损伤鉴定，主要是根据伤病的具体情况选择应用相应的临床医学诊断方法，如采用视觉、听觉脑干诱发电位 CT、核磁共振、PET 等检查方法，但应当注意的是在法医学鉴定中被检查者出于各自的动机，有可能夸大病情或伤情，也有可能隐匿病情或伤情，所以，要以客观检查为主，探讨各种症状，对被检查者的陈述和症状进行审查，才能保证鉴定的客观、公正。

第三，法医精神病鉴定是指运用司法精神病学的理论和方法，对涉及与法律有关的精神状态、法定能力（如刑事责任能力、受审能力、服刑能力、民事行为能力、监护能力、被害人自我防卫能力、作证能力等）、精神损伤程度、智能障碍等问题进行鉴定。

刑事技术鉴定，即对指纹、脚印、笔迹、弹痕等进行鉴别和判断的活动；会计鉴定，即对账目、表册、单据、发票、支票等书面材料进行鉴别和判断的活动；技术问题鉴定，即对涉及工业、交通、建筑等方面的科学技术进行鉴别和判断的活动等。

（一）与人身损害赔偿项目相关的鉴定

任务情景

2017 年 1 月 23 日，黄某驾驶某小型轿车与朱某驾驶的某普通二轮摩托车发生碰撞，造成朱某受伤及双方车辆受损的道路交通事故。朱某经鉴定构成九级、十级、十一级伤残各一处。

2017 年 1 月 23 日朱某入住当地某中医院，病历记载：患者因“车祸致胸、背及左下肢疼痛 2 小时”入院。专科检查提示胸廓对称，挤压痛阳性，右部胸痛明显，两肺呼吸音粗，背部压痛明显，活动受限，左小腿皮肤裂伤约 7cm，急诊已清创缝合无活动性出血，局部压痛。急诊 CT 提示双侧多发肋骨骨折、双肺挫伤、右侧气胸、右侧多发横突骨折、左侧肩胛骨骨折。入院后完善相关辅助检查，予抗感染、护胃、化痰、雾化及补液对症治疗。2017 年 1 月 26 日出院，出院诊断：①右侧多发肋骨骨折；②腹腔内巨大囊肿伴肠梗阻；③双下肺挫伤；④右侧气胸；⑤双侧多发横突骨折；⑥左侧肩胛骨骨折；⑦左小腿挫裂伤。共产生医疗费为 5587.94 元。

2017 年 1 月 26 日朱某入住浙江某医院，病历记载：患者因“车祸致全身多处疼痛 3 天，伴腹胀恶心呕吐 1 天”入院。查体神清，胃管在位，胸部胸带外固定，两肺吸粗，右肺呼吸音低，腹肌紧张，腹部膨隆，全腹压痛，背部压痛，左下肢敷料包扎。入院后完善相关检查，于 2017 - 01 - 26 行“腹腔内巨大肿物切除十胰腺体尾部切除 + 肠粘连松解术”。术中查见到腹腔内巨大囊肿肿物大小约 30 × 40 ×

50cm，与网膜粘连致密，肿物将肠管推至右侧腹部，横结肠扭曲，横结肠中部近端全小肠肠管扩张水肿，远端肠管空虚。2017-02-06行“右侧多发肋骨骨折切复内固定术”，术后病理诊断为（腹腔）皮样囊肿，部分囊壁外查见胰腺组织。术后予抗感染等对症支持治疗，2017年2月18日出院，出院诊断：①肠梗阻；②腹部肿物；③多发肋骨骨折；④腰椎骨折（L1-4右侧横突骨折）；⑤肩胛骨骨折（左侧）；⑥右侧气胸；⑦肺挫伤（双侧）；⑧软组织损伤（左小腿挫裂伤）；⑨肝多发囊肿。共产生医疗费为210454.53元。

2017年2月18日朱某返回当地某中医院继续治疗，病历记载：患者因“车祸致右侧胸痛26天，肋骨骨折术后12天”入院。专科检查：右胸部前后可见手术疤痕，缝线未拆除，压痛。腹正中纵行手术疤痕约20cm。入院后完善相关辅助检查，予抗炎、补液对症等治疗，于2017年3月4日出院，出院诊断：①右侧多发肋骨骨折术后；②腹腔巨大囊肿术后；③腰L1-4椎体右侧横突骨折；④左侧肩胛骨骨折双肺挫伤；⑤肝多发囊肿。共产生医疗费为6430.25元。

朱某起诉要求赔偿三次住院及门诊的医疗费共计230536.43元。

问题：

1. 朱某主张的医疗费230536.43元，保险人如何处理？

2. 车险人伤理赔实务中，“搭便车式”医疗费用如何处理？重叠部分医疗费用，是否可以减轻侵权人责任？法律依据是什么？

1. 与医疗费相关的鉴定

（1）医疗费的必要性与合理性。车险人伤案件中的医疗费是指道路交通事故造成一定的人身伤害，为恢复健康而需要就医诊治，按照医院对当事人的交通事故创伤治疗所产生的必须费用。

医疗费主要包括挂号费、检查费、化验费、手术费、治疗费、住院费和药费等。医疗费的发生既可以是门（急）诊，也可以是住院产生，其目的在于治疗交通事故中的受伤人员。医疗费的发生是道路交通事故的显而易见的后果，体现了对受害人身体权和健康权等基本人身权利的尊重和保障，自然应当予以赔偿。

《最高人民法院关于审理人身损害赔偿案件适用法律若干问题的解释》第六条规定：“医疗费根据医疗机构出具的医药费、住院费等收款凭证，结合病历和诊断证明等相关证据确定。赔偿义务人对治疗的必要性和合理性有异议的，应当承担相应的举证责任。”“医疗费的赔偿数额，按照一审法庭辩论终结前实际发生的数额确定。器官功能恢复训练所必要的康复费、适当的整容费以及其他后续治疗费，赔偿权利人可以待实际发生后另行起诉。但根据医疗证明或者鉴定结论确定必然发生的费用，可以与已经发生的医疗费一并予以赔偿。”

根据上述规定，医疗费的计算主要是以“必须”为其标准。所谓必须，解释上应当以合理支付为必要。道路交通事故受害人在什么情况下花费的医疗费构成合理，为事实问题，应当根据具体情况加以确定，但是需要遵循费用与交通事故损伤有关，符合临床诊疗规范两大原则。例如，交通事故受害人擅自住院、转院、自购药品、超过医疗通知的出院日期而拒不出院、擅自在指定医院以外多处就医、治疗非交通事故损伤或疾病所花费的医疗费用，便不在交通事故损害赔偿的医疗费范畴内。

医疗费的不合理性主要表现在：①不合理诊查费用：过度使用检查手段、重复检查、反复检查等；②不合理治疗费：大诊断、大处方、多用药、用高价药、以旧病充新病、以病充伤、轻伤久治、小病大治、巧用收费项目等。在司法实践中，往往保险机构自己审查的结果因自身身份因素，难以得到法院采信。因此保险人质疑医疗费合理性时，可以通过申请“医疗费用合理性”鉴定来解决。

医疗费合理性鉴定主要是鉴定医疗费用发生是否符合医疗技术操作常规治疗原则。医疗费合理性评定不使用裁判性语言，不计算具体金额，不对床位、空调、陪客等产生的费用进行评定。评定时需要查阅病历、医嘱、用药等，做到审查“病（伤）、诊、疗一致”，用药符合常规等。医疗费是否合理，应从以下方面分析审核：

①确定人体损伤是否客观存在；

②甄别伤前有否疾病存在；

③明确伤病之间的因果关系；

④根据损伤与疾病的情况，作出在治疗过程中损伤参与度的评价；

⑤是否存在超范围、超时间、超剂量等滥用医疗措施的情况；

⑥是否为伤者本人的医疗费，即关联性审查。

（2）医疗费支出的凭据。无论是国家法律还是保险合同，对于道路交通事故受害者的就诊地并未作出具体规定，但保险实务中出于保障伤者伤情恢复和医疗费用合理的需要，往往要求受害者就诊机构为县级及以上的医疗机构。因此保险实务中医疗费票据的出具单位一般是县级及以上的医疗机构。但是特殊情况下，也可以做特殊处理。比如紧急抢救需要交通事故受害人或者治疗轻微创伤，也可以是其他医疗单位出具的医疗收费单据。

车险人伤理赔实务中，伤者可能拿着其他人的医疗票据或自己受伤以前的票据来索赔，保险理赔人可以通过审核姓名、时间与就诊病历资料来发现医疗票据真假。如果质疑医疗票据的真实性，可以通过申请“医疗票据真伪”鉴定来解决，主要审查受害方提交的医疗费单据是否正规，姓名、日期、单据号码、收款印章、金额大小、药品种类、收费项目等是否有内在联系和可疑之处。

想一想

1. 车险人伤理赔实务在中，医疗费发票中的伤者姓名有误，保险人如何处理?

2. 审查医疗费合理性时，是以医疗费本身为线索，还是以病历资料为线索来判断是否存在自身疾病问题?

3. 车险人伤理赔实务中，伤者治疗自身疾病所产生的费用，保险人如何计算?

（3）尚未发生的医疗费。实务中，根据赔偿权利人索赔时医疗费用是否明确产生医疗费分为已然发生的医疗费和将来必然发生的医疗费。人伤理赔人员对已然发生的医疗费主要审查所产生费用的关联性，对将来必然发生的医疗费主要审查“必要性”“合理性”。将来必然发生的医疗费在保险理赔实务中又可以称为后续治疗费，是指对损伤经治疗后体征固定而遗留功能障碍确需再次治疗的或伤情尚未恢复需二次治疗所需要的费用。道路交通事故受害人即使已经出院，但并非所有受害人已经达到“完全治愈”。不少受害者确需在半年、一年甚至更长时间后进行二次手术。同时受法定诉讼时效限制，受害者会处于索赔的两难境地。根据《最高人民法院关于审理人身损害赔偿案件适用法律若干问题的解释》第六条规定，道路交通事故受害人遗留功能障碍确需再次治疗的费用或伤情尚未恢复需要二次治疗所支付的费用，是交通事故的后果之一，应当予以赔偿，可以与已经发生的医疗费一并赔偿，也可以在实际发生后再赔偿。如果事故双方或保险合同双方就后续治疗费产生争议，可以申请后续医疗费的评定来解决。

后续医疗费评定是指当被鉴定人损伤经治疗伤情已基本稳定，根据医疗技术操作常规治疗原则，对必然要发生的医疗措施进行的评估。对“后续医疗费用评估”鉴定一般不会涉及费用的多少，而是对于某项治疗措施是否必要，费用是否合理进行审查。2015年11月20日中华人民共和国司法部司法鉴定管理局发布《人身损害后续诊疗项目评定指南》（SF/Z JD0103008－2015），并自2015年11月20日起施行。该技术规范规定了人身损害受伤人员后续诊疗项目评定的原则、方法和内容，适用于对人身损害受伤人员后续诊疗项目的必要性及合理性的评定。因此车险人伤理赔人员可以参考该技术规范来评估后续治疗费。后期医疗费评定不涉及对非必需的康复等医疗措施的评估。经医疗终结、伤残等级评定后，原则上不再进行后期医疗费评定；对因有遗留症状、体征或异物，不继续治疗会使被鉴定人伤情加重或复发的，可根据实际情况做出评估。

由于医疗费审查是一项专业的工作，需要医疗背景知识才可以发现其中的合理性、必要性，具体审查情况此处不再赘述。

想一想

1. 车险人伤理赔实务中，常见的后续医疗费有哪些情形？

2. 未成年人的恒牙折断或者脱落一般需要等到发育成熟以后再做修复，那么车险人伤理赔实务，诸如此类的修复费用（如修复、种牙等）是否属于前期一次性可以处理的后续医疗费？

3. 外伤性癫痫，往往需要长期服用抗癫痫药物，其后续产生的医疗费用是否可以一次性处理？如果能处理，则处理上述费用的原则和计算方法是什么？

拓展阅读

伤者，男，1938 年出生，当地退休教师，2016 年 11 月 11 日因交通事故受伤导致昏迷数分钟。头部流血疼痛 4 小时入院。入院时头部流血疼痛，左季肋部疼痛。CT 检查：双侧额叶、右侧颞叶脑挫裂伤，右侧额颞部少量硬膜下血肿，老年性脑改变，双侧基底节区腔隙性脑梗塞等。经保守治疗，于 2016 年 12 月 29 日出院，住院 48 天，产生医疗费 17980.28 元。

2017 年 8 月 8 日因咳嗽咳痰两个月入院，2017 年 8 月 15 日出院。2017 年 8 月 22 日因伤后反应迟钝、运动迟缓 9 月，大小便失禁 3 月入院，2017 年 9 月 23 日出院，出院诊断：帕金森氏综合症，腔隙性脑梗死，肺部感染，低钠血症，慢性支气管炎伴肺气肿等。2017 年 9 月 25 日因“畏寒，发热，伴咳嗽两天”入院，2017 年 12 月 29 日出院，共住院 96 天，出院诊断：肺炎、败血症 NOS、继发性帕金森氏综合症 NOS 等。2017 年 12 月 29 日因外伤后肢体活动不利 1 年入院，2018 年 5 月 21 日出院，共住院 143 天。2018 年 8 月 22 日因“畏寒发热伴咳嗽咳痰 2 天”入院，2018 年 8 月 29 日出院，共住院 7 天，出院诊断：急性支气管炎，慢性支气管炎，帕金森氏病，腔隙性脑梗塞等。上述 5 次住院，其医疗费 21 万余元。

本案焦点：受伤出院 8 个月后因社区获得性肺炎入院，以及之后因帕金森氏综合症、老龄痴呆产生的 21 万余元医疗费与本次交通事故是否存在因果关系？

保险公司向法院申请委托医疗费合理性鉴定，鉴定机构出具意见为：2016 年 11 月 11 日到 2016 年 12 月 29 日住院费用与外伤存在关联，予以评定。2017 年 8 月 8 日之后因帕金森综合症及其并发症所产生的门诊医疗费用，请法院酌情处理。2017 年 8 月 8 日之后因帕金森综合症及其并发症以及自身原有疾病所产生得住院医疗费用，具体无法区分，请法院酌情处理。

庭审中，原告提出伤者生前健康，帕金森综合症是外伤导致，肺炎也是因为受伤之后体质下降而患病，其所有的医疗费应由保险公司赔偿。

保险公司反驳称：伤者受伤时已经 78 周岁，以往体健不等于以后仍体健，人老体弱是自然规律，也不可能做到一直体健不生病。诉前到当地医院调查了解到伤者伤前存在脑梗、慢性支气管肺炎等老龄病，说明原告既往并不体健。事故造成的是左胸肋骨骨折、肺轻度挫伤，而之后肺部感染灶主要在右胸，医院诊断为社区获得性肺炎。本次事故治疗出院 8 个月后的肺部感染、帕金森综合症等疾病与外伤时间上较长，与本次事故无直接的因果关系。根据鉴定意见认为后期的治疗费主要是自身疾病的治疗，且无法区分的情况下，主张医疗费与外伤存在因果关系的举证责任在原告。

法院审理意见：根据医疗机构的门诊、住院凭证及鉴定意见，本院仅认定 2016 年 11 月 11 日到 2016 年 12 月 29 日的住院费用 17980.28 元、2017 年 8 月 8 日住院前的门诊费用 920 元。其余均是治疗帕金森综合症及其并发症的医疗费，与外伤无关。

案件最终处理情况：保险公司按法院判决履行。

2. 与误工费、护理费、营养费相关的鉴定

（1）误工费、护理费、营养费的定义。误工费是指赔偿义务人应当向赔偿权利人支付的、自受害人遭受伤害到完全治愈这一期间（误工时间）内因无法从事正常工作导致的实际收入减少。

护理费是指生活需要特殊照顾或无法自理的人（如住院病人，或在家因疾病吃喝拉撒有困难）需要他人护理而支出的费用。

营养费受害人通过平常饮食的摄入尚不能满足受损害身体的需求，而需要平常饮食以外的营养品作为对身体补充而支出的费用，是一种辅助治疗。

从上述定义可以看出，误工费、护理费赔偿的多少，主要涉及期限和工资标准两项内容，与之相关的鉴定项目是期限，期限的长短可以通过对其误工期限、护理期限进行鉴定。此外，护理费鉴定还涉及护理依赖程度。

（2）费用计算原则。法医临床上把误工、护理、营养期限鉴定称之为"三期"鉴（评）定。部分法院计算营养费也是按照误工费的计算方式来确定，根据营养期限×每天的营养费标准。但也有法院是由法官酌定，也就是说不考虑营养期限问题，酌情确定金额。产生这种情况的主要原因是：关于营养费的具体给付标准，国家法律并没有明确规定，审判实践中可以参照受害人实际需要补充营养的情况酌定。受害人实际需要补充的营养，是指受害人因侵权行为受到损害，为弥补该损害实际需要补充的营养。如果受害人受损害以前存在营养状况不良，即使没有遭受人身损害，也是需要补充营养，那么这种情况下的营养费不应该由赔偿义务人支付。因为这与加害人的加害行为没有因果关系，不符合民事责任的构成要件。人民法院在审理涉及年老体衰的人身损害赔偿案件时，对此要特别注意区分受害人的营养补充与损害有无因果关系，区分标准可以采纳民法的原因力理论。确定营养费给付标准，也需要严格根据受害人伤残情况参照医疗机构的意见确定。审判实践中要注意，受害人要求支付的营养费必须根据其实际需要、案件的具体情况及医疗机构的意见斟酌决定。超过实际需要的营养费支付请求，人民法院不予支持。此外，关于营养费还有一项审判政策，营养费的确定要根据我国还处在社会主义初级阶段、经济还不发达、人民的生活水平总体还不够高的具体国情，以及营养费的标准不如其他赔偿费用标准具体，相对来说比较抽象的特点，营养费的支付不能过高。

（3）鉴定标准。目前，涉及三期鉴定的有效鉴定标准为《人身损害误工期、护理期、营养期评定规范》（GA/T1193－2014）。此前三期鉴定相关的旧标准有《事故伤害损失工作日标准》（国家标准GB/T15499－1995）、《人身损害受伤人员误工损失日评定准则》（GA/T521－2004）、《人身损害受伤人员休息期、营养期、护理期评定标准（试行）》等，但目前一般不再使用这些旧标准。

《最高人民法院关于审理人身损害赔偿案件适用法律若干问题的解释》第八条特别规定了"受害人定残后的护理，应当根据其护理依赖程度并结合配制残疾辅助器具的情况确定护理级别"，并依此来计算定残后的护理费。然而，该司法解释对于"护理依赖程度"并未给出相应的阐述和规定，其他法律对此也未作详细规定。

2006年国务院颁布实施了《职工工伤与职业病致残程度鉴定标准》（GB/T 16180－2006），该标准虽然对护理依赖程度的分级、护理费计算作出了规定，但是适用范围主要是因工伤导致的身体伤残或者职业病伤残，且在评定项目上存在不够细化、难于操作

的情况，并不适合道路交通事故人身损害赔偿案件。

目前，涉及人身损害护理依赖程度评定的有效标准是2014年9月3日由公安部发布、2015年1月1日实施的《人身损害护理依赖程度评定》（GB/T 31147－2014）。该标准规定了人身损害造成躯体伤残或精神障碍者，在治疗终结后是否需要护理依赖及其程度的评定要求和方法。评定时，根据精神障碍者或躯体伤残者完成进食、床上活动、穿衣等日常生活自理能力项目的情况，客观确定每项分值，将各项分值相加得出总分值，最后依据分值的不同评定护理依赖程度。护理依赖程度等级由低到高分为三级：总分值在80～61分，为部分护理依赖；总分值在60～41分，为大部分护理依赖；总分值在40分以下，为完全护理依赖。护理依赖赔付比例是指各护理依赖程度等级所需护理费用的比例，分为三等：完全护理依赖按100%的比例计算，大部分护理依赖按完全护理依赖费用80%计算，部分护理依赖按完全护理依赖费用50%计算。

拓展阅读

1. 《人身损害护理依赖程度评定》（GB/T 31147－2014）
2. 《人身损害误工期、护理期、营养期评定规范》（GAT－1193－2014）

（4）鉴定审查方法。人身损害误工期、护理期和营养期的评定时机应以外伤直接所致的损伤或确因损伤所致的并发症经过诊断、治疗达到临床医学一般原则所承认的症状及体征稳定为准。三期的确定应以原发性损伤及后果为依据，包括损伤当时的伤情、损伤后的并发症和后遗症等，并结合治疗方法及效果，全面分析个体的年龄、体质等因素，进行综合评定。《人身损害误工期、护理期、营养期评定规范》（GAT－1193－2014）中的“误工期、护理期、营养期”为各类损伤/事故的一般性期限，需排除既往损伤、疾病。在具体案件的评定中，应遵循个性化为主、循证化为辅的原则，考虑不同个体的自身情况、损伤情况、临床治疗、恢复等因素具体分析，综合评定，不可机械照搬。人身损害后的临床“误工期、护理期、营养期”低于《人身损害误工期、护理期、营养期评定规范》（GAT－1193－2014）规定的期限时，按临床实际发生的期限计算。多处损伤，不能将多处损伤的“误工期、护理期、营养期”进行简单累加，一般以“误工期、护理期、营养期”较长的损伤为主，并结合其他损伤的期限综合考虑，必要时酌情延长。车险人伤理赔实务中，审查“三期”需要考虑：评定时机是否合理；原发性损伤部位、损伤严重性、复杂程度；理论上损伤愈合进程、实际愈合过程和功能恢复状态；影响治疗过程、治疗效果、愈合状态的因素等。

《人身损害护理依赖程度评定》（GB/T 31147－2014）规定：躯体伤残护理依赖程度评定应在本次损伤治疗终结后进行，精神障碍护理依赖程度评定应在治疗满一年后进行；被评定人同时有躯体伤残、精神障碍和精神障碍安全问题均需要护理依赖的，应分别评定，按护理依赖程度较高的定级；被评定人原有疾病或伤残与本次损害因素共同作用造成护理依赖的，应确定本次损伤参与度。车险人伤理赔实务中，审查护理依赖程度需要考虑：是否存在原有疾病、是否达到规定的评定时机、如果存在原有疾病是否确定损伤参与度、日常生活活动能力项目的完成是否如实等。

案例分析

糖尿病患者，系某工地上干活的农民工。2017年12月23日受伤造成胫骨中段骨折、腓骨近端骨折，入院行内固定手术治疗。伤后近10个月骨痂生长新鲜程度不一致，断端部分仍无骨痂生长，鉴定机构以其X片形态来确定误工期限为10个月。保险机构提出异议：依据三期鉴定标准该伤情误工期限为120—180天，而鉴定意见为10个月，明显超出鉴定标准。最终鉴定机构认为：依据2018年9月23日X片来，伤者存在骨痂生长程度不一致，无法从事原来工作，自受伤到2018年9月23日的这段时间内应处于实际误工状态。导致这样后果的原因主要为外伤以及自身糖尿病造成延迟愈合，至于伤病关系问题在鉴定文书中已经分析清楚。由于保险机构未委托伤病关系鉴定，鉴定机构只解决伤者客观实际情况，不便提出具体参与度系数，具体误工情况可由法院进行自由裁量判决。最终本案在法院的调解之下，双方达成调解协议。

问题：交通事故伤者，既有内在疾病，又有损伤。车险人伤理赔实务中，其误工期如何裁定？

3. 与残疾赔偿金相关的鉴定

（1）残疾赔偿金的定义。残疾赔偿金是指对受害人因人身遭受损害致残而丧失全部或者部分劳动能力的财产赔偿。由于人身损害致残，导致受害者劳动能力全部丧失或者部分丧失，从而影响到收入的减少或完全中断。这种损失是人身损害的直接后果，也是一种财产损失，因此应当由赔偿义务人进行赔偿。

这一项赔偿项目一般是人伤案件赔偿中争议最大的内容，主要表现为伤残等级鉴定。

（2）涉及残疾赔偿金的鉴定项目。涉及残疾赔偿金的鉴定项目主要有伤残等级评定、伤病关系、外伤参与度鉴定、诈病（伤）、造作病（伤）鉴定、致伤物和致伤方式推断。

（3）鉴定标准。伤残等级鉴定的旧标准是中华人民共和国国家标准 GB 18667 - 2002《道路交通事故受伤人员伤残评定》，现行有效的伤残等级鉴定标准是《人体损伤致残程度分级》。新标准由最高人民法院、最高人民检察院、公安部、国家安全部和司法部联合发布。自2017年1月1日后所有交通事故案件、故意伤害案件、雇员损害等所有人身损害致伤的鉴定标准统一适用《人体损伤致残程度分级》，工伤除外。该标准对人体损伤致残程度分级的原则、方法、内容和等级划分作了规定，适用于人身损害致残程度等级鉴定，是开展法医临床司法鉴定，确定民事赔偿责任的重要标准。

拓展阅读

1.《人体损伤致残程度分级》适用指南　法律出版社

2.《最新人体损伤致残程度分级标准解读与适用指南》中国法制出版社

做一做

2018年10月20日，王某因车祸致颈部及右上臂疼痛、活动受限入院。查体：额部局部皮肤擦伤，可见点状出血，压痛明显。颈5、6棘突压痛明显，颈椎屈伸活动受限。右上臂肿胀明显，局部皮肤青紫，压痛明显，可触及骨擦音和骨擦感。头部及颈椎 CT 无异常，右侧肱骨干正位片提示右侧肱骨干骨皮质不连续，对位对线欠佳。颈椎核磁显示 C3－4、C4－5、C5－6 间盘往后突出，硬膜囊受压。入院诊断：颈椎过伸性损伤、颈椎间盘突出症、右侧肱骨干骨折、头部外伤、右手背擦皮伤。

问题：依据《人体损伤致残程度分级》，预估伤者有无伤残。如果有，伤残为几级？

4. 与死亡赔偿金相关的鉴定

（1）死亡赔偿金的定义。也称死亡补偿费，是指受害人因各种非正常事故或死亡的，由相关责任人按照一定的标准给予死者家属的一定数量的赔偿。既包括死者丧葬费用，也包括其亲属的精神抚恤金等各种赔偿。

（2）死亡赔偿金赔偿的特点。死亡赔偿金涉及数额高，事发突然，产生的矛盾尖锐，是人伤理赔中的难点，也是保险诈骗中的重灾区。在处理这类案件既要稳定家属情绪、避免矛盾扩大，又要查实死亡与交通事故的因果关系。2015 年网络上流传一时的“医生用病人遗体伪造车祸骗保”案中，安徽灵璧县医院 3 位医生与社会人员勾结，利用已故癌症病人的遗体制造车祸，累计作案 42 起。对这类案件的发生，主要是在死亡原因这一环节没能很好把握。

（3）死亡赔偿金相关鉴定项目。死亡赔偿金涉及的鉴定项目主要包括：死亡原因鉴定、致死方式鉴定以及外伤参与度鉴定。道路交通事故实践中，一般交通事故死亡案件会有交警队委托的死亡原因鉴定，常为尸表检验。如果尸表检验无法明确死亡原因的，需要进一步进行尸体解剖。因此，在工作中收集公安部门的死因鉴定意见书也是车险人伤理赔实务较关键的工作。在非正常死亡案件中，公安一般仅仅出具“排除他杀”的意见，不会出具专业的死亡原因鉴定意见。此时，保险公司需要第一时间以书面的方式向死者家属或投保人、被保险人提出尸检通知书，以免因保险公司未通知尸检、导致死亡原因无法明确而承担不利的法律后果。尸检告知书的内容需要委婉，告知到位，不能被误解，法律后果需要明确，被告知人需要明确。

拓展阅读

工作中，往往死者家属不愿意尸检，或不知道需要尸检，导致后期案件处理死亡原因不清楚，造成处理难度增大。如何起草一份尸检告知书，以及通过何种方式告知需要智慧。下文是一份较全面的尸检告知模板。

尸检告知书

×××客户（被保险人）、×××家属（受益人）：

因死者（身份证××××××××××××××××××）在我司投有××××××保险（投保人：×××，保单号：×××××××，保险期间：××××××）。我司于××××年×月×日接到×××的出险报案（报案号：×××××××）得知：××××年×月×日×时×分，死者×××在×××地方死亡。为保障被保险人/受益人的合法权利，特告知如下：

（1）死亡原因是判断我司是否赔付保险金的非常关键的证据，死亡原因需要通过有资质的鉴定机构做出专业的鉴定意见方可明确，如果没有合法有效的死亡原因鉴定意见，我司很可能因为死亡原因不明而不能支付保险金。

（2）公安机关出具的“排除他杀”的意见是公安办案中对案件性质的意见，并不是上述所称的“死亡原因鉴定意见”。

（3）医疗机构出具的“居民死亡医学证明（推断）书”等资料，仅仅是推断观点，用于死者后期丧葬事宜处理所出具的程序性文件，也不是上述所称的合法有效的死亡原因鉴定意见。

（4）为明确界定是否构成保险责任，现通知你对死者进行死亡原因鉴定(包括但不限于尸表检验、尸体解剖)。

（5）尸表检验是指对尸体的衣着、皮肤和各外部器官，不损害尸体所进行的检查和化验，是一般家属较能接受的鉴定方式，在死者家属完全拒绝尸体解剖的情况下，建议你进行尸表检验再确定是否需要进一步尸体解剖，如果尸体检验死因明确，可不再进行尸体解剖。

郑重告知：如果你不同意，或不配合死亡原因鉴定，由此引发的一切法律后果由你承担（包括我司拒赔的法律后果）。

特此告知！

告知人：

××××年×月×日

签 收 人：

签收日期：

送达方式：

注：送达方式，可以是短信、电话、书面、邮寄等，但需要保留下送达的证据。

5. 与残疾辅助器具费相关的鉴定

在很多省份，本项赔偿不属于鉴定范围，但可以申请法院向相关机构进行询价。但在某些省份则将残疾辅助器具相关费用作为一项鉴定项目。

车险人伤理赔实务中，残疾辅助器具费计算需要考虑：辅助器具本身购买费用、使用寿命（更换时间)、维修维护耗材费用，配置训练费以及训练产生的住宿、误工、护理等费用。

拓展阅读

1. 2014年6月4日，民政部发布的《中国康复辅助器具目录》

2. 2016年6月6日，中国康复辅助器具协会发布的《康复辅具领域推荐性标准一览表》

（二）与证据类别相关的鉴定

1. 交通事故责任认定书、交通事故证明书以及与认定责任相关的鉴定

本项证据是所有交通事故中均应有的证据之一，保险机构对该证据的质证意见往往比较被动。根据《道路交通事故处理程序规定》规定，当事人对事故责任认定不服，可以向上一级公安机关交通管理部门提出书面复核申请，但是保险机构不属于交通事故认定中的当事人，申请复核则会因主体因素而常常不被受理。在诉讼中，法院一般会以公安交警部门认定的责任进行判决。即便保险机构提出充分的事实与依据来反驳，但收效甚微。因此，对异议点申请鉴定是较好的出路。

涉及主要的鉴定项目有：车辆碰撞痕迹鉴定、车速鉴定、车辆安全性能检验、事故车辆机械故障鉴定、车辆定型鉴定、痕迹鉴定、指纹鉴定、微量物质鉴定、物证鉴定、致伤（死）方式鉴定、电子证据鉴定等。

总之，可以证明事故发生经过、责任认定、损害发生的鉴定项目均可。比如：同车人员驾乘身份确认，可以根据方向盘、挡位上的指纹鉴定进行鉴别；如果驾驶员受伤，可以根据遗留在驾驶室上的血迹鉴定 DNA 鉴定予以鉴别；如果刹车上有脚印，可以根据脚印来确定驾驶员；如果刹车上有特殊泥土，可以根据泥土的微量成分鉴定鉴别；如果有监控卡口照片或视频，可以根据电子证据鉴定判断；如果有行车记录仪，可以根据声音判断驾驶员身份。

案例分析

2017 年 5 月 7 日 09 时 20 分，雾霾天，梁某驾驶某轻型普通货车在某路段由北向南行驶时，与驾驶无牌证电动两轮轻便摩托车由北向南行驶至此向东横过道路的王某相撞，造成王某受伤、经医院抢救无效当日死亡及两车损坏的交通事故。现场无目击证人，雾霾天，梁某认为自己没有闯红灯，但王某已经死亡。因此，谁闯红灯是本起事故责任认定的关键。

2017 年 6 月 2 日某交警队委托当地某司法鉴定中心对本案仅有的监控进行“图像增强处理、录像过程分析”。鉴定机构对监控数据进行专业分析，并对现场进行勘验，提取比对样本。2017 年 6 月 30 日出具司法鉴定意见，认为：送检监控录像视频图像中在“2017－05－07 09：21：17”时间点前后驾驶两轮电动车的受害人王某在某路由北向南行驶至某测站附近路段向东驶入某路西侧机动车辅道外侧隔离带人行横道时，管制横穿某路的人行横道交通信号灯应处于红灯状态。

由于死者家属不认可上述鉴定，交警队为了慎重起见，于 2017 年 7 月 13 日出具《道路交通事故证明》，认为该起交通事故的成因无法查清、无法认定责任。

最终，因责任无法认定肇事司机未被追究刑事责任。死者家属起诉到法院，要求肇事方承担全部责任，后因该鉴定意见的存在，最终按各 50% 承担了赔偿。

问题：

（1）上述案例，如果交警队没有委托鉴定、直接以责任无法认定进入诉讼程序，被告应该提出何种鉴定申请？提出鉴定申请前，还需要向法院提交何申请以取得证据？

（2）既然已经有了鉴定意见证明是死者闯红灯，为何最后交警还以事故成因无法查清、无法认定事故责任？

2. 文书类证据

人伤案件中文书类证据包括病历资料、工资单、工资证明、劳动合同、鉴定文书等，这些证据均有被篡改可能。如果单个文书类证据与赔偿金额相关，一般可以到出具部门调取原始档案来核对。但无法核实的情况下，则可以申请文书类的鉴定。

“文书鉴定”，是指运用文件检验学的原理和技术，对文书的笔迹、印章、印文、文书的制作及工具、文书形成时间等问题进行鉴定。文书形成的时间有助于查证该文书属于事前原始证据，还是事故伪造证据。

想一想

车险人伤理赔实务中，对事故发生以后可以补交的文书类证据如何甄别？在法庭上如何质证？庭前需要做哪些准备工作？

四、司法鉴定中涉及的程序问题

（一）司法鉴定委托

委托与受理是司法鉴定程序的开始。实践中法院是否同意鉴定申请非常重要，主要取决于鉴定申请的理由是否充分、申请理由是否有相应证据证明。不同法院的做法有所不同，有些法院向法院内部专业部门征求意见后再确定是否同意鉴定委托，有些法院针对单方委托后、保险公司提出的重新鉴定一律同意鉴定委托；有些法院针对法院委托鉴定后提出的重新鉴定一律不同意，除非有非常明确的证据。

（二）司法鉴定受理

法院做出司法鉴定委托后，会委托鉴定机构进行鉴定。但并不是所有法院委托的鉴定，鉴定机构都会受理，因为鉴定机构内部需要通过鉴定评审程序，来决定是否受理法院委托的鉴定。

具有下列情形之一的鉴定委托，通常司法鉴定机构不会受理：

（1）委托鉴定事项超出本机构司法鉴定业务范围的；

（2）发现鉴定材料不真实、不完整、不充分或者取得方式不合法的；

（3）鉴定用途不合法或者违背社会公德的；

（4）鉴定要求不符合司法鉴定执业规则或者相关鉴定技术规范的；

（5）鉴定要求超出本机构技术条件或者鉴定能力的；

（6）委托人就同一鉴定事项同时委托其他司法鉴定机构进行鉴定的；

（7）其他不符合法律、法规、规章规定的情形。

实践中，鉴定机构对于常规的鉴定项目一般会受理。而死亡性质、交通行为方式、产品质量缺陷等疑难鉴定项目，大部分鉴定机构会以超出鉴定范围、鉴定能力为由退回鉴定。因此，在申请鉴定、确定鉴定机构时，评估鉴定机构的鉴定范围、鉴定能力非常重要。

（三）终止鉴定

以下情形出现时，鉴定机构可以终止鉴定：

（1）鉴定材料发生耗损，委托人不能补充提供的；

（2）委托人拒不履行司法鉴定委托书规定的义务、被鉴定人拒不配合或者鉴定活动受到严重干扰，致使鉴定无法继续进行的；

（3）委托人主动撤销鉴定委托，或者委托人、诉讼当事人拒绝支付鉴定费用的；

（4）因不可抗力致使鉴定无法继续进行的；

（5）其他需要终止鉴定的情形。

案例分析

2018 年 4 月 1 日 13 时 35 分许，原告王某驾驶面包车与被告李某驾驶的重型自卸车发生碰撞，造成原告王某脑震荡、耳廓损伤、多处挫伤。2018 年 10 月原告王某单方委托上海某鉴定机构，被鉴定为颅脑损伤致精神障碍、日常生活有关的活动能力轻度受限，评定为十级伤残。2018 年 11 月 8 日向法院起诉。2018 年 12 月 3 日保险公司向法院申请重新鉴定。2018 年 12 月 5 日法院作出“对外委托鉴定机构选定通知书”，选定某司法鉴定中心为本次对外委托司法评估的评估机构。保险公司于 2018 年 12 月 24 日支付鉴定费 3870 元。原告王某拒不配合，致使鉴定无法继续进行，但是在 2019 年 5 月 17 日再次向法院提出起诉。保险公司才得知，之前的诉讼原告已经撤回起诉，并再次申请重新鉴定，并坚持要求法院根据《司法鉴定程序通则》第二十九条第（三）款之规定，鉴定机构终止鉴定，原告应承担自己举证不利后果。

最终，本案视为原告王某没有证据证明其十级伤残，而双方达成调解。

法律依据：《最高人民法院关于民事诉讼证据的若干规定》第二十五条第二款 对需要鉴定的事项负有举证责任的当事人，在人民法院指定的期限内无正当理由不提出鉴定申请或者不预交鉴定费用或者拒不提供相关材料致使对案件争议的事实无法通过鉴定结论予以认定的应当对该事实承担举证不能的法律后果。

上述案例说明的问题是，一方不配合鉴定是鉴定机构常见的终止鉴定情形之一。原告为了实现法院指定到自己希望去的鉴定机构，而选择撤诉，再次起诉的方式规避鉴定机构选择，从而实现自身非法目的。本案法院的做法非常令人赞赏，节约了司法资源，提高了诉讼效率，同时打击了“司法黄牛”的不法行为。

想一想

车险人伤理赔实务中，保险机构对鉴定的委托与受理需要重点审查哪些问题？

（四）鉴定时效

《司法鉴定程序通则》第二十八条规定，司法鉴定机构应当自司法鉴定委托书生效之日起三十个工作日内完成鉴定。鉴定事项涉及复杂、疑难、特殊技术问题或者鉴定过程需要较长时间的，经本机构负责人批准，完成鉴定的时限可以延长，延长时限一般不得超过三十个工作日。鉴定时限延长的，应当及时告知委托人。

但实践中，超期鉴定、超长期鉴定问题突出。主要是因为：鉴定资料不齐全，补充鉴定资料需要在法院由双方发表质证后才可送至鉴定机构；鉴定机构忙碌，案多人少；鉴定机构管理问题，特别是某些院校的鉴定机构，存在“做多做少一个样、多做多错”等现象，鉴定人员积极性较低。这些问题往往导致一份鉴定可以拖延少则几个月，多则1—2年。在精神鉴定、死因重鉴、医疗损害鉴定中特别突出。案件被拖往往会因赔偿基数提高而让赔偿义务人承担更多的赔偿费用，因此，实践中需要慎重对待重新鉴定，鉴定过程中需要与鉴定机构、法院以及鉴定相对人保持联系，一旦发现一方不配合立即向法院提出。

想一想

在工作中，保险理赔人如何妥善处理超长期鉴定的案件？

（五）司法鉴定的实施

司法鉴定的实施主要是指鉴定机构受理鉴定以后，到出具鉴定意见之前的鉴定机构内部工作。主要涉及鉴定人选择、鉴定人回避、鉴定人独立做出鉴定意见不受干扰、鉴定标准、技术规范选择以及鉴定材料接收、保管、使用和退还等问题。

案例分析

2017年10月15日，黄某驾驶女友闵某所有的轿车送餐给女友母亲，途经某路口时与行人施某发生碰撞，造成施某当场死亡。黄某与副驾驶上的闵某互换座位，并让闵某承认肇事的事实，而自己以随救护车陪伤者去医院的方式弃车逃离现场，1个月后被当地公安交警查获。2018年6月5日死者家属将司机黄某、车主闵某、保险公司起诉到法院。庭审中，车主闵某否认投保单、保险免责告知书上的签字为自己所写，当庭提出笔迹鉴定。法院当庭让闵某写满2张A4纸的名字，并将其当庭所写的名字作为对照样本提交笔迹鉴定。保险公司代理人发现闵某当庭所写的名字笔划生硬，一笔一划清晰，与投保单上的签字完全不一致，提出要求、调取闵某在交警队接受调查时的签字一并提交作为对照样本，法院当庭没有准许。保险机构代理人通过投诉法官的方式，最终实现将闵某在交警队的签字一并提交做笔迹鉴定。最终鉴定意见为投保单上的签字是闵某本人所写，证明了保险公司尽到了告知义务。

上述案例是一份保险公司对抗性非常强的案例，因为涉及百万元保险赔偿，而肇事者赔偿能力有限，原告、司机、车主，甚至法院均有可能是保险公司的对手。如果保险公司代理人不能坚持，笔迹鉴定的结论很有可能因为送检的对照样本不完整、不原始而有失客观。因此，无论什么方面的鉴定，均需要收集完整的鉴定材料、对照样本，尽量不要使用事故以后或诉讼以后的材料。

（六）司法鉴定意见书的出具

司法鉴定意见书的出具主要是指鉴定文书形式要求，包括文本格式要求、签名、签章规范、制作份数、补正要求以及鉴定人和鉴定机构解释说明义务。

值得注意的是，补正不得改变司法鉴定意见的原意，补正仅仅是因为不清晰、不符合制作要求、错别字或者表达瑕疵的情况下进行补正，与补充鉴定有本质区别。实践中，切不可以鉴定文书存在制作问题，而想当然认为可以作为重新鉴定的主要理由。一般情况下，小瑕疵不影响司法鉴定意见的效力。如果工作过程中发现此类问题，建议与鉴定机构核实，以防止有人伪造鉴定文书。

想一想

车险人伤理赔实务中，保险机构对鉴定的各环节需要注意哪些问题、通过哪些方式来解决?

（七）重新鉴定的申请

1. 重新鉴定的法律依据

《司法鉴定程序通则》第三十一条规定有下列情形之一的，司法鉴定机构可以接受办案机关委托进行重新鉴定：

（1）原司法鉴定人不具有从事委托鉴定事项执业资格的；

（2）原司法鉴定机构超出登记的业务范围组织鉴定的；

（3）原司法鉴定人应当回避没有回避的；

（4）办案机关认为需要重新鉴定的；

（5）法律规定的其他情形。

《最高人民法院关于民事诉讼证据的若干规定》第二十七条规定，当事人对人民法院委托的鉴定部门作出的鉴定结论有异议申请重新鉴定提出证据证明存在下列情形之一的人民法院应予准许：

（1）鉴定机构或者鉴定人员不具备相关的鉴定资格的；

（2）鉴定程序严重违法的；

（3）鉴定结论明显依据不足的；

（4）经过质证认定不能作为证据使用的其他情形。

对有缺陷的鉴定结论，可以通过补充鉴定、重新质证或者补充质证等方法解决的，不予重新鉴定。

《最高人民法院关于民事诉讼证据的若干规定》第二十八条规定，一方当事人自行委托有关部门作出的鉴定结论另一方当事人有证据足以反驳并申请重新鉴定的，人民法院应予准许。

2. 人民法院应当准许重新鉴定的情形

对于鉴定机构或鉴定人不具备相关鉴定资质，鉴定程序严重违法，对鉴定依据的技术、理论、操作方法及其他专业知识等专门性问题提出异议且该鉴定意见明显意见不足，以及经过质证认定不能作为证据使用的其他情形，应认定该鉴定书缺乏生效要件和有效要件，视为该“鉴定书”自始不存在，其鉴定意见也自然不能成立。此时，有异议的一方当事人申请重新鉴定，人民法院应当准许。但在其没有申请重新鉴定的情况下，原对鉴定内容负举证责任的一方当事人应当承担继续举证的责任，否则就要承担相应的不利后果。

为防止诉讼拖延和对司法资源的浪费，启动重新鉴定程序一定要审慎考虑该鉴定对象对全案事实认定的影响、案件处理的法律效果和社会效果、申请鉴定的当事人对《民事证据规定》第二十七条规定的四种情形的过错程度等因素，不宜随意再行重新鉴定。在该鉴定对象对于案件事实认定具有实质影响，原申请鉴定的当事人对鉴定人并无资质或鉴定程序违法等情形并无重大过错的情况下，不启动重新鉴定程序会导致双方利益严重失衡且无法实现良好的社会效果和法律效果时，原申请鉴定人申请重新鉴定，人民法院认为确有必要时，也可以启动重新鉴定程序。

3. 人民法院不准许重新鉴定的情形

对于有缺陷、有瑕疵的鉴定意见，可以通过补充鉴定、重新质证或者补充质证等方法解决，不予重新鉴定。为节约司法资源，防止诉讼拖延，只有在《民事证据规定》第二十七条规定的四种情形下，才可以启动重新鉴定程序。对于仅存有瑕疵的鉴定意见，可以通过其他方式补救，不必重新启动鉴定程序。

在实践中，当人民法院对已作出的鉴定意见经审查如发现下列情形时，可以要求或依照当事人的申请进行补充鉴定：①原鉴定意见并未全部、彻底解决所有与待证事实有关的专门性问题；②法院在先前委托鉴定时本应提出需要解决的有关专门事项，但限于某种原因和疏忽大意而没有提出；③原鉴定意见不够明确、具体等情形。

4. 重新鉴定实务注意事项

《最高人民法院关于民事诉讼证据的若干规定》第二十五条规定，当事人申请鉴定，应当在举证期限内提出。符合本规定第二十七条规定的情形，当事人申请重新鉴定的除外。

实践中，有些法院会在起诉书副本中一并送达“举证通知书”，上面明确了举证期限。有些法院甚至直接明确告知保险机构如果需要重新鉴定，需要在指定的期限内提出，否则视为放弃重新鉴定权利。因此，保险机构提出重新鉴定或鉴定申请需要在规定的举证期限内、并符合法律规定的程序要求。逾期提出申请，有不被法院同意或被司法处罚（训诫、罚款）的风险。

想一想

车险人伤理赔实务中，举证期限后才发现原来的鉴定意见存在疑问，是否可以提出重新鉴定申请？如果可以申请，需要注意什么问题？

对于鉴定意见的采信与否应适用非法证据排除规则。《民事证据规定》第六十八条将非法证据限定在“以侵害他人合法权益或者违反法律禁止性规定的方法取得的证据”的范围。鉴定意见作为法定证据形式的一种，也应该适用该条规定。按照非法证据排除规则的要求，若鉴定意见是“以侵害他人合法权益或者违反法律禁止性规定的方法取得的证据”，则不能作为认定案件事实的依据。在这种情况下，由于该鉴定意见的取得具有非法性，可以直接排除在有效证据之外，可以不必启动重新鉴定程序。

想一想

实务中，面对一份司法鉴定文书，是否一定通过重新鉴定程序方可以推翻？如果不是，还有哪些方式可以推翻？

（八）鉴定人出庭接受质询

1. 鉴定人出庭的法律规定

2005 年《全国人民代表大会常务委员会关于司法鉴定管理问题的决定》（以下简称《决定》）第十一条规定：在诉讼中，当事人对鉴定意见有异议的，经人民法院依法通知，鉴定人应当出庭作证。

2012 年修改后的《民事诉讼法》第七十八条规定：“当事人对鉴定意见有异议或者人民法院认为鉴定人有必要出庭的，鉴定人应当出庭作证。经人民法院通知，鉴定人拒不出庭作证的，鉴定意见不得作为认定事实的根据；支付鉴定费用的当事人可以要求返还鉴定费用。”该条规定明确了鉴定人出庭制度及鉴定人拒不出庭作证的法律后果。

《司法鉴定程序通则》第四十三条规定：“经人民法院依法通知，司法鉴定人应当出庭作证，回答与鉴定事项有关的问题。”

2. 实务中常见的鉴定人出庭问题

滥用鉴定人出庭制度、鉴定人对出庭提出附加条件或书面回复、鉴定事项边界不清、出庭与否的法律后果过于绝对。

3. 鉴定人出庭申请

一般情况下，法院送达鉴定意见的同时，会告知对鉴定意见如有异议，要求在指定的期限内书面提出。因此，实践中必须在法院指定的期限内提出鉴定人出庭接受质询的申请书。

鉴定人出庭接受质询的申请书，需要有明确的事实与理由，如果仅仅是对鉴定内容有异议，而没有附上相应的证据或学术资料，很有可能得到的是鉴定人的书面回复。一般建议先在程序上提出申请，如果法院通知要求说明具体理由的，再提出相应的证据或学术资料。在医疗损害鉴定中，医学会比较喜欢要求有异议的当事人先提出书面的异议提纲，而如果异议提纲过细，鉴定人可能拒绝回答提纲以外的内容，或者称因为是异议提纲之外，且所问问题是另一鉴定人处理而得不到正面回答。因此，异议提纲一般可以从鉴定程序、鉴定实体问题进行罗列。

4. 鉴定人出庭质询技巧

首先，仔细阅读鉴定意见书，从委托方、委托鉴定事项、受理/鉴定日期、鉴定材料、在场人、被鉴定人、案情摘要、鉴定/检验过程、分析意见、鉴定意见、鉴定落款、签章、日期等整个鉴定文书进行仔细审查。

程序上主要包括委托鉴定人、鉴定机构主体是否适格；鉴定项目是否明确，是否与法院委托书上一致；鉴定材料清单与资料摘要内容是否一致，往往资料摘要的鉴定材料并不在鉴定材料清单上；鉴定地点的询问，主要解决鉴定人挂靠时，鉴定时鉴定人并不一定在场的情况；核实在场人主要考虑鉴定时是否有相对方监督；核实被鉴定人身份，需要与照片、委托资料上信息一致，防止以别人的伤情持己之名欺骗鉴定人员；案发、委托、受理、鉴定、报告日期审查，需要与补充资料日期、鉴定缴费日期相比较，几个日期间是否合理；鉴定收费是否合理；鉴定意见是否为出庭的鉴定人意见，鉴定人的意见是否一致，主要防止被询问到敏感、专业问题时回避问题，不做正面回答；鉴定过程中是否聘请鉴定专家，如果聘请，则存在专家的资质问题、专家意见采信、专家会诊记录签字等问题，实践中还存在鉴定专家出具不符意见时不签字规避自身风险问题。

鉴定实体问题主要包括外部信息如何核查；鉴定资料客观性、完整性、真实性如何审查；鉴定实施规范、鉴定标准理解与适用问题；专业问题的理解与判断，需要提前做到专业资料检索。

其次，鉴定人出庭接受质询根本目的是解释鉴定意见，而不是让鉴定人推翻自己的鉴定意见。通过鉴定人出庭接受质询的诉讼过程，让法官对鉴定有一个完整的认识，如果鉴定人的回答存在漏洞，不能自圆其说，将影响着鉴定意见书被法官采信的概率。此时，最好的方式是见好就收，进行案件调解。如果在鉴定意见不利于己方的情况下，自己感觉在鉴定人出庭接受质询时发挥良好而不依不饶，仍固执坚持“真理”，最终法院完全有可能按照鉴定意见书判决。原因是法律专业的法官，真不一定会听懂专业方面的意见，在自己又没有以“证据”方式来证明自己观点时，法官采信鉴定意见也并没有错。

最后，鉴定人出庭接受质询是一项专业对抗性非常强的工作，一般非专业人员在专业领域完全无法与鉴定人抗衡。此时，可以寻求专家辅助人完成此项工作。实践中需要注意的是及时向法院申请专家辅助人出庭；与专家辅助人对案情的沟通，确保专家辅助人对案件的充分了解；物色专业对口的专家辅助人，确保专家辅助人专业对口；收集专家辅助人的资质、专业技术能力相关资料，包括职称证、执业证、论文、以往学术资料、最近从事专业工作的证明等。

五、《人体损伤致残程度分级》的应用

（一）鉴定原则

伤残鉴定应以损伤治疗后果或者结局为依据，客观评价组织器官缺失、功能障碍程度，科学分析损伤与残疾之间的因果关系，实事求是地进行鉴定。具体如下：

1. 客观评定原则

人是感性的动物，所以只要是碰到与自己有关系的事情时，多多少少会带着自己的个人主观情感来做事情。一般伤残鉴定的内容涉及受害人获得赔款的多少，所以为了保证公正、公平，通常会让与本案无关联的鉴定人来对受害人进行鉴定，即对鉴定人实行回避制度。

实务中，一般存在伤残的即为损伤较重，身体残疾、较长时间的治疗、高额的医疗费用支出、因病致困等，司法鉴定人员难免产生怜悯之心，而很多“司法黄牛”“法律掮客”会利用司法鉴定人员的怜悯之心，以获得非法利益。这也是保险理赔从业人员也需要注意的一个问题，防止自己的主观怜悯被人利用。因此，在工作中，需要保持一颗客观评判之心，切不可感情用事。

2. 比照评定原则

世间事物总是千奇百怪的，人类制定的任何标准都不能穷尽世间事物的类型，这就要求人们在既定标准中找到一个类似的标准与之相匹配。遇有《人体损伤致残程度分级》中未列入的致残情形，可根据残疾的实际情况，依据标准附录 A 的规定，并比照最相似等级的条款，确定其致残程度等级。同一部位和性质的残疾，不应采用标准条款两条以上或者同一条款两次以上进行评定。

比照原则也是实务中较常见的现象，但适用的前提是穷尽现有条款，找不到之后，才可比照其他条款。

拓展阅读

胸廓是由 12 个胸椎、12 对肋骨和肋软骨，1 块胸骨以及关节和韧带装置构成，形状近似圆锥形。胸部损伤时，无论是闭合性损伤或开放性损伤，肋骨骨折最为常见，约占胸廓骨折的 90%。儿童的肋骨富有弹性，不易折断，而成人，尤其是老年人，其肋骨弹性减弱，容易骨折。临床表现：①局部疼痛是肋骨骨折最明显的症状，且随咳嗽、深呼吸或身体转动等运动而加重，有时患者可自己听到骨摩擦音，或感觉到骨摩擦感。②疼痛以及胸廓稳定性受破坏，可使呼吸动度受限，呼吸浅快和肺泡通气减少，患者不敢咳嗽，痰液潴留，从而引起下呼吸道分泌物梗阻，肺实变或肺不张，这在老弱患者或原有肺部疾患的患者尤应予以重视。③当患者出现两根以上相邻肋骨各自发生两处或以上骨折（又称“连枷胸”），吸气时，胸腔负压增加，软化部分胸壁向内凹陷；呼气时，胸腔压力增高，损伤的胸壁浮动凸出，这与其他胸壁的运动相反，称为“反常呼吸运动”，反常呼吸运动可使两侧胸腔压力不平衡，纵隔随呼吸而向左右来回移动，称为“纵隔摆动”，影响血液回流，造成循环功能紊乱，是导致和加重休克的重要因素之一。因此，多根肋骨骨折时，对其生活影响较大，可以构成伤残。

3. 分别评定原则

有时候在交通事故中受伤人员符合两处以上的伤残等级，对此在鉴定结论中应当分别写明各处的伤残等级。

4. 排除原伤病原则

鉴定道路交通事故受伤人员伤残程度时，应排除其原有伤、病等进行评定。

（二）评定时机

《人体损伤致残程度分级》规定，受害者应在原发性损伤及其与之确有关联的并发症治疗终结或者临床治疗效果稳定后进行鉴定。一般来讲，过早评定可能导致伤残等级增高，损害赔偿义务人的利益；延后评定虽然不会影响伤残等级，但是会影响结案速度。所以，车险人伤案件的残疾鉴定，应在原发性损伤及其与之确有关联的并发症治疗终结或者临床治疗效果稳定后进行。所谓治疗终结，一般指临床医学一般原则所承认的临床效果稳定。理赔实务中，应根据个案情况判定是否符合鉴定时机的要求，自满足医疗终结起，直至结案前，均可以进行致残程度等级的鉴定。对于个别难以达到医疗终结标准者，可视具体情况在伤情基本稳定时实施鉴定。以下为几种常见损伤的临床治愈和好转标准。

（1）体表损伤的治愈标准：创口愈合，缝线拆除，局部肿胀及皮下血肿消退，症状基本消失，无感染。

（2）头颅损伤的治愈好转标准：局部肿胀消退，伴随的皮肤损伤已经愈合，无感染；合并骨折的碎骨片去除或局部已经整复；出血吸收；神经系统症状、体征好转或消失，遗留的后遗症趋于稳定。

（3）眼、耳、口腔损伤治愈好转标准：局部肿胀和出血消失，刺激症状好转或消失，视、听及其他相应功能得到有效恢复或趋于稳定。

（4）骨折的治愈标准：骨折复位良好，骨折线消失，基本达到骨性愈合，功能得到有效恢复，局部症状消失。如果骨折线消失或者不再出现动态变化，功能部分恢复，症状和体征趋于稳定，那么可评定骨折好转。

（5）血、气胸及肺挫伤的治愈好转标准：局部出血消失，胸部症状好转或消失，X线或CT等检查显示胸腔无异常影像或趋于稳定。

（6）腹腔、盆部器官损伤的治愈好转标准：局部症状好转或消失，部分难以恢复的后遗症趋于稳定。

（7）脊髓损伤的治愈好转标准：相关肢体功能恢复，或症状、体征趋于稳定。

（8）肌腱损伤、周围神经损伤的治愈好转标准：肢体功能恢复或症状、体征趋于稳定。

（9）肢体离断伤的治愈好转标准：损伤痊愈，残肢功能趋于稳定。

但是在车险人伤理赔实务中，伤残评定时机需要联系实际灵活选择。因为依据《人体损伤致残程度分级》规定，某些损伤致残与伤情恢复无关，如肝切除1/3以上评定伤残七级、青少年四肢长骨骨骺粉碎性或者压缩性骨折评定伤残九级、一侧髌骨切除评定伤残十级等。因此实务中，对于伤残评定等级与治疗预后无关的损伤，出于结案需要，可以提早进行伤残鉴定，甚至不做鉴定而直接认可其伤残损失。这样做，既可以节省鉴定时间从而提高理赔速度，又可以节省鉴定费用。

案例分析

2010年1月9日，张某在当地发生一起交通事故，事故造成其面部擦伤。2010年5月12日某鉴定机构受理该鉴定，于2010年7月9日出具鉴定意见书，鉴定意见为：面部色素沉着超过15cm^2，根据中华人民共和国国家标准GB 18667－2002《道路交通事故受伤人员伤残评定》4.10.2p条之规定，评定为10级伤残。保险机构在本案核查时发现，鉴定书上的照片是案件受理时所拍摄（如图1－1所示），在起诉之后，回访张某时，其色素沉着区域已近肤色。在保险机构了解上述事实之后，提出重新鉴定，其鉴定的理由就是原鉴定的评定时机不符合规定，最终本案双方达成调解协议。

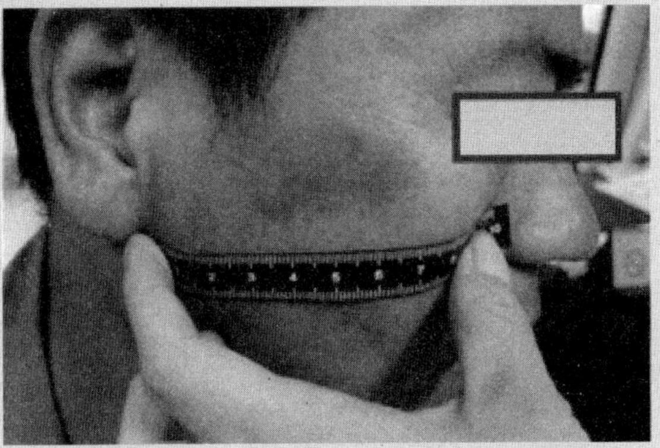

图1－1

想一想

在工作中，如何处理提早的伤残等级鉴定？又如何处理能做鉴定而不做鉴定，故意拖延伤残等级鉴定？

（三）伤病关系

损伤与疾病的关系是法医临床鉴定实践中经常遇到的问题，在人体损伤程度的鉴定中往往直接关乎鉴定意见，值得高度重视。准确分析伤病关系，要掌握损伤、疾病、损伤性疾病及损伤后疾病、病理基础、潜在性疾病及既往伤病等概念，对损伤与疾病的因果关系进行恰当的分析，并将分析结果运用到损伤程度的鉴定中。

在伤病关系分析时，应当遵循事实因果关系的认定原则，从时间上的先后关系、解剖部位上的吻合性以及逻辑上的关联等角度加以论证。损伤程度的鉴定须遵循刑事证据的证明原则，排除合理怀疑。故鉴定人应注意采用恰当的分析方法，尽可能从更高的标准证明伤病关系是否存在。病理学、病因学、临床学上的因果关系，其证明价值要显著高于流行病学、案例报道及实验医学上的因果关系，在实际应用中应高度关注。[①]

当损伤与原有伤、病共存时，应分析损伤与残疾后果之间的因果关系。根据损伤在残疾后果中的作用力大小确定因果关系的不同形式，可依次分别表述为：完全作用、主要作用、同等作用、次要作用、轻微作用、没有作用。

除损伤“没有作用”以外，均应按照实际残情鉴定致残程度等级，同时说明损伤与残疾后果之间的因果关系；判定损伤“没有作用”的，不应进行致残程度鉴定。

案例分析

2014年10月18日中午12时许，原告陈某驾小客车与被告驾驶的小客车发生交通事故，被告承担主要责任，陈某受伤被送至医院急救。2014年10月18日行“小肠穿孔修补+乙状结肠外置+腹腔引流术”，2014年10月28日：患者伤口愈合好，主诉腰部疼痛，摄片示：腰5椎弓崩裂，断面硬化，腰4滑脱Ⅰ°（影像如图1－2、图1－3所示），予以止痛等对症治疗。出院诊断：腹部外伤：急性弥漫性腹膜炎，小肠穿孔，乙状结肠穿孔；腰5椎弓崩裂，腰5滑脱Ⅰ°。

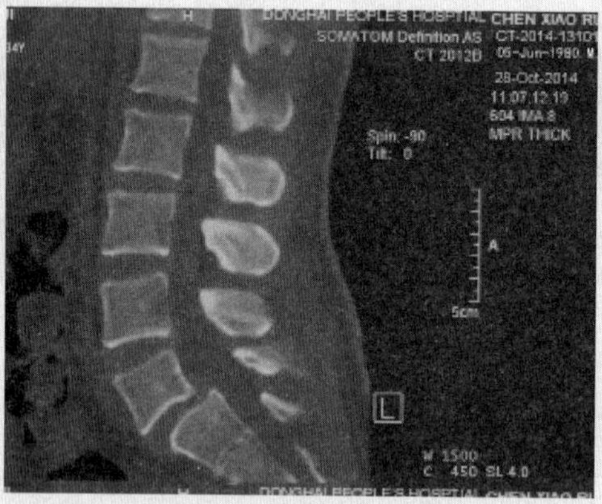

图1－2

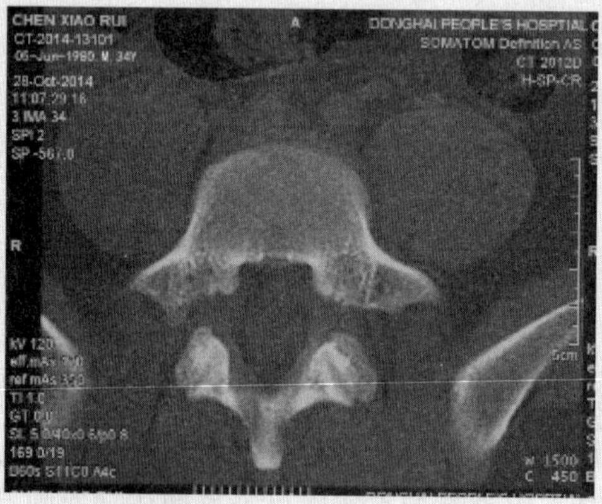

图1－3

① 夏文涛、周姝：《准确分析伤病关系是人体损伤程度鉴定的关键》，《中国司法鉴定》，2013年第6期。

上述 CT 片显示腰 5 椎弓崩裂，存在断面硬化，形成断面硬化需要数月时间，而此 CT 片伤后 10 天所拍摄，时间上与本次外伤不存在一致性。因此，腰 5 椎弓崩裂，断面硬化不应评定为是本次交通事故造成的伤残。

想一想

如何知道并证明伤者的伤残涉及自身原有疾病?

（四）同一部位和性质认定

同一部位和性质的残疾，不应采用本标准条款两条以上或者同一条款两次以上进行鉴定。这是前文中分别评定原则适用前需要判断的问题。

案例分析

张某在交通事故中造成颅脑损伤，诊断为：右顶骨骨折、双侧额颞硬膜下血肿，外伤性蛛网膜下腔出血、双侧额颞叶脑挫裂伤等，并继发外伤性脑积水，临床行右侧脑室－腹腔分流术等治疗。鉴定时为重度智力减退（韦氏成人智力测验为 31 分），不能完全独立生活，需要人监护，双上肢肌力 3—4 级，双下肢肌力 4 级，及大、小便失禁，严重构音障碍等后遗症。某鉴定机构以“4.3.1.a 重度智力缺损或精神障碍，不能完全独立生活，需经常有人监护”及“4.3.1.g 大便或小便失禁，难以恢复”各评一个三级伤残。

显然，本鉴定是进行了同一损伤进行了多个伤残鉴定，如果按照这个思路鉴定，那么一级伤残的植物人，可以评定更多个一级伤残。

想一想

鉴定标准中仅规定一侧部位损伤即可构成伤残，那么如果双侧均损伤，如何评定伤残，是评定一个伤残等级，还是评定两个伤残等级，或者是升一个级别评定?

《人体损伤致残程度分级》条文较多，伤残等级评定专业性强，内容繁杂，具体如何鉴定此处不再赘述。

拓展阅读

1. 《人体损伤致残程度分级适用指南》
2. 《法医临床学视觉电生理检查规范》（SF/Z JD0103010－2018）
3. 《嗅觉障碍的法医学评定》（SF/Z JD0103012－2018）
4. 《视觉功能障碍法医学鉴定规范》（SF/Z JD0103004—2016）

5.《周围神经损伤鉴定实施规范》（SF/Z JD0103005－2014）
6.《外伤性癫痫鉴定实施规范》（SF/Z JD0103007－2014）
7.《法医临床检验规范》（SF/Z JD0103003－2011）

六、鉴定文书审查要点

在当前存在较多的“买案诉讼”“无残评残”“低残高评”三大乱象下，人伤理赔人员在办案实务中，经常会面临对鉴定文书的审查，而鉴定文书鉴定的内容往往是案件理赔中的关键内容，虽然人伤理赔人员不可能完全懂得每一项司法鉴定专业内容，但还是需要掌握必要基本的审查方法。

（一）审查委托主体

全国部分法院的做法是交通事故伤残鉴定全部由交警队或交通事故调解委员会统一委托，也有是由伤者或其家属自行委托。一般情况下，由第三方统一委托的案件，可以杜绝伤者到不同鉴定机构“询价”的问题，也减少了伤者与鉴定机构人员建立非法交易的机会。但对未进入诉讼程序的鉴定委托，个人或第三方委托均不存在违法行为。部分地区要求不管是个人还是第三方委托的案件，均需要通知对方（包括司机、车主、保险公司）到场见证，以减少因“鉴定询价”“信息不对称”而引发的不必要纠纷。

一般而言，单方私自委托的鉴定效力较低，但实务中，也并非是单方委托的鉴定均不会被法院认可，因此，提重新鉴定或鉴定质证中单方委托仅仅是程序性意见，最好能做到实质性异议内容并有证据予以证明。

（二）审查鉴定材料

鉴定材料是整个鉴定中关键内容，一般认为鉴定材料的提供会真实可靠。但是在“买案诉讼”的案件中，会存在“专业人员”操作，在鉴定前提供鉴定材料时即已经有预谋地着手，特别是存在旧伤的情况，故意隐瞒旧病的病历资料是常用办法。更有甚者，修改病历资料、冒用他人病历资料。比如：肠道修补手术，修改为肠道部分切除术，即可以从十级伤残变为九级伤残。

尽管鉴定机构对鉴定资料也有审查义务，但保险理赔人员在赴医院调查时，也有必要收集到一手的病历资料，包括入院记录、影像学片、手术记录等，为之后审查鉴定文书提供资料基础。

想一想

一个人就诊可以在不同的医疗机构进行，那么如何收集到伤者受伤前完整的病历资料？

（三）审查鉴定日期

与鉴定日期相关的审查关键是判断其鉴定时机是否得当，在鉴定文书中案件受理日期与鉴定日期不一致时，要特别需要注意与鉴定机构联系取得鉴定时照片，以明确具体拍摄日期。

（四）审查病史摘要

主要审查治疗是否终结，是否还需要后续治疗，对于同一损伤是否存在着不同时间的多次复查，前后是否一致，以及是否存在自身非外伤的病情。

如：脾脏切除，一般会有术后脾脏病理；骨折行内固定治疗，一般会有取内固定治疗记录等。

案例分析

2015 年 10 月 4 日 14 时 45 分许，金某因交通事故受伤，鉴定机构受某律师事务所的委托，对其进行伤残等级及“三期”鉴定。病史摘要：某市医院出院小结记载，患者于 2015 年 10 月 4 日入院，出院诊断为右侧肾挫伤、右侧肾上腺出血，头部外伤，左侧顶叶脑挫伤，创伤性蛛网膜下腔出血，左侧额颞叶脑挫裂伤，右侧急性硬膜下血肿，左侧颞骨骨折，头皮血肿等。经过医院保守治疗，于 2015 年 11 月 4 日出院。某市医院 CT 片显示：右侧额颞叶脑挫裂伤，右侧硬膜下血肿，蛛网膜下腔出血，左顶叶脑挫伤，广泛头皮血肿。鉴定机构对其进行智商检测（韦氏简式，四合一）55，提示轻度智力缺损；社区功能适应量表：3，提示轻度损害；记忆商数（韦氏记忆测定量表 WMS）54，提示轻度损害。据此，鉴定机构认为：被鉴定人金某构成轻度智力缺损，日常活动能力部分受限，构成九级伤残。

本案在审查病史时发现，金某仅一次住院治疗，无后续治疗记录，主要表现为颅脑损伤，但无后续复查记录。由于是保守治疗，后期诉讼时复勘其本人找不到任何受伤痕迹，所以复勘没有实际意义。整个鉴定材料明显存在不符合正常诊疗常规，最后经医院调查确定，金某后期 CT 片显示颅内出血全部吸收，实际情况并没有遗留严重后遗症。在保险机构提出降级调解时，金某还与经办人讨价还价，还称他现在的生意远不如以前，本次交通事故造成他损失巨大。

（五）审查检验过程

检验过程中一般包括检验方法及专业检查，伤残鉴定中主要包括体格检查及阅片，人伤理赔人员主要审查内容是：对受伤前、术后、鉴定近期影像学片进行审查，一般情况要求至少三次影像学片来体现受伤、治疗及鉴定当时的情况，如果没有这些影像学片，则需要思考背后原因。

（六）审查分析说明

伤残鉴定中分析说明主要包括对伤病关系的分析及鉴定标准适用的分析，前者解决的是被鉴定人的伤与本次交通事故是否存在直接的因果关系，如果不存在，则需要分析外伤的原因力。之后再对其损伤进行鉴定标准适用分析。

人伤理赔人员主要审查的是适用鉴定标准的损伤表现是否存在损伤基础。比如：表现为听力下降，但是否存在颅底骨折，耳道损伤，脑积液漏等能证明确实存在损伤的伴随症状。

此外，还需要审查是否存在“低残高评”“无残评残”“同一损伤评多个伤残”的情况，但对于这一类审查需要较专业的医学知识背景，在本书中不再赘述。

（七）审查司法鉴定人

司法鉴定人指具备《司法鉴定人登记管理办法》规定的条件，经省级司法行政机关审核登记，取得“司法鉴定人执业证”，按照登记的司法鉴定执业类别，从事司法鉴定业务。司法鉴定必须由司法鉴定人出具，由司法鉴定人对其鉴定结果负责。

鉴定实务中，经常出现鉴定人不能实际参与鉴定，由他人代为鉴定。人伤理赔人员审查时，如果发现鉴定人不在岗，可以通过申请鉴定人出庭的方式来解决。

（八）审查鉴定机构

人伤案件鉴定中，由于鉴定标准的局限性，存在着不同鉴定机构，不同鉴定人对相关问题的不同看法，甚至同一鉴定机构不同鉴定人也会存在不同看法。但不同专业看法一般区别不会太大，在一个伤残等级之内，较少会突破到二个伤残等级。但是保险机构在审查鉴定机构时，需要结合以往案例，分析总结出各鉴定机构差异、特点，审查的办法是对鉴定文书进行归类比较，从而找到区别点。

比如：某鉴定机构在对膝关节损伤鉴定中，膝关节活动度的数值多份鉴定书均为一样，但其损伤的部位却完全不一样，有半月板损伤、内侧副韧带损伤、胫骨平台塌陷等，有的做过手术，有的保守治疗。显然，这里存在着“低残高评”“无残评残”的问题。

此外，对司法鉴定机构及司法鉴定人还需要对其鉴定资质、行政处罚、行政许可等信息进行审核，这可以到各司法行政主管部门或司法鉴定协会的相关网站进行核实。

想一想

1. 在工作中，常见影响误工期限、护理期限、营养期限的因素有哪些？哪些因素是交通事故客观性的影响因素，哪些是主观性的影响因素，哪些是引起损害结果扩大的因素？

2. 在工作中，针对“司法黄牛买断案件”，保险机构如何采取有效的措施进行处理？

3. 检索近期司法黄牛买断案件报道信息，总结出案件被报道的原因，“司法黄牛”与受害人之间的矛盾关系？

任务4　接报案

任务情景

2012年2月，中国保险监督管理委员会印发《机动车辆保险理赔管理指引》，提出“公司原则上应设置专线电话，安排人伤专业人员，为被保险人或受害人提供人伤处理全程咨询服务”。

《中国银保监会办公厅关于2018年度保险消费投诉情况的通报》指出，2018年，中国银保监会及其派出机构共接收财产保险公司理赔纠纷投诉38839件，占财产保险公司投诉总量的79.86%。其中，机动车辆保险理赔纠纷投诉28820件，占财产保险公司理赔纠纷投诉总量的74.20%。主要反映承保时未充分说明义务导致理赔争议、保险责任认定不合理、定损金额争议、理赔时效慢、理赔资料烦琐等问题。

《中国银保监会消费者权益保护局关于2019年保险消费投诉情况的通报》指出，在涉及财产保险公司投诉中，理赔纠纷37392件，占财产保险公司投诉总量的75.14%，涉及的险种以机动车辆保险为主，主要反映定核损和核赔环节的金额争议、理赔时效慢和责任认定纠纷等问题。

问题：

（1）保险监督管理部门为何要求保险公司安排人伤专业人员处理人伤案件全程咨询服务？

（2）面对车险人伤案件的报案，人伤专业人员如何处理能够提升车险理赔时效？

（3）为快速准确处理轻微人伤案件、进一步提高理赔时效和客户满意度，一些保险公司推出“小额人伤案件快速处理”等服务。保险人提升车险人伤理赔时效的同时，如何进行风险管控？

交通事故人伤案件发生后，接报案是保险理赔中第一件要做的事情。实务中，被保险人或驾驶员对于保险理赔认知有限。即便有所了解，但是多数驾驶员遭遇人伤事件难免慌乱，从而导致报案不及时，或者报案细节有误，影响到后续的理赔。因此，接报案的规范、快速处理，对于出险司机无论是在事故处理问题的协助解决还是在心理支持方面都具有现实意义，对于保险公司而言则有利于提升理赔服务水平。

一、工作模式

便于服务，保险公司都会设置客户服务热线。如中国人民财产保险股份有限公司客户服务热线为95518，95511是中国平安保险全国统一服务热线，95519是中国人寿客服电话。目前，保险事故所有报案统一由各家保险公司客户服务中心归口受理。受理报案主要有以下几种模式：客户拨打客服电话报案；客户通过微信、线上服务平台如平安好车子、掌上人保等。

不论以哪种方式报案，被保险人应将事故情况及时通知保险人，接报人员应及时将报案信息录入公司核心业务处理系统。以电话报案为例，接报案人员（座席岗）接通电话时，应快速准确记录报案人姓名和联系电话。

二、主要工作内容

（一）查询保单信息

工作人员进入理赔系统，询问报案人保单相关要素如保单号、车牌号、被保险人名称或身份证号等，以确认出险车辆是否在公司购买了保险。只询问其中任何一个保单要素即可，但不能采用模糊查询，以免弄错。

（二）查询历史出险、赔付信息

查询出险车辆的历史出险、报案信息（包括作为第三者车辆的出险信息），核实是否存在重复报案。对两次事故出险时间相近的案件，认真进行核查，并将有关情况通知查勘人员进一步调查。

（三）保单核对

工作人员进入理赔系统、查看到保单信息后，与客户核对保单信息，特别是“交强险”和“商业保险”投保情况及保单号，以确保在录入案件信息之前确保出险保单准确无误。

（四）界定保单的有效性

保单有效性，是指保单在有效期内，处于付费状态，且案情损失在合同赔付范围内。接报案时要求核对信息，分析判断保单的有效性。对于无效保单，结束本次报案，并告诉报案人原因。

（五）询问案情

技巧性地问询事故经过，以完整了解案情的相关信息。问询信息主要有出险信息、报案人信息、车损信息、财产损失信息、人伤信息等。

（1）出险信息：主要有出险时间、地点、驾驶员姓名、事故原因及经过、现场损失、施救情况以及交通管理部门对事故的处理情况等。

（2）报案信息：主要有报案人姓名、联系电话、报案人与被保险人关系等。

（3）车损信息：除了被保险机动车，涉及其他车辆的还需尽可能地询问对方车辆的车牌号码、驾驶员、损失情况，以及交强险或商业保险所投保的公司及保单号。

（4）财产损失：涉及车辆以外的财产损失情况及施救措施。

（5）人伤信息：主要询问伤者人数、姓名、受伤情况、是否送医、医院名称及地址。特别需要询问注意伤者身份（行人、本车司机、乘客、对方车上人员）、伤情。

（六）录入报案信息

在向报案人询问案情信息的同时，进入理赔系统进行报案登记。要求录入信息迅速、准确、各类损失项目录入完整，特别是“出险摘要”，应能体现事故的大致出险原因经过，事故涉及的各类损失、车辆损失部位、伤者目前状况等。

除了必填项，其他信息也应尽量准确填写，以便获悉更多前期信息，提早固定人伤理赔证据。如人伤信息，应尽量询问客户受伤（死亡）人员数量、伤者（或死者）是被保险机动车人员还是其他车上人员或者车外人员、伤者目前伤势情况、是否清醒、是否可以活动、伤者是轻微外伤还是骨折、需不需要住院治疗、在哪家医院等信息，为后续的人伤调查提供前期资料。伤者身份确认包括行人、本车司机、本车乘客、对方车上人员等。

（七）告知理赔事项

由于保险客户对于保险理赔的认知有限，因此接报案人员应告知报案人索赔处理程序理赔单证以及理赔注意事项等。

1. 保护现场的告知

根据《道路交通安全法》第七十条规定，在道路上发生交通事故，车辆驾驶人应当立即停车，保护现场；造成人身伤亡的，车辆驾驶人应当立即抢救受伤人员，并迅速报告执勤的交通警察或者公安机关交通管理部门（拨打 110 和 120）；因抢救受伤人员变动现场的，应当标明位置。现场的保护，对于道路交通事故责任的裁定、事故真实性的甄别以及保险责任的界定具有重要意义。但是在城市道路上，现场保护时间过长容易引起交通堵塞。因此接报案时除了告知报案人或被保险人保护现场，还应告知其尽快拍照，固定事故现场证据，以便后续的理赔。

2. 自行协商的告知

对于交通事故中伤情轻微的伤者，为了简化人伤案件处理程序、提高交通事故处理速度，保险公司、地方政府纷纷出台了车险小额案件“快处快赔”政策。因此接报案时，对于确认事故责任明确、损失小的案件，应告知报案人或被保险人积极协商，力争现场一次性结案。如当事人采取自行协商方式处理交通事故，则告知事故双方在事故现场或现场附近等待查勘人员；或在规定时间内共同将车开至指定地点定损。

3. 估损小额案件的处理告知

事故发生后，客户如果估计损失额度小、在自己承受范围内，接报案工作人员应建议不予报案，原因在于出险次数增多会影响来年保费的增加。

4. 抢救费用垫付的告知

抢救费用是指机动车发生道路交通事故导致人员受伤时，医疗机构参照国务院卫生主管部门组织制定的有关临床诊疗指南，对生命体征不平稳和虽然生命体征平稳但如果不采取处理措施会产生生命危险，或者导致残疾、器官功能障碍，或者导致病程明显延长的受伤人员，采取必要的处理措施所发生的医疗费用。交通事故发生后，伤者的确发生了抢救费，按照《交强险条例》规定，客户可以持相关证明主张保险公司垫付抢救费。

5. 索赔单证的告知

出于理赔需要，保险公司对索赔单证往往要求原件。因此在接报案时需要告知客户交通事故发生后产生的票据一定要保存好，以免影响后续索赔。

6. 索赔流程的告知

交通事故人伤案件，理赔周期比较长，而客户往往有急于结案的需求。因此客户有需要时宜告知人伤理赔的流程。人伤理赔流程一般为：报案——调度——现场查勘——医院查勘——人伤后续跟踪——单证提交——医疗定损——人伤核损——理算——核赔——给付。

发生机动车之间的碰撞事故的，应告知客户先通过交强险进行赔偿处理，超过交强险责任限额的部分，再由商业保险进行赔偿。

7. 案件提交

案件提交之前，根据案件发生的情况和客户的需求，选择案件处理的紧急程度。如案件为本地案件，提交案件，流转至调度岗，有疑问的案件及时提醒调度岗；如案件为异地出险，需要提醒承保公司是否需要委托处理，承保如有需要，应及时出具委托手续。对重大案件应准确标注，及时向相关岗位、部门联系人、负责人报告、沟通。

做一做

李先生夜间驾车，由于视线不好，将一位骑助动车过马路的中年妇女撞伤。经交警认定，李先生承担主要责任。被撞中年妇女家境不佳，李先生出于同情，在调解书中承诺承担所有医疗费用，并按照每天100元的误工费，补贴给这位受害人。如果你是接报案人员，针对李先生关于全额医疗费用及误工费的理赔，你怎么回答？

拓展阅读

上述案例中，事后，李先生向车辆投保的保险公司提出理赔时，却被告知不能按他所承诺的全额理赔，特别是误工费更是超出保险公司的范围。李先生认为，购买保险的目的就是为了转嫁风险，调解书上的约定赔偿理应由保险公司全额承担。

发生交通事故后，交警出具责任认定书，在此基础上，双方可共同协商达成赔偿多少的调解书。保险公司理赔时，并非要按照调解书的约定全额理赔，有着自己的一套理赔标准。通常以每年4、5月份当地政府及相关部门颁布的当地当年消费水平、收入标准、工伤赔偿费用等作为依据。在标准线以内的可以赔偿，超过标准线的不予赔付。也就是说，李先生只能从保险公司得到按规定可获得补偿部分的理赔款，剩余部分将由他个人承担。

三、注意事项

对明显不属于保险责任的应告知客户，并做好解释工作。如果事故涉及险种未在本公司承保，应及时告知客户因未承保所受损失险种，不能受理。如果客户接受解释，同意放弃报案，应在“出险摘要”中注明“已告知客户不在保单承保范围内，客户同意放弃报案”，系统提交生成报案号后应立即做报案注销处理，以便防范客户变更事故信息再次报案。如果客户不接受上述解释，须按正常案件受理方式继续处理，并在“出险摘要”中注明“已告知客户不在保单承保范围内，客户不同意放弃报案”。

在受理客户报案操作过程中，如系统提示有重复案件的可能，应询问客户是否对本次事故报过案，并在“出险摘要”中注明“有重复报案可能”。如果事故信息与已注销案件完全相同，应按照车险案件的相关要求处理。

如果客户或责任对方保险公司采取代位求偿的方式进行报案，应首先通过话术提醒客户以此方式索赔会影响保险费率浮动，导致第二年保险费增加。如果客户坚持以此方式索赔时，应确认客户是否承保商业车损险，未承保时不能选择代位求偿方式进行索赔。

接报案人员按公司制定统一的接报案标准话术进行操作，话术要简洁、明确、礼貌。根据客户等级及案件分类，推荐适合的理赔服务。根据与客户的沟通结果，准确发起 VIP 客户服务流程、一般客户服务流程及高风险客户服务流程，并做好差异化服务引导。

四、延迟报案的处理

《保险法》第二十一条规定，投保人、被保险人或者受益人知道保险事故发生后，应当及时通知保险人。故意或者因重大过失未及时通知，致使保险事故的性质、原因、损失程度等难以确定的，保险人对无法确定的部分，不承担赔偿或者给付保险金的责任，但保险人通过其他途径已经及时知道或者应当及时知道保险事故发生的除外。机动车第三者责任保险第三十条规定，发生保险事故时，被保险人或其允许的驾驶人应当及时采取合理的、必要的施救和保护措施，防止或者减少损失，并在保险事故发生后 48 小时内通知保险人。“机动车车上人员责任保险”第四十五条规定，发生保险事故时，被保险人或其允许的驾驶人应当及时采取合理的、必要的施救和保护措施，防止或者减少损失，并在保险事故发生后 48 小时内通知保险人。依据《保险法》和保险条款约定，被保险人或其允许的驾驶人应及时报案，但实务中存在延迟报案。

延迟报案是指报案时间距出险时间超 48 小时的案件。延迟报案背后的原因是多样的，有可能是因为交通事故发生突然，被保险人忙于处理事故而忘了及时报案；也有可能是高速行驶撞了行人但是又不知情；还有可能是故意延迟报案。故意延迟报案有可能是酒驾、弃车逃逸、驾车逃逸或者吸毒等，故意延迟报案背后的原因，往往属于免除责任。因此对于延迟报案的案件，接报案工作人员需要告知报案人属于超期报案，要求分公司跟踪处理，对案件的真实性进行调查。超时比较久的案件，往往还需要进行补报案及重开赔案上报。可以通过查看车主行车记录或者交警队照片，或者事故现场视频监控核查事故的真实性，也可以通过对车主、伤者做笔录核实事故风险。待事故真实性确定后，一般就可以按照正常案件处理了。

做一做

客户2019年10月25日报案称其在2019年10月22日晚上九点钟将一小女孩撞伤致死，赔偿98324元。因忙于善后，忘记及时报案。分析此报案中存在的风险点有哪些？如何核查事故真实性？

五、车险人伤小额“快处快赔”识别及指导

车险小额人伤案件，是指在机动车辆保险责任范围内，被保险人或第三者因保险事故受到轻微人身损害，伤情不会带来严重后果，无需住院治疗、进行简单处理即能彻底康复的人伤案件。

车险人伤小额案件的“快处快赔”能够加快车险小额人伤案件的理赔速度，简化此类案件的索赔环节和理赔流程，提高客户服务满意度，而且还能够进一步从总体上控制人伤理赔费用，降低人伤案件赔付成本。因此，保险公司纷纷出台车险人伤小额案件“快处快赔”的规范文件，对车险人伤小额案件适用范围、实务操作进行规范。如果接报案环节能够指导客户识别车险人伤小额案件，并能引导客户进行“快处快赔”，则会提高车险人伤小额案件的理赔速度。

（一）车险人伤小额“快处快赔”适用范围

主要适用于道路交通事故保险车辆造成伤情轻微，无需住院治疗，赔款金额较少，责任明确，有条件在事故现场快速协商处理的人伤案件或经过一次性门诊治疗、主张或同意快速处理的人伤案件。

（二）车险人伤小额案件“快处快赔”的条件

（1）责任明确，事故与伤情的因果关系成立；

（2）伤者伤情轻微，正常活动仅轻微或不受影响。该类伤情多为胸、背、四肢的软组织损伤，如皮下血肿、皮肤擦伤、轻度软组织损伤、肌肉拉伤等；

（3）事故双方均在现场，同意现场快速处理。或伤者经过门诊检查后，当事双方同意快速处理；

（4）预估损失费用较低。各家保险公司出于自身业务经营的不同，在执行车险人伤小额案件时对其损失费用的规定不同，而且随着医疗费用水平的不同，其损失费用的规定也会发生变化。

（三）车险人伤小额案件“快处快赔”的指导

接报案工作人员依据报案人的陈述判定事故责任，排除保险事故免责情况，确定人伤事故属于保险责任范围。指导被保险人或者驾驶员拍摄事故现场、伤者本人及伤者受伤部位照片，以固定理赔证据。指引被保险人在现场与伤者、被保险人进行沟通协商，达成现场赔偿协议，并签署小额案件快速处理协议文件。每家公司对“快处快赔”协

议文件命名有所不同，比如某家公司命名为《小额人伤案件快速处理确认书》。对于现场未能达成调解意愿的小额人伤，接报案工作人员指引客户确认后续调解时间时可以再次发起“快处快赔”，但是调解前要通知保险人。

此外，还需强调人伤小额案件“快处快赔”协议文件必须是事故双方真实意思的表达，签署人必须是当事人本人。驾驶人不是被保险人（或实际车主）的，应电话联系被保险人，对车辆使用情况进行确认。如事故双方同意保险公司直接把赔款支付给伤者，应提供伤者账户信息。案件赔款必须支付到被保险人或受害人账户，不得支付到其他第三人账户。

拓展阅读

车险小额案件“快处快赔”指引

经过检查，伤者伤情轻微的，您首先应该拨打保险公司的报案电话现场报案。目前很多保险公司已经开通了微信公众号报案，万一您不记得保险公司的报案电话，您也可以通过微信搜索保险公司的微信公众号，添加关注后，简单绑定，就能通过下方的快捷菜单进行报案。3000 元以内的小额人伤案件，只要事故真实，责任明确，伤者伤情轻微，且伤者愿意现场了结的，大多保险公司均支持“现场快处”且无需交警队的责任认定书。您可以直接和伤者协商赔偿，并把事故现场、伤者伤情以及伤者的身份证等资料拍照留存。等待保险公司的现场查勘员来到现场后，在现场查勘员的指导下，完成和伤者的调解，调解成功后，签写调解协议，现场支付赔偿金额，并要伤者写好收条。把您收集到的相关资料交给现场查勘员，并提供您的相关索赔资料如驾驶证、行驶证、身份证、银行卡等，就可以离开现场，等待保险公司的赔付。如果相关证件没有携带的，您也可以事后通过保险公司的微信公众号将资料传给保险公司。

资料来源：http：//www. pinlue. com/article/2017/09/0111/014371636347. html

任务 5　人伤查勘

任务情景

一辆电动车 5 年“碰瓷”55 次获赔 17 万元

2020 年全年，徐某作为交通事故的受害者，涉及案件共有 19 起，2019 年有 20 起。涉及的交通事故方式几乎如出一辙，都是与同向行驶的机动车发生碰擦，时机也大致都是机动车右转或停车开车门时。而徐某频频发生这种的交通事故的“历史”可以追溯到2015年。

从2015年开始，徐某驾驶电动自行车与机动车发生碰擦事故多达55次，而且事故过程如出一辙。最多的时候，一天内甚至能发生5次事故。五年里，徐某总共获得赔款多达17万余元。最终徐某因涉嫌诈骗罪被检察机关批准逮捕。经过对理赔过程的还原以及徐某提交证据的司法鉴定，警方发现，徐某提供工资收入短信作为证据，声称自己每个月有两万元到三万元的工资，以此来获得因交通事故产生的误工费和其他各项补助。此外，他还将相同的病例报告和物损清单作为不同保险公司的理赔材料，以此获取更多的理赔款。经警方调查，这些证据全是徐某伪造所得。

资料来源：http：//news. cctv. com/2021/01/15/ARTI1Tc1TyOZlb0XfK4lz4sg210115. shtml

交通事故人伤案件的求助

我朋友去外地旅游散心，吃完晚饭之后想开车出去兜兜风，谁知道当时的交通路况比较差，因此有一个老奶奶在过马路，还没来得及刹车就把老奶奶给刮伤了，我想问下当我们发生交通事故后，像我朋友这种一般的交通事故中人伤怎么处理？

资料来源：https：//www. lawtime. cn/ask/question_ 21822862. html

问题：

（1）人伤查勘有什么重要意义？

（2）人伤查勘的工作内容有哪些？

（3）如何做好人伤查勘工作？

人伤查勘是指医疗理赔人员接到查勘调度任务后，及时跟进、了解事故经过、伤亡人员信息、伤情和治疗情况，确定事故与伤者伤情的因果关系，核实事故真实性及保险责任，并及时固定证据，给予事故处理指导、宣导理赔政策及理赔服务，准确预估损失的工作过程。根据查勘地点的不同，车险人伤查勘一般分为现场查勘和医院查勘；根据查勘方式的不同，车险人伤查勘一般分为电话查勘、实地查勘；按照查勘时间顺序，车险人伤查勘分为首次查勘、复勘以及后续跟踪等。

一、机动车辆责任保险人伤查勘的目的

责任保险是以被保险人对第三者依法应负的赔偿责任为保险标的的保险。机动车保险的保险责任不但包含被保险人对第三者依法应付的赔偿责任，还包括机动车发生道路事故导致被保险人及其家庭成员的人身损害。因此机动车保险人伤案件中，法律关系比较复杂，涉及人物较多，理赔工作有难度。出于维护保险合同双方的合法利益，提高车险人伤赔案处理质量，非常有必要开展人伤查勘工作。

（一）确认事故事实

机动车保险人伤理赔第一步需要界定事故是否属于保险责任，即“事故赔不赔”，因此开展人伤查勘目的之一是通过多方、多途径调查事故发生经过，询问救治经过，对当事人和证人作询问笔录，以此判断损伤情形是否与损伤方式吻合，判断事故真实性。

（二）确定人身损害赔偿相关信息

人身损害赔偿涉及项目众多，伤情不同赔偿金额不一，伤情相同受事故发生时伤者身份、收入状况、伤情恢复等因素的不同其赔偿金额也不同。因此人伤查勘需要了解当事人身份以及人身损害赔偿相关信息。

（1）确定其“自然人”信息：如姓名、性别、年龄、既往身体健康状况等。

（2）确定其“社会人”身份：如工作单位、收入状况、家庭构成、户籍、居住地等。

（3）确定其“事故”中的身份：如交通方式、是否乘客、座位位置等。

伤势较轻的通过现场查勘、询问当事人了解以上信息，已送医院救治的则需要通过后期的医院查勘、后续跟踪来完成。如果伤者事故现场当场死亡，或者由于某些原因如车体燃烧导致事故受害者身份无法辨认，查勘时还需确认车辆、人员等证件并拍照。对于多人死亡或受伤，需要通过现场查勘、受伤情况辨别伤者是乘客还是驾驶员，因为车事故发生时伤者车上、车下人员身份的不同，对应的保险产品责任不同。

（三）确认并控制损失程度

人伤赔偿费用种类繁多，有些项目是事故发生之后产生的，可能会产生不合理费用。开展人伤查勘，需要了解损伤情形、诊治情况，预估人伤赔偿大致费用，跟踪治疗经过，以便及时防范不合理费用的产生。

（四）向被保险人告知权利义务、说明注意事项、沟通赔付意见

保险实务中，人伤处理比较复杂，事故方保险理赔的认知有限，因此人伤查勘时向被保险人告知保险合同双方权利与义务。及时告知保险理赔政策、索赔注意事项以及单证的准备等，指导被保险人处理相应事宜，以相关法规、政策、条款为依据。对不予承担的费用及时进行必要的解释说明，以促进事故有序、高效结案。

（五）固定人伤理赔证据

机动车保险人伤案件理赔，误工费需要结合伤者收入状况、伤情恢复情况来核定，护理费需要结合护理人员收入状况、伤情恢复情况来核定，被扶养人生活费则需要结合伤者伤残程度、扶养对象人数与消费标准、共同抚养人等信息来核定。因此保险客户索赔时需要提交的材料较多，对索赔材料要求不易理解，而且多数材料所有者为第三者。开展人伤查勘，指导客户提前收集人伤赔偿相关信息，并用照片、笔录等方式固定，将有助于提高人伤理赔结案速度。

（六）促进事故调解

以提供理赔服务为切入点，协助与指导被保险人，主动开展调解工作，提高时效的目标。伤者伤势轻微，被保险人和其他当事人都愿意现场调解的，查勘时需要积极引导事故双方达成当场调解结案；对于经门诊检查处置，诊断明确、伤情不重的，在尊重事故双方意愿的基础上也可以积极促进调解结案；对于经过一段短期治疗，诊断明确，伤

势稳定的，争取实施住院包干，以避免挂床治疗、小伤大养等行为的发生。伤者伤情治疗过程中，只要事故双方有调解意愿，查勘时还需要宣导调解结案政策，以促进事故尽快结案。不论采取哪一种方式，前提是必须维护事故方的合法利益。

二、机动车保险人伤查勘的意义

（一）缩短案件流转周期

车险人伤案件的处理速度，一方面与伤者医疗周期相关，另一方面还受事故方赔偿心理以及处事态度影响。开展人伤查勘，告知被保险人保险理赔政策，指导被保险人处理相应事宜，有助促进事故调解，为理赔提供准确全面的事故信息，从而缩短结案周期，满足事故方尽快结案心理需求。

（二）强化保险服务品牌

保险客户对车险人伤理赔服务的满意度主要来自三个方面：理赔金额与预期之间的差距、理赔服务的周到程度、理赔工作的严谨程度。人伤查勘是车险人伤理赔服务的前端，周到的服务和严谨的工作态度是最能得到理性客户认可和信赖的。查勘过程中宣导保险理赔政策，解析机动车责任人伤案件中法律关系的不同，引导事故方正确认知保险理赔，有助于降低理赔纠纷，从而强化保险服务品牌。

（三）扩大行业影响力

车险人伤案件的查勘对象不只是第三者，还包括被保险人、医疗机构、交通事故处理相关部门、事故目击者等，高质量地完成人伤查勘工作，将有助于增强保险公司的影响力和品牌辐射力度。

（四）有效减少诉讼争议

财险公司诉讼案件中，90%以上是因为人伤案件。保险客户、伤者及其家属对保险理赔认知有限，对人伤赔偿有时存在着超乎法律范围的期待，或者伤者对车主处理事故的态度不满，均可导致诉讼。开展人伤查勘，提前介入，给予道路事故处理指导，有助于增强各当事人对保险及法律法规的理解，化解对人身损害赔偿的误解，缓解当事人之间的矛盾，从而有效减少保险诉讼的发生。

（五）降低人伤赔付费用

机动车保险人伤案件具有“三多”特点，表现在赔偿项目多、参与因素多、处理环节多。机动车责任险人伤案件赔偿项目主要有医疗费、误工费、护理费等十余项，赔偿的参与因素多有医疗机构、事故当事人、护理人员、伤者被抚养人、交警、伤者家属等，机动车保险人伤理赔涉及交警现场处理、查勘、调查、医疗审核等多个环节，因此机动车保险人伤案件容易产生道德风险，赔偿具有极大弹性。开展人伤查勘，提早介入、指导，有利于防范道德风险、控制医疗费用及其他相关费用的不合理增长。

（六）防范假案骗案

道路交通事故人身损害赔偿额度比较高，经济利益驱动之下难免存在欺诈行为，如伪造事故、虚假伤者、虚假人伤赔偿信息等。做好事故发生后第一时间查勘，不仅可以核实事故发生的真实性，而且可以界定保险责任，及时辨别很多的非保险责任如身份互换、醉酒驾驶、替换司机、变更事故责任、变更事故性质等，从而以最低成本有效防止假案骗案。

三、人伤查勘注意事项

（一）树立正确的查勘理念：服务中蕴含管控

开展人伤查勘，核实事故，指导客户索赔，是为保险客户提供理赔服务。人伤损失的不确定性、易变性，存在道德风险，因此人伤查勘也是一种风险管控。查勘人员在查勘时应树立正确查勘理念，既要进行风险管控，也要提供理赔服务，不能过于风险管控、侵害客户与伤者的合法利益，而是在理赔服务中蕴含风险管控，要以服务为主，调查为辅，灵活处理。

（二）把握查勘的时效性

把握查勘时效性是指接到查勘调度任务后，尽早开展人伤查勘，核实事故，宣导理赔政策，说明理赔注意事项。人伤查勘尽早开展主要原因是多方面的：一是由于人伤发生后，费用逐渐发生，可变性大，可能存在不合理诊疗从而导致人伤赔付出现不合理部分，增加结案难度；二是实务中伤者可能可能存在损伤与疾病并存，导致医疗费、护理费共同存在，理赔时难以界定，易滋生理赔纠纷；三是客户和伤者对人身损害赔偿、保险人伤理赔认知有限，需要查勘人员及时宣导人身损害赔偿相关的法律、政策，从而防范不当人士的介入；四是尽早查勘，在确认损伤轻微的前提下，可以积极引导事故双方协商赔付。

（三）理清法律关系、明确身份、巧妙取证

机动车保险人伤赔付中，保险人与被保险人之间是保险合同关系，被保险人与伤者之间是侵权关系，而道路交通事故中，受害者多为第三者，因此伤者与保险人之间并不存在直接的利益关系。伤者可以向被保险人索赔，当被保险人怠于赔偿时其也可以向保险人索赔，因此伤者并无法定义务配合保险人的工作，但是伤者的配合对于案件的结案至关重要。实务中伤者对保险人一般都有抵触情绪，查勘人员需要理清保险人、被保险人以及伤者之间的法律关系，明确身份，查勘时首要是对伤者表达慰问和关心，说明伤者的配合于保险人、于己都是有利的，从而赢得伤者的信任、理解与支持，方便查勘的有序开展。

（四）原则性解答人伤赔偿有关的询问

人伤查勘过程中，难免会遇到客户或伤者关于人身损害赔偿相关的提问，有时还会具体到案件能赔多少的问题。伤者治疗尚未结束，查勘时了解信息难免有限，因此面对客户或伤者关于人伤赔偿相关问题做原则性回答，指明赔偿的法律标准，不能涉及具体理算，更不能就理赔事项做任何形式的承诺，以免不必要的理赔纠纷。

四、人伤现场查勘主要内容

车险人伤案件的专门现场查勘比较少，除非是当场死亡。人伤案件的现场查勘一般由车险查勘员兼任，工作内容主要有收集报案人、驾驶人信息，查验车辆信息、被保险人相关信息，核实事故真实性并初步判断保险责任，预估事故责任及损失等。其中人伤案件查勘重点包括：

（一）分析损伤与事故的相关性

查勘时，主要通过询问事故方，确认受害人碰撞部位、碰撞后受害人所在位置以及倒地姿势、事故地周围遗留的与事故和人伤相关的痕迹，分析伤者损伤机理，以界定损伤与道路交通事故的相关性。

驾乘人员意外伤害保险案件中，还需核查事故是否属于意外或自然灾害导致，以界定其保险责任。

（二）采集人身损害赔偿相关信息

确认事故经过，详细调查并记录人伤事故发生的时间、地点、人数、受害人归属车辆和位置、身份、受伤部位、受伤程度，收集当事人和联系人的电话。现场死亡案件收集死者照片、身份证、其他携带物品以确认死者身份；现场轻伤案件收集伤者姓名、年龄、性别、工作单位、个人收入、联系电话、身份证等信息。

（三）启动现场调解，完成人伤赔偿协议签订和信息采集

对于事故责任明确、各方对事故事实及成因无争议、伤者损伤轻微的案件，查勘人员应在合理预估伤情前提下，根据公司授权给出调解额度，促成事故当事人“现场快处”。事故方达成现场一次性结案协议后，查勘人员需要收集伤者受伤部位、伤者身份证、银行卡等人伤赔偿相关信息，并上传到理赔系统，进入理算核赔环节。

想一想

1. 道路交通事故人伤案件的现场调解过程中，事故方关于赔偿的心理需求有哪些？

2. 某些伤者损伤轻微，但不愿意现场调解，其背后顾虑有哪些？查勘人员如何化解其顾虑，以促进现场一次性结案？

做一做

被保险机动车撞伤行人，现场查勘了解到被保险机动车负主要责任，伤者伤情为左侧小腿、肘部皮肤擦挫伤。围绕人伤案件的现场调解进行事故双方、查勘人员的角色扮演。

五、医院首次查勘主要内容

出于规范人伤案件的处理，提高理赔服务质量，保险公司往往会制定相应的查勘规范文件，规定查勘流程、工作内容及要求。不同保险公司，查勘具体步骤和内容有所不同，但是一般包含查勘准备、实施查勘、预估人伤损失、完善查勘信息的录入。鉴于人伤估损的专业性和复杂性，此处不赘述，将在任务6中单独阐述。

工作实例

2019年6月3日，刘先生驾驶沪A×××××牌照家庭自用车在浦东南路转弯时不慎刮到电动车，导致电动车驾驶员及乘车人受伤的道路交通事故。刘先生及时向交警报案，致电120，并向保险公司报案。交警现场勘查，120及时送伤者到医院检查治疗。保险公司人伤理赔人员小陈接到该事故的人伤任务。

那么，保险公司人伤理赔人员接到交通事故任务后该怎么查勘？查勘前要做哪些准备工作？

（一）查勘准备

为确保人伤查勘质量，提高查勘效率，查勘前应充分做好相关准备工作。查勘前应依据案件具体情况，与出险驾驶员或者报案人取得联系，获取伤者姓名、性别、年龄、所住医院、科室、床位、基本伤情、联系方式等具体信息，在出险驾驶员、被保险人或者报案人协助下完成人伤查勘。

1. 查询系统信息，拟定人伤查勘方案

（1）核实保单信息，确认被保险人、投保险种、对应保额、保险期限、车辆使用性质。确定有无绝对免赔率、绝对免赔额、历史报案情况、历史赔付情况，特别约定、保单批改等内容。从保单信息中，可以发现案件的一些风险点：

①保险期限：临近保险起止时间出险，防范出现“倒签单”；

②投保险种：单保交强险，防范出现车上人员掉包成三者；

③车辆使用性质：非营运车辆改变车辆使用性质，防范出现非法营运。

工作实例

2019年6月7日10：15张某报案称其驾驶皖×××××牌照小车于6月6日10点左右在自家门口倒车时不慎碰到围墙，导致标的受损。此车投保了交强险，商业第三者责任险，车辆损失险，车上人员责任险等险种，保险期限为2019年6月6日—2020年6月5日。

分析案情，思考以下问题：

保险开始生效时间为2019年6月6日零点，出险时间为2019年6月7日，即起保就出险。需要考虑，此事故真实会不会出险时，此保险还未生效，为了获得赔偿，等待保单生效后再报案的可能？

后续调查结果：该事故经现场查勘和走访调查确认，事故真相为：实际出险时间为2019年6月5日，出险时张某爱车的上年度保单已过期。为了获得保险公司赔偿，张某在出险后又购买了新的保险，并在保单生效后向保险公司报案。

（2）了解报案信息。登录理赔系统或查勘报案抄单，核查出险时间、出险地点、出险原因、出险经过、报案时间、报案人姓名、联系电话、驾驶员、伤亡人数、伤者病情及处理情况等，并注意案件损失类型是否有车物损失。从报案信息中，可以发现案件的一些风险点：

①出险时间：高风险时段包括饭后1—2小时，深夜出险等；

②出险地点：高风险地段包括偏远地区，市中心重大伤亡事故等；

③报案时间：延迟报案，报案时间和出险时间相差较远。

工作实例

2019年9月9日16：30刘某报案称其驾驶沪B×××××牌照小车于9月9日13点左右在浦东区东方路行驶时不慎撞到一辆摩托车，导致两车受损，摩托车驾驶员重伤的交通事故，伤者目前送医抢救。

分析案情，思考以下问题：

（1）出险时间9月9日13点左右出险，报案时间9月9日16：30，中间相差3个多小时，是什么原因，为什么后出险后延迟如此长时间才报案呢？

（2）出险时间为13点左右，为午饭后的时间，是否有酒后驾驶的嫌疑？

后续调查结果：该事故经组织走访调查，事故真相为：刘某酒后驾驶，之所以延迟报案，是因为中午和朋友吃饭时饮酒，饭后驾车却发生了事故。了解到酒后驾驶发生事故，保险公司不会赔偿，所以延迟报案等酒完全吸收后，向保险公司报案。

（3）查看现场查勘资料。查实内容包括现场查勘照片、验车照片、驾驶员驾驶证、车辆行驶证、被保险人通话记录、被保险人身份证、从业资格证、索赔申请书等。从现场查勘资料中，可以发现案件的一些风险点：

①现场查勘照片：伤者伤情与碰撞痕迹是否吻合；

②驾驶员驾驶证：驾驶证是否有效，准驾车型是否吻合，是否实习期驾驶特种车辆；

③车辆行驶证：行驶证是否有效，车辆使用性质情况；

④被保险人通话记录：出险后有无报交警，拨打120，有无找人顶包的可能。

工作实例

2015年9月10日7点30分左右李某报案称其驾驶湘×××××面包车于2015年9月10日凌晨3点左右在某偏远乡村公路行驶时不慎撞到行人谢某，导致谢某多处骨折，面包车受损的重大事故。标的仅承保交强险，现场查勘照片显示面包车多面受损，连顶部都有凹陷痕迹，前挡风玻璃已经破碎。查看伤者无明显皮外伤，脊柱多处骨折。

分析案情，思考案件的风险点有哪些？

工作实例后续：该事故经过调查组调查，事故真相是因李某疲劳驾驶，发生面包车翻车的严重事故，面包车上乘客谢某因未系安全带在事故中多处骨折。李某想到自己没有买座位险，无力承担谢某高额的医药费，报案时谎报为撞了行人的事故。

（4）拟定人伤查勘方案。根据了解到的报案信息、保单信息、现场查勘信息，初步分析案情，整理案件风险点，拟定人伤查勘方案，以便查勘时从容应对，有的放矢。

2. 准备查勘工具

为查清案件事实，并在适当时候采取合适的方式固定相关证据，查勘前需要准备必要工具，包括但不限于工作证、相机、笔、人伤查勘报告、写字板、印泥、录音笔等。

（1）查勘相机：调整好查勘相机像素，一般设置为 640 * 480；时间调整为北京时间；相机剩余电量在 1/2 以上，备好备用电池；保证查勘相机有足够的存储空间；

（2）准备查勘用笔：黑色签字笔或者水性笔，确保查勘用笔书写流畅；

（3）准备人伤查勘报告（各个公司可能不一样）；

（4）准备录音笔：录音笔时间调整为北京时间；保证录音笔充足电量；保证录音笔充足存储空间；

（5）准备伤者慰问礼品、人伤理赔服务卡（礼品并不一定每个公司会有）；

（6）准备其他工具：检查皮尺、印泥、写字板、名片、A4 空白纸等其他工具。针对客户、伤者有医院调解意向的，应准备好调解工具。

3. 查找伤者，确定伤者诊治医疗机构

联系被保险人或报案人，打听伤者就诊医疗机构。如果报案人、被保险人未知伤者具体就诊情况，可以通过道路交通事故发生地附近医院的 120 急救记录、医院急诊科的急诊记录以及医院住院收费处的住院登记记录来查找伤者就诊去向。

4. 预约探视

熟悉案情、核对承保信息之后，拟定首次查勘工作要点，并根据伤者所在医院区域，合理安排探视行程。电话约见被保险人，告知保险公司将派人员前往医院看望伤者，邀请被保险人一同前往，预约探视时间，并在出发前再次确认。如果被保险人无法约见，应在电话中告知索赔事宜、保险理赔注意事项。

任务情景

医疗理赔员小张通过电话向曲先生了解，获悉伤者雍先生在长沙市某医院骨科 19 床住院，初步诊断为右肘关节有骨折。完成查勘前的准备工作后，小张与伤者雍先生取得联系，约定下午 2 点去医院探视。

问题：医疗理赔员小张在医院探视中需要从伤者雍先生那里获取哪些信息？

（二）核实出险信息

道路交通事故伤者就诊方式一般是门（急）诊。如果伤情严重、急需手术则可能直接入住住院部，住院科室一般是外科或者骨伤科。按照道路交通事故伤者就诊程序，可以快捷找到伤者就诊医院具体位置。人伤查勘前，理赔人员应该对涉案人员表示同情，对涉案伤者表示慰问，争取获得涉案人员及其家属的支持，以保证人伤查勘顺利、有效进行。医院查勘时，通过面晤伤者，了解出险信息，并于现场查勘资料进行匹对，以确认事故的真实性。

1. 核实被保险机动车信息

面晤伤者，核实被保险机动车情况，包括肇事车辆的车型、颜色、车牌、车辆状况、车辆改装等情况，以界定出险车辆是否属于被保险机动车。

工作实例

2014年5月8日黄某向保险公司报案称其员工驾驶一辆牌照为湘A×××××的货车于2014年5月7日在湖南省湘潭市某公路行驶时不慎碰撞到一行人，导致行人受伤。事故为非现场报案，保险公司查勘员验标肇事车为一辆蓝色的货车，碰撞痕迹不明显，未发现其他异常风险点。医疗理赔员在人伤查勘向伤者核实案件情况过程中，伤者描述撞他的车子为一辆黄色的货车。该信息让医疗理赔员感觉案件存在蹊跷。

分析案情，思考案件的风险点有哪些？

工作实例后续：该案经过保险公司调查组调查，事故真相为黄某名下有多台货车从事货运工作，其手下一名工作人员开了一辆黄色货车不慎出了上述事故，刚好该货车保险到期，想到保险公司无法承担伤者治疗费用的赔偿，黄某就叫来名下其他车辆顶包，谎报保险。

2. 核实出险经过

核实详细的出险时间，包括但不限于首次就诊时间、床头卡上的入院时间、影像报告时间等，以确定是否与报案信息一致，是否在保险期限内出险。对于用餐前后时间出险，夜间出险、尤其是凌晨出险的事故，要仔细核实，排除保险责任除外及影响赔付的情况。对于保险期限前后一周出险，有存在“先险后保”“脱保”可能的案件，应向交警、120（出诊记录）、医院（医生、护士、周边病友）、现场周边群众等走访调查核实。

核实案件出险地点、周边情况，是否为酒店及其他娱乐场所附近、偏远地区或建筑工地、自建房或居民区。对于酒店及其他娱乐场所出险的，应考虑是否存在酒后驾驶的可能；对于深夜偏远地段、建筑工地等场所的重大人伤案件、单方事故，应考虑受伤是否与车祸有关、事故有伤者掉包可能。

核实出险原因。核实被保险机动车是使用过程中发生意外事故，还是遭遇自然灾害。机动车责任保险的保险责任强调是被保险机动车使用过程中发生意外事故，而驾乘人员意外伤害保险的保险责任强调被保险机动车使用过程中遭受自然灾害或发生意外事故。

核实碰撞经过，包括但不限于伤者的交通方式，标的与伤者碰撞前的运行轨迹（行驶方向、速度、碰撞的具体部位、身体接触地面的具体部位）、车上乘员乘坐位置、是否与第三方再次发生碰撞等。

3. 核实标的司机外貌特征

包括但不限于驾驶员性别、年龄，发型、身高、体型、服装、穿戴、口音、纹身等特别特征。核实驾驶员事故发生后现场处理过程，是否存在出险后长时间不下车，下车后精神异常，面部涨红有酒气，驾车或者弃车离开现场等情形。

工作实例

2016 年 4 月 22 日下午 2 点左右，宋先生报案称其驾驶一辆牌照为湘 A×××××小型货车于2016 年在 4 月 22 日 10 点左右在湖南省长沙县行驶时不慎碰到一行人，导致行人吴大爷受伤，有报交警处理，目前肇事车已经被扣交警队停车场。车物查勘员验标未发现明显异常。医疗理赔员在人伤查勘向吴大爷核实案件过程中，吴大爷描述当天买完菜回家的路，突然感觉背后被东西撞到，然后自己就倒在地上。过了很久，附近邻居报的 120 送我去的医院。

分析案情，思考案件的风险点有哪些？

工作实例后续：该事故反馈给调查组调查，事故真相是宋先生当天开车撞到吴大爷后，一下慌了神，觉得自己惹上了麻烦，刚好当时事故地点没有其他车辆和行人见证。宋先生就抱着侥幸的心态，驾车离开了现场躲在旁边的路口，后发现吴大爷被路过的行人发现且叫来了救护车，就直接离开了。

4. 核实事故损失及处理情况

核实除了人伤外是否有车物损失、是否有随身其他财产损失、是否报交警处理、是否报 120、是谁报的、伤者送医院方式（120 接诊、朋友送诊、自行就诊或者其他方式）。

（三）了解伤人伤赔偿项目相关信息

面晤伤者，确认人伤赔偿项目相关的详细个人信息，为后续理赔提前锁定相关证据。主要包括伤者基本信息、医院信息、误工信息、护理信息以及其他信息。

伤者基本信息包括伤者的姓名、性别、年龄、身份证号码、联系方式、籍贯、常住地及居住时间、职业。医院信息主要有伤者所住医院的名称、等级，伤者所在的科室、床位、住院号，以及伤者的主治医生、护理级别、床位的级别以及是否有其他有偿服务项目；误工信息主要包括工作单位、有无劳动合同、工种或者具体工作内容、收入情况、工资发放方式、能否提供工资条或完税证明，应重点了解伤者在发生交通事故前有否固定收入。护理信息主要了解并记录伤者护理人员的身份，是护工或家属，以及护理人数和护理时段。由护工护理的，需了解具体收费标准，医院是否已收取护工费；由家属护理的，需详细了解护理人员收入及实际减少的收入等信息。涉及伤残或死亡案件还需调查收集被扶养人信息，主要了解共同扶养人的数量以确定伤者（死者）依法对被扶养人承担扶养义务的比例、其他扶养义务人的经济收入情况、被扶养人的真实户籍及年龄以及被抚养人因疾病而丧失劳动能力的真实性。此外，还应了解：在伤者住院期间，医院是否已收取膳食费；家属护理者，护理人员往返医院实际发生的公共交通费；外地治疗者，实际发生的合理交通费及住宿费。

（四）了解伤者伤情、诊治情况、医疗费用以及预后

面晤伤者、主管医生，了解并记录伤者创伤的具体时间、入院时伤情、受伤部位、入院时诊断、伤者既往史等其他情况。医院全面检查后，详细记录受伤部位的专科检查，阳性症状和体征及具有诊断意义的辅助检查结果。了解伤者是否有既往疾病史，既

往病史的具体诊断、疾病的年限、治疗过程及效果，分析本次交通事故创伤与既往疾病变化的因果关系、本次住院治疗既往疾病已发生的医疗费用。

对于手术治疗的，应了解手术的名称及具体方案，手术是否使用内固定器械，内固定器械的型号、产地、价格，是否需要二次手术取出内固定物及二次手术费用，是否使用了非基本医疗保险范围内的药品，以及了解治疗效果，是否达出院标准，是否出现严重并发症（出现并发症的，还需重点了解并发症的具体诊断，并发症与创伤的因果关系，并发症的出现是否存在医疗因素）。

向主管医生了解伤者入院后的治疗情况。包括治疗原则、治疗方式、治疗项目、贵重药品以及进口药品的应用情况等。手术治疗者还需了解并记录手术的名称及具体方案，手术是否使用内固定器械，内固定器械的种类、型号、产地、价格，是否需要二次手术取出内固定物。评估目前是否需要继续治疗、是否存在转院可能，创伤治疗终结后是否会有严重后遗症，是否达到伤残评定标准及预计评残的伤残等级。如果有转院可能还需要收集转院治疗的依据。对于伤者伤势严重、诊断和治疗方案不能明确的伤情，应安排二次人伤查勘。

向主管医生或护理人员了解伤者目前实际已发生的医疗费、下一步治疗方案、是否需要二次手术、后续医疗费用的额度，评估是否需康复费、整容费及出院后门诊治疗的续医费等。核查有无超前消费或不合理诊疗行为，及时制止不合理现象，以防不合理费用的产生。

向主管医生院咨询伤者伤情大致住院时间、出院后的休息时间、是否遗留后遗症、出院后是否需要护理、可能出现的并发症、治疗终结后是否达到伤残等。

任务情景

医疗理赔员小张按约定时间到达医院后，初步了解雍先生因为此次交通事故导致右肘关节半脱位，右侧肢体有不同程度擦伤。目前采用手法复位后石膏固定保守治疗，常规消炎消肿等对症支持治疗。

思考：雍先生的伤到底是否由交通事故造成，交通事故所造成的损伤各有什么表现形式呢？

（五）分析损伤与事故的相关性

根据交通事故损伤类型、受伤时地理位置、倒地姿势、损伤部位，分析伤者伤情与道路交通事故的相关性，判定伤情是否符合该事故创伤方式，归纳案件风险要点并作相应处置。

1. 交通事故常见损伤机理

（1）冲撞伤。冲撞伤有加速和减速两种。加速冲撞伤最典型的就是汽车前保险杠冲撞行人腿部，减速冲撞伤主要表现在车内成员在车辆碰撞时由于惯性使身体某些部位冲撞在汽车内的某个部件上。汽车撞击人体后，人体在地面上有所滑动或者衣着被车身拖拉，而形成大面积的皮肤擦划伤痕，如头部、颜面部、肩峰、肘关节、手足背、膝盖等突出部位，与地面接触部位发生表皮剥脱、皮下出血、挫伤等。如果撞击来自前方或侧面还可造成骨折，撞击来自后方时由于下肢肌膜的保护和膝关节的弯曲则不易发生骨折。车身碰撞部位和倒地姿势的不同，损伤也会不同。成人被轿车撞击，损伤可在小腿上部；大型车撞击可在大腿部；高速行驶的车辆撞击，常形成横断骨折，骨折部位有时出现表皮剥脱、出血，深层肌肉亦有明显出血；车身引起的撞击伤往往发生在臀部和腰部，伴有表皮剥脱、皮出血和骨盆骨折等；如果撞击后头部着地或撞在车上，还可能引起严重的颅脑损伤，甚至造成死亡；急刹车或撞击时，车内人员的头面部、前胸部和两膝部都可发生撞击伤，严重者可造成肋骨骨折和心脏破裂而死。

（2）摔跌伤。摔跌伤是指人体被运动中的车辆撞倒后，人体与地面或其他物体相撞而形成的损伤。主要表现为一侧性的大面积擦伤或人体突出部位的擦挫伤，重者出现同侧的长骨骨折或关节脱位。

（3）拖擦伤。拖擦伤人体某部位（肢体、头发）或衣物被运动中的车辆挂住或夹住，使其身体在地面拖擦形成的损伤，表现为大面积擦伤，甚至深部软组织的广泛损伤。

（4）碾轧伤。由于汽车的轮胎较宽，又具有弹性，因此人体遭受轮胎碾压后，皮肤不一定出现严重的损伤，但可造成内脏破裂、骨质粉碎、脑挫伤等。受压的皮肤常有较大面积的表皮剥脱、皮下出血。若大腿或背部受压可出现皮肤、皮下组织与肌肉剥离，从而形成袋状血肿等。这些损伤有时可反映轮胎花纹的特征，衣着上的轮胎痕迹可从滚压部位沾着的泥沙反映出来。

（5）伸展伤。伸展伤是碾轧伤的特殊形式。胸、腹部受压或来自背部的撞击，导致远离受压部位的颈部、腋下和腹股沟产生许多与皮肤皱纹方向一致的浅表皮肤裂伤或撕裂创，以腹部和胸部碾轧时更多见。

（6）剥皮伤。剥皮伤一般是轮胎碾过大腿、腹背部，由于车轮转动产生的强大牵拉力使皮肤、皮下组织及肌肉分离形成。

（7）挥鞭样损伤。道路交通事故中，由于加速或减速运动，使受害人头部强烈甩动，造成颈椎脱位、韧带撕伤，甚至颈椎骨折，最常见于第5、6颈椎。

（8）颅底环状骨折。道路交通事故中，车辆突然加速或减速，使驾驶员或乘客的颅底过度伸展或压迫造成颅骨底部环形骨折。多见于机动车相撞时，重者同时出现脑干损伤和颅底大血管撕脱，甚至第一、二颈椎骨折或粉碎性骨折。

2. 交通事故导致的常见损伤

皮肤、软组织损伤在交通事故中最为常见，一般分为擦伤、挫伤、裂伤等。擦伤是创伤中最轻的一种，通常仅有受伤皮肤表面擦痕，有少数点状出血或渗血、渗液；挫伤系钝性暴力或重物打击所致的皮下软组织的损伤，多因车辆碰撞、颠覆、坠落造成，主要表现为伤部肿胀、皮下瘀血，严重者可有肌纤维的撕裂和深部形成血肿，如果作用力的方向为螺旋方向称为捻挫，其损伤更为严重；撕裂伤是钝性暴力作用于人体、造成的皮肤和皮下组织撕裂，多由行驶车辆的拖拉、碾挫所致。伤口呈碎裂状，创缘多不规则，污染多较严重。

肌肉、肌腱、韧带损伤多由关节内或者关节周围的肌肉或者肌腱撕裂或者过度紧张导致。一般分为扭伤、拉伤、断裂。扭伤是关节部位一侧受到过大的牵张力，相关的韧带超过其正常活动范围而造成的损伤，关节可能会出现一过性的半脱位和韧带纤维部分撕裂，并有内出血、局部肿胀、皮肤青紫和活动障碍。严重的扭伤可伤及肌肉及肌腱，以致发生关节软骨损伤、骨撕脱等。

颅脑损伤多由加速性损伤、减速性损伤、挤压性损伤或旋转性损伤导致。按照损伤部位，颅脑损伤分为头皮损伤（分为头皮血肿、头皮裂伤、头皮撕脱伤）、颅骨骨折、脑损伤（原发性脑损伤、脑震荡、脑挫裂伤、颅内血肿）等。按照损伤程度，颅脑损伤分为轻型、中型、重型三个类型。轻型颅脑损伤是指单纯脑震荡、有或无颅骨骨折，昏迷在20分钟以内，有轻度头痛、头晕等自觉症状，神经系统和脑脊液检查无明显改变；中型颅脑损伤指轻型脑挫裂伤或颅内小血肿，有或无颅骨骨折及蛛网膜下腔出血，无脑受压征，昏迷在6小时以内，有轻度的神经系统阳性体征，有轻度生命体征改变；重型颅脑损伤指广泛颅骨骨折，广泛脑挫裂伤，脑干损伤或颅内血肿，昏迷在6小时以上，意识障碍逐渐加重或出现再昏迷，有明显的神经系统阳性体征，有明显生命体征改变。

骨折是道路交通事故中常见表现，骨折类型多种多样，如横形、粉碎性、压缩性骨折。脏器损伤多为胸腹部外伤导致，常见损伤脏器有心脏、肝脏、脾脏、肺脏、肾脏、胃肠等多以破裂或者穿孔为主。烧伤、烫伤是由身体接触高温物体引发的组织损伤，按照损伤程度通常分为一度、二度、三度。

3. 交通事故中不同受伤人员的伤情特点

（1）行人的伤情特点。道路交通事故创伤中，行人的受伤多是由机动车辆撞伤，其受伤的作用力主要是撞击力、摔伤或碾压。行人被汽车碰撞所致的损伤程度取决于车的速度、种类、碰撞时人体姿势和接触部位，以及车轮与行人行走的方向等，典型类型为保险杠与人体相撞，可以形成人体擦伤、挫伤、撕裂伤、骨折和内脏破裂。保险杆直接撞击人的小腿，导致胫骨骨折、腓骨骨折、小腿皮肤肌肉挫裂伤；行人头部撞前挡风玻璃，导致颅骨损伤；小车正面撞击行人，直接碰撞行人的下肢或腰部，行人常被弹至车体上方，碰撞到挡风玻璃、车顶而致伤，继而摔至地面可发生头颅或软组织损伤，又可遭受碾压；若侧面撞击，先被抛出，后遭另外车辆碾压。如果被撞者衣服被车挂住，身体与地面形成拖擦，则表现为体表大面积擦伤；如果大型车辆撞击，多撞击行人的头部或胸腹部，易造成两手、两膝和头面部损伤；如果车辆轮胎碾压过人体，一般包括大面积软组织挫伤、多发性骨折、内脏破裂等，最为典型的表现是在人体皮肤或衣服上留有轮胎印痕。

（2）机动车内人员伤情特点。道路交通事故创伤中，机动车内人员受伤的基本机理是惯性作用所致。车辆被撞击的瞬间，由于车辆的突然减速，司乘人员受惯性作用撞向车前部，甚至经前窗抛出而受伤。翻车事故时，乘客可被抛出致摔伤、减速伤、创伤性窒息、砸伤等；发生车辆追尾事故时，乘客可受挥鞭伤，出现颈髓、颅内损伤等；困在车内的乘客经多次抛投、撞击、挤压，造成严重多发伤。就受伤部位而言，司机较多发生头面部、上肢、其次是胸部、脊柱和腹部的损伤；乘客较多发生锁骨和肱骨的损伤。就乘坐时位置而言，机动车内司机与前排乘坐人员受伤发生率较后排人员为高。

驾驶者通常在发生车祸瞬间，因手握方向盘或者把手，可造成手腕和前臂的扭伤或骨折；紧急刹车时右足用力踩踏刹车踏板，可导致股骨或者骨盆骨折；身体突然前倾可造成肋骨骨折、心肺挫伤或胸前皮肤挫伤擦伤；车祸发生时突然减速或加速，由于惯性作用可使颈部前后过伸或过屈，形成颈部组织牵拉、扭转、离断及压迫，造成颈椎半脱位，颈髓受压，称为挥鞭样损伤；头部撞击挡风玻璃造成头皮挫伤或者颅内损伤；下肢与仪表盘相撞导致膝部与胫前擦伤或者挫伤，股骨下端可能发生骨折。副驾驶座位上的人，头部与挡风玻璃相撞，甚至头部将挡风玻璃撞碎穿出窗外，造成颅脑损伤。后排座位上的人可与前面座位、车顶、车门、车窗等相撞而引起损伤。损伤种类可以表现则为多样化。

（3）摩托车或者电动车上人员伤情特点。摩托车驾驶员在驾车行驶时，上半身基本上没有保护，易受伤。乘客座位上的人员，多数是在撞击时被抛出而致摔伤。摩托车创伤致死者中 80% 的摩托车驾驶员和 90% 的摩托车搭乘人员死于头颈部创伤。汽车前保险杠直接撞到摩托车或者电动车上人员，一般导致腿部胫腓骨骨折；撞倒摩托车或者电动车后，摩托车或者电动车上人员出于自我保护，手撑地导致桡骨、腕骨骨折。

（4）骑自行车人的伤情特点。自行车速较慢，冲击力不大，因自身因素发生的创伤多较轻。当机动车与其相撞而发生创伤时，骑自行车人被撞倒，如头部先着地，则造成颅脑伤，其次是上肢和下肢损伤。或继发碾压伤，或在受第二次撞击造成腹部内脏损伤。

4. 交通事故中人伤损伤比较

交通事故不同地理位置伤者损伤比较具体见表 1－2。

表 1－2

调查项目		驾驶员	车上人员	行人
事故损伤特征	头面部损伤	多为挡风玻璃的锐性损伤	副驾驶与主驾驶相同，后座多为靠背、车边的钝性损伤	多为擦伤、撞伤、摔跌伤、碾压伤。多为与车身的外部件交叉物证
	颈部挥鞭样损伤	有	有	无
	胸部方向盘伤	有	无	无
	肩胸部安全带伤	左上右下式损伤	副驾驶右上左下式损伤，其余座位无	无
	双上肢损伤	手腕或者前臂损伤	副驾驶：右前臂螺旋性双骨折，其余座位无明显特征	无
	双下肢及骨盆损伤	右足的脚踏板损伤	双腿外展式损伤，副驾驶座位前滑伤	多见为碰撞伤，腿部受伤部位与车辆保险杠一致或者略低
人与车辆的物证交叉	车内驾驶位	驾驶位员伤的血迹、组织；方向盘、变速器上的指纹；右刹车踏板的印痕	无	无
	车内非驾驶位	无	车内座位碰撞部位留下的伤者血迹、组织	无
	车体外在部位	无	被抛出后再次碰撞留下的痕迹	事故车某一部位的特定形态与伤者受伤伤情相符；车身撞击点高度基本与伤者受伤部位高度一致；轮胎纹与碾压痕迹一致

做一做

被保险机动车与三者车追尾导致被保险机动车上刘某、张某、李某三人受伤，被保险人刘某陈述：事故发生时，他在后车厢横卧着睡觉，驾驶员为张某，副驾驶座坐的是乘车人李某。医院查勘了解李某伤势轻微。刘某：①右股骨骨折；②右股骨粗隆股骨颈基底部骨折；③右髌骨骨折；④右足第一近节趾骨骨折；⑤右足背挫裂伤；⑥右侧第9肋骨骨折；⑦肺挫伤。张某：①颅底骨折；②右侧眼外展神经损伤；③脑脊液耳漏；④左眉弓皮肤裂伤。

结合伤情，分析刘某描述是否属实。如果不属实，事故发生时车上三人具体乘坐位置又是怎样？

任务情景

在争取了伤者雍先生同意后，医疗理赔人员小张准备对雍先生的伤情及相关病例材料进行拍照取证，为后续保险责任的界定及人伤损伤的理赔提供依据。

问题：

（1）小张在拍照取证过程中，需要拍摄哪些内容呢？

（2）小张在拍照取证过程中，有哪些需要注意的事项？

（六）拍照和笔录

查勘时拍照、笔录不但能够客观记录伤者伤情，固定证据，而且能收集和储存理赔材料，为确定保险责任和赔付提供依据；不但能防范和规避道德风险的发生，同时能记录查勘、调查等理赔工作过程和情况。

事故有疑问、预估理赔金额较大、伤者方提供的相关信息难以确信的情况下，需做笔录，主要就是事故经过的描述和与赔偿相关的信息的记录。一般有以下几种情况需要做笔录：车上人员险中可能涉及非法营运（司机与乘客关系陌生、互相不了解情况的）、酒后驾驶的，需做笔录；三者险中伤者与司机关系过于密切的需做笔录，可能涉及伪造车祸；伤情与受伤经过不符合受伤机理的，受伤部位与常见碰撞部位高度不一致的，需做笔录；单方事故、未现场报案、未用120抢救的需做笔录。笔录有条件的话当事人均需做，主要多方核对事故的真实性及救治经过（是否符合就近治疗的原则）。做完笔录后，需要被询问对象签字、捺印以确认。

车险人伤询问笔录的要点主要有：伤者身份信息，包括姓名、年龄、户籍、工作单位、联系方式、既往疾病等；事故时间、地点、发生详细经过、双方的交通方式（为判断事故责任打基础）；伤者对被保险机动车和被保险机动车司机的描述，包括车型、车牌、车辆颜色、驾驶员外表特征、是否有饮酒、车上人员数量或货物情况；受伤后的救治经过，包括事故发生后被保险机动车司机如何处置、谁报警、如何到医院，如何就诊；如果是车上人员，则需询问车上人数、座位安排等。

1. 需拍摄的内容

(1) 伤者伤情照片。在争取伤者同意的情况下，拍摄伤者的照片，包括伤者全身照、受伤部位局部照。拍摄要求清晰、光线佳、从整体到局部；受伤部位照片应该包括伤口、红肿部位等全部范围。对于受伤部位存敷料、固定物等情况，则拍摄存有上述材料的受伤部位即可。对于不配合拍照的伤者，应该拍摄床位号，病房门口照，科室照、医院正门照等。

(2) 伤者影像学资料。拍摄能反映伤者既往及目前伤情的客观检查材料，包括 X 片、CT 片、MRI 等原始检查材料，拍摄内容包括但不限于影像片上被检查人姓名、检查日期、左右标识、骨折脱位等阳性指征部位。拍摄时，应该对光拍摄，可借助医生办公室阅片灯，保持身体稳定，不抖动，保证被拍摄物体全在相机屏幕内并适合于屏幕，拍摄时需从整体到局部；回放拍摄的图片，如果图片内容模糊、涉及定性、定量的细节无法辨认时，需要重新拍摄或者对图像细节部位进行单独拍摄。

做一做

根据图 1－4 ~ 图 1－7 所示的影像学图片判断伤者的基本伤情。

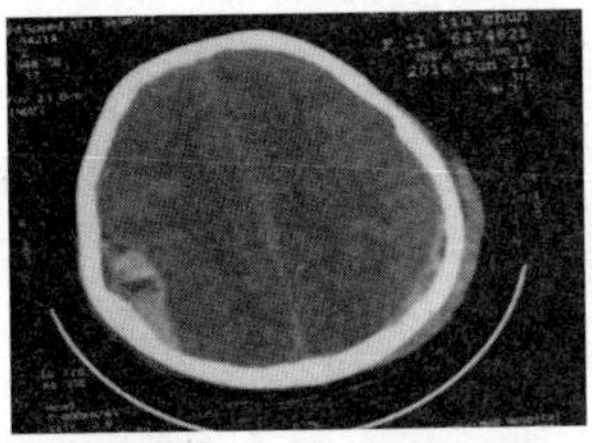

图 1－4　头部影像

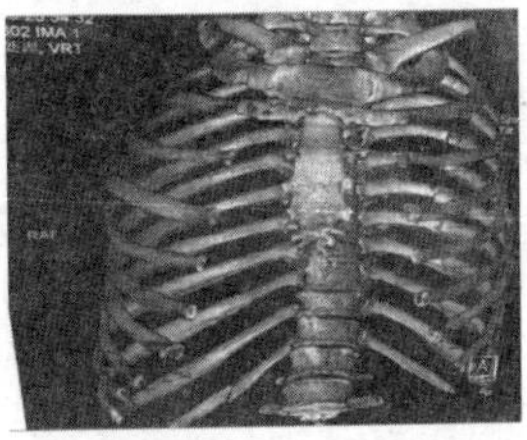

图 1－5　胸部影像

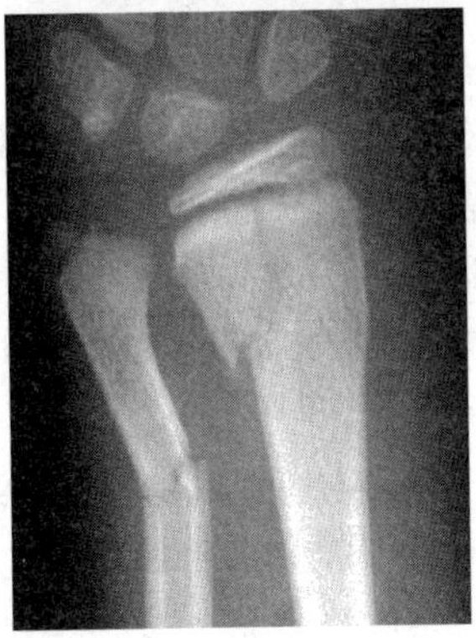

图 1－6　腕关节影像

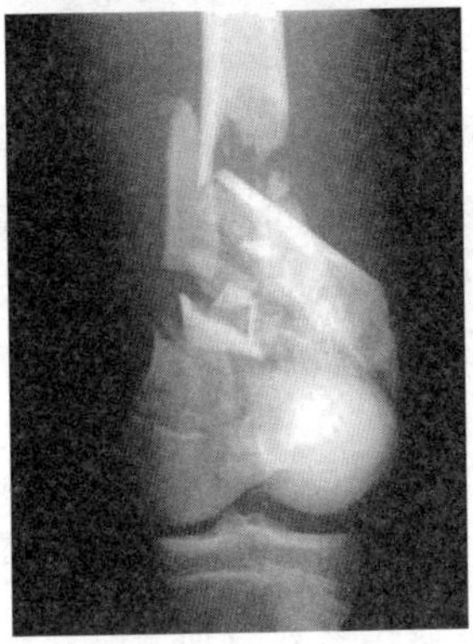

图 1－7　膝关节影像

(3) 伤者病历资料。争得医生或者护士同意，拍摄伤者的病例资料，包括门诊病历、入院记录、入院诊断、首诊病例、手术记录、影像学报告单，特别是有阳性体征的影像学报告单。拍摄时，应将相机对准拍摄物体进行垂直拍摄，保持身体稳定，不抖动，保证被拍摄物体全在屏幕内并适合于屏幕，回放拍摄的图片，如果图片内容模糊，需要重新拍摄。

2. 拍照注意事项及要求

各保险公司对于查勘照片要求有所不同，但是一般要求显示时间、清晰。医院大门照一般要求能从照片上看到医院全称；病区门口照一般要求能从照片上看到伤者住院科室全称和位置；各种影像资料：X线片、CT、核磁要求影像清晰，能辨识伤情，具有伤者姓名、性别、拍摄时间、医院信息；受伤人员就诊医院出具的任何医疗单证时要求清晰拍摄，包含且不限于病历本、处方、检查报告单、药费明细等纸质单证；伤者身份证明照、护理人员身份证明照要求影像清晰，并能与调查照片进行人员辨识；病房和床头卡照要求清晰、完整，能清楚看到所有信息；伤者全貌一般要求全身照，能看清伤者面部，辨别样貌，能看到受伤部位；受伤部位照片一般要求能清楚看到受伤部位和伤情处置；护理人员照片一般要求能清楚辨识容貌，并能与身份证能对照；涉残伤情照片必须测量（尤其涉及椎体压缩程度、面部疤痕长度、面部疤痕面积、关节功能活动度等）。

任务情景

拍摄完雍先生的伤情照片、病例材料、影像学片子后，医疗理赔人员小张表示了对雍先生的同情，并祝愿他能早日康复。同时嘱咐雍先生保留好医院里治疗的相关病例材料及其他注意事项。对于驾驶员曲先生，医疗理赔人员小张通过电话将查勘了解到的雍先生的病情信息反馈给曲先生，告知其理赔注意事项及索赔程序，并将保险公司各项特色理赔服务及流程详细告知曲先生。

问题：小张在拍照取证后，需要告知标的被保险人、伤者及其主管医生哪些注意事项？

（七）履行告知义务

在人伤案件中，由于涉及赔偿项目比较多，标准不一，理赔所需的材料较多，所以保险人对被保险人的索赔指导和告知就非常必要，及时、准确的告知，可以提高案件的结案速度和质量。因此在查勘时在表达同情、关心的同时，还需向伤者宣传保险知识和人身损害赔偿有关法律法规，引导其正确认知机动车保险人伤案件的理赔，争取伤者对公司查勘人员、保险公司的理解与配合。出于结案的需要，还应告知被保险人以下事项：

1. 向被保险人、伤者及其陪护人员阐明保险理赔政策及赔偿标准

保险人与被保险人之间是合同关系，因此进行人伤理赔时主要遵循保险合同的约定以及国家人身损害赔偿相关法律法规。医疗费是人身损害赔偿基础项目，其赔偿主要是按照《机动车辆交通事故强制保险条例》《机动车交通事故责任强制保险条款》《道路交通事故人员创伤诊疗指南》《国家基本医疗保险标准》、事故发生地城镇职工社会医疗保险规定标准以及机动车商业责任险的约定。对于与交通事故治疗无关的费用原则是不赔，治疗的自费用药、进口用药、超范围的检查需要核查其合理性才予以赔偿。过度医疗、超出伤情需要的医疗、误工、陪护等相应费用不予赔偿。人身损害其他赔偿项目

主要依据《最高人民法院关于审理人身损害赔偿案件适用法律若干问题的解释》标准进行赔偿。

可能涉及评残的，查勘时还应告知被保险人关于评残的注意事项。伤残等级明确的，经保险公司人伤岗确认，可以不做鉴定而依据合理的伤残等级进行整案协商调解。伤残等级不明确的，告知被保险人评残风险、合理的评残时间和等级，选择当地公信力较高的伤残鉴定机构进行鉴定。鉴定前及时告知保险人关于伤者的评残日期、评残机构等信息，方便保险公司派专人全程参与评残过程，以免不必要的理赔纠纷。评残等级明显偏高的，应及时联系被保险人，要求被保险人及时向上级司法部门申请重新鉴定。

如果伤者伤情稳定或者治疗终结，事故双方有意调解结案，查勘时应告知调解相关的注意事项：保险公司可以协调被保险人与受害方就交通事故损害赔偿进行协商，事故双方也可以自行协商，还可以选择别由别的机构进行调解。无论采取哪一种方式，基于减少理赔纠纷，建议被保险人提前通知，方便保险人告知具体理赔标准。

与被保险人强调伤者不应随意在同级医院中转院，确需转院的需要医院出具转院证明。死亡案件需要到交警队核实事故真实性、死者基本情况。

拓展阅读

1. 《机动车辆交通事故强制保险条例》
2. 《机动车第三者责任保险条款》
3. 《道路交通事故受伤人员临床诊疗指南》
4. 《国家基本医疗保险标准》
5. 《最高人民法院关于审理人身损害赔偿案件适用法律若干问题的解释》

2. 向被保险人解析理赔流程

《保险法》第六十五条规定：保险人对责任保险的被保险人给第三者造成的损害，可以依照法律的规定或者合同的约定，直接向该第三者赔偿保险金。责任保险的被保险人给第三者造成损害，被保险人对第三者应负的赔偿责任确定的，根据被保险人的请求，保险人应当直接向该第三者赔偿保险金。被保险人怠于请求的，第三者有权就其应获赔偿部分直接向保险人请求赔偿保险金。责任保险是指以被保险人对第三者依法应负的赔偿责任为保险标的的保险。基于《保险法》的规定，伤者可以向被保险人索赔，也可以向保险人索赔。但是保险人承担的是被保险人对第三者依法应负的赔偿责任，保险人与被保险人之间的赔偿和事故双方之间的赔偿是有差异的。实务中，机动车保险人伤理赔纠纷主要核心问题是被保险人对保险人理赔标准的认知有限，从而产生过高的理赔期待。因此，医院查勘时告知客户、伤者索赔程序时，还应宣导人伤案件中被保险人、保险人以及受害者之间赔偿法律依据的不同。

如果伤者产生了抢救费，需要客户支付相应的费用，医院查勘时需要告知抢救费支付、垫付相关事项。抢救费用垫付必须同时满足以下条件：符合《机动车交通事故责任强制保险条例》第二十二条规定的情形；接到公安机关交通管理部门要求垫付的通知书；第三者受害人送医院抢救，且抢救费用已经发生，抢救医院提供了抢救费用单据和明细项目；不属于应由道路交通事故社会救助基金垫付的抢救费用。抢救费按照交通事故人员创伤临床诊疗指南和抢救地的国家基本医疗保险的标准，在交强险医疗费用赔偿限额或无责任医疗费用赔偿限额内垫付。第三者受害人中被抢救人数多于一人且在不同医院救治的，在交强险医疗费用赔偿限额或无责任医疗费用赔偿限额内按人数进行均摊；也可以根据医院和交警的意见，在限额内酌情调整。保险公司自收到交警部门出具的书面垫付通知、伤者病历/诊断证明、抢救费用单据和明细之日起，及时向抢救受害人的医院出具《承诺垫付抢救费用担保函》，或将垫付款项划转至抢救医院在银行开立的专门账户，不进行现金垫付。对于所有垫付的案件，保险人垫付后有权向致害人追偿。追偿收入在扣减相关法律费用（诉讼费、律师费、执行费等）、追偿费用后，全额冲减垫付款。

抢救费用支付必须同时满足以下条件：接到交警部门签署的书面支付通知书；属于交强险保险责任范围内；受害人被抢救，且抢救费用已经发生。医院提供了病历/诊断证明、抢救费用明细清单；抢救所用药品、检查费用等必须与本次事故有关，并符合国务院卫生主管部门组织制定的有关临床诊疗指南和国家基本医疗保险标准。

保险公司接到公安机关交通管理部门抢救费用支付的书面通知后，及时核实承保、事故情况、伤者病历/诊断证明、抢救费用单据和明细，在1个工作日之内出具《承诺支付/垫付抢救费用担保函》，交被保险人送至伤者抢救所在医院，并提供医院接受支付抢救费的划转账户的开户行及账号。当抢救费用总额达到或超过交强险医疗费用赔偿限额，或者抢救过程结束，保险人应及时将款项划至救治医院指定账户，并向医院出具《交强险抢救费用支付/垫付说明书》，但是抢救费用不得进行现金支付。

拓展阅读

道路交通事故社会救助基金（以下简称“救助基金”），是指依法筹集用于垫付机动车道路交通事故中受害人人身伤亡的丧葬费用、部分或者全部抢救费用的社会专项基金。

1. 救助基金意义

救助基金是《道路交通安全法[1]》第17条规定的一项新制度。这项制度是机动车交通事故责任强制保险（以下简称“交强险”）制度的补充，旨在保证道路交通事故中受害人不能按照交强险制度和侵权人得到赔偿时，可以通过救助基金的救助，获得及时抢救或者适当补偿。建立这项制度，是贯彻科学发展观的重要举措，在制度设计上坚持以人为本的原则，充分体现了国家和社会对公民生命安全和健康的关爱和救助，是一种新型社会保障制度，对于化解社会矛盾、促进和谐社会建设具有十分重要的现实意义和深远的历史意义。

2. 救助基金来源

（1）按照机动车交通事故责任强制保险（以下简称交强险）的保险费的一定比例提取的资金；

（2）地方政府按照保险公司经营交强险缴纳营业税数额给予的财政补助；

（3）对未按照规定投保交强险的机动车的所有人、管理人的罚款；

（4）救助基金孳息；

（5）救助基金管理机构依法向机动车道路交通事故责任人追偿的资金；

（6）社会捐款；

(7) 其他资金。

3. 救助基金垫付情形

有下列情形之一时，救助基金垫付道路交通事故中受害人人身伤亡的丧葬费用、部分或者全部抢救费用：

(1) 抢救费用超过交强险责任限额的；

(2) 肇事机动车未参加交强险的；

(3) 机动车肇事后逃逸的。

4. 救助基金垫付程序

救助基金垫付抢救费用的基本程序：需要救助基金垫付部分或者全部抢救费用的，公安机关交通管理部门应当在3个工作日内书面通知救助基金管理机构。救助基金管理机构收到公安机关交通管理部门垫付通知和医疗机构垫付尚未结算抢救费用的申请及相关材料后，应当在5个工作日内进行审核，对符合垫付要求的，救助基金管理机构应当将相关费用划入医疗机构账户。需要强调的是，《道路交通安全法》第七十五条规定：“医疗机构对交通事故中的受伤人员应当及时抢救，不得因抢救费用未及时支付而拖延救治。”

救助基金垫付丧葬费用的基本程序：需要救助基金垫付丧葬费用的，由受害人亲属凭处理该道路交通事故的公安机关交通管理部门出具的《尸体处理通知书》和本人身份证明向救助基金管理机构提出书面垫付申请。救助基金管理机构收到丧葬费用垫付申请和有关证明材料后，对符合垫付要求的，应当在3个工作日内按照有关标准垫付丧葬费用，并书面告知处理该道路交通事故的公安机关交通管理部门。对无主或者无法确认身份的遗体，由公安部门按照有关规定处理。

参考资料：http：//baike. baidu. com/item/道路交通事故社会救助基金

3. 告知理赔所需的索赔资料，重点提示保险公司可以提供人伤援助服务

保险责任和伤情明确的案件，告知客户保险公司根据伤情和医疗费用情况，可以提供人伤协助服务，比如保险公司协调被保险人与受害方就交通事故损害赔偿进行协商，最终达成赔偿协议。

道路交通事故人伤案件理赔中，索赔材料较多，其所有者主要是伤者。因此基于结案的需要，医院查勘时交待索赔资料的收集事项至关重要。《保险法》对保险人的告知义务有严格的规定，为避免因告知义务的履行不到位引起纠纷，要求每一位理赔人员尤其是人伤查勘人员必须熟练掌握人伤案件的索赔须知，并在第一次见到被保险人或其代理人时，一次性告知其保险索赔时需要提供的证明材料。涉及人伤案件的索赔资料，不同保险公司略有不同，但是一般要求索赔材料提供材料原件，如果是诉讼案件提供的复印件需要受诉法院加盖与原件相符字样和公章、对户籍资料复印件加盖事故处理大队的公章。索赔资料主要分为案件基本资料、事故证明材料、人员受伤/死亡材料三类。案件基本资料有驾驶证、行驶证、体检回执、车架号照片、现场照片、车辆损失照片、查

勘报告、驾驶员询问笔录、理赔申请书等。事故证明材料主要有道路交通事故认定书、调解书、判决书、仲裁书、赔偿凭证等。人伤/死亡材料主要有医疗费发票、用药清单、病历等。人伤索赔程序与资料相对比较复杂，很多保险公司会印制专门的人伤索赔须知，以备查勘时发放。互联网时代，保险公司还会在理赔APP中设置人伤理赔须知相关事项。但是人伤案件具有很大的灵活性，在实际工作中还需结合案件具体情况，对其索赔材料有针对性的告知。具体材料见表1-3。

表1-3

基本资料	(1) 索赔申请书（被保险人如果为单位则需盖公章） (2) 被保险人身份证（被保险人如果为单位则需提供组织机构代码证、营业执照、税务登记证，目前三证合一，三证需加盖公司公章） (3) 受害人的有效身份证明（身份证或户口本原件） (4) 被保险机动车行驶证和驾驶人的驾驶证（操作特种车需提供从业资格证；营运性车辆需提供道路运输证） (5) 被保险人银行卡 (6) 交警事故责任认定书或事故证明 (7) 交警或法院出具的交通事故损害赔偿调解书，或者双方的赔偿协议书 (8) 交通事故经济赔偿凭证或者受害人的收款收条 (9) 涉及误工费需提供工作证明、收入及收入减少证明、纳税证明（超纳税标准的）、事故前后一段时间和误工期间工资上卡记录（加盖单位财务章）、三期鉴定书等；涉及护理费需要医嘱（护理证明），伤者残疾出院后需要护理的，需要提供残疾鉴定部门的陪护证明、时间及护理依赖程度等 (10) 其他（如交通费、住宿费、残疾辅助用具费等相关证明及发票需与事故、地点、人数、次数相符）
病历资料	(1) 门诊案件需要的病历材料主要有：门诊病历本（原件）、门诊发票（原件）、门诊检查报告以及门诊药品清单（或处方底联） (2) 住院案件需要的病历材料主要有：住院病历复印件（包括入院记录，出院记录，手术记录，医嘱单，相关的阳性体征影像学报告单），加盖医院或病案室公章，影像学片子；病情证明（原件）；出院小结（原件）；住院病人费用明细清单；住院发票（原件）
因伤致残	(1) 伤残鉴定报告原件和鉴定费发票 (2) 伤者户籍证明（农业、非农业） (3) 涉及农转非的需提供能够证明其连续在城镇工作及居住满一年以上的相关证明，包括但不限于暂住证、购房合同、租房协议、居委会开具的居住证明派出所盖章、劳动合同、连续1年工资表、工作证明、工商营业执照等 (4) 涉及抚养费的需提供受害人与被抚养人关系证明（出生证明、亲属关系证明书、收养证明等）、家庭成员组成证明（共同抚养人数证明等）、被抚养人户籍性质证明、被抚养人劳动能力及收入情况证明等
受害人死亡	(1) 受害人当场死亡案件一般需要的资料有： ①尸检报告原件 ②户口注销证明原件 ③火化证或者土葬证明原件 ④死者有效身份证明、户籍证明（农业、非农业） ⑤涉及农转非、抚养费的材料要求与因伤致残相同 (2) 抢救后死亡案件一般需要的资料有：医疗发票原件、抢救记录原件、医学死亡证明原件、其他同当场死亡要求

4. 向事故受害者告知理赔注意事项

对伤者的告知，主要是通过人伤调查员的医学专业基础，向伤者及其家属说明医治原理，宣导理赔政策，仅限于友情提醒，不可直接限制伤者的医治和用药。向事故受害者友情提醒如下：住院期间的医疗费用参照出险地基本医疗保险政策核定，对自身疾病或与伤情不符的治疗、非医保用药、非本次事故检查治疗费用不予赔偿，引导其合理诊疗。交强险赔偿外的各项损失，按照道路交通事故责任认定书所载明责任比例予以赔偿。住院期间如果需要转院治疗的，请及时通知肇事方和保险公司，需医院开具转院证明，无转院证明后期产生费用不予赔付。出院后，准备好相关材料，及时联系车主方进行民事调解。

5. 与主管医生沟通

与主管医生的沟通，主要是以被保险人及受害人的角度，向医生提出一些建设性意见，引导其合理诊疗、出具病历资料，使得医疗费用趋于合理。提醒的主要内容有：介绍机动车保险人伤费用赔偿原则，积极争取主管医生的支持，引导其参照《交通事故人员创伤临床诊疗指南》规范诊疗。伤者救治过程中，依据出险地基本医疗保险目录标准给予抢救治疗；手术的内置材料，在不影响伤情恢复前提下优先考虑使用国产普及型，需要使用进口或者国产豪华型内置材料时，应事先争得伤者方及车方的同意方可使用；非社保范围内的治疗用药及检查治疗项目，使用前应征得伤者方及车方的认可方可使用；对达到临床治疗出院标准而不出院的伤者，需要医生协助说服伤者出院休养；伤者出院时，需要请医生提供完整的住院病例、诊断证明、出院记录，阳性体征检查报告单等资料。

做一做

医院查勘了解到伤者，男，62岁，伤情：①左侧肋骨多发骨折（2—9肋）；②创伤性肺炎；③多处软组织损伤；④大面积脑梗塞；⑤直肠肛管糜烂（糜烂性直肠炎？直肠肛管Ca?）；⑥慢性糜烂性胃窦炎；⑦慢性糜烂性胃底一体炎；⑧霉菌性食管炎；⑨后纵膈及双肺门多发钙化淋巴结。归纳案件风险要点并作相应告知。

（八）确定伤者状态、生成后续跟踪任务，并积极引导事故双方协商赔偿

对收集的信息进行综合分析，判断伤情严重程度以及伤者状态。根据门诊、住院、涉残、死亡不同的伤者状态，制订相应的后续跟踪计划任务和跟踪要点。轻度损伤，一般属于门诊案件，治疗时间短，后续跟踪重在积极引导事故双方协商赔偿，避免小伤大养。损伤较重者，则需要定期跟踪，及时关注病情变化以及医疗费用情况。

（九）缮制查勘报告，上传单证

人伤查勘报告（有些公司称为人伤调查日志或其他名称）是医疗理赔人员在人伤

查勘过程中，将从伤者方所了解到的案件信息用一定的形式书面记录下来，用于判断案件风险点，界定保险责任，并为后期人伤损失的计算提供重要参考依据的规范文本。各家保险公司查勘报告样式与名称不一，但是基本内容的填写都是围绕人伤理赔设置，一般包含事故信息、伤者基本信息、伤情信息等。书写查勘报告，需注意以下事项：

（1）书写查勘报告前，需向被询问人表明身份，要求被询问人如实回答，在被询问人回答“听清楚了”后开始记录；

（2）人伤查勘报告的内容应详细准确，内容完整，真实记录，字迹清晰。比如出险时间要具体到分钟、出险地点要具体到某某建筑附近多少米、被保险机动车行驶方向写清楚由南往北或由××区往××镇方向；

（3）人伤查勘报告的书写最好两人完成，一人询问，一人记录，书写完成后，两人都需签字；

（4）人伤查勘报告书写完成后，需询问人在询问人签字处签字、按手印。不方便签字的，可只按手印。理赔员需在查勘报告上说明；明确伤情及预估人伤损失金额，如果伤情涉残，填写伤残等级评估。

理赔单证是指被保险人就保险单项下的损失向保险人请求赔偿时应向保险公司提交的的各种材料的总和。车险人伤所需的人伤理赔单证各保险公司略有不同，具体所需的单证材料可见上文中的表1－3。医院首次查勘过程中收集的案件单证材料，很多公司要求在24小时内扫描、分类有序上传至理赔系统。分析客户提供的票据以及交警出具的客观资料，准确录入客户索赔金额及其他各项数据。

六、人伤后续跟踪

任务情景

据主管医生初步估计，如果病情不出现变化，伤者雍先生的治疗周期约20余天，在雍先生治疗期间或出院后更长一段时间，驾驶员曲先生和伤者雍先生可能都无法结案。医疗理赔人员小张需在双方结案前对案件的进展不断跟踪，以促成双方尽快协商结案。

问题：人伤后续跟踪需要注意哪些事项，怎么样才能做好人伤后续跟踪呢？

人伤跟踪是指人伤案件在立案之后、结案之前，医疗理赔人员通过电话回访或者客户上门咨询等多种形式，向客户或者伤者（死者家属）了解案件的进展情况，指导客户或者伤者（死者家属）进行事故处理以及宣导（提供）理赔服务的过程。车险人伤案件由于涉及的赔付金额较高、赔付周期较长以及赔付关系的复杂性，使得被保险人在理赔时容易与保险公司发生争议，引起赔偿纠纷。因此，加强人伤过程跟踪，突出专业化服务，对提升车险人伤理赔服务有着极其重要的意义。

（一）人伤跟踪的准备

人伤跟踪前的准备和人伤首次查勘大同小异，不同的是还需要查阅人伤首次查勘信息，核实前期是否有垫付、预赔、担保、前期调查等情况，对风险点进行梳理，确定跟踪重点。

（二）人伤后续跟踪的流程

人伤后续跟踪是一个动态循环的过程，直至案件结案，跟踪才会结束。人伤后续跟踪一般流程如图 1－8 所示。

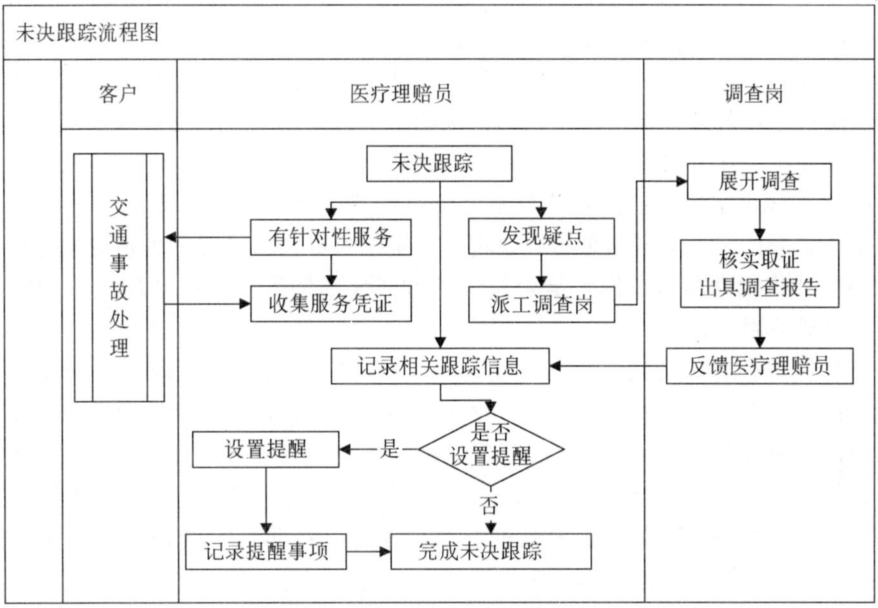

图 1－8

（三）人伤后续跟踪的主要内容

1. 门诊案件的人伤跟踪

（1）了解治疗情况主要包括就诊医院、诊断结果、已发生医疗费用、是否治疗结束、是否转院或住院等；

（2）了解事故处理进展主要包括交警责任认定、事故双方调解情况等，如果尚未定责的，那么督促双方到交警队进行处理；

（3）告知收集理赔单证要求主要包括医疗票据、病历、诊断证明、误工证明、交警责任认定、调解协议、赔偿凭证等；

（4）如果是已调解的案件，那么督促被保险人到保险公司理赔或约定材料交付方式；

（5）如果是尚未调解的案件，那么约谈事故双方携带理赔单证协商赔付，如能达成协议，指导参与签订调解协议；

（6）如伤者已转为住院或可能涉残，及时更改跟踪计划为对应类型；

（7）估计损失并如实、详细记录跟踪信息，及时进行理赔系统人伤跟踪任务处理，注意保留每一次跟踪记录。

2. 住院案件的人伤后续跟踪

伤者住院时间超过一定时间，则需要回访医院，跟踪（或复勘）伤者病情，重点了解伤者治疗经过、病情恢复情况、费用和伤者的护理情况等。住院案件的人伤后续跟踪主要内容有：

（1）事故责任，事故处理进展：明确案件目前所处阶段——伤者治疗阶段、事故责任认定阶段、伤残鉴定阶段、协商调解阶段、诉讼阶段、事故处理完毕待理赔阶段；

（2）伤者伤情：自人伤首次查勘或者上次跟踪后，伤者治疗是否已经结束，是否有手术治疗，是否有特殊治疗，是否有转院治疗等；目前伤者预后恢复情况、是否有并发症；伤者是否有针对道路交通事故伤害以外疾病的治疗；根据病情判断伤者是否需要继续住院治疗。若无特殊治疗，则积极主动给予协商出院；若需继续住院治疗，则向医生了解或商讨治疗方案；

（3）伤残评定情况：伤者是否要求伤残鉴定、是否开具了委托书、已行伤残鉴定的鉴定结果是什么、鉴定结果是否合理、鉴定结果不合理情况下如何处理；

（4）残疾辅助器具：伤者是否需要配置残疾辅助器具、已经配置的残疾辅助器具是否为普通适用型；

（5）查询伤者预缴款、已用款或欠款，如果护士站不能查询医疗费用，则到住院科查询；若发现医疗费用超过预期，则应观察伤者的治疗用药和治疗项目，察看伤者的床头柜，发现问题后及时与医生沟通，陈述保险理赔范围和标准，预防产生不合理费用；

（6）伤者出院时，如有必要则进行结算监督，对明显不合理的费用，应坚持被保险人不得支付，医院有过错的，应立即寻求医院方解决；伤者还继续住院的时间里，继续与伤者和客户保持电话联系，随时了解伤者病情变化或伤者思想状况，如有必要，或病情发生重大变化、进行重大手术等，随时查勘；

（7）办理出院手续后，告知被保险人事故处理程序和注意要点，防范道德风险；

（8）了解客户的人伤理赔服务需求并进行指导。

（四）人伤后续跟踪的时效要求

对于人伤跟踪的时效性，每个公司规定略有不同。不同保险公司对门诊案件人伤后续跟踪时间要求不同。比如某公司规定接到人伤首次调查任务之日起，每30天完成一次门诊案件的人伤后续跟踪，直至该人伤任务处理完毕；也有公司规定首次跟踪时间一般为立案完成后当天，后续可采用3天一跟踪，加快案件的处理周期。

不同保险公司对住院案件的后续跟踪时间要求不同。比如某保险公司规定在伤者住院期间，医勘工作人员接到调度30分钟进行电话调查，首次住院调查在伤者住院3日内完成，住院过程跟踪原则上要求住院前4周每周跟踪1次，超过4周则每月至少跟踪1次。也有公司规定住院伤残案件首次跟踪时间一般为立案完成后3天，后续依据案件情况7天、15天、30天、3个月等不同时期跟踪；死亡案件首次跟踪时间一般为立案完成后7天，后续可采用3天一跟踪。通常情况下，死亡案件处理周期比较短。

出于人伤损失动态变化的特点以及事故双方都想尽快结案的心理，保险实务中人伤查勘工作人员不但要遵循公司关于查勘时效的要求，而且在能力、时间允许前提下及早查勘，及时过程跟踪将有利于机动车保险人伤案件的顺利结案。

人伤跟踪所需要获取的信息可以通过报案人、被保险人、驾驶员、伤者、死者家属、交警队及其他知情人得到。跟踪过程中应该以我为主、积极引导、语言简明、灵活应对、降低预期、不随意承诺。每次跟踪时需要求关注立案金额是否准确，对于前期立案不准确的需及时修正，如果发现案件有新的疑点时，要注意分析，并及时提起调查。对于人伤跟踪的内容，需要详细记录到人伤跟踪平台中。

人伤跟踪是主动为客户提供服务的一个渠道，在案件处理过程中，可以根据案件不同，有针对性为客户提供一些差异化服务，促进案件解决。

案例分析

2014 年 7 月 4 日，潘先生驾驶湘 A 牌照小车不慎撞到一辆电动车，导致电动车驾驶员谢女士受伤。谢女士被送医院检查，诊断为右股骨颈粉碎性骨折，医院采取手术治疗，行右股骨颈开放性复位内固定手术，经对症支持治疗一段时间后，谢女士回家休养。保险公司医疗理赔人员前期正常查勘、立案、估损。某日，保险公司医疗理赔人员接到潘先生电话，告知伤者谢女士在医院复查过程中，发现右股骨头出现出血性坏死，医生建议需要再次住院行人工髋关节置换手术，要潘先生再去医院缴纳 5 万元医药费，潘先生听到该消息，不知道后续该如何处理。

结合案件情况，分析：(1) 保险公司医疗理赔员该如何进行该次跟踪，需要注意哪些要点？(2) 保险公司医疗理赔员该如何指导潘先生进行下一步处理？

任务6　人伤估损

任务情景

2021 年 1 月 14 日，银保监会开出 2021 年第 1 号行政监管措施决定书，指出安心财险 2020 年 10 月末的核心及综合偿付能力充足率为 -125.7%，偿付能力严重不足。并责令增加资本金，责令自接到行政监管措施决定书之日起停止接受车险新业务，责令限制董事、监事、高级管理人员的薪酬水平，董事、监事、高级管理人员 2021 年的薪酬（税前）应在 2020 年度实际支付薪酬金额（税前）的基础上进行下浮，下浮幅度不得低于 20%，其中董事长和总经理的下浮幅度应高于平均值。

资料来源：中国银行保险监督管理委员会官方网站 http://www.cbirc.gov.cn/cn/view/pages/ItemDetail.html? docId=959378&itemId=932&generaltype=0

2021 年 1 月 15 日，银保监会修订发布了《保险公司偿付能力管理规定》，自 2021 年 3 月 1 日起实施。该文件规定：保险公司建立健全偿付能力风险管理的组织架构、制度和机制，应当每季度披露偿付能力季度报告摘要，并在日常经营有关环节，向保险消费者、股东等披露和说明其偿付能力信息；对于核心偿付能力充足率低于 50% 或综合偿付能力充足率低于 100% 的保险公司，中国银保监会还可以根据其偿付能力充足率下降的具体原因，采取责令增加资本金、责令停止部分或全部新业务、责令调整业务结构，限制增设分支机构，限制商业性广告等监管措施，更好地督促和引导保险公司恢复偿付能力。

资料来源：中国银行保险监督管理委员会官方网站 http://www.cbirc.gov.cn/cn/view/pages/ItemDetail.html? docId=962016&itemId=925

问题：

（1）保险公司核心及综合偿付能力充足率不足，会对保险公司、消费者有何影响？

（2）机动车保险人伤案件中，理赔人员哪些行为会影响到公司核心及综合赔付能力充足率？

人伤估损是指通过对保险事故当事人进行人伤查勘与跟踪，遵循《最高人民法院关于审理人身损害赔偿案件适用法律若干问题的解释》《最高人民法院关于确定民事侵权精神损害赔偿责任若干问题的解释》等法律规定，结合保险合同、伤者伤情、治疗方式、伤者基本信息等，对其所产生的人身赔偿项目和金额进行前期预估并录入理赔系统的过程。

一、人伤估损的管理

人伤估损是确保未决赔款准备金准确计提的基础，也是理赔未决赔案管理的重要内容。人伤估损是一项重要而复杂的工作，其重要性体现在人伤估损直接关系到未决理赔数据的准确性，从而影响到保险公司的整体数据的连锁反应；其复杂性体现在伤者医疗初期，收集的信息有限，人体损伤、损失容易发生变化，难以做到准确的估损。

《中华人民共和国保险法》第一百三十七条规定：国务院保险监督管理机构应当建立健全保险公司偿付能力监管体系，对保险公司的偿付能力实施监控。《中华人民共和国保险法》第一百三十八条提到对偿付能力不足的保险公司，国务院保险监督管理机构应当将其列为重点监管对象，并可以根据具体情况采取相应措施。所谓偿付能力是指保险人履行赔偿或给付保险责任的能力，估损是估算保险公司可能需要赔偿金额的活动，其估损准确率是影响偿付能力评估的主要因素。偿付能力是保险公司的核心，只有保证偿付能力才能确保公司正常、健康运作，因此估损工作尤为重要。人伤估损不准确，影响到准备金的提取，导致未决金额不准确或不真实，赔付率异常波动，无法为后续的形势判断提供参考。

保险机构在日常管理中评价业务质量和经营情况时多使用赔付率概念，其计算方法虽多，但是最原始的计算方法为赔款/保费，由此可见估损直接影响赔付率指标。综合来看，估损工作直接反应保险公司的负债和经营成果，提升人伤估损准确性、充足性、合理性，有助于提高保险公司理赔管理水平和风险管理水平，保证未决准备金评估的合理性，从而确保公司经营安全和稳定。

目前多数保险公司人伤赔款占到全部车险赔款的40%左右，甚至更高，加强人伤估损工作管理，提高人伤估损准确性和合理性，有助于保险公司风险管理和经营稳定。基于此，保险公司往往会编制人伤估损相关文件，开展人伤估损相关的培训，设置相应的指标对保险理赔人员进行考核，督促其不断加强人伤估损能力的提升。不同保险公司人伤估损考核指标有所不同，但是主要考核指标有以下几个。

（一）医勘及时率

医勘是指人伤案件客户报案后到医院进行首次探视，了解伤者伤情、工作、居住、家庭情况等人伤赔付信息的过程。而医勘及时率一般要求理赔人员在伤者出险后 72 小时内完成医勘工作，具体时间以各保险公司管理考核要求为准。医勘的及时是人伤估损是否准确的重要保证，若未及时掌握伤者的基本情况，人伤估损将无从谈起，准确性更是无法保证。

工作实例

2021 年 1 月 23 日被保险人李某驾驶粤 A 牌照乘龙运输车行驶在高速路上，因驾驶不慎，导致车辆侧翻、车上驾驶员及副驾驶受伤住院。理赔人员在接到报案后立即赶往伤者治疗医院了解伤者情况。

问题：该案中理赔人员医勘是否及时？

（二）立案及时率

首次跟踪后需在系统录入人伤估损值，确保及时完成系统立案，保证估损准确性和及时性。系统录入时效一般要求报案后 72 小时内，具体可按照各公司要求进行管理。

工作实例

2019 年 9 月 23 日黄某驾驶桂 A 牌照小型客车行驶至广西贵港市平南县时，与李某驾驶的摩托车发生碰撞，导致李某锁骨骨折。伤者住院一周后，医疗理赔人员跟踪了解到伤者 75 岁、锁骨骨折保守治疗等信息，完成立案。

问题：根据保险公司一般管理要求，该案中理赔人员立案是否及时？

（三）人伤调查估损偏差率

人伤调查估损偏差率是指首次跟踪后估损偏差情况，人伤调查估损偏差率 =（人伤调查首次估损金额 - 人伤调查最终核损通过金额）/人伤调查最终核损通过金额。

工作实例

在莫先生受伤的事故中，医疗理赔人员首次跟踪后估损 13000 元。伤者治疗结束后结案时最终人伤核损通过金额 20000 元。

问题：该案中医疗理赔人员的首次人伤调查估损偏差率是多少？

答案：估损偏差率 =（13000 - 20000）/20000 = -35%，则本案中医疗理赔人员首次人伤调查估损偏差率为负 35%，即表示理赔人员首次估损不足，低估了 35%。

（四）最低人伤估损偏差率

最低人伤估损偏差率是指在人伤跟踪过程中估损金额最低一次偏差情况，最低人伤估损偏差率 =（人伤调查工作中最低一次调查金额 - 人伤调查最终核损通过金额）/人伤调查最终核损通过金额。

工作实例

莫先生受伤后，医疗理赔人员首次跟踪后估损13000元，后续再次人伤调查因伤者恢复情况较好再次估损10000元，在伤者治疗结束后结案时最终人伤核损通过金额20000元。

问题：该案中医疗理赔人员的最低人伤估损偏差率是多少？

答案：最低人伤估损偏差率＝（10000－20000）/20000＝－50%，则本案中医疗理赔人员最低人伤估损偏差率为负50%。

（五）车险期初已报告未决进展偏差

车险期初已报告未决进展偏差是指统计期初已报未决案件在统计期内赔款变化情况，车险期初已报告未决进展偏差＝（期初已报告未决金额－统计时点已决金额和未决金额）/期初已报告未决金额。

工作实例

2018年年末时某保险公司全部车险未决金额为7356万元。2019年之前报案案件，截至2019年6月30日的已决金额和未决金额共计7814万元。问题：截至2019年6月30日，该保险公司2019年之前报案案件的期初未决进展偏差是多少？

答案：车险期初已报告未决进展偏差＝（7356－7814）/7356＝－6.23%，该保险公司车险期初未决进展偏差率为负6.23%，也就是说2018年年末的这部分未决案件到2019年6月底多出了458万元（7814－7356＝458），即2018年这部分未决案件估损不足。

（六）估损录入时效

首次跟踪后需在系统录入人伤估损值，系统录入时效一般要求报案后72小时内，具体可按照各公司要求进行管理，确保及时完成跟踪，保证估损准确性和及时性。

工作实例

2019年9月23日黄某驾驶桂A牌照小型客车行驶至广西贵港市平南县时与李某驾驶的摩托车发生碰撞，导致李某锁骨骨折，经医疗理赔人员跟踪了解到伤者75岁，锁骨骨折保守治疗。

问题：该案中李某受伤可能涉及哪些赔偿项目，估损时应遵循哪些原则？

二、人伤估损的原则

人伤估损时，保险理赔人员应综合考虑保险服务约定、承保责任、赔偿范围、保单约定免赔率（额）、后期事故发展情况、法律法规适用等情况，按“及时、准确、充足、谨慎”原则预估人伤事故损失。

（一）及时原则

机动车保险人伤案件中，不同于车损，其人伤损失受诸多因素的而影响易变，因此查勘追踪过程中确认预估损失发生变化的，应及时予以修正。

（二）准确原则

人伤估损金额的准确性直接影响到保险公司的经营，因此估损时力达准确。对已查勘的人伤事故，其损失的判断依据取证充分时，那么人伤预估合理，尽量准确。对未查勘的事故，应与客户进行及时沟通，详细询问事故各方损失情况，取得较充分的损失预估信息，以便较准确地判断事故损失。

（三）充足原则

人伤估损不足，则影响到未决准备金的提取不足，从而影响到保险事故的赔付，因此人伤估损时要遵循“尽量准确、适度就高”的原则。在损失不确定的情况下，按照事故最大损失可能进行估损，保证未决准备金的充足性。

（四）谨慎原则

人伤估损过高，则会导致未决准备金过高，投资金额偏低，影响到保险公司的利润，因此估损时还需谨慎。在估损依据较充分的情况下，确定估损存在偏差的情况才能修正估损金额，绝不能依据主观判断随意调整估损金额，以保证估损的准确性。

任务情景

2019 年 9 月 16 日中午 12 点 45 分左右，黄先生报案称其驾驶一辆桂 G 牌小轿车在来宾市象州县温泉大道长城国际大酒店附近右转时碰撞行人吴女士，导致吴女士受伤。事故发生后向交警和保险公司报案，并送伤者附近就医。医疗理赔人员在人伤调查过程中了解到伤者全身多处软组织挫伤，预计治疗费用 2500 元，并根据《人身损害受伤人员误工损失日评定准则》《人身损害误工期、护理期、营养期评定规范》结合以往经验预估伤者可能需全休 15 天。

问题：该案件估损使用了哪些人伤估损方法？

三、人伤估损的方法

（一）询问估损法

询问估损法是指通过直接询问伤者、医生或被保险人获取人伤赔付相关信息，来完成各项人伤费用金额的估损方法，也是人伤理赔工作中最常用的方法。比如理赔人员通过询问医生来预估伤者住院天数和医疗费用，通过询问被保险人或伤者了解伤者年龄、户籍、工作等信息来预估误工费、护理费、伤残赔偿金、抚养费等费用金额。

运用这种方法时，需要注意两点：首先，对于询问的结果需要独立思考，不能盲目信任，判断伤情与各项赔偿项目金额是否反差很大，是否按当地的赔偿标准和医院收费标准计算；其次，确认询问结果真实可信之后，需要了解承保险种情况，将保险条款中约定的扣减因素对伤者实际损失的影响值考虑在内，同时对后续治疗费用也做出合理的评估。

做一做

2019年9月9日，杨先生驾驶桂A牌照小型轿车在宾阳县工商管理所门口直行时与驾驶电动车的王女士发生碰撞，导致王女士受伤。保险公司理赔人员小张到伤者医院进行医勘，了解到王女士48岁，宾阳县城人，医生诊断为股骨颈骨折，需手术治疗。

问题：案件中王女士受伤除已经了解到伤者的诊断、年龄、户籍外，还需要了解哪些信息才能更准确地进行人伤预估？

（二）基准值估损法

基准值估损法是指通过对已决人伤案件的数据进行分析，对人体损伤按照损伤类别、损伤诊断、具体伤情表述以及治疗方式进行归类细分，匹配对应的各项估损经验值，制作伤情基准值查询表，跟踪人员通过跟踪过程中了解的医疗信息、在该表中查询估损参考值的估损方法。

运用这种方法估损时应特别关注伤者的年龄、营养状况、是否合并慢性病、是否出现并发症等因素，结合具体情况来调整估损项目和金额。制作基准值查询表作为首次录入估损参考的依据，但此表容易受数据量影响，数据量越大，基准值准确性越高，所以基准值估损金额并不是绝对依据，在实际工作中不能机械采用，还需根据具体情况作适当调整。

做一做

某保险公司根据近三年的人伤数据制作了基准值查询表。其中股骨颈骨折（手术治疗）伤者平均医疗费40242元、平均住院天数30天、平均误工天数128天、平均护理天数73天。医疗理赔人员在后续跟踪时了解到伤者王女士在医院做护士，每月工资5500元，护理人员为外聘护工，护理费150元/日。

问题：该案中王女士受伤可能产生哪些赔偿项目，分别估损多少钱？

（三）多伤情共存时的估损法

多个伤情共存时的估损法是指对多种伤情诊断并存时进行综合评估的方法。具体做法是：

（1）按照伤者最严重的伤情诊断在伤情基准值查询表查到估损金额，以此为基准值，其他损伤诊断（包含其中的损伤诊断不另行计算）做相应的增加，但不是两项费用的直接相加；

（2）医疗费用方面的预估时，跨临床科室治疗的医疗费用可以累加。同科室分次手术治疗的，只对手术、麻醉、特殊检查治疗的费用增加，对其他费用不变；对同科室一次麻醉下做多项目的手术，只增加其他项的手术费用或适当增加麻醉费用，其他不变。

（3）误工天数一般以伤情最严重的一项来确定，如果有多项损伤，其误工时间可做微调。

（4）护理费用一般按住院天数确定，出院后仍需护理的，可参照《人身损害误工期、护理期、营养期评定规范》中最重伤情的护理期酌情增加。

（5）多项损伤诊断中，按照能够达到伤残等级的标准计算伤残估损金额，涉及多项伤残等级的，按照多等级伤残的计算公式计算。

做一做

2019 年 9 月 7 日黎某驾驶桂 K 牌照宝骏汽车行驶至广西壮族自治区玉林市兴业县玉贵路时与邓某驾驶的摩托车发生碰撞，导致邓某胸部 7 根肋骨骨折、肺挫伤（保守治疗）。医疗理赔人员经过人伤调查了解到伤者邓某 71 岁，城镇户籍。

假设该保险公司伤情基准值查询表中，多发性肋骨骨折医疗费平均值 40000 元、住院天数平均 35 天、护理天数平均 45 天、误工天数平均 90 天、肺挫伤医疗费平均值 7000 元，住院天数平均 12 天、护理天数平均 12 天、误工天数平均 30 天。广西 2019 年城镇人均可支配收入 32436 元/年，护工行业平均日工资为 150 元。

问题：该案中邓某受伤，请估损本次受伤所需赔偿金额？

（四）人伤估损方法的综合应用

根据人伤具体情况进行分类，将人伤案件分为死亡案件、伤残案件和一般案件三种。三类案件的估损方法不同并且各有侧重点。

1. 一般案件

该类案件伤情较轻，门诊治疗居多，少数住院治疗，但伤情经积极治疗一般不会遗留器官缺失或功能障碍。这类案件的人伤估损适用询问估损法和伤情基准值查询表。

2. 死亡案件

道路交通事故人员死亡类的案件，其估损金额相对明确。查勘、跟踪过程中只需将死者的户口性质、死者年龄、扶养人和被抚养人的人数及抚养年限、共同扶养人确定，就可以计算死亡赔偿金、丧葬费、被抚养人费用等项目的估损金额。结合交通事故发生的精神损害司法判决惯例，估损时还要适当考虑精神损害赔偿金。这类案件估损金额数额较大，估损录入系统时应注意承保险种、保险金额，事故责任、免赔率等问题。

3. 伤残案件

伤残案件赔付金额往往比较高，在人伤赔付中占比较大，又容易受诸多因素的影响，因此伤残案件的估损是人伤估损的重点，也是难点。伤情复杂，治疗终结后是否遗留器官、肢体的障碍不仅仅与伤情有关，还与治疗方式、基础疾病以及自身抵抗力等因素有关，而且受伤初期医疗信息资料不齐全，难以准确预估伤残的有无与程度。伤残程度高时，往往合并有残疾辅助器具的装配、护理依赖等大金额的赔偿项目，更是增加了伤残案件的估损难度。

伤残案件的估损，首先通过首次人伤跟踪确定伤者伤情，运用基准值估损法确定伤者医疗费、住院天数、误工和护理天数、是否可能伤残等，估算大致的估损金额区间。然后多次人伤跟踪，及时了解伤者的伤情变化，关注是否遗留肢体器官的功能障碍，不断修正估损，以期达到最接近实际赔款的估损金额。涉及多个伤情共存时，使用多种伤情共存的方法估损。

做一做

2019 年 9 月 10 日包某驾驶桂 J 牌中型自卸货车在广西省贺州市与罗某驾驶的摩托车发生碰撞，导致罗某现场死亡，包某为自己的车辆投保了交强险和商业三者险 10 万元（含不计免赔），罗某为男性，24 岁，未婚，户口为广西贺州市市区居民，父母年龄为 50 岁左右。

问题：保险公司对该案死者罗某预计赔付多少钱？（广西 2019 年城镇人均可支配收入 32436 元/年，职工月平均工资 6129 元）

任务情景

2019 年 9 月 7 日，黄先生驾驶桂 M 牌照小型普通客车在广西凤山县行驶时不慎与横过马路的行人莫先生发生碰撞，导致莫先生受伤。事故发生后黄先生立即拨打交警和急救电话，并向保险公司报案。保险公司理赔人员小覃在接到客户报案后，48 小时内到医院进行医勘，了解到伤者肋骨骨折，年龄 48 岁，在家务农等信息。

问题：如何开展此案件的人伤估损？

四、人伤估损的基本步骤

（一）判断保险责任

根据报案人提供的保单号码、号牌号码、牌照底色、车型、发动机号等关键信息，查询出险车辆的承保情况和批改情况。特别注意车辆使用性质（营业货车注意核实装载情况）、承保险别、保险期间、各险种承保保额以及有无不计免赔、是否有其他免赔事项和是否有特别约定。

人伤估损前，需要了解事故经过，对事故相关信息进行审核，以界定是否属于保险责任。如果不属于保险责任，则在理赔系统中注销立案，并及时告知保险客户。只有事故属于保险责任，方能进行人伤估损。

（二）判断事故责任

人伤估损是确保未决赔款准备金准确计提的基础，保险公司一般要求人伤估损金额要接近理算赔付金额，而人伤赔付与事故责任的有无、多少息息相关，因此人伤估损时需要依据事故发生的经过，审核道路交通事故责任认定书，判断被保险人在事故中的责任。

（三）详细了解伤者病情，预估人伤赔偿项目

机动车保险人伤案件中，人伤赔付的金额高低受被保险人所投保的险种、保险金额、事故责任、伤者伤情等诸多因素的影响。依据《中华人民共和国民法典》《最高人民法院关于审理人身损害赔偿案件适用法律若干问题的解释》《最高人民法院关于确定民事侵权精神损害赔偿责任若干问题的解释》等人身损害赔偿相关法律法规规定所规定，机动车责任保险人伤案件中，伤情导致赔付情形大致可以分为三类：有伤无残亡、因伤致残、因伤而亡。有伤无残疾或死亡，其赔偿项目主要有医疗费、误工费、护理费、交通费等；因伤致残，其赔偿项目除了有伤无残亡情形赔付的项目外，还得增加残疾赔偿金、被扶养人生活费、残疾辅助器具费等；因伤而亡，其赔偿项目除了有伤无残亡情形赔付的项目外，还得增加死亡赔偿金、被扶养人生活费、丧葬费等。可见伤情不同，医疗费用有差异，其赔付项目也有所不同。驾乘人员意外伤害保险案件中，其赔付项目主要有身故保险金、伤残保险金以及医疗费用。因此人伤估时，需要从现有的病历资料中预估伤者的预后，根据其预后（好转、治愈、残疾、死亡）确定赔付项目。

做一做

1. 道路交通事故中，伤者李某年龄40岁，伤情主要是左侧7根肋骨骨折。依据国家人身、损害赔偿相关法律法规，李某的受伤会产生哪些赔偿项目，为什么?

2. 道路交通事故中，伤者李某年龄为75岁，伤情主要是严重的颅脑损伤，既往病史存在高血压、冠心病、糖尿病。依据国家人身、损害赔偿相关法律法规，李某的受伤会产生哪些赔偿项目，为什么?

（四）结合伤者的医疗环境，初步预估医疗费用

伤情不同，治疗方式不同，病情恢复时间不同，其医疗费用有差异。同一伤情，其就诊的医疗机构不同，也会导致医疗费用有所不同。因此人身估损时，需要依据伤者所处医疗环境比如医疗水平、收费标准、床位紧张与否、医生治疗用药习惯、医院管理模式等，初步预估医疗费用。实务中，不少保险公司在多年的理赔经验中，积累了一定的医疗费用数据，作为人伤估损的参考。而且第三方机构从中挖掘出市场需要，打造了医疗数据库，开发了医疗业务应用软件，被不少保险公司应用。比如精友保险医学数据库，如图1-9所示。

⊟定损单信息

项目名称	国标标准	国标估损金额	复核金额
医疗费	45600.0元	45600.00	10000.00
住院伙食	100.00 元* 102.0天	10200.00	0.00
营养费	20.00 元* 60.00天	1200.00	0.00
护理费	150.00 元* 102 天* 1.0 人* 100	15300.00	15300.00
残疾赔偿	18818.0元* 5.0 年* 10.(%* 100	9409.00	9409.00
交通费	300.00 元* 1.00 天	300.00	1500.00
精神损害	0.00 元* 10.00%	0.00	5000.00
住宿费	150.00 元* 1.00 人* 0.00 天	0.00	800.00
合计		82009.00	42009.00

图 1-9

（五）结合伤者误工、护理等人伤赔付相关信息，进行人伤分项预估

依据查勘、后续跟踪了解到的工作收入、护理信息、家庭关系等人伤赔付信息，对误工费、护理费、被扶养人生活费等其他项目进行预估。比如查勘时了解到伤者一侧髌骨切除，依据国家相关法律法规、伤残鉴定规范，人伤预估时应考虑到有残疾赔偿金的赔付。如果伤者 48 岁，所在地上一年度收入标准为 4 万元，那么预估残疾赔偿金为 40000×10%×20=8000 元。

（六）依据保险条款、事故责任，预估人伤损失

对人身损害赔偿分项预估之后，将各分项总和，然后依据保险条款、事故责任比例预估人伤损失。比如：事故属于交强险保险责任，被保险机动车负事故主要责任。经核定客户赔付医药费用 2 万元、护理费 1 万元、住院伙食补助费 0.4 万元、交通费 0.2 万元、误工费 2 万元、后续治疗费 1 万元。那么该案件中人伤损失预估额度 = 医疗费用 1.8 万元（医疗费 2 万元 + 住院伙食补助费 0.4 万元 + 后续治疗费 1 万元 = 3.4 万元，超过有责医疗费用限额 1.8 万元，计 1.8 万元）+ 死亡伤残费用 3.2 万元（交通费 0.2 万元 + 误工费 2 万元 + 护理费 1 万元 = 3.2 万元）。

工作实例

2019 年 9 月 16 日杨先生驾驶桂 B 牌照营运货车在广西壮族自治区柳州市城中区晨华路与行人发生碰撞，导致三者现场死亡，该货车在保险公司承保交强险和商业三者险 50 万元、不计免赔。经与查勘员了解事故发生时被保险机动车上货物超载，预判标的承担本次事故全责，经人伤调查死者 85 岁，户籍为柳州市城中区居民。（广西 2019 年人身损害赔偿标准城镇人均可支配收入 32436 元/年，职工月平均工资 6129 元）

问题：请确定该案件本次事故人伤部分需立案多少金额？

案例解读：该案件中肇事车辆为营运货车，且出险时超载，根据当时的中国保险行业机动车第三者责任保险条款规定，违反安全装载规定的实行 10%

的绝对免赔率。本次事故死者 85 岁，死亡赔偿年限为 5 年，死亡赔偿金为 162180 元（5 年 ×32436 元/年）；丧葬费为 36774 元（6129 元/月 ×6），根据广西司法惯例该案件精神抚慰金判决下限为 5000 元，上限为 30000 元，综合考量各方面因素，预估本次精神抚慰金 30000 元。

本次事故死者总损失预计 162180 + 36774 + 30000 = 228954 元，则本次事故人伤部分需立案 217058.6 元。即交强险立案 110000 元，商业险立案 (228954 - 110000) × (1 - 10%) = 107058.6 元。

五、人伤估损的几点注意事项

（1）估损必须分项，且列出计算公式，简单备注估损理由；

（2）结合被保险人处事态度、伤者个性特征和环境特征，比如是否优柔寡断、是否有亲朋比较强势、文化水平高低、律师介入可能等)，适当修正预估数据，但是浮动范围不宜过大；

（3）及时跟踪，了解治疗情况、伤者思想变化，对于可能超过预估数据时应及时干预；

（4）合理预估需要做好充足的准备：熟悉事故信息及详细资料；熟悉创伤医学（治疗方案、治疗周期、并发症、后遗症）；掌握当地的人伤赔付数据，尤其是医疗收费水平；了解预估对象行为特征及其与环境互动状况（社会环境、司法环境）；熟悉车险理赔规范人伤估损的基本思路。

做一做

桂 A 牌照车辆在保险公司投保交强险、商业三者险 50 万（含不计免赔）。事故经交警认定杨先生负主要责任。经医疗理赔人员预估王女士本次医疗费 40000 元、预计住院 45 天，伙食补助费 4500 元、护理费 9300 元、误工费 21000 元、伤残赔偿金 80000 元、精神抚慰金 5000 元，营养费 3000 元，无其他费用。问题：本案交强险和商业险分别需立案多少钱？

拓展阅读

1.《交强险理赔实务（2020 试行版）》

2.《最高人民法院关于确定民事侵权精神损害赔偿责任若干问题的解释》

3.《最高人民法院关于审理人身损害赔偿案件适用法律若干问题的解释》法释〔2020〕17 号

任务7 人伤调查

任务情景

某人伤法务工作者张某上班期间收到法院快递过来的一套起诉资料，里面有法院的传票、举证通知、地址确认书、诉讼风险告知书、起诉状、赔偿清单、证据清单。证据中有：交通事故证明、门诊病历、出院记录、医疗费票据、单方委托的司法鉴定意见书及鉴定费发票，多个单位出具的工作证明与收入证明、由某村委出具的家庭成员证明以及由某医院出具的后续治疗费证明等。

随后，张某根据交通事故证明中记载的事故时间、车牌号码，从人伤系统里找到了事故号，发现这起事故出险后没有任何前期调查记录，而原告提供的证据资料很多是事后出具的证明。

问题：

（1）当事故责任无法认定时，人伤相关资料的真实性该如何去调查核实？

（2）人伤调查需要做哪些调查前准备？

（3）人伤调查如何实施？

（4）人伤调查后续需要做哪些工作？

人伤调查是指围绕人伤案件处理过程中相关因素到交警部门、医疗机构、伤残鉴定机构、伤亡者居住地居委会和公安部门、工作单位等部门，或通过走访目击者及相关人员等方式，调查事故真相与理赔材料的求证过程。人伤调查的充分性和规范性直接影响到人伤案件的赔付水平，对人伤后续的赔偿金额高低、客户是否满意、是否会引发诉讼等方面起到至关重要的作用，每一位人伤理赔工作者必须熟练掌握人伤调查的基本操作和相关技巧。

一、人伤调查的准备

人伤调查始于案件出险报案后，但并不终于案件处理完毕。其实，在保险理赔之后，反而经常会容易获得更为真实的证据材料。因此，人伤调查贯穿于理赔案件全部过程，但每个阶段的调查内容重点并不相同，一般情况是前期对基础信息的调查核对，后期是对焦点问题进行核实，需要抓住一切机会获取信息线索来源。因此，在不同阶段做好调查步骤的安排比较重要。

（一）调查前案件分析

在收到人伤调查任务后，人伤调查人员应首先分析案件类型，并做好相应的调查准备工作。分析案情、审核事故经过信息，以确定调查具体任务，通常从以下几个方面分析：

（1）事故时间、地点。事故地点一般会遗留下痕迹，可以帮助判断是否真实存在事故的发生；事故时间可以提示相关人员的作息习惯，以及现场交通特点。

（2）事故原因及经过。事故原因及经过是人伤调查的重点。交通事故中有交警队的调查与责任认定，但并不等于交警队的调查完全符合后期案件处理需要。比如涉及受害人与肇事者的亲属关系、司机与车主的法律关系（主要有借用、雇佣、未经车主同意的“借”）、责任方商业保险情况、人员受伤严重程度等信息不一定会在事故认定书中写明。此外，交警队作出责任认定与事实不符，或有疑问时，也需要保险公司自己去调查证据或线索予以反驳。

事故发生在非公共道路上时，不属于交警队处理的范围。这种事故，一般会涉及生产安全部门、派出所等部门的调查处理。如果是严重的事故，调查部门可能会以案件调查阶段保密为由拒绝提供相关细节信息，保险公司则难以第一时间拿到证据。更有甚者没有官方的调查处理结果。这种情况下，更需要保险公司自己的调查，以确定事故原因及经过。比如特种车汽车吊机作业时造成的事故，还是行驶时造成的事故？如果作业时造成的生产事故，则属于生产安全部门调查，一般认为不属于交强险的保险责任。

（3）涉案被保险机动车属性（所有人、实际使用人、事发时的用途等）。

（4）驾驶人员的身份信息及所持驾驶证件。主要分析驾驶资格，工作中不排除有虚假证件问题，特别是假的服务资格证比较多，需要进一步与官方核实其真实性。

（5）伤亡人员的身份性质（驾驶员、乘客或车下人员）。这关系到适用哪种保险产品的保险责任、是否构成免责的问题。实务中，存在驾驶员调包，其背后原因可能有无证驾驶，可能有吸毒，如果经调查核实驾驶员属于无证，那么该案件属于拒赔案件。受伤时伤者身处的位置及身处位置的原因也非常关键，关系到是否为车上人员问题。

（6）事故过错和责任分担。经过调查可以作出事故责任的预断，从而与交警队出具的责任认定书进行匹配。如果两者存在出入，而且很大时，更需要进一步调查，以弄清楚具体原因。

（7）可能影响事故事实认定的其他信息。比如：事故现场环境有无其他非车辆因素介入、双方对事故的态度。一般情况事故发生后，肇事方比较紧张，如果其态度表现异常或回避，则提示存在问题，需要进行相应的调查。

工作实例

保险公司接到出险报案称：司机任某操纵某重型专项作业车时不慎碰撞同在施工现场的施工作业人员张某，导致张某身亡的事故。

保险公司接到出险报案后，第一时间到达现场进行查勘与询问。向知情人了解到：司机任某在操作起重车起吊檩条过程中，提升檩条悬停在空中，一头已经被另一工友抓住之后，另一头檩条与死者张某距离较远。因为安全带限制，无法抓到檩条，于是死者松开安全带，准备去扣另一处。结果张某被檩条砸中头部，导致坠落身亡。现场查勘拍摄的几组照片如图 1－10～图 1－12 所示。

图 1－10

图 1－11

图 1－12

想一想

上述查勘照片是否全面？还缺乏哪些细节有效的查勘照片？

如果上述案件是一起刑事命案，从现场查勘角度，至少需要对以下问题进行调查清楚：

（1）所说的头部被檩条碰撞，是否有碰撞痕迹？诸如：檩条砵撞点是否有毛发、血迹，头部伤口是否与檩条特征一致？（檩条悬空时，因质量重，速度并不大，但动能非常大，造成的创作，一般类似刀削状）

（2）所说的坠落，需要查清坠落的起点、空中、着落点分别是哪里？这有利于计算起点时的水平速度，损伤是否符合坠落伤特点，空中是否有隔挡物，如果有也会产生因隔挡物造成的损伤。

（3）所说的安全带，如果说是去扣的过程中坠落，那么安全带在哪里？实践中，很多无资质施工人员冒险作业，不配戴安全设置，失足坠落也较常见。本案是否与起吊有关，以及死者自身过错问题完全需要以现场细节来证明。

（4）高空作业配置的工具（如：安全帽、锤子、扳手、工作服等）分别在哪里，有哪些特别情况？这也能证明死者的工作任务，以及自身过错问题。

（5）在场人员有哪些，具体在哪里做什么，分别听到、看到什么？在场人员的任务分工，空间位置，对其所说的内容可以进行核实鉴别。多人的所见所闻，可以甄别所说内容的真假。有利害关系的人，所说的内容不一定是真。

上述案件，因为没有获得一手详细的调查资料，最后法院对保险公司提出的“是否为汽车吊起的檩条撞击，以及死者自身过错问题”无法查清，酌情判定承担75%的赔偿责任。这是一起典型的现场调查失败的案例，值得保险公司吸取教训。调查前或调查时，案件分析非常重要，可以让调查人员知道需要弄清楚的问题有哪些、如何将这些问题调查清楚。

（二）确定调查任务

（1）伤亡人员基本信息（姓名、年龄、性别、民族、户口所在地、户口性质、身份证号、现住址等）；

（2）伤情治疗信息（就诊医院、主治医师姓名及联系方式、已发生医疗费用、预计可能总需医疗费用、护理信息、可能的误工情况、可能达到的伤残等级、出院后的后续治疗情况、出院后的护理信息，以及前期的CT片、DR片、MR片、B超报告等）；

（3）死亡、丧葬相关信息（死亡证明、户口消亡证明、死者家属证件等）；

（4）家庭信息（家庭成员姓名、年龄、与受害者的关系、有无劳动能力、有无生活来源、其他共同抚养人信息等，特别注意的是收养、继子女、遗赠抚养等法律拟制人员的情况）；

（5）工作及收入信息（工作单位及其性质、工作收入数额及发放形式、收入是否扣减及扣减数额等，特别注意收集相关人员的联系人、联系方式，以备后期核实）；

（6）事故责任承担、保险免责的相关信息，比如驾驶资格、特种操作证、现场痕迹、受伤者外套、车辆受损部位及严重程度、现场环境等；

（7）其他可能影响人身损害赔偿项目及数额认定信息。

想一想

保险公司调查员向医院调查病历资料的调查权利来源是什么？

做一做

1. 收集驾驶员资格主要有哪些类别？从哪些方面核实驾驶资格证书的真实性？哪些资格证与保险理赔相关？

2. 列举保险机构到医院调取病历资料的具体资料清单。

（三）人伤调查工具的准备以及调查人员的配置

准备查勘相机、录音笔、人伤调查报告稿纸、询问笔录稿纸等调查工具和理赔单证，有条件的话还可以准备执法记录仪或隐形取证设备。

准备调查设备之后，人员配置也是非常重要的。一般情况下，保险机构的调查员是比较少的。此时可以通过预约投保人、保险代理人、知情人等方式，以提高人伤调查工作的效率。

此外，还需要准备好介绍信、身份证件，并做好交通路线和调查时间的安排，确保调查效率。

（四）拟定人伤调查实施方案

对于重大调查事项，往往需要提前设计调查实施方案，并做好各种预案，以便切实获得价值更高的调查证据资料、保证较高的调查效率。

比如：同一天，存在有多个案件需要调查，则可以根据时间制定出最佳路线图，并不需要一天内把一个案件中所有需要调查的因素全部调查清楚。

想一想

1. 人伤调查中，如果被调查对象不配合，如何处理？

2. 孤身一人赴异地开展调查，是否会有人身风险？如何提前设置调查预案？

二、人伤调查的实施

（一）人伤调查的取证方式

1. 走访与电话调查

走访调查是理赔调查人员为查清保险事故发生的全部要素，即“何时、何地、何事、何人、何故、何情、何物”（通常所说的“七何”要素），对理赔案件相关人员进行询问，了解与理赔案件相关的情况，收集证据的一种调查方法。也是每个理赔调查人员所必备的技能。分为一般性走访调查和电话访查。

电话访查是调查效率最高、成本最低的一种调查方式，适用于向知情人了解、核实情况，工作中非常常见，且非常重要。虽然，获取的电话录音不一定能成为直接的证据，但能成为案件线索，指引后期调查工作的开展。

案例分析

2017 年 2 月 2 日 6 时 40 分许，司机赵某驾驶某出租车行至某路段时，与驾驶电动车的谢某发生碰撞，造成谢某受伤，两车车损的交通事故，事故认定司机赵某主要责任。2017 年 8 月 31 日谢某单方委托鉴定评定为一级伤残，完全护理依赖。2017 年 9 月起诉到法院，被告车主提出重新鉴定申请。2017 年 11 月 24 日鉴定机构受理了重新鉴定，同年 12 月 9 日进行了鉴定检查，做出维持一级伤残，完全护理依赖的鉴定意见。2017 年 12 月 10 日谢某治疗出院，之后各被告再也联系不上原告谢某。谢某户籍地在某大山深处、极其偏僻的村庄。人伤调查去一趟成本非常高，而且不懂当地的风俗习惯，肇事司机如果去那里调查还有可能遭遇被围殴的风险。因此未到谢某所在村庄开展调查。

一审判决之后，司机与车主均提出了上诉。2018 年 8 月 31 日二审法院作出二审判决。

二审判决后、案件执行过程中，2019 年 11 月 17 日司机为了解谢某情况，通过网上查询到谢某户籍地村委的联系电话。随后电话联系询问谢某情况，村委会工作人员称不清楚，并告知谢某所在组的村组长联系电话，让司机与之联系。司机与村组长取得联系，得知谢某 8 月中旬去世了，其女儿在外工作，妻子身体不好，当地风俗是土葬等一系列信息。据此，为案件后期处理提供有利的条件。

想一想

1. 电话调查的关键在于获得有效的目标电话，那么有哪些渠道可以获得有效的目标电话呢?

2. 本案中，电话调查的目的在于核实谢某的病情情况，那么电话沟通过程中基于什么原因让司机怀疑谢某可能死亡?

做一做

以上述案例为背景，设计一份电话调查的台词或询问提纲。注意询问的语句，不同的询问，可能得到不同的信息。

2. 现场调查

现场调查是指根据事故的具体情况，查明理赔案件现场所在地、周边环境及理赔案件发生的全过程，确定理赔案件当事人在现场的活动情况，如事发过程中当事人到过哪个位置，有什么样的行为，目的是什么，其行为造成什么样的后果；然后在上述各项调查的基础上，发现、记录、收集有关证据，查明理赔案件现场与当事人活动行为的关系，分析事故发生的可能性和损失的真实性。理赔调查人员要特别注意理赔案件现场的反常现象，从不寻常的现象中反映出理赔案件的客观真实。

想一想

上述“七何”要素是调查的内容，如何通过拍摄现场照片来固定证据，需要注意哪些问题？

交通事故的现场，一般会有专业的交警部门查勘，是否还需要保险机构查勘人员现场调查？如果需要，则与交警部门的查勘调查有何区别？

3. 咨询或委托鉴定方式调查

咨询或委托鉴定的调查事项主要是指保险人工作人员的技术能力、专业知识或身份特性无法做出准确界定的事项。诸如：伤病关系，伤残损伤基础等专业问题，可以通过此种方式调查。

4. 暗访

暗访是指暗中调查以寻求有效信息，是媒体、组织、个人常用的一种调查手段。适用于工作中重要事项的调查，比如：伤者的康复情况关系到伤残级别的确定；伤者的护理情况关系到护理依赖费用的计息；伤者近期服药情况关系到后续治疗费的计息。

工作中，经常会出现伤者做完鉴定之后，就再也找不到人的情况。特别是重伤残的伤者，很有可能在诉讼过程中已经死亡。此时的走访往往处理回避状态，得不到有效消息，不得不采用暗访手段。

暗访的工作，一般是从外围调查入手。获取线索之后，再逐步正面接触被调查者，或者寻求不容易引起被调查人怀疑的人协助调查，或者携带隐形设备调查，或者在被调查人没有防备的场合进行调解。总之，暗访的主要目的就是堤防被调查人的防范心理，而获取到有价值的证据材料。

暗访工作中需要特别注意的内容是切实做好自我保护，当获取到对伤者特别不利的证据时不排除有被人身攻击的可能，特别是到相对封闭的村庄、厂区、家中。因此，暗访调查中需要始终保持一颗为了帮助伤者尽早拿到保险赔款而工作，发现疑点也不要立即表现出来的心。更多的时候需要做到迎合被调查者，不要让被调查者产生疑心。

案例分析

一天，公司领导对一起伤者精神伤残七级的案件提出疑问：轻微的脑损伤怎么就构成七级伤残？于是让人伤调查员张某核实这一情况。

第一次，张某只身一人去伤者家中做走访调查，发现伤者精神确实有问题，不能与人正常沟通，躺在家中床上，床边也放置着各种药物。伤者家人对调查非常配合，态度也非常好。之后张某向公司领导反馈调查结果，的确存在精神障碍。但是公司领导对调查结果表示怀疑，张某不得不采取暗访。

整理第一次调查到的信息，发现伤者家中是以种葡萄为生。第二次调查时，正好是葡萄上市农忙季节。于是让另一位同事假装路过葡萄园去买葡萄，结果发现伤者正在葡萄园里工作。同事走近与伤者聊天，问：我听说今年葡萄长得特别好，但很难卖。伤者的回答：是呀，不过，我家还好。因为我家里有亲戚帮助把葡萄卖给了某某大单位，而且价格也不错，村里很多人还找我们家里帮助谋销路呢！整个聊天对话不长，但体现出来的信息较大。

第二次调查时录制的视频为案件后期处理提供了非常有利的作用，最终案件以非伤残状况得以调解。

问题：

（1）第一次调查工作中存在的不足有哪些？

（2）第二次调查工作中，获得了哪些是关键信息？偷录的视频是否可以作为证据使用？如果没有第一次调查，第二次调查是否会取得成功？

（二）调查内容

开展人伤调查，需要全面客观分析机动车保险人伤案件信息与已知材料，大胆提出案件调查假设，确定调查目的，设计周密的调查方案，小心求证，以求还原事故的真相，切实保护保险双方的合法利益。人伤调查并不是一定要找到少赔或拒赔的证据材料，而是通过调查，如实客观地反映案件真实情况，防止保险诈骗的发生。

1. 身份信息调查

身份信息的不同，影响到误工费、死亡赔偿金、残疾赔偿金等项目的赔付。身份信息的调查，可以到被调查人住所实地调查，核实居住情况、查阅户口本等资料原件并拍照；也可以到居委会、派出所或借助公民身份信息查询系统核实户籍、居住等情况。

2. 工作情况调查

工作情况的不同，主要影响到误工费、护理费项目的赔付。工作情况的调查，可以到被调查人工作单位实地调查，核实工作时间、工作内容和性质；也可以走访工友，并到人事、财务部门核实收入等情况。注意收集留存工作单位中保存的考勤表、入职表、工资表，以及工作岗位墙上公示信息。

3. 抚养信息调查

被抚养人生活费的赔付往往需要进行伤者家庭成员的调查，可以到被调查人住所、工作单位、邻居、居委会、派出所实地调查，核实家庭成员构成，确定被抚养人人数、被抚养人户籍性质、共同抚养人人数。或借助公安部门公民身份信息查询系统查询；比对证明出具机构的印章。

对被扶养人的调查，要围绕户籍、居住信息、抚养关系真实性、扶养人是否有法定扶养义务、被扶养人是否有劳动能力和基本生活来源；对于被抚养人为成年近亲属的，注意调查是否有劳动能力和收入来源（包括社保情况）；

对共同扶养人的调查，应围绕被扶养人的法定扶养义务人的人数进行调查；对于共同抚养人不分摊抚养费的，注意调查其丧失劳动能力和无收入来源的真实性和程度。

工作实务中，共同抚养人人数是需要重点调查的内容，也是调查的难点。特别是在欠发达地区，户籍管理不够完善，重男轻女思想严重，往往存在“过继”“超生”“抱养”“领养”等，经常会有村委会加盖公章的家庭成员证明，但往往存在不写明出嫁女、继子女，或少写不在本村的子女信息。

4. 伤情调查

到医院调查入院信息、治疗信息、既往治疗信息，分析伤情是否与交通事故相符，以及康复后生活情况。伤情调查是人伤调查中的重点和难点，调查工作中，可以不需要完全懂医学，但必须知道哪些资料是需要收集的，收集的资料中需要注意哪些内容。

（1）伤后首次医院调查中需要收集的资料。伤后首次调查一般发生在出险报案后的一周以内，工作中尽可能越早越好。主要收集病床床头卡、影像资料、病历资料。

床头卡是患者刚刚入院时，护士安排床位之后，立即标识的患者信息。主要记载着：姓名、入院时间、诊断、护理等级、饮食、过敏史、科别、住院号、主管医生、责任护士等信息。通过主管医生、责任护士的信息，人伤调查员知晓应该向谁去了解伤者伤情。诊断、入院时间等信息可以与报案信息同一性核实，以鉴别是否存在受伤治疗在前、报案所称的事故发生时间在后的情况。病床床头卡因为小，不易被人更换或篡改，其真实性更高。床位非常紧张的医院，有时会存在科室之间相互借用床位的情况，导致在内科病区查勘的患者不一定属于内科病人，因此，床头卡上记载的科别也很重要。此外，人伤理赔实务中出现过整套病历资料篡改的案例，被篡改的资料主要是后期理赔时要求提交的资料，因此审核后期理赔所要求提交的资料非常有必要。

患者影像资料，主要包括照片与视频。收集影像资料时，需要有患者的面貌特征、行为活动情况、受伤部位情况。如果能收集到伤者受伤时的外套更好，因为外套本身可以反映受伤部位、出血量、是碾压还是撞击、有没有尘土以及尘土的性质。通过这些，可以辅助分析受害者损伤机制。面貌特征主要用于核实患者身份，以便后期伤残鉴定时身份鉴别所用，防止“租用重伤者”，假以受害者名义去鉴定。行为活动情况可以用于查证伤者受伤当时的严重程度。实务中往往存在入院时左手痛，但鉴定时变成了右手伤。因此，行为活动情况并不仅仅包括患侧肢体，还需要收集健侧肢体。人伤调查工作时，可以让患者做一些简单的活动，健侧先做，待其熟悉动作之后再让患侧做。如肩膀受伤，想了解手的活动情，可以让其左手从颈前、颈后抓右侧耳朵。如果想了解走路情况，可以查看床前的鞋，并让其独立站起，走两步，整个过程可以是连续录像。调查时还可以通过拍照片或视频的方式确定受伤部位，评估损伤程度，分析受伤的真实性。道路交通事故人伤案件中，外伤手术有立即手术的，也有先消肿之后择期手术的。因此，调查时间不同，得到的信息不一样。

受伤不久，患者的病历资料并不多，主要是调查影像学检查报告包括 X 片、CT 片、B 超报告等。如果是影像片子，需要注意拍摄片子的整体、记录的伤者姓名（CT、MR 片为拼音）以及拍摄时间等信息的局部信息，此外，还要拍摄局部损伤部位的情况。

拍摄影像片子前需要核对信息，不要误将别人的影像片子当成伤者的。拍摄时首先需要确定影像片子正反面，有三种方法。方法一：以影像片子上写的字母或文字为判断标准，影像片子上的文字正的，则说明影像片子摆正了。方法二：一般正规的影像片子的右上角会有个小豁口，保持这个小豁口在右上方即可，如图 1 – 13 所示。方法三：如果四角没有明显的豁口，X 光片可以通过影像片子上的字母“L”或者“R”来判断。L 在右侧、R 在左侧是正确的摆放方式，一般 L 和 R 只会出现一个。

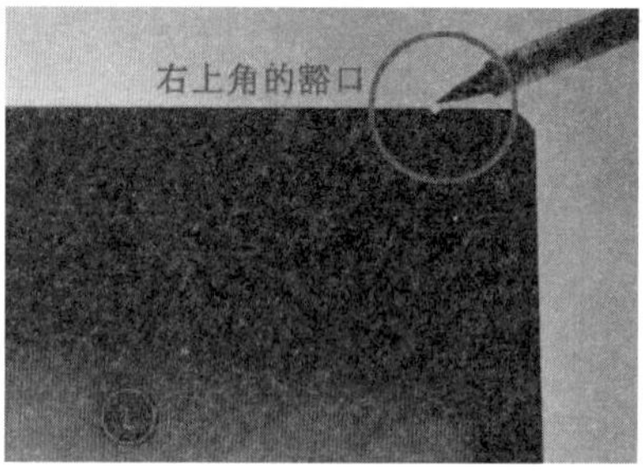

图 1 – 13

确定影像片子正反面之后，将影像片子的正面朝着自己或相机，反面贴于窗户玻璃上或对着光源，让光线穿透影像片子射向相机（可以是室外光源，也可以是室内光源或手机电筒）。如果是点光源，可以调整角度，不要让特别亮的进入取景范围。打点光源时，一般适用于细节局部的拍摄。选择灯或室外光源里，需要注意影像片子背景光线是否均匀，否则经常会拍出自己的倒影，或背景对面的房屋。如果实在难找到背景均匀的角度，可以尝试拍摄局部背景，放置一张白纸，再由光源透过白纸照射过来。

拍摄时也可以将电脑显示器当成观片灯。具体做法是：将电脑亮度设置最高，把显示内容设置为纯白色。用程序中的画图软件画一张纯白的图片，大小与屏幕一致，点击保存之后，再用图片查看软件全屏显示。这样就可以将显示内容设置为纯白色了，然后用贴纸将影像片子固定在显示器上，就可以进行拍照。一张影像片子可以分段拍摄为 6 张或 8 张。特别需要注意的是拍摄时关闭闪光灯，屏住呼吸以防手部抖动，防止出现尾影。如果是可以调整焦距的设备，一般使用大光圈短焦距。手机拍摄可以设置为微距模式进行拍照。

现在不少医院的影像片子不全是胶片，有的是纸质的，也有胶片洗出之后，保存到电脑或医疗系统。

做一做

1. 取 CT 片、MRI 片各一张，用自己的手机在教室内拍摄出高清照片，并总结拍摄需要注意的问题。

2. 如何从医生电脑显示屏上拍摄出影像片子的照片？注意：显示屏存在刷新频率问题，一般为 60Hz。

工作实例

2019年5月30日晚上，原告儿子张某驾驶某小型越野客车从某路往某村的剧院方向行驶。20时17分许途经某村剧院与中心路交叉口，遇王某驾驶无牌电动三轮轻便摩托车从路口右侧往左侧横过时发生碰撞，造成两车不同程度损坏及王某受伤的道路交通事故。交通警察大队认定张某承担事故主要责任，王某承担事故次要责任。2019年7月7日，王某经医院抢救无效而亡。

2019年7月22日，原告方与王某家属在某镇人民调解委员会的组织下达成调解协议，协议约定原告方一次性赔偿王某家属就王某本次交通事故死亡产生的丧葬费医药费、误工费、护理费、精神损失费、死亡赔偿费等所有一切费用共计80万元。车主按照协议约定全部支付，于2019年9月25日以财产保险合同纠纷为由起诉保险公司，要求保险公司支付保险赔款80万元。

2019年10月24日，当地公安局出具"尸表检验报告书"一份，分析认为：头皮血肿、腰部大面积皮下血肿、脊髓震荡，上述损伤性特征符合钝性暴力（如交通事故）作用形成。损伤较轻不足以致死，与死亡无直接因果关系。综合目前尸表检验及相关材料，分析认为死者王某由于肺部感染痰液阻塞窒息或病毒性脑炎、心肌炎等致呼吸循环衰竭而亡，交通事故损伤，较长时间卧床，吸毒史等致使免疫力下降是诱因之一。

2019年11月11日法院开庭审理，庭审中保险公司提出死亡原因非交通事故造成，要求鉴定人出庭，并申请重新鉴定。但是由于公安局出具的鉴定意见用于刑事案件处理，鉴定人拒绝出庭，而且遗体已经火化，当时没有进行解剖，故没有条件进行重新鉴定。因此，案件处于不利状态。重新梳理案件，找到事故发生后次日的调查照片，向调查员了解当时情况。得知当时向死者调查时并不存在检验报告书中所说的"较长时间卧床"，而是可以下地四处活动的，上下楼梯也没有问题。因此，保险机构提供了查勘照片（如图1－14、图1－15所示），并申请调取医院过道监控予以证明死者受伤之后活动自如，并没有检验报告中所说的"较长时间卧床"，从而推翻了鉴定报告中的分析意见。

图1－14

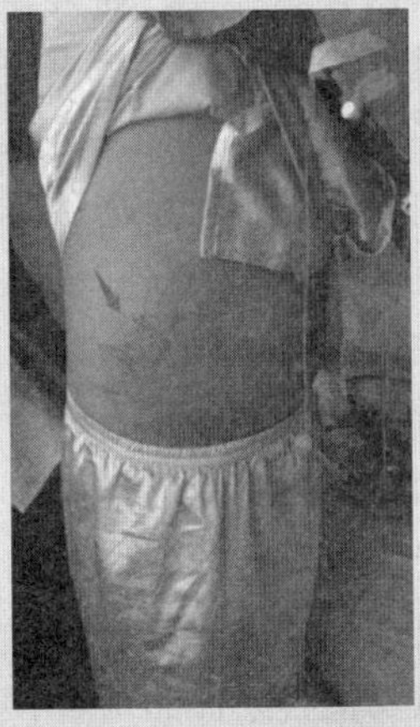

图1－15

轻微外伤为什么导致病毒性脑炎、肺部严重感染？经过调查，从死者病友处了解到，死者生前是一位吸毒患者，住院期间毒瘾发作过，也曾离开过医院。有了这样的信息，可以推测王某死亡原因有可能是注射毒品。最终，该案件从原告开始要求死亡参与度的100%责任，到最后法院酌情判决死亡参与度为25%、后期病情治疗费的40%。

想一想

本案中，人伤调查成功之处在于哪些方面？解决了尸表检验报告书中哪些不利于事情真相的用词？

伤后首次医院调查中，还需要收集与赔偿相关的其他信息。主要包括受伤前一年的工作情况，诸如：工作单位、职业、工作时间、是否交过社会保险、工资发放方式；居住情况，诸如：是否有自有商品房产，有无办理暂住证或居住证，租房合同等；家庭成员，诸如：父母年纪及劳动能力，如果存在父母无劳动能力需要再了解兄弟姐妹情况；子女及就学情况等。

伤后首次医院调查中，告知理赔程序以及所需要的理赔资料并不是调查目的，但是对于人伤调查工作的开展大有益处，会帮助人伤调查人员赢得伤者的信任，从而得到伤者的配合。

（2）治疗后的回访调查。治疗后的回访调查主要调查伤者治疗后康复情况，以及对前期调查内容的再次核实。实践中，一般外伤急救医院有很多“维权业务员”，住院期间会接受各种人员的“教育”。伤者接受了这些人的指点后，对于人伤调查有可能不再诚实，而选择避重就轻。再次核实其之前回答的问题，如果发现前后不一致，则需要对不一致的内容进一步核实调查，必要时对其进行法律教育。诸如：你现在说的内容与上一次内容不一致。如果理赔提供虚假资料，则涉嫌保险诈骗，将要追究法律责任。往往这时候的法律教育是比较有效的，让伤者知道保险公司已经了解到真实信息、理赔过程中弄虚作假行为是需要承担一定法律责任。诸如这样的法律教育之后，伤者面对人伤调查往往会配合，也会诚实回答调查所问。

机动车保险人伤案件中，牙齿损伤治疗相关费用具有一定的弹性，因此保险理赔实务中往往会开展涉及治牙案件的调查。这类案件的调查，应了解牙齿损伤与交通事故的关联性，尤其需要核查伤者在事故前是否有牙齿缺损；记录牙齿缺损的位置及损伤类型；如果受损牙齿已经修复，了解治疗的机构及收费是否正规合理；对牙齿损伤治疗方案或费用有疑问的，可向相关医院专家咨询。如果调查发现牙齿损伤，但未治疗，那么应积极进行一次性调解，力争一次性确定牙齿损伤治疗相关费用。

涉及整容案件的调查，应重点了解整容的部位与受伤的关联性（是否为颜面部）。在调查报告中描述整容部位的名称、形状及面积大小，疤痕或色素沉着斑必须准确测量面积大小、以评估是否达伤残评定等级。经伤者许可，人伤调查时应拍摄需整容的局部照片，作为理赔的佐证。必要时咨询当地权威整容医疗机构，了解整容的必要性及费用情况。如果确需整容的，建议当事人在费用合理的前提下协商一次性赔偿整容费。如伤者已整容，向经治医生了解详情，并且核实整容机构的资质。

涉及评残案件的调查，应重点了解和分析伤残与交通事故的关联性、伤残等级的合理性。调查主要内容有：伤者创伤的治疗过程、出院时情况（查阅住院病历记录），尤其注意“出院记录”对受伤部位功能恢复情况的描述；评残后伤者的实际情况（经伤者许可，拍摄一些关键性损伤照片），对受伤部位进行简单的功能检测，核实创伤后肢体功能的恢复是否与伤残评定书描述一致；伤者是否有既往病史，既往疾病是否影响伤残评定；如果出现严重并发症，那么需要分析并发症与交通事故创伤的因果关系，尤其注意此并发症是否由于医疗过错所导致；伤残评定机构是否具备资质，伤残评定过程是否符合规范。根据调查结果，对伤残评定结论有异议的，应及时与被保险人沟通，必要时协助被保险人以书面材料向上级司法部门申请重新伤残评定。

如果伤者治疗后配置了残疾辅助器具，那么实务中往往还需要围绕残疾辅助器具费用进行相应调查。调查主要内容：医疗机构证明；配置机构意见等相关证明；残疾辅助器具的功能是否与伤者残疾部位相一致；残疾辅助器具的型号、产地、价格、材料等是否符合“普通适用器具”标准；残疾辅助器具的更换年限、更换维护费用（部分残疾器具是免费维护，需进行调查）、与同功能的其他品牌残疾辅助器具价格及更换年限是否相当。经伤者许可，拍摄伤者残疾部位及安装残疾器具后的照片。

如果伤者治疗无效或出院后死亡，保险实务中往往还需要调查其死亡原因，重点是核实交通事故创伤或创伤所致并发症是否为导致死亡的主要原因。如果核查之后死亡原因不明确，尤其是伤者有严重既往疾病史者或怀疑医源性因素时，那么调查之后应要求被保险人尽快向司法部门申请鉴定死亡原因。

（3）诉后或理赔前的回访调查。该阶段的调查，主要是根据伤者提交的理赔资料进行核实，经常需要与之前的调查内容进行比较，发现矛盾点。

工作实例

2016年11月11日，被告余某女（与原告高某系大学同学）驾驶其父亲余某男所有的轿车在途径G60（沪昆高速公路）往上海方向的高速公路上与前车发生追尾，造成乘坐在余某女车中的原告等人受伤。经交通部门认定，本次事故余某女负主要责任。2016年12月5日，经被告余某女家人多次游说，原告碍于情面与被告余某女及其投保的保险公司签署交通事故损害赔偿协议书，并放弃相关诉讼权利。

之后，原告经常出现头晕、记忆力减退等症状，严重影响工作生活。原告在医院的建议下进行了伤残鉴定。伤残鉴定书显示：原告此种情况已构成十级伤残，建议误工期180日、护理期60日、营养期60日。2018年9月25日原告起诉到法院，要求被告赔付142552元伤残赔偿金、精神损失费3万元以及其他各项合计230620.60元。

2019年3月28日，法院组织开庭审理。庭前被告余某女情绪激动，原告方由律师到庭参加诉讼，但原告高某本人未到庭。调解时，从被告余某女口中得知，她与原告系大学同学，且被告是一个抖音中的网红，粉丝量高达16.1万。通过抖音号可以找到原告高某一年多来的自拍摄视频，其中有些视频“动”的表现为：与教练PK掌击，“静”的表现为：录制讲解机器设备内部构造原理。

此时，保险公司代理人拿着这些视频与原、被告协商赔付，最终保险公司支付5000元，余某女支付1.2万元，双方达成和解。

想一想

上述工作实例，是否提示人伤调查贯穿整个案件处理过程？调查的信息来源是否可以更为广泛？针对哪些人群，需要调查其QQ、微信朋友圈、抖音等社交平台信息？

5. 单证调查

客户提交索赔资料后，人伤调查人员在审核索赔资料时，对于存在明显偏高的费用票据，误工护理证明材料、户籍证明材料以及被抚养人相关材料存在瑕疵的，人伤调查员应立即到单证出具机构进行单证和单证内容真实性调查。

实务中单证调查较常涉及误工收入证明、家庭成员证明、工作证明以及与驾驶资格相关的特种车辆从业资格证等，需要到单证记载的出具机构进行查询。比如医疗费用明显不合理，可以结合客户提供的医疗发票，到医院住院部或结算处核实；针对误工时间不合理的情况，应与主管医师进行核对，了解伤情及其所需合理的误工时间；收入证明不规范，或者明显标准偏高的，应到伤者或护理人员的所属单位进行核实，并确认工资实际支付情况，或让当事人提供地税部门出具的个人收入完税证明。

6. 事故真实性调查

走访现场见证人、知情人或相关部门，同时作询问记录，并由被询问人签字确认。事故真实性问题，越早介入调查，就越有可能调查清楚。如果等到诉讼，很难再有证据证明。

做一做

被保险机动车北奔ND3689FLZ粉粒物料运输车碰到自行车，导致三者双跟骨骨折，其中左足跟骨粉碎性骨折行切开复位内固定术，发生医疗费用56988.83元。医院查勘了解到伤者入院诊断仅有双跟骨骨折，现场查勘照片如图1－16所示。

图 1－16

问题：

（1）分析以上信息，提出案件调查的疑点。

（2）请根据案情设计一个调查方案。

7. 城农标调查

2019 年 5 月 5 日，中共中央、国务院公布的《关于建立健全城乡融合发展体制机制和政策体系的意见》（十七）指出改革人身损害赔偿制度，统一城乡居民赔偿标准。2019 年 9 月 2 日，最高人民法院向全国各省高级人民法院发出明传电报，要求省高级人民法院开展人身损害赔偿案件统一城乡居民赔偿标准试点工作。之后，全国各省高级人民法院又以各种形式要求中级人民法院开展人身损害赔偿案件统一城乡居民赔偿标准试点工作。随着人身损害赔偿标准城乡统一试点工作的全面开展，不久的将来，人伤调查或将不需要进行城市、农村标准的调查。

人伤调查实务中，对于城镇户籍人员，应核实其户口簿、身份证等信息，明确城镇户籍性质；对于农村户籍人员，应重点核实其居住地、购房、工作、征地等信息：

如果是农村户口在城镇租房的，可以向周围邻居、小区物业、居委会、村民委员会、街道办事处了解居住情况，到户口所在地（身份证地址）向邻居询问被调查人外出工作年限、工作情况等。相关调查情况要落实笔录，并拍照取证。农村户口在城镇购房的，应核实其房产证、购房合同等真实性。

农村户口在外务工的，通过对其工作单位人力、财务、同事的调查核实实际务工情况。相关调查情况要落实笔录，并拍照取证。

农村户口被征地的，通过走访户籍地村委会，查询相关政府关于征地的网站，核实被调查人签署的征地协议、政府补贴养老金的缴纳情况、目前居住地情况等信息，综合确认被征地的情况，相关调查情况要落实笔录，并拍照取证。

（三）人伤调查注意事项

（1）人伤调查一定要在第一时间内及时走访，保证走访的时效性，走访前要拟定详细的走访计划，确定走访重点，根据不同的走访对象制定相应的策略，以保证走访调查能及时、有效、顺利地进行；

（2）调查过程中尽量形成书面材料，并请调查对象签字，以保证取证的有效性；

（3）通过告知赔偿标准、不属于赔偿范围的金额和依据，调动被保险人配合积极性。

（4）查阅病历资料时应注意伤者基本信息、病历记载中发生涂改的地方、病历记载的事故发生过程、病情前后一致性、既往病史或病历、出院时情况、带药数量、休息时间、医嘱记录费用清单是否吻合、伤残鉴定的病情描述与病历记载是否一致等。

（5）调查取得的证据来源必须合法，视频、语音等证据收集过程中必须征得被调查对象的同意。

（6）调查中的获得的信息并不能保证直接可以作为证据使用，但可以作为调查线索，工作中需要根据线索，再制定进一步的调查任务，确保再次所获取的资料可以作为证据使用。

三、人伤调查后续工作

实地人伤调查完毕后，人伤调查员应将收集到的伤情信息、伤者信息进行整理，预估人伤赔偿金额，制作人伤调查报告，并将以上材料上传到理赔系统。

（一）材料整理要求

人伤调查员首先将收集的信息汇总整理，按照医疗费用、误工损失、护理费用、残疾赔偿、死亡赔偿、被抚养人生活费等项目进行逐项预估（核定）合理的赔偿金额，做到项目明确，金额核定准确。特别需要保存好调查获取的证据原件。在后期诉讼过程中，证据原件丢失导致证据不被采信。

（二）人伤调查报告的制作要求

人伤调查材料汇总整理完毕后，人伤调查员应按照所在保险公司规定的人伤调查报告格式详细填写每一项内容。尤其在调查意见中，要详细描述调查的过程、伤情、预计费用、发现的问题，对整个人伤案件的赔偿给出明确的理赔意见。

对于伤情重大的，每一次调查/复勘，都要有详细的调查报告，以便掌握每次调查/复勘时伤者伤情的变化，发现问题后及时调查。

（三）录入系统的要求

人伤调查员在整理材料和制作人伤调查报告以后，应将所收集的材料和人伤调查报告扫描/翻拍在24小时内上传至理赔系统。上传时需注意不同单证的顺序，按照所在保险公司理赔管理要求，切忌无序上传、错误上传、重复上传。

拓展阅读

调查报告的基本框架

调查报告惯用的结构由标题、序言、主体、结尾组成。

（一）标题

调查报告的标题形式多样，总的来说约可分为两种类型：一种是单行标题，一种是双行标题，单行标题又可分为公文标题写法和一般文章标题写法两种。采用公文标题写法的优点是能使人一下子明确文种，并了解调查的对象和调查报告的目的，如“关于伤者某某生活情况的调查报告”。人伤调查中，一般保险公司和自己的表格式调查记录，但针对重大案件的重大事项调查时，需要撰写专业的调查报告。

（二）序言（调查目的）

序言是调查报告的开头部分，可用来交待调查的时间、地点、目的、对象、范围；也可以用来概述调查的主要内容，取得的主要收获；还可以交代调查工作的背景以及通过调查所获得的结论。

（三）主体（调查内容及途径）

主体内容是一篇调查报告的主干。主体通常以叙述为主，叙议结合，围绕导语所提出的问题依次展开。

（四）结尾（调查结论）

调查报告的结尾写法不一，或一段，补充说明有关事项；或一句，顺便交代某一问题。或总结全篇，深化主题；或指出调查存在的不足之处。归纳调查内容，回应调查目的。

（五）附件（调查中收集到的资料）

一般需要写明资料名称，数量，来源，主要来证明调查报告内容的真实性。常见的有拍摄的照片、聊天记录截图、电话录音、电话记录、现场视频等。视频一般无法成为书面，但可以对视频中关键的片段进行截图打印。

任务 8　人伤调解

任务情景

《保险法》第五十一条规定，保险公司可以提供安全状况检查等相关保险服务，但社会各界对保险服务的需求不断扩大，希望保险能够提供风险防范、应急处置、纠纷调解等相关保险服务。

2020 年 12 月 22 日中国银保监会发布《责任保险业务监管办法》，指出保险公司应当不断丰富责任保险产品，改进保险服务，提升保障水平，聚焦重大战略，服务实体经济，积极发挥责任保险在参与社会治理、化解矛盾纠纷、保障和改善民生中的积极作用。此处的保险服务，是指保险公司为被保险人提供的与保险标的有关的风险防范、应急处置、纠纷调处等相关服务。

问题：

1.《保险法》第五十一条规定，保险公司可以提供安全状况检查等相关保险服务。《责任保险业务监管办法》为何提出保险公司改进保险服务，提高风险防范、应急处置、纠纷调解等相关保险服务？

2. 保险理赔人员如何做好纠纷调解服务？

人伤调解是指在保险公司理赔人员的组织主持下，保险公司、被保险人和伤者就道路交通事故人身损害赔偿的项目和标准，自愿进行协商；通过保险公司理赔人员向事故当事人讲解有关人身损害赔偿的依据，促成被保险人和伤者之间、保险公司与被保险人之间达成赔偿协议，解决道路交通事故赔偿纠纷的办法或工作过程。

道路交通事故发生后，事故双方由于立场和利益需求的不同，从而导致对人身损害赔偿认知也有差异，难免产生争议。在遵循道路交通事故双方的意愿下，保险公司理赔人员主持人伤调解，既有利于化解道路交通事故双方的矛盾，促进道路交通事故赔偿的解决，又有利于缩短保险理赔周期，提高保险客户满意度。因此，保险理赔人员非常有必要掌握人伤调解的基本原则、操作规范等知识与技能。

一、人伤调解的原则

在人伤案件处理过程中，应及时收集理赔资料，根据受害人实际情况和主动调查结果，对有调解条件的案件，主动引导道路事故方就损害赔偿进行协商，达成赔偿协议。但是人伤调解不能脱离于正常的理赔流程，是基于正常理赔流程的一种特殊处理方式。人伤案件的特殊性，决定了人伤调解必须遵循“主动迅速、客观合理”的原则。同时，道路交通事故中被保险人、伤者以及保险人之间存在不同的法律关系，根据人伤调解工作的特殊性，还必须坚持“自愿、中立、保密”原则。

（一）自愿、中立、保密

自愿和自决原则是处理民事纠纷的前提，人伤调解必须尊重被保险人与伤者的意愿。中立原则可以避免扩大分歧，并有效缓和矛盾，促成调解达成。因此调解过程中，保险人必须中立，不能因为被保险人是保险公司的客户而有所偏袒。保密原则是建立相互信任关系的前提和基础，针对人伤案件涉及的个人隐私，保险人必须保密。

（二）主动调解的原则

道路交通事故发生后，事故双方可以自行协商赔偿，也可以到交通事故处理部门、道路交通事故人民调解中心等多部门或机构进行调解，还可能直接进入诉讼程序。这些结案方式中，有可能减慢结案速度，还有可能损害事故方利益，出现不合理费用，因此机动车人伤案件中，保险公司应主动通过调解方式，引导事故方达成赔偿协议，帮助客户尽早了结事故，提升理赔服务质量。

（三）有利调解的原则

车险人伤案件的调解，要本着有利于减少矛盾，合理掌握赔偿标准，有利于理赔风险管控的原则进行。

（四）及时调解的原则

车险人伤处理周期长，损失容易出现变化。因此保险理赔实务中，只要人伤案件出现可以调解的时机，就应该及时进行调解，以尽早了结案件，减少事故各方的时间投入，提高结案速度。

（五）合法调解的原则

道路交通事故人伤案件赔偿项目多，额度高，事故方利益需求不同，导致人伤调解有难度。保险公司在调解过程中，基于中立位置，依法合规是开展人伤案件调解的核心原则。

（六）一次性调解的原则

基于车险人伤案件处理的复杂性，人伤案件调解时，人伤赔付费用应尽量一次性调解结案，避免调解之后发生二次索赔。

二、人伤调解的时机

人伤调解能满足客户、伤者快速赔偿的需要，因此在人伤案件处理过程中，只要被保险人、伤者有意进行人伤赔偿调解，保险人应该积极引导并参与。但是如果伤情严重，还可能发生不确定变化的时候，往往难以达到调解成功，即便调解成功也有可能二次索赔。因此，抓住人伤调解有利时机是很重要。实务中，保险理赔人员应及时开展人伤调解的情况有：

（1）保险事故发生现场，伤情轻微、估损额度小；

（2）治疗结束且各项费用已经基本明确；

（3）治疗未结束，但伤情已经稳定，后续费用可基本确定；

（4）死亡案件事故责任、保险责任、死因明确；

（5）人身损害赔偿总金额预计超过相应保险赔偿限额的；

（6）伤者已出院，还未向被保险人提出索赔的；

（7）伤情虽未完全治疗稳定，但已过急性期，伤者主动要求出院，并不会产生伤情扩大后果的。

人伤查勘跟踪过程中，如果出现以下情况，保险理赔人员需要督促事故双方协商调解结案，否则会引起人伤赔付出现不合理增加，甚至引起理赔纠纷。

（1）伤者伤情已治疗稳定，评估没有继续住院治疗（或长期门诊治疗）的必要，但是伤者没有出院意向，拖延不出院；

（2）伤情已治疗稳定，但伤者有其他慢性疾病结合治疗，可能长期住院，以伤养病的；

（3）治疗手术完成且经过正常恢复期没有好转，伤者持续处于脑昏迷、全身瘫痪、植物人等状态，继续治疗意义不大的；

（4）伤者的病情稳定，伤情介于评残标准线以下，但伤者有可能申请评残的。

相关知识

优先调解的伤情

（1）皮肤软组织损伤：此类伤情损伤也相对较小，且治疗及恢复时间较短，伤者无合理理由要求大额赔偿。

（2）轻型头部及颅脑损伤：如头皮裂伤、脑震荡、硬膜外血肿等。此类伤情颅内并无器质性损害，一般预后良好无后遗症。

（3）稳定型骨折：常见于青枝骨折、线性骨折、凹陷性骨折、撕脱性骨折等，此类骨折一般无移位或移位不明显，骨折易愈合，功能影响极小，可住院也可家庭治疗。

（4）单纯性缺失性损伤：人体某一器官或组织外伤缺失，虽然损伤严重，但往往经过抢救治疗后，一经生命体征稳定，其伤情再无其他复杂变化，预后也已经确定，比如：脾切除、截肢术后、耳朵缺失等，伤残等级也已经明确，容易计算出各项损伤金额。

三、人伤调解的处理规范

根据案件中人伤预估费用的金额大小，可以将人伤调解案件分为现场一次性调解案件和普通调解案件。

（一）现场一次性调解

车险小额人伤案件，是指在机动车保险责任范围内，被保险人或第三者因保险事故受到轻微人身损害，无需住院治疗且伤者同意不住院治疗，单人人伤赔偿费用额度低的车险案件。由查勘员在事故现场对此类案件召集各方进行一次性调解，以加快小额案件的处理时效，为客户节约宝贵时间。对于这类案件，基于结案需要，保险理赔人员应积极争取现场一次性调解。

1. 现场一次性调解案件适用条件

（1）被保险机动车交强险在保险公司承保，属于交强险保险责任范围，不涉及醉酒驾车、驾驶人无驾驶资格、故意制造交通事故及被保险机动车被盗抢期间肇事的情形；

（2）事故不涉及车损和物损，而且伤情轻微；

（3）受害人具备完全民事行为能力，且能出具身份证明（含身份证、驾驶证或社保卡等）；

（4）双方当事人同意协商快速处理，接受保险公司确定的一次性赔偿金额，并能在现场签订人伤现场快速处理协议书；

（5）事故有第一现场，并报交警。

2. 现场快速人伤案件处理规范

（1）查勘员到达现场后，按照现场查勘操作规范对事故现场进行查勘，判定事故责任，界定保险责任，确认驾驶员身份及驾驶资格、与被保险人的关系。

（2）收集理赔信息主要有伤者姓名、年龄、所属险别、联系方式。拍摄伤者损伤情况照片，不同保险公司对事故现场照片的采集要求有所不同，但一般要求至少三张照片，含整个现场情况照片、受伤人员全身特写、受伤部位特写。拍摄伤者身份证时需要正、反面照片。

（3）经判断符合人伤案件快速处理条件的，查勘员向被保险人及受害人说明现场快速处理的流程。当事人双方均同意按现场快速处理程序处理的，查勘员启动快速处理流程。如果超过查勘员人伤处理权限，还需在现场通过电话向医疗审核人员提出人伤案件快速处理需求。

（4）医疗审核人员依据所掌握的受伤情况，及时审定一次性赔偿的金额上限，并将金额反馈给查勘员。

（5）查勘员在医疗审核人员审定的一次性赔偿金额范围内与事故双方当事人达成协议后，指引双方当事人签订保险人伤现场快速处理协议书，并完成出险通知书、查勘报告及客户信息资料的填写和收集。

（6）查勘员返回公司后立即将一次性调解协议书、查勘照片等资料上传到理赔系统，并完成定损提交审核结案。

做一做

被保险机动车致三者张某受伤，伤势很轻，软组织挫伤，但是要求住院治疗，如何沟通督促一次性调解结案？

（二）普通调解案件的处理规范

普通调解案件是指除了现场一次性调解案件以外的调解案件，主要是在人伤查勘、调查、跟踪过程中，或者在伤者治疗完毕向被保险人提出索赔时，由人伤调查员积极引导被保险人或伤者尽早出院、协商赔付，最终在人伤调查员的主持下进行调解的案件。

1. 积极主动引导被保险人进行赔偿调解

大多数的交通事故赔偿中，由于多数被保险人不懂得人身损害赔偿的相关规定，也不知道保险理赔的相关标准，完全处于被动接受的地位，这也往往会给后续保险理赔带来困难和纠纷。因此在整个人伤案件的处理过程中，人伤调查员要主动、积极、勤沟通，自始至终掌握案件的处理进程，并在合适的时候引导被保险人或伤者选择协商调解的方法结案。

2. 收集材料，分析案情

人伤调解员（一般是人伤调查员）应尽量收集人伤案件有关的材料，包括事故责任认定书、医疗票据、伤者的个人信息（年龄、收入状况）、护理信息等，按照人身损害赔偿相关法律要求和保险合同赔偿处理规则，核算出合理的赔偿项目和金额。

3. 制订调解方案

根据被保险人和伤者的实际情况、伤者索赔主张的项目及金额，结合人伤调查员已初步核算出来的保险合同赔偿金额，制订调解方案。制订调解方案时对于以下情形需详细规划调解时的疏导方法：

（1）对于保险合同不能承担的赔偿项目，应找出明确的法律条文，在调解时引用；

（2）对于保险赔偿核减的金额，应提供法律规定的的赔偿标准，耐心解释；

（3）对于证明材料不正规的，比如误工证明、护理证明等，应找出明确的法律规定，并讲解正规的证明材料如何提供。

调解方案制作完成以后，应在召集各方调解前发送人伤核损人员进行审核，待得其同意后方可联系各当事人按照方案组织调解。如果审核人员不同意调解方案，人伤调解员应按照审核人员的意见修改调解方案，之后再联系各当事人按照修改后的方案组织调解。

4. 召集各方，准备调解

在调解方案确定以后，人伤调解员应联系被保险人、伤者以及两者的家属（各方均不超过2人），与各方确认调解的日期、时间、地点及注意事项。

相关知识

调解场地的选择

调解环境对当事人具有一定影响，选择合适的地点对调解成功能起到较好的促进作用。根据案件的实际情况，调解可以选择以下不同的场合：

（1）严肃的场合。如法庭具有法律威严和震慑性，在此调解会使当事人肃然起敬，让有理方当事人感到踏实有靠山，令无理方当事人感到心虚理亏，没有市场。特别适合那些侵权、损害等一方守法，一方有过错而不讲理、邪恶霸道的案件。

（2）熟悉的场合。如在当事人住处调解比较随意，有亲和力，能拉近法官与当事人以及当事人与当事人之间的感情距离，特别适合那些家庭婚姻类的案件。

（3）工作场合。如当事人在单位的领导或同事面前往往注重自己的表现和形象，在此调解当事人会表现得有风度和通情达理，特别适合那些当事人会故意不通情理、胡搅蛮缠的案件。

5. 组织主持调解

根据调解安排，由人伤调解员作为调解主持人，了解伤者的需求，讲解人身损害赔偿的法律要求，向被保险人传达保险赔偿与侵权赔偿的区别，征得当事人之间的互相理解，达到调解的目的。

6. 达成调解协议

通过以上调解，促成被保险人与伤者、被保险人与保险公司达成相应的初步赔偿协议。人伤调解员组织被保险人和伤者共同签署“调解协议书”，并将调解协议书上传至理赔系统，要求被保险人和伤者尽快提供其他索赔资料，尽快结案。

工作实例

被保险人开车不慎撞伤行人张某，入院诊断为：①左侧肱骨下端骨折；②多处软组织挫裂伤；③高血压病3级，高危。住院45天后，伤者与被保险人请求保险公司进行人伤调解。调解开始前伤者女儿要求被保险人先行赔付2万元，理由是其一直照顾伤者无任何收入来源，而伤者即将大寿，年关将近，急需用钱。被保险人同意赔付，但是要求伤者将病历、误工等所有人身损害赔偿相关材料交与她。

想一想

（1）选择合适的调解场地。
（2）调解前需要准备的工作有哪些?
（3）设计调解方案。

四、人伤调解的技巧

1. 注重服务形象，体现专业、客观、公正

调解人员良好的着装、形象气质、语言表达，专业的谈吐和解答，公正公平的态度，才能获取事故双方的信任及认可，从而赢得事故方的信任，大大提高调解的成功率。专业、坚定、不容置疑的语气是调解员专业形象的体现。作为专业人员参与调解，如果语气含糊，缺乏底气，立场不坚定，难以取得当事双方的认可，无法主导谈判进程。因此，人伤调解人员必须强化自身专业素养，塑造良好形象，注重调解语言的组织、语气的转换，这样才能体现出一个专业、公正的调解员形象，才能提高调解的成功率。

相关知识

人伤调解应具备的技能

（1）完善的知识结构：掌握保险、法律、医学等多方面的知识，了解对手的知识、阅历、性格、气质、爱好、特点、家庭背景。

（2）洞察能力：要准确判断对手利用的夸大、假象、声东击西等手法，及时洞察内外环境的细微变化和对方心理。

（3）预见及核算能力：要能预见调解所面临的各种变数，要能及时调整思路、不断准确核算经济利益结果。

（4）灵活应变能力：能够做出准确分析判断，及时应变。

（5）语言能力：语言的感染力可以强化观点。准确、巧妙的语言表达可以让立场和观点深入人心、可以交流感情。否则，可能会导致说了白说，甚至引起反感。

（6）心理承受能力：调解是对事不对人，但往往由于困境和焦虑，会变成对事也对人。此时很容易导致失败。良好的心理承受能力，是一种韧性的战斗，是一种有力有理有节的反击。

2. 合理安排调解地点、环境、人员

谈判地点应该选择相对安静、舒适的场所，将有利于舒缓双方的情绪。为避免人多嘴杂，每方谈判代表要求不超过两人，双方代表是有决定权的人，以避免无效谈判。

3. 换位思考，及时疏导当事人

人伤调解员应主动积极听取当事人尤其是伤者的诉求，认同对方合理的想法和要求，将有利于营造好的调解氛围。同时，也要换位思考聆听被保险人一方的诉求，对于伤者向被保险人的索赔主张超出保险赔偿的部分，应就侵权法律关系与保险合同法律关系的区别向被保险人耐心解释，促进保险客户认知这两种不同法律关系下的赔偿差异。

交通事故发生后，很多当事人在事故发生后一直还处于懊悔、怨恨、悲痛的情绪当中，从而无法理性面对事故调解，往往是一言不合，不欢而散，甚至事态严重化。因此调解人员还需要适时强调面对现实，不管双方有多大的矛盾，经济补偿、协商调解结案是必然的程序，从而引导说服双方开始理性的洽谈协商。

4. 注重当事人心理及性格分析，准确寻找突破口，有助于调解进行

通过与调解双方的接触了解，观察、分析双方当事人的心理及谈吐风格，掌握双方性格、心理活动及心理需求，从而适时劝导、调和、调整应对措施，确保调解的正常进行。

一般来说面对事故处理，客户的心理需求主要有尽快处理、避免麻烦、不愿意自己过多参与谈判、愿意或不愿意自己贴钱处理等。伤者心理需求主要有：需要人文安慰，得到专业的伤情预后安慰和理想的赔偿，或认为只要身体好了、赔偿是次要的问题等。个人性格表现分类为：强势型、蛮横无理型、老实型、大大咧咧型、小气寸步不让型，不懂装懂型、无所谓型、无赖型、装可怜型、外强中干型、嘴硬心软型等，调解时应针对不同心理活动性格采取不同应对及谈判方式，力求达到最佳调解效果。

5. 注重当事人的情感交流，晓之以理，动之以情，创造良好的调解氛围

人伤调解过程中，不要一味地纠结于事故及矛盾辩论，可以多与伤者聊聊家常，比如：家乡、工作、老人、子女、身体、新闻等，拉近与伤者的心理距离，增加亲切感与信任感。切忌明显站在客户方说话，这样往往造成与伤者方的对立，从而使调解无法进行。

面对事故方一些不合理的赔偿项目，切忌冰冷拒绝，可以从情理方面分析说服，这样容易被当事人接受。比如高薪护理人员，虽然不违反人身损害赔偿司法解释的规定，但是与伤者伤情护理需求不符。同时各地风土人情、地方环境、道路交通事故处理规定、司法及行业惯例也不尽相同，调解人员应熟悉掌握并尽量在调解中运用。

6. 注重观察当事人对争议的态度，随机应变，适时提出调解建议

人伤调解本身是化解矛盾、解决纠纷的过程，当事双方对自己的利益都是各持己见，再加上多数当事人不清楚处理程序及相关规定，难免存在争议和纠纷。作为人伤调

解员运用自身专业、经验以及良好的沟通能力，站在公正的立场，对双方的不合理要求、不正确的理解及计算、不文明的语言及举动进行及时疏导，将双方拉回到调解当中，有效调节现场气氛，从而主导调解进程及结果。

一方面应运用自己的知识向当事人耐心讲解侵权赔偿的相关规定，另一方面要注意观察各方对争议的态度，及时将争议焦点点破，观察各方的反应。如果各方都倾向于接受赔偿的原则，那么就可以继续向当事人讲解相关的赔偿方式；如果各方尤其是受害方坚持自己的主张，就要另辟蹊径了。

7. 注意换位思考，认同当事人的诉求

人伤调解不能一味生硬地强调赔偿标准、法律规定，更不能强调保险公司的内部规定，而忽略了其他当事人的正常索赔需求和感受，这样会让调解员处于不利的位置，反而不利于调解的达成。人伤调解员应主动积极聆听当事人尤其是伤者的诉求，在一定程度上认同对方的想法和要求，并不时向对方反馈自己对他的认同，从而赢得伤者的信任，有利于营造良好的调解氛围。

同时，也要聆听被保险人一方的诉求，并从个人的角度认同他的诉求。对于伤者向被保险人索赔主张超出保险赔偿的部分，人伤调解员应从侵权赔偿与保险赔偿的区别向被保险人解释，强调保险赔偿的法律依据，强调保险只是对合理的部分进行赔偿，是一种补偿性的，而非全额报销。

8. 对争议焦点进行分析，切忌对赔偿下结论或作出承诺

并非所有的人伤调解都是一次成功，很多时候需要经过多次谈判才能达成一致和共识。期间可能还会出现多次或多个问题的僵持，当所有努力都无法在当时打破僵局时，不妨指出僵持对双方不利的后果，建议双方再冷静考虑，并强调调解应该是双方让步的过程，而不把话说绝，保证再次协商的可能。

调解过程中，人伤调解员都要先聆听，之后再发表意见，调解员发表的意见一定是中立的、没有结论的，永远都不要把话说得很绝对，以免给自己带来麻烦。因为调解员虽然是中立的，但在受害者看来，调解员是代表了保险公司，一些承诺或者结论将被对方视为保险公司对赔偿的承诺，一旦自己的结论在公司审核环节不能通过，将给自己和公司带来不必要的麻烦。

9. 联系实际，在调解方案内灵活处理

由于人伤案件涉及赔偿的项目繁多，而且标准不一，如果各项损失都中规中矩，都按教条行事，人伤调解就会阻碍重重，甚至无法实施调解。因此人伤案件调解之前，需要通过调查核实，掌握并收集相关资料信息，进行人伤损失分析论证，得出一个可接受的调解总金额。在人伤调解过程中，只要不超出先前的调解方案，就可以联系实际，灵活处理人伤调解。

10. 注意发挥调解员的“裁判”作用

人伤调解过程中，调解人员运用自身专业、经验以及良好的沟通能力，站在公正的立场，对双方的不合理要求、不正确的理解及计算、不文明的语言及举动进行批评指正和制止，以“裁判”的身份对双方进行说服教育，及时将双方拉回到调解当中，有效调节现场气氛，从而主导调解进程及结果。

五、人伤调解的注意事项

第一，出险即介入，全程有跟踪，随时可调解。人伤案件中伤者的伤情多变，人员复杂，只有及时跟踪介入，才能随时掌握伤情及案情发展，掌握第一手真实资料、双方心理动态需求，才能把握合理的调解时机，拿出合理的调解方案，促成双方达成共识。

第二，全面分析取得案件基本资料，比如医疗资料、费用凭据等，制定调解方案。人伤理赔是一个复杂而严谨的过程，任何一次人伤调解方案，都是在承保、事故原因、伤亡人员信息资料的佐证及分析的基础上产生的，事故资料与费用计算息息相关，实际上调查核实工作贯穿于整个人伤一次性调解的过程。掌握充分的案件信息和人伤费用相关资料，可以管控案件的真实性，并有助于核定合理的赔偿金额，达到减损的目的。

第三，确定人伤事故和保险责任无争议。

第四，争取被保险人一方的配合。被保险人的积极配合是调解成功与否的关键。实务中存在不少客户认为买了保险，保险公司应对其所有的损失进行赔偿，因此人伤处理过程中放任态度。而出于风险管控需要，保险条款往往会设计免除责任，针对与交通事故无关的费用、不合理的费用不予赔偿。因此当伤者不合理费用增大，被保险人赔给伤者与其从保险公司获得的赔款差异增加，不利于后续调解与理赔。针对于此，保险人一方面需要加强前期的查勘与过程跟踪，及时告知保险理赔政策与标准，促进被保险人对保险理赔的认知，另一方面发现不合理费用产生时应及时引导，以减少不必要费用产生。因此，调解前与被保险人有效沟通，取得他们的全力配合是调解的第一步。

第五，客观公正，严守职业道德。人伤调解过程中，涉及单位及人员复杂、赔偿项目多，加上客户、伤者立场不同、利益需求不同，难免产生道德风险。因此人伤调解人员需要充当矛盾纠纷调和者、法律尊严维护者、弱者利益保护者，恪尽职守，严守职业道德，以客观、公正的态度主持每一个调解案件。

拓展阅读

车险人伤一次性赔偿协议书

甲方（被保险人方）：　　　　　　身份证号码：

乙方（第三方）：　　　　　　　　身份证号码：

丙方：×××保险股份有限公司支公司

兹有驾驶被保险标的车(车牌)于　　年 月 日发生事故，造成受伤，现乙方已治疗终结。

按照保险条款及法律之规定，甲乙双方在公平、合理、自愿原则下友好协商，达成以下协议：

1. 由甲方一次性支付给乙方赔偿款人民币　　　　元

(大写：　　　　　　　　　　　)，明细如下：

2. 丙方依据保险合同条款之规定，按照甲乙双方事故责任比例及保险合同约定的绝对免赔率理算确认金额，在案件处理时效内一次性赔偿给乙方；

3. 此调解书经三方当事人或其法定代表人签字后生效，并一次性结案，甲、乙双方今后不得再就该起事故向丙方提出理赔要求。

此协议签字后生效。协议一式三份，双方各执一份，保险人持有的协议附赔案中。

甲方（被保险人方）签字：　　　　　　　　年　月　日

乙方（第三方）签字：　　　　　　　　年　月　日

丙方（保险人）签字：　　　　　　　　年　月　日

任务9　人伤定损

任务情景

车险三者人伤怎么赔？

网友咨询：亲戚骑车被汽车撞，交警已出事故判定书，汽车全责。伤者胳膊骨折，血糖内分泌等紊乱。骨折胳膊动手术打了个钢板，一年后看恢复情况决定是否再次手术取钢板。

请问以上情况，保险公司会赔付所有的手术费、交通费，营养费、误工费吗？目前无法确定明年是否需要做手术，保险公司是不是无法结案？保险公司可以先结算目前的费用吗？

资料来源：https：//www.zhihu.com/question/283564675

问题：

（1）机动车保险人伤案件中，保险公司是如何赔付医疗费、误工费、护理费等人伤相关费用？

（2）保险公司审核、确定人伤赔付费用依据何在？

（3）保险公司核定人伤费用时，客户需要提交哪些索赔材料？

人伤定损环节主要是保险理赔人员结合客户提交的人伤索赔资料，依据国家相关法律规定，对医疗费、误工费、护理费等损失项目进行核定的过程。人伤案件赔偿项目多，单证复杂，涉及法律法规较多，各赔偿项目标准不一，争议较多，审核难度大。因此，保险理赔人员需要重点掌握人伤费用核定的法律依据。

一、人伤费用核定的主要依据

车险人伤案件费用的审核，主要是根据《中华人民共和国民法典》《中华人民共和国道路交通安全法》《中华人民共和国保险法》《中华人民共和国民事诉讼法》《最高人民法院关于审理道路交通事故损害赔偿案件适用法律若干问题的解释》（法释〔2020〕17号）、以及《最高人民法院关于审理人身损害赔偿案件适用法律若干问题的解释》（法释〔2020〕17号）等国家相关法律法规和保险条款的内容，并结合创伤医学临床诊疗指南而制定。

二、主要赔偿类型及项目

《中华人民共和国民法典》第一千一百七十九条规定："侵害他人造成人身损害的，应当赔偿医疗费、护理费、交通费、营养费、住院伙食补助费等为治疗和康复支出的合理费用，以及因误工减少的收入。造成残疾的，还应当赔偿辅助器具费和残疾赔偿金；造成死亡的，还应当赔偿丧葬费和死亡赔偿金。"结合机动车保险条款约定，机动车责任保险人伤赔偿类型大致分为以下一般伤害、因伤致残、因伤致亡三种。

（1）一般伤害案件，主要赔付因就医治疗支出的各项费用以及因误工减少的收入，包括医疗费、误工费、护理费、交通费、住宿费、住院伙食补助费、必要的营养费等。

（2）因伤致残案件，除了赔付就医产生的费用外，还需赔付其因增加生活支出的必要费用以及因丧失劳动能力导致的收入损失，包括残疾赔偿金、残疾辅助器具费、被扶养人生活费，以及因康复护理、继续治疗实际发生的必要的康复费、护理费、后续治疗费。

（3）因伤而亡案件，根据抢救治疗情况赔偿相关费用外，还应当赔偿丧葬费、被扶养人生活费、死亡补偿费以及受害人亲属办理丧葬事宜支出的交通费、住宿费和误工损失等其他合理费用。

依据《中国保险行业协会驾乘人员意外伤害保险示范条款（2020版）》规定，驾乘人员意外伤害保险赔付项目有：身故保险金、伤残保险金以及医疗费用。

任务情景

在标的出现事故后，保险公司一般会进行查勘，核对标的，排除责任免除项目，以确认是否属于保险责任。属于保险责任的，进行损失核定。不属于保险责任范围的，则收集证据，予以拒赔、部分拒赔或者通融赔付。

问题：保险责任如何界定？经审核，不属于保险责任的案件如何处理？

三、人伤费用核定的基本程序

人伤费用赔偿项目多，额度高，涉及法律法规多，因此人伤费用核定时既需要保障受害者合法利益，也需要进行理赔风险管控。实务中，也存在立案之后才发现虚假信息的案件，因此人伤费用核定时，首先需要结合报案相关情况、现场查勘记录、交警事故认定书及人伤调查报告等，详细分析出险经过，对事故的真实性、损失原因以及是否属于保险责任进行判断。对于保险责任的认定有异议的，电话通知人伤调查人员（现场快速处理时通知查勘员），要求进行核实或现场复勘。

（一）界定保险责任

1. 保险责任审核要点

保险责任的界定主要以保险合同为依据，因此，界定保险责任需要仔细理解保险合同中的保险责任和责任免除部分。

（1）审核被保险人、驾驶人员和受害方关系。涉及人身损害赔偿的车险合同有：机动车交通事故责任强制保险（以下简称“交强险”）、商业三者险、车上人员责任险。交强险属于国家强制保险，条款各家保险公司目前采用统一条款。商业三者险和车上人员险属于商业保险，目前各家保险公司统一采用中国保险行业协会机动车综合商业保险示范条款。

审核被保险人、驾驶人员和受害方关系，核实是否存在不构成第三者赔偿的情况。比如被保险人及其家庭成员的财产损失不构成商业第三者责任保险赔偿，被保险人及被保险机动车上人员的财产损失和人身伤亡不构成交强险责任保险赔偿。

（2）审核被保险车辆驾驶员情况。审核查勘记录或交通管理部门事故责任认定书，核实驾驶人员是否存在饮酒、醉酒、吸食或注射毒品、服用国家管制的精神药品或者麻醉药品后使用保险车辆情况，是否有肇事逃逸的情况，是否属于条款除外责任；审核驾驶人员是否是被保险人或其允许的合法驾驶人；审核驾驶证（照片或复印件）是否有效，驾驶的车辆是否与准驾车型相符，特种车驾驶人是否具备国家有关部门核发的有效操作证等。如果驾驶证不符合上述要求的，依据条款约定，则属于除外责任。

（3）审核被保险车辆情况。审核现场查勘照片，核实保险车辆号牌号码、牌照底色、发动机号、VIN码/车架号、车型、车辆颜色等信息，并与保险单、证（批单）以及行驶证所载内容进行核对，确认是否就是承保标的；审核保险车辆的行驶证（照片或复印件），查验行驶证是否有效，行驶证车主与投保人、被保险人不同的车辆是否已经过户，已经过户的，是否经保险人同意并通过批单对被保险人进行批改；审核查勘记录，车辆出险时使用性质与保单载明的是否相符，确认保险车辆的使用性质。

（4）审核出险经过。审核出险时间。对出险时间是否在保险有效期限内进行判断，特别注意保单（批单）生效日期为签单次日；对出险时间和报案时间进行比对，是否超过48小时，对超过48小时未报案的要重点审核。

审核出险地点。审核出险地点是否是营业性修理场所，在营业性修理场所养护、维修期间发生的事故属于除外责任。

审核出险原因。结合保险条款“保险责任”和“责任免除”两栏，确认出险原因是否在条款规定的保险责任以内，特别注意保险单中的特别约定内容。

（5）审核事故责任的划分。道路交通事故责任裁定对于人伤赔偿影响很大，因此需要审核事故责任的划分是否合理。如发现责任划分明显与实际情况不符，缩小或扩大责任的，需要被保险人重新协商或由公安交管部门出具交通事故认定书。对公安交管部门出具的事故认定书有重大异议的应向上一级公安机关交通管理部门申请复核，对复核结果仍然不服的，可向人民法院提起道路交通事故诉讼，请求人民法院对事故责任重新划分。

（6）审核事故发生的真实性，严防虚假报案。审核事故现场照片、损失照片，结合查勘记录对事故经过的描述，判断事故发生的真实性。根据报案记录、查勘记录对事故经过的描述，审核事故发生的逻辑可能性，判断损伤与事故是否相关，以防虚假案件。

工作实例

摩托车追尾标的车，导致摩托车驾驶员受伤。伤后11天尚未拆线，诉求整容、伤残等项目的赔偿。医院查勘了解的信息：伤者为某汽车修理厂员工，伤情照片如图1-17所示。

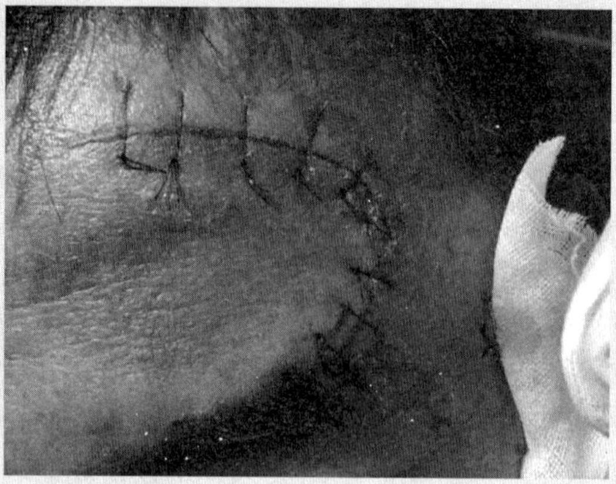

图1-17

问题：结合以上所学知识，判断事故的真实性。如果界定有假，如何开展人伤调查？

2. 拒赔案件的处理

经审核、判断不属于保险责任的案件，一般需要拒赔。但是保险客户往往难以接受这样的理赔结果，如果缺乏有效沟通和确凿证据，那么案件可能诉诸于司法程序。这样的结果对客户和保险公司均不利，因此实务中，对于拒赔案件需要慎重。

拒赔前，一定要展开充分的调查，收集翔实、确凿的证据，做到有据。然后严格依据《保险法》、保险条款等有关规定处理，向被保险人详细、耐心地说明拒赔原因，并认真听取被保险人意见，做到有理。

做一做

医院查勘了解：伤者被标的车撞倒，撞的部位是大腿，大腿无开放性伤口。入院诊断为腰椎间盘突出症。伤者所在医院离其家庭住址很近，而且这家医院在当地诊疗水平是数一数二的。

问题：结合伤情，审核事故是否属于保险责任？如何开展人伤调查？如何与客户沟通拒赔处理结果？

想一想

交通肇事逃逸、醉酒驾驶、未取的驾驶资格的情形下，导致交通事故致人死亡的，交强险如何赔偿？商业险三者险又该如何赔偿？

（二）审核理赔单证

理赔单证即保险事故发生后，保险公司及事故当事人为确认事故性质、损失程度产生的理赔资料，也可以称为理赔证据。各家保险公司对于理赔单证要求有所不同，依据单证材料的不同，理赔单证主要有案件基本资料、事故证明材料以及人员伤亡材料三类。案件基本资料主要有驾驶证、行驶证、查勘报告、驾驶员询问笔录、理赔申请书等；事故证明材料主要有道路交通事故认定书、调解书、判决书、仲裁书、赔偿凭证等；人员受伤/死亡材料比较复杂，有医疗费发票、用药清单、病历、工作证明、收入及收入减少证明等。在目前以客户为中心的行业导向下，提供理赔单证不光是事故方的责任，更是保险人的重要工作内容。其审核要点主要有：

1. 理赔单证真实性

理赔单证真实性，也称客观性，要求单证材料及其所反映的事实应真实准确，在交通事故导致的侵权民事诉讼中，对证据的要求不像刑事案件那么高，所以目前实践中存在不少假的户籍证明、误工证明等理赔单证。依据“谁主张，谁举证”的原则，保险公司一方面需要加强过程跟踪，及时收集理赔单证，一方面需要及时审核理赔单证的真实性。对于存在以下问题的应及时调查核实：

（1）单证格式、编号、表述、印章等与其相应行业一般单证形态不符，单证出处存疑。

（2）出具证明的机构不具备相应职能和资质。

（3）重要信息涂改，或涂改内容未加盖修正章。

2. 完整性

案件基本资料和事故证明材料是案件的必备资料，其他单证根据案件类型、损失项目等按需审核。

3. 规范性

理赔各单证需要满足格式及填写规范要求，清晰、有序上传。案件所需单证一般需提供原件，涉及诉讼或在其他保险优先赔偿的损失项目，可提供相应单证复印件，但必须加盖留存章。保险公司内部人伤理赔单证需按照单证内容和规范准确填制，不得出现人为漏填、难以辨认或错填等情况。公司外部人伤理赔单证需符合相应行业的单证格式要求，如果相应的编号不符、格式不符、缺少印章、缺少签名、涂改等，应及时进行调查核实。

拓展阅读

伪造误工证明　反被罚款五千

谭某诉胡某、荆某、上海某运输有限公司、某汽车运输有限公司、中国人寿财产保险股份有限公司某支公司机动车交通事故责任纠纷一案中，谭某向法院起诉主张其因交通事故产生的各项损失，其中误工费主张了40000元，为了支持该项诉求，谭某向本院提供了一份证明其月平均工资为8000元的误工证明。后经承办法官调查核实，谭某月均8000元的收入水平不属实，该证明是谭某私自以公司的名义出具的，属于虚假证据。

谭某提供虚假证据的行为不仅违背了诚实信用原则，而且妨害了法院对案件的公正审理，破坏了正常的司法秩序。本院依照《中华人民共和国民事诉讼法》的相关规定，对谭某作出罚款5000元的决定。

谭某收到处罚决定书后，向承办人提交了道歉信，表达了自己对该行为的懊悔，反思了自己错误行为的原因，并主动承担了后果缴清罚款。

资料来源：https：//mp. weixin. qq. com/s/NdiEuw58KA8Kbf82abG6KA

（三）核定赔偿项目及金额

经审核，事故属于机动车保险责任，理赔单证真实、完整，保险理赔人员则可以依据主要是根据《最高人民法院关于审理人身损害赔偿案件适用法律若干问题的解释》等国家相关法律法规以及保险合同约定，在保险合同载明的赔偿限额内核定赔偿项目和金额。核定时要做到有理有据，不予核定或扣减的部分要给予说明。

四、人伤具体赔偿项目核定

（一）医疗费

医疗费是指受害人在遭受人身伤害之后接受医学上的检查、治疗与康复训练所必须支出的费用。医疗费不仅包括过去的医疗费用，如治疗费、医药费，也包括将来的医疗费用如康复费、整容费以及其他后续治疗费。

1. 核定依据

《最高人民法院关于审理人身损害赔偿案件适用法律若干问题的解释》（法释〔2020〕17号）第六条："医疗费根据医疗机构出具的医药费、住院费等收款凭证，结合病历和诊断证明等相关证据确定。赔偿义务人对治疗的必要性和合理性有异议的，应当承担相应的举证责任。医疗费的赔偿数额，按照一审法庭辩论终结前实际发生的数额确定。器官功能恢复训练所必要的康复费、适当的整容费以及其他后续治疗费，赔偿权利人可以待实际发生后另行起诉。但根据医疗证明或者鉴定结论确定必然发生的费用，可以与已经发生的医疗费一并予以赔偿。"

交强险条款第七条："交强险合同中的抢救费用是指被保险机动车发生交通事故导致受害人受伤时，医疗机构对生命体征不平稳和虽然生命体征平稳但如果不采取处理措施会产生生命危险，或者导致残疾、器官功能障碍，或者导致病程明显延长的受害人，参照国务院卫生主管部门组织制定的交通事故人员创伤临床诊疗指南和国家基本医疗保险标准，采取必要的处理措施所发生的医疗费用。"

交强险条款第十九条："保险事故发生后，保险人按照国家有关法律法规规定的赔偿范围、项目和标准以及交强险合同的约定，并根据国务院卫生主管部门组织制定的交通事故人员创伤临床诊疗指南和国家基本医疗保险标准，在交强险的责任限额内核定。”

第三者责任保险条款：“保险人按照《道路交通事故受伤人员临床诊疗指南》和国家基本医疗保险的同类医疗费用标准核定医疗费用的赔偿金额。未经保险人书面同意，被保险人自行承诺或支付的赔偿金额，保险人有权重新核定。不属于保险人赔偿范围或超出保险人应赔偿金额的，保险人不承担赔偿责任。超出《道路交通事故受伤人员临床诊疗指南》和国家基本医疗保险同类医疗费用标准的费用部分，属于免除责任。”

车上人员责任保险条款：“保险人按照《道路交通事故受伤人员临床诊疗指南》和国家基本医疗保险的同类医疗费用标准核定医疗费用的赔偿金额。未经保险人书面同意，被保险人自行承诺或支付的赔偿金额，保险人有权重新核定。不属于保险人赔偿范围或超出保险人应赔偿金额的，保险人不承担赔偿责任。超出《道路交通事故受伤人员临床诊疗指南》和国家基本医疗保险同类医疗费用标准的费用部分，属于免除责任。”

中国保险行业协会驾乘人员意外伤害保险示范条款（2020 版）：“保险人就其自事故发生之日起一百八十日内实际支出的未超出《道路交通事故受伤人员临床诊疗指南》和国家基本医疗保险同类医疗费用标准的必要、合理的医疗费用，在意外伤害医疗保险金额内负责赔偿。对于超出《道路交通事故受伤人员临床诊疗指南》和国家基本医疗保险同类医疗费用标准的费用部分，所诊治伤情与保险事故无关联的医疗、医药费用，不以器官功能恢复为目的的整容、矫形手术、植入材料支付的医疗费用，预防类、保健类、心理治疗类医疗费用，保险人不承担给付保险金责任。”

2. 审核实务

基于国家法律和保险条款约定，医疗费用的核定首先需要考虑医疗费用是否与交通事故损伤有关、符合《道路交通事故受伤人员临床诊疗指南》相关规定，然后考虑医疗费用是否符合国家基本医疗保险同类医疗费用标准、是否属于免除责任。

（1）所需资料。依据《最高人民法院关于审理人身损害赔偿案件适用法律若干问题的解释》（法释〔2020〕17 号）第六条规定，医疗费的赔偿，应以伤者所在医疗机构的病历诊断证明和医疗费用收款单据为凭证进行核定。

医药费、住院费等收款凭证主要用来证明人伤案件中伤者产生的医疗费用额度。医疗费收款发票一般要求原件，收款发票时间与病历证明记载时间应相符，发票上的姓名应为受害人本人。对于不能提供发票原件的，则需保险客户提供复印件并盖留存单位的公章，说明已经报销的金额。如果客户仅有发票，不能提供费用清单或者提供不全，那么保险人难以核定其费用的合理性。如果客户有费用清单，但是发票额度不全或者发票丢失，那么保险人难以核定其费用的真实性。出现这两种局面，医疗费用核定时应尽量协商处理，避免仅因医疗费不能达成一致而引起诉讼。为避免这两种局面的出现，人伤查勘、跟踪时一定要提前告知客户索赔单证要求以及注意事项。

病历、诊断证明主要用于核定医疗费用的合理性。病历是指医务人员在医疗活动过程中形成的文字、符号、图表、影像、切片等资料的总和，包括门（急）诊病历和住院病历。门（急）诊病历内容包括门（急）诊病历首页（门（急）诊手册封面）、病历记录、化验单（检验报告）、医学影像检查资料等；住院病历内容包括住院病案首页、入院记录、病程记录、手术同意书、麻醉同意书、输血治疗知情同意书、特殊检查

（特殊治疗）同意书、病危（重）通知书、医嘱单、辅助检查报告单、体温单、医学影像检查资料、病理资料等。为进一步强化医疗机构病历管理，维护医患双方的合法权益，国家卫生部门出台了《医疗机构病历管理规定（2013年版）》《病历书写基本规范》《电子病历应用管理规范（试行）》。这些文件的理解与掌握，有助于保险理赔人员审核病历材料的规范性、医疗费用的合理性。比如费用清单中有某手术费用，而出院记录中未写手术事项，那么可能存在手术费用的虚假，有待进一步调查核实。

拓展阅读

1. 关于印发电子病历应用管理规范（试行）的通知
2. 《病历书写基本规范》
3. 《医疗机构病历管理规定（2013年版）》

（2）就诊医院。对于交通事故受害者就诊医院或转院，国家法律法规并未做限制。但是不同医院，收费标准有所差异，就诊医院不但会影响医疗费用，还会影响到伤情恢复时间，从而导致误工费、护理费等其他费用也会有差异，因此出于保障伤者伤情恢复和医疗费用合理性，不少保险公司一般会提醒事故双方当事人应在医保定点医院或县级以上能提供合规发票的医院就医。如果伤情紧急需就地救治，可在当地乡镇卫生院或社区医院行简单的清创、止血、伤口包扎等处理，待病情稍稳定后转县级以上医院。如果伤情轻微，能够在乡镇或社区医院得到有效治疗，则不一定要求在县级以上医院就医。病情特殊需转院治疗的，还需要提醒被保险人提供就诊医院的转院证明，征得保险人的同意。医疗费用审核时，如果发现伤者伤情轻微、转院到同级别医院，但是无转院证明，那么其医疗费用的合理性有待进一步调查。

（3）《道路交通事故受伤人员临床诊疗指南》。《机动车交通事故责任强制保险条例》第三十二条规定："医疗机构应当参照国务院卫生主管部门组织制定的有关临床诊疗指南，抢救、治疗道路交通事故中的受伤人员。"为规范道路交通事故受伤人员医疗救治诊疗行为，提高救治成功率，降低道路交通事故伤害死亡率和伤残率，提高有限医疗资源和保险资源利用率，2007年6月12日，国家卫生部门印发了《道路交通事故受伤人员临床诊疗指南》。该指南分析了机动车内人员、摩托车驾驶员、骑自行车人、行人等的不同伤情特点，并对颅脑创伤、眼部创伤、耳鼻喉及颌面口腔创伤、胸部创伤、腹部及泌尿生殖系统创伤、四肢骨与关节创伤、脊柱与脊髓创伤、其他特殊类型创伤、早期并发症等提出了主要诊断依据、基本治疗原则，属于跨行业使用的专业工具书，供公安交警、司法、医疗服务和保险理赔等方面专业人士处理创伤案件时使用。医疗费用审核时，可以参照该指南核定医疗费用的必要性。

（4）国家基本医疗保险标准。国家基本医疗保险标准是指国家制定的《国务院关于建立城镇职工基本医疗保险制度的决定》和各省（区、市）制定的《城镇职工基本医疗保险制度》的相关规定。医疗审核主要依据国家医保局、人力资源社会保障部下发的《国家基本医疗保险、工伤保险和生育保险药品目录》《关于印发城镇职工基本医疗保险诊疗项目管理、医疗服务设施范围和支付标准意见的通知》（劳社部发〔1999〕22号）以及各省（区、市）的制定的《基本医疗保险、工伤保险和生育保险药品目录》、诊疗项目和医疗服务设施项目目录。对于目录内的药品，需要结合伤情进行必要性和合理性分析。各类用药应与交通事故创伤有关，对无关的用药应予以剔除。若伤情必需，且药品目录中无替代的，而选用医保外的药品，医疗审核时需要酌情处理。需要注意的是，随着国民经济发展，人民医疗保障需求的变化，城镇职工基本医疗保险政策也会发生相应的变化，医疗审核时需要结合道路交通事故发生时间点、事故发生地、就诊所在地选用相应的《基本医疗保险、工伤保险和生育保险药品目录》、诊疗项目和医疗服务设施项目目录。

想一想

（1）车险人伤案件中，伤者就诊所产生的挂号费、病历工本费，保险公司予以赔付吗？为什么？

（2）只要伤者治疗所产生的甲类药品，保险公司全部赔付吗？为什么？

（3）伤者治疗选用的进口内固定材料，保险公司如何处理？

拓展阅读

（1）《道路交通事故受伤人员临床诊疗指南》

http://www.nhc.gov.cn/zwgk/jdjd/201304/42267ac8c9fb45d08d326468e353f63e.shtml

（2）国家医保局、人力资源社会保障部关于印发《国家基本医疗保险、工伤保险和生育保险药品目录（2020年）》的通知

http://www.nhsa.gov.cn/art/2020/12/28/art_37_4220.html

（3）《关于印发城镇职工基本医疗保险诊疗项目管理、医疗服务设施范围和支付标准意见的通知》（劳社部发〔1999〕22号）

http://rsj.km.gov.cn/c/2008-05-26/976699.shtml

（5）国家基本医疗保险同类医疗费用标准。具体内容见本项目任务2。

（6）必要的康复费。康复是指综合地、协调地应用医学的、教育的、社会的、职业的各种方法，使病、伤、残者（包括先天性残疾）已经丧失的功能尽快地、尽最大可能地得到恢复和重建，使他们在体格上、精神上、社会上和经济上的能力得到尽可能的恢复，使他们重新走向生活，重新走向工作，重新走向社会。依据《中华人民共和国民法典》第一千一百七十九条和《最高人民法院关于审理人身损害赔偿案件适用法律若干问题的解释》（法释〔2020〕17号）第六条规定，必要的康复费应是指为使伤者遭受损害的器官功能恢复而进行的医学训练费用，主要包括物理疗法、语言疗法以及作业疗法中的“功能训练”（认知功能训练，手足功能训练等）所支付的费用，不包括心理治疗、职业疗法所产生的费用。康复费受康复治疗方法、治疗周期等因素影响，赔偿额度弹性比较大。理赔实务中一般以就诊医院出具的正式报告或法医部门的鉴定报告为依据进行核定，对于伤者自行要求和被保险人自行承诺的康复费用，有待人伤调查核实，确定的确有必要方能酌情赔付。涉及康复费赔付时，人伤查勘时需要提前告知客户

相关注意事项，医疗审核时需要做好相应说明，以避免不必要的理赔纠纷。

（7）适当的整容费。依据《最高人民法院关于审理人身损害赔偿案件适用法律若干问题的解释》（法释〔2020〕17号）第六条的规定，整容费应是“适当的”且“实际发生的”或“必然发生的”的费用。实务中，一般只有在伤者因保险事故导致外观面貌改变明显影响形象时，审核伤者就医医院证明或鉴定机构的鉴定结论原件、正规医疗整容机构整容治疗证明原件、整容治疗记录、费用清单原件、费用发票原件等证明整容的必要性及合理性的材料，结合实际情况来确定合理的、适当的整容费。

整容治愈标准上应以治疗到损伤前的容貌情况为终结。审核整容费时，应了解整容范围、整容项目、整容费用标准，确定是否符合当地医疗收费标准，确定容貌改变是由保险事故导致。参照《人体损伤程度鉴定标准》规定，毁人容貌范围是指前额发际下，两耳屏前与下颌下缘之间的区域，包括额部、眶部、鼻部、口唇部、颏部、颧部、颊部、腮腺咬肌部。伤者毁容部位不在上述范围，其整容费一般不予赔付。对整容手术过程中附带的其他不属于此次保险事故所造成的如消除雀斑、痣、皱纹等整容费不应予以承担。对于医疗过失造成增大的整容费用应剔除。对留有后遗障碍和无法治愈的瘢痕，在现有医疗条件下无法进行治疗的则为终结，不予赔偿整容费。

整容费的赔付受伤情、伤者心理需求、整容项目等诸多因素的影响有较大的弹性，因此预估有整容赔付时，往往需要提前告知被保险人整容费相关事项，积极引导事故双方协商赔付整容费。对于伤者自行要求或被保险人自行承诺承担的整容费用，有待调查核实。

（8）后续治疗费。后续治疗费是指伤情尚未恢复，还需继续治疗所产生的费用。既包括伤者伤情需要整容、康复，但索赔时尚未产生的整容费、康复费，还包括索赔时还需二次手术、门诊等情况所产生的医疗费用。比如颅骨镶补术、镶牙、假眼安装、骨折矫形术、取钢夹板手术和取髓内钉手术、消除内脏粘连术等。

后续治疗费一般以就诊医院出具的正式报告、原主治医师和医疗机构的建议或意见、法医部门的鉴定报告为凭据，结合前期治疗情况和当地的医疗水平综合分析，合理地确定相应的治疗费用。后续治疗费可以提前一次性赔付，也可以待实际发生后续赔付。实务中需要结合伤者年龄、心理需求、伤情等因素灵活、合理选用赔付方式，比如伤者有二次手术的必要，但是考虑其年龄大、不一定会产生二次手术费用，可以待伤者实际发生二次手术再赔付后续治疗费。

拓展阅读

1.《人身损害后续诊疗项目评定指南》（SF/Z JD0103008——2015）

2.《抗菌药物临床应用指导原则》（2015年版）

（9）伤病共存。对于保险事故诱发疾病、引起原发疾病加重，以及受伤与疾病关系不明确的案件，一般应当按照相应因果关系确定赔偿责任的比例，进行协商赔付。如确定的比例关系无法达成一致意见，可申请疾病与损伤参与度的司法鉴定。

需要说明的是，近些年来基于规范理赔，减少人身损害赔偿纠纷等目的，不少省份出台了相应的《道路交通事故赔付项目及计算标准》。比如广西省规定“医疗费在交强险医疗费限额范围以内的，保险公司全额赔付。医疗费超出交强险限额的，在交强险赔付范围内先扣除非医保项目费用，扣除后低于交强险限额，按交强险限额赔付……对扣除非医保项目费用以及医疗措施必要性、合理性的争议由侵权人或者保险公司承担举证责任。”因此，医疗费用的审核实务中，既要确定费用与交通事故损伤的必要性、合理性，如果地方有相关规定还需要根据各地实际实施情况进行核定。

任务情景

网友咨询：①如果离职了一周后出现车祸，那么属于有固定收入还是无固定收入？无固定收入的标准是什么？②离职后出的车祸，还有误工费吗？误工费必须要提供误工证明吗？③误工的时间是根据医院开的休养时间证明来计算的吧？④若判断为无固定收入，那么误工费按三年的平均工资计算高一些，还是按同行业的平均工资计算高一些？⑤若法院按同行业的平均工资计算，是根据法院当地的，还是根据我工作期间的？感谢感谢！

资料来源：https：//www. lawtime. cn/ask/question_ 21875127. html

（二）误工费

误工费是指受害人由于人身伤害需住院治疗、病休，不能生产、劳动而导致合法劳动报酬的减少。因此，无劳动收入的，原则上不存在误工损失赔偿问题。

1. 核定依据

《中华人民共和国民法典》第一千一百七十九条：“侵害他人造成人身损害的，应当赔偿医疗费、护理费、交通费、营养费、住院伙食补助费等为治疗和康复支出的合理费用，以及因误工减少的收入。造成残疾的，还应当赔偿辅助器具费和残疾赔偿金；造成死亡的，还应当赔偿丧葬费和死亡赔偿金。”

《最高人民法院关于审理人身损害赔偿案件适用法律若干问题的司法解释》第七条：“误工费根据受害人的误工时间和收入状况确定。误工时间根据受害人接受治疗的医疗机构出具的证明确定。受害人因伤致残持续误工的，误工时间可以计算至定残日前一天。受害人有固定收入的，误工费按照实际减少的收入计算。受害人无固定收入的，按照其最近三年的平均收入计算；受害人不能举证证明其最近三年的平均收入状况的，可以参照受诉法院所在地相同或者相近行业上一年度职工的平均工资计算。”

2. 审核实务

（1）所需资料。依据《最高人民法院关于审理人身损害赔偿案件适用法律若干问题的司法解释》第七条规定，误工费相关的单证主要有误工时间证明和收入状况证明两类。误工时间主要以就治医疗机构出具的有效证明为依据。例如：门诊病历、疾病证明书、住院记录以及医疗机构出具的要求在家休养的证明等。如果涉及伤残，还需提供伤残鉴定报告。误工收入状况材料主要有劳动合同、工资条、收入证明、收入减少证明、银行工资转账单、税单等。实务中，还需结合伤情、伤者收入性质、事故发生地或诉讼管辖地关于道路交通事故损害赔偿标准的具体规定来审核理赔单证。

（2）误工时间。误工的时间计算自受害人接受治疗日到康复日，以其接受治疗的医疗机构出具的证明确定。如果伤者伤情能康复，其误工时间一般是住院天数与出院医嘱中全休天数之和。但是要注意鉴别受害人是否挂床（家庭病床）治疗，对照病历中的入院记录、出院记录，核定受害人的实际住院天数。出院医嘱中全休天数需要结合伤者伤情实际情况核定，不能盲目采用，实务中也存在延长全休天数情况。受害人因伤致残持续误工的，误工时间可以计算至定残日前一天。如果医院误工证明不到定残日的，有的地方交警或法院也会采纳医院证明。

受害人因伤致残持续误工的，误工时间可以计算至定残日前一天。定残日是指伤残鉴定机构对受害人的残疾程度或残疾等级出具鉴定结论之日。至于定残日之后，因完全或部分丧失劳动能力而导致预期收入损失的应当以残疾赔偿金的方式给予赔偿，不属于误工费之列。如果发现伤者故意拖延残疾程度鉴定时间，造成误工时间的不合理延长，可以自治疗终结后一段合理时间作为定残日，并以此作为计算误工费的依据，具体时间可以酌情确定。受害人在持续治疗过程中死亡的，误工时间可以计算至受害人死亡之时止。

目前，误工时间可以参照按照《人身损害误工期、护理期、营养期评定规范》（GA/T1193－2014）来审核，综合赔偿权利人个体差异等因素，允许上下小范围的浮动，同时还要核实伤者实际误工的时间。如果认为医疗机构出具的证明时间过长，可以申请误工时间的司法鉴定。

推荐阅读

1.《人身损害误工期、护理期、营养期评定规范》（GA/T 1193－2014）

2.《人身损害赔偿案件中医嘱、鉴定意见与计算至定残前一日所得误工时间不一致时如何认定?》

http://afxfy.chinacourt.gov.cn/article/detail/2013/05/id/1972812.shtml

（3）误工标准。误工标准按照伤者在事故前的收入情况进行核定。

受害人有固定收入的，误工费按照实际减少的收入计算。有固定收入的，一般是指伤者有相对固定的工作岗位、相对稳定的工资收入，工资发放日期相对固定。例如国家公务员、公检法机关公职人员、中小学教师、国家大型企业的职工等。审核时，可以根据伤者提供的有固定收入证明（如劳动合同、银行工资转账单、工资单等），达到纳税标准的可要求其提供伤前及伤后的税单，综合评定其是否有收入减少及减少幅度。如果有固定收入，但并没有因交通事故误工而减少收入，则不予赔偿其误工费，如带薪休假或退休人员。但是这类受害人能够证明自己除了正常工资外还可以获得其他收入，并且因交通事故受伤、误工而导致收入减少，可以协商赔偿其误工费。

受害人无固定收入的，按照其最近三年的平均收入计算。无固定收入的，一般是指伤者工作岗位不固定、收入不稳定。例如城乡个体工商户、家庭劳动服务人员等。审核时，主要依据其提供的最近三年收入材料，综合评定其最近三年的平均收入。但是实务中，伤者往往难以提供最近三年的收入材料。

受害人无固定收入，又不能举证证明其最近三年的平均收入状况的，可以参照受诉法院所在地相同或者相近行业上一年度职工的平均工资计算。审核时主要依据受害者工作内容，确定其所属行业，按照相同或者相近行业上一年度职工的平均工资进行赔付。

受害者无收入是指本人生活来源主要或者全部依靠他人供给，或者偶然有少量收入，但不足以维持本人正常生活的。诸如此类，原则上没有收入减少的不赔付误工费，但有主张误工费的权利。比如：家庭主妇虽没在外挣钱，但他们的劳动对于家庭其他人员的工作有价值，能支持和保障其他家庭成员获得收入，误工可以参照当地一般家庭服务人员或护工的平均工资标准进行核定。

（4）受诉法院所在地。受诉法院所在地是指受理案件法院所在的行政单位，具体在法律上是指省、自治区、直辖市以及经济特区和计划单列市的行政局域。《中华人民共和国民事诉讼法》第二十一条规定：“对公民提起的民事诉讼，由被告住所地人民法院管辖；被告住所地与经常居住地不一致的，由经常居住地人民法院管辖。对法人或者其他组织提起的民事诉讼，由被告住所地人民法院管辖。同一诉讼的几个被告住所地、经常居住地在两个以上人民法院辖区的，各该人民法院都有管辖权。”《中华人民共和国民事诉讼法》第二十四条规定：“因保险合同纠纷提起的诉讼，由被告住所地或者保险标的物所在地人民法院管辖。”第二十八条规定：“因侵权行为提起的诉讼，由侵权行为地或者被告住所地人民法院管辖。”《最高人民法院关于适用〈中华人民共和国民事诉讼法〉的解释》（法释〔2015〕5号）第二十一条规定：“因财产保险合同纠纷提起的诉讼，如果保险标的物是运输工具或者运输中的货物，可以由运输工具登记注册地、运输目的地、保险事故发生地人民法院管辖。”综合上述法律规定，受害人无固定收入，又不能举证证明其最近三年的平均收入状况的，涉及诉讼时其采用的行业职工平均工资所在地可以为侵权行为地、被告住所地、被告经常居住地、保险标的物所在地当中的一种。但是基于误工费是赔付伤者受伤导致的收入减少，实务中一般基于伤者收入来源地。

拓展阅读

1.《中华人民共和国民事诉讼法》

2.《最高人民法院关于适用〈中华人民共和国民事诉讼法〉的解释》（法释〔2015〕5号）

（5）死者亲属办理丧葬事宜合理的误工费用。核定死者亲属办理丧葬事宜合理的误工时间（即处理事故人员误工费），应充分了解办理丧葬事宜的死者亲属的人数、职业、所在地，以及具体办理丧葬事宜的时间，以便准确把握“办理”和“合理”。国家法律对于家属办理丧葬事宜的误工时间、人数并没有明确规定，保险公司结合当地司法判决文件，在多年的理赔实务中形成了自身赔付习惯，比如有些保险公司要求家属应赔偿的人数原则上不超过3人，且这三人须为死者直系亲属，误工时间不超过10天。也有地方政府对此作了规定，比如规定处理丧葬事宜家属误工费用是指受害人近亲属因处理丧葬事宜误工实际减少的收入，费用一般按照3人5天计算。

《中华人民共和国民法典》第一千一百七十九条规定：侵害他人造成人身损害的，应当赔偿医疗费、护理费、交通费、营养费、住院伙食补助费等为治疗和康复支出的合理费用；造成死亡的，还应当赔偿丧葬费和死亡赔偿金。2020年12月修订《最高人民法院关于审理人身损害赔偿案件适用法律若干问题的解释》时，删除了原第17条有关“受害人死亡的，赔偿义务人除应当根据抢救治疗情况赔偿本条第一款规定的相关费用外，还应当赔偿丧葬费、被扶养人生活费、死亡补偿费以及受害人亲属办理丧葬事宜支出的交通费、住宿费和误工损失等其他合理费用”的规定。综合上述法律规定，对于家属办理丧葬事宜所产生的误工费、交通费等其他合理费用，保险人可以以此作为抗辩观点。但司法实践中有采纳也有未采纳的，目前相关司法解释未就此作出明确规定。

不少省份出台了相应的《道路交通事故赔付项目及计算标准》，对误工费的确定做了相关的规定。因此误工费审核实务，需要结合案件实际情况、国家法律以及地方相关规定进行核定。

做一做

1. 王某驾驶小型轿车撞到邓某停在路边的面包车，造成邓某面包车严重受损的交通事故。经交警部门认定，王某承担此次事故的全部责任。邓某平常是靠面包车上高速修理故障车辆谋生。邓某以面包车受损严重，无法正常工作为由向王某索要误工费，双方协商无果。分析邓某误工费主张是否合理，并说明理由。

2. 未成年人受伤休息期间，其父母或其他监护人因此产生的误工费，应否由侵权人赔偿？

3. 无业人员遭遇交通事故受伤住院治疗，其误工费主张，保险人如何处理？为什么？

（三）护理费

护理费指受害人因遭受人身损害，生活无法自理或无法完全自理，即存在护理依赖，需要他人护理而支出的费用。

1. 核定依据

《最高人民法院关于审理人身损害赔偿案件适用法律若干问题的解释》第八条："护理费根据护理人员的收入状况和护理人数、护理期限确定。护理人员有收入的，参照误工费的规定计算；护理人员没有收入或者雇佣护工的，参照当地护工从事同等级别护理的劳务报酬标准计算。护理人员原则上为一人，但医疗机构或者鉴定机构有明确意见的，可以参照确定护理人员人数。护理期限应计算至受害人恢复生活自理能力时止。受害人因残疾不能恢复生活自理能力的，可以根据其年龄、健康状况等因素确定合理的护理期限，但最长不超过二十年。受害人定残后的护理，应当根据其护理依赖程度并结合配制残疾辅助器具的情况确定护理级别。"

《最高人民法院关于审理人身损害赔偿案件适用法律若干问题的司法解释》第十九条规定："超过确定的护理期限、辅助器具费给付年限或者残疾赔偿金给付年限，赔偿权利人向人民法院起诉请求继续给付护理费、辅助器具费或者残疾赔偿金的，人民法院应予受理。赔偿权利人确需继续护理、配制辅助器具，或者没有劳动能力和生活来源的，人民法院应当判令赔偿义务人继续给付相关费用五至十年。"

《最高人民法院关于审理人身损害赔偿案件适用法律若干问题的司法解释》第二十条规定："赔偿义务人请求以定期金方式给付残疾赔偿金、辅助器具费的，应当提供相应的担保。人民法院可以根据赔偿义务人的给付能力和提供担保的情况，确定以定期金方式给付相关费用。但是，一审法庭辩论终结前已经发生的费用、死亡赔偿金以及精神损害抚慰金，应当一次性给付。”

2. 审核实务

（1）所需资料。对于护理费单证要求，保险公司之间有所差，一般要求有病历、劳动合同、工资条、收入证明、收入减少证明、银行工资转账单、税单等、护工发票等。护理单证材料一方面需要证明伤者存在护理依赖，一方面证明护理人员的姓名、护理天数、护理费支付标准等。

（2）护理费的赔偿条件。护理费是护理受害人而发生的费用，其赔偿的前提是，受害人受到损害，生活不能自理或者不能完全自理，需要有人进行护理，即存在护理依赖。是否需要护理，应当有医疗单位或鉴定机构的明确意见。证明需要陪护的，实际上也陪护，则应予以赔偿。如果核查伤者伤情不需要他人生活护理，则不予以赔偿。

护理依赖可以依据伤者完成进食、翻身、大小便、穿衣洗漱、自我移动这五项活动情况做简易判断。五项均需护理者为完全护理依赖，五项中有三项需要护理者为大部分护理依赖，五项中有一项需要护理者为部分护理依赖。一般认为完全护理依赖和大部分护理依赖者应当给予护理，部分护理依赖者可以给予护理。所以，伤者是否住院、有没有骨折不是护理费的赔付的唯一标准，而应当从其生活自理能力来分析是否需要护理。

伤者治疗终结后是否需要护理依赖及其程度，现行主要依据《人身损害护理依赖程度评定》（GB/T 31147－2014）来评定。其做法：依据伤者治疗终结后，完成进食、床上活动、穿衣、修饰、洗澡、床椅转移、行走、二便等活动情况，区别躯体伤残或精神障碍选用相应的评定分值表，量化给分，然后将各项活动分数合计，确定护理依赖及其程度，同时还要考虑外伤在其护理依赖程度的参与度。总分值在 81 分以上，日常生活基本能够自理，无护理依赖；总分值在 80～61 分，为部分护理依赖；总分值在 60～41 分，为大部分护理依赖；总分值在 40 分以下，为完全护理依赖。

（3）护理人数的认定。护理人数的多少，既关系到对受害人能否适当的照顾，又关系到护理费赔偿数额。根据国家法律规定，护理人数原则上为一人，但在医疗机构或者法医鉴定机构有明确意见的，可以参照意见确定护理人数。

医疗调查人员应随时跟踪以确定实际护理情况，以合理确定护理人数。对于在重症监护（ICU）期间，由于非医护人员一般不能进入，故在此期间原则上没有护理人员。

（4）护理期限的认定。依据伤情、住院情况，护理期限可分为三类：治疗期间、伤情治愈后的康复期间以及因残疾而永久性丧失生活自理能力需要终身护理。

依据国家法律规定，护理期限原则上计算至受害人恢复生活自理能力时止。实务中，可依据《人身损害误工期、护理期、营养期评定规范》（GA/T 1193－2014），结合伤情、年龄等情况综合判定护理期限。对于受到一般伤害的人员，原则上只考虑住院期间护理，对出院后一般不予以考虑，但是住院期间也要根据具体伤情变化确定护理时间。对于因各种原因未住院而又确实需要护理的，可结合实际情况酌情考虑，但必须从严掌握。如果伤者做了护理期鉴定，也提交了相应的鉴定报告，理赔人员需综合审核鉴定意见的合理性，不能一味按照鉴定意见来处理护理期限。

因伤致残，不能恢复生活自理能力的，可以根据其年龄、健康状况等因素确定合理的护理期限，但最长不能超过二十年。实务中，法院对于因残需要终身护理的案件，可能会判决侵权人或者保险公司赔付二十年的护理费。但是涉及植物人的案件中，实践中很少有存活超过五年的植物人。因此，残后护理费的赔付期限不是固定赔付二十年，应该参考《最高人民法院关于审理人身损害赔偿案件若干问题的解释》第八、十九、二十条相关规定，以伤者实际生存年限为终止点，考虑将受诉法院所在的省、自治区或直辖市、计划单列市的人均寿命作为计算节点，再结合伤者的病情综合考虑核定。对于某些可能缩短伤者寿命的特殊疾病（如植物状态等）可考虑以三至五年为一周期赔付，五年后伤者生存的可直接向保险公司再次索赔护理费。为规范理赔，省公安厅、司法厅、法院等部门发布的道路交通事故损害赔偿项目计算标准，可以作为护理期限核定的参考。比如《甘肃省道路交通事故损害赔偿项目计算标准（试行）》（甘高法发〔2020〕3号）规定："完全护理依赖或受害人75岁以上的护理期限暂按5年计算，5年后发生的另行主张，其他情况暂按10年计算，10年后发生的另行主张，但侵权人或者保险公司认为护理期限应当低于10年的，可以申请司法鉴定，根据鉴定意见认定。"

有伤残，但是配置了残疾辅助器具，其护理期限应以残疾辅助器具配置后的情况来判断。如膝关节以上截肢，不配置辅助器具时因不能自我移动可定部分护理依赖；配置辅助器具后其应能自我移动，故不应再赔付这部分护理费。

对受害人原来就患有严重疾病，如高血压、冠心病等，受到伤害后使原来的旧病复发或加重，根据近因原则，其护理期限一般考虑至外伤治愈时为止。如果能确实证明伤害与旧病复发或加重有直接因果关系，其护理期限可以适当延长，但延长时间需要结合伤情、基础疾病情况等综合协商确定。如果伤者伤前就存在护理依赖，比如高龄老人、精神病患者，那么依据近因原则，其护理期限原则上应以外伤的医疗终结时间为止，也可根据老年人的年龄，结合损伤程度，协商确定一个护理的限定时间。

（5）护理费计算标准。护理人员有收入的，参照误工费的规定计算；护理人员没有收入的，参照当地护工从事同等级别护理的劳务报酬标准计算或参照当地物价部门核定的护工收费标准确定。评残之后的护理费，一般根据法院裁定或法医机关的鉴定结果来确定，同时还应结合护理依赖程度来计算。

依照《人身损害护理依赖程度评定》（GB/T 31147－2014）规定，完全护理依赖护理费赔付比例为100%，大部分护理依赖护理费赔付比例为80%，部分护理依赖护理费赔付比例为50%。如果涉及伤病共存，还需考量损伤参与度。依照《人身损害护理依赖程度评定》（GB/T 31147－2014）规定：完全由本次损害及其并发症、后遗症造成，原有疾病或残疾与其所需护理依赖程度无因果关系的，损伤参与度为100%；主要由本次损害及其并发症、后遗症造成，原有疾病或残疾对其所需护理依赖程度只起到加重和辅助作用的，损伤参与度为75%；本次损害及其并发症、后遗症与原有疾病或残疾共同造成护理依赖程度，且作用相当，难分主次的，损伤参与度为50%；主要由原有疾病或残疾造成，本次损害及其并发症、后遗症对其所需护理依赖程度只起到加重和辅助作用的，损伤参与度为25%；完全由原有疾病或残疾造成，本次损害及其并发症、后遗症与其所需护理依赖程度无明确因果关系的，损伤参与度为0。

护理费标准可根据被护理人员残后居住地情况予以核定，如居住于农村的，可使用当地农林渔业平均收入计算；如居住于城镇的，可按照当地物价部门核定的护工收费标准或居民服务业平均收入确定。也可以参照地方公安厅、司法厅、法院等部门发布的道路交通事故损害赔偿项目计算标准。比如《甘肃省道路交通事故损害赔偿项目计算标准（试行）》（甘高法发〔2020〕3号）规定："家人护理参照误工费标准，外聘护工按照服务行业标准确定。短期医嘱护理 = 日工资标准/天 × 医嘱护理天数；长期康复护理 = 日工资标准/天 × 护理依赖系数（完全护理依赖按照100%，大部分护理依赖按照80%，部分护理依赖按照50%） × 护理年限 ×365天。"

想一想

伤者受伤，其护理人员有可能是专门从事护理工作的人员，也有可能是其亲属或配偶，还有可能是受害人雇佣的其他人员。试分析这些护理人员对护理费赔付的影响，人伤理赔实务中如何处理？

（四）交通费

交通费是受害人及其必要的陪护人员因就医或者转院治疗所实际发生的用于交通的费用。

1. 核定依据

《最高人民法院关于审理人身损害赔偿案件适用法律若干问题的解释》第九条："交通费根据受害人及其必要的陪护人员因就医或者转院治疗实际发生的费用计算。交通费应当以正式票据为凭；有关凭据应当与就医地点、时间、人数、次数相符合。"

2. 审核实务

（1）所需资料。核定交通费一般需要医嘱、病历资料、正式的税务发票、汽车票、火车票、船票、出租汽车票等。医嘱、病历资料主要是证明有就医或转院的必要，汽车票、火车票等交通费发票主要是证明交通费用的实际额度。

（2）审核要点。交通费是受害人及其必要的陪护人员因就医或转院治疗实际发生的费用，强调受害人就医支出的、实际发生的费用。核定时以受害人提供的正式票据为支付凭证，正式票据应当与就医地点、时间、人数、次数相吻合。没有正式票据，需要核定其真实性酌情赔付。交通费的承担人数，应根据实际情况进行核定，原则上受伤人员在转院治疗时期应承担一人的交通费，但是有医疗机构证明可酌情处理。

（3）赔付标准。乘坐不同的交通工具，其交通费用也会有差异。《最高人民法院关于审理人身损害赔偿案件适用法律若干问题的解释》对于交通工具没有作明确规定，实践中参照当地国家机关一般工作人员出差的车旅费标准支付交通费，一般情况下不允许乘坐飞机，紧急情况除外，但也需要有合理的解释。也以可参照各地发布的道路交通事故交通费用赔偿标准。比如《甘肃省道路交通事故损害赔偿项目计算标准（试行）》（甘高法发〔2020〕3号）规定："市内交通费结合就医具体情况酌情确定，按照实际发生费用赔付，无票据的按照10元/次执行；市外交通费强调因必要的、合理的异地就医产生的费用，转院治疗陪同人员不超过2人且需就诊医院开具转院证明，乘坐长途汽车、火车等交通工具，按照交通费发票据实计算，但不得超过国际一般工作人员出差标准。”

（4）私家车使用处理。伤者使用私家车就医或转院时，无法提供正式票据，应首先审核使用的合理性，在合理性前提下，按照正常的交通费标准与驾车产生的燃料费、停车费、过路费等进行比较，认可合理的部分费用。

（5）死者亲属办理丧葬事宜的交通费。对于死者亲属办理丧葬事宜的交通费，国家法律没有做具体规定，实务中不同地区的保险公司做法有所差异。有些保险公司规定家属办理丧葬事宜所产生的交通费应以合理为标准，其主体只能是死者的亲属，以不超过三人为限。也有地方政府部门规定处理丧葬事宜家属交通费凭交通费发票据实计算。

《中华人民共和国民法典》第一千一百七十九条规定侵害他人造成人身损害的，应当赔偿医疗费、护理费、交通费、营养费、住院伙食补助费等为治疗和康复支出的合理费用；造成死亡的，还应当赔偿丧葬费和死亡赔偿金。2020年12月修订《最高人民法院关于审理人身损害赔偿案件适用法律若干问题的解释》时，删除了原第十七条有关“受害人死亡的，赔偿义务人除应当根据抢救治疗情况赔偿本条第一款规定的相关费用外，还应当赔偿丧葬费、被扶养人生活费、死亡补偿费以及受害人亲属办理丧葬事宜支出的交通费、住宿费和误工损失等其他合理费用”的规定。综合上述法律规定，对于家属办理丧葬事宜所产生的误工费、交通费等其他合理费用，保险人可以以此作为抗辩观点。但司法实践中有采纳也有未采纳的，目前相关司法解释未就此作出明确规定。

（五）住宿费

1. 核定依据

《最高人民法院关于审理人身损害赔偿案件适用法律若干问题的司法解释》第十条规定：“受害人确有必要到外地治疗，因客观原因不能住院，受害人本人及其陪护人员实际发生的住宿费和伙食费，其合理部分应予赔偿。”

2. 审核实务

（1）所需资料。正式住宿费票据、病历资料。

（2）赔付条件。依据《最高人民法院关于审理人身损害赔偿案件适用法律若干问题的司法解释》第十条规定，车险人伤案件中，住宿费赔付的必须同时满足两个条件。一是证明“确有必要”到外地治疗，如当地没有条件治疗这种病，当地不具备实施这种手术的条件等。二是证明“因客观原因”不能住院，如因医院无床位或其他原因确需候诊，且伤情不允许返回家中治疗，或往返家中的交通费用高于住宿费等。

（3）赔付标准。《最高人民法院关于审理人身损害赔偿案件适用法律若干问题的解释》对于住宿费没有规定具体的标准，实践中可以参照事故发生地国家机关一般工作人员的出差住宿标准计算，也可参照各地发布的道路交通事故住宿费用赔偿标准。比如《甘肃省道路交通事故损害赔偿项目计算标准（试行）》（甘高法发〔2020〕3号）规定：“外地就医住宿费是指受害人确有必要到外地治疗，因客观原因不能即时住院产生的受害人及其陪护人员实际住宿费用，按照住宿发票据实计算，但不得超过国家一般工作人员出差标准，时间一般不超过15天，陪同人员不超过2人。”

住宿费的赔偿应以正式票据为前提，同时要有对应的就诊票据或处理事故的凭证，住宿天数应该结合在外地治疗的情况来计算，不合理的住宿费不予赔付。核定时还应该考虑就近原则，即住宿地距离就治医院较近。对于舍近求远入住的，应重点核实其住宿费的真实性、合理性。

（4）死者亲属办理丧葬事宜的住宿费。对于死者亲属办理丧葬事宜的住宿费，国家法律没有作出具体规定，实务中不同地区的保险公司做法有所差异。比如有些保险公司规定死者亲属办理丧葬事宜的住宿费应是在死者居住地之外的事故发生地发生的住宿费用，参照事故发生地国家机关一般工作人员的出差住宿标准计算，死者亲属的人数不超过 3 人，时间不应超过 15 天。也有地方政府部门规定处理丧葬事宜家属住宿费根据住宿费发票据实计算，但不得超过国家一般工作人员出差标准，一般不超过 5 天。

《中华人民共和国民法典》第一千一百七十九条规定侵害他人造成人身损害的，应当赔偿医疗费、护理费、交通费、营养费、住院伙食补助费等为治疗和康复支出的合理费用；造成死亡的，还应当赔偿丧葬费和死亡赔偿金。2020 年 12 月修订《最高人民法院关于审理人身损害赔偿案件适用法律若干问题的解释》时，删除了原第十七条有关“受害人死亡的，赔偿义务人除应当根据抢救治疗情况赔偿本条第一款规定的相关费用外，还应当赔偿丧葬费、被扶养人生活费、死亡补偿费以及受害人亲属办理丧葬事宜支出的交通费、住宿费和误工损失等其他合理费用”的规定。综合上述法律规定，对于家属办理丧葬事宜所产生的误工费、交通费等其他合理费用，保险人可以以此作为抗辩观点。但司法实践中有采纳也有未采纳的，目前相关司法解释未就此作出明确规定。

（六）住院伙食补助费

1. 核定依据

《最高人民法院关于审理人身损害赔偿案件适用法律若干问题的司法解释》第十条规定：“住院伙食补助费可以参照当地国家机关一般工作人员的出差伙食补助标准予以确定。受害人确有必要到外地治疗，因客观原因不能住院，受害人本人及其陪护人员实际发生的住宿费和伙食费，其合理部分应予赔偿。”

2. 审核实务

（1）赔付对象。住院伙食补助费仅限于住院的受害人。受害人确有必要到外地治疗的，除承担受害人本人的伙食费外还要承担其陪护人员的伙食费，对于陪护人员的伙食费的人数原则上为亲属一人。

（2）赔付标准。伙食补助费的标准参照当地国家机关一般工作人员的出差伙食补助标准予以确定，原则上应以住院地的标准为限。

（七）营养费

营养费是指人体在遭受损害后发生代谢改变，通过日常饮食不能满足受损肌体对热能和各种营养素的要求，必须增加营养品作为对身体补充所支出的费用。

1. 核定依据

《最高人民法院关于审理人身损害赔偿案件适用法律若干问题的司法解释》第十一条规定：“营养费根据受害人伤残情况参照医疗机构的意见确定。”

2. 审核实务

营养费为辅助治疗，帮助恢复健康所必须的营养。国家法律对营养费没有明确规定补偿依据和标准，实务人身损害赔偿项目中，营养费的赔付富有弹性，核定也有难度。实务中需要强调加强营养的必须性。一般情况下伤者的营养可以通过伙食、用药等完成，不考虑给予营养费，但在重大伤情如大出血、消化道损伤、重度昏迷导致不能进食，或者虽然能进食，但是病情比较严重，补充营养有助于恢复等情况，可根据医疗机构的意见合理核定。

关于营养的补充，不同个体理解不一。实务中营养费赔付标准，有些地方参照住院伙食补助费，有些地方按照一定额度赔付，比如某地方政府规定营养费 = 20 元/天 × 住院天数。现行营养期主要参照《人身损害误工期、护理期、营养期评定规范》（GA/T 1193 - 2014）来评定，但是实务中需要结合伤者伤情、地方具体标准综合分析，核定营养费。

想一想

李某遭遇车祸前就患有严重高血压、冠心病、糖尿病等疾病，交通事故导致原来疾病加重，但是能进食。人伤定损时，李某是否能够得到营养费的赔付？为什么？

（八）残疾赔偿金

残疾赔偿金是指对受害人因人身遭受损害致残而丧失全部或者部分劳动能力的财产赔偿。残疾赔偿金理论上采取“劳动能力丧失”说，根据因伤致残的受害人全部或部分丧失劳动能力的情况，计算其未来的收入损失但也考虑了赔偿权利人收入与否的实际情况。赔偿期限按照二十年固定期限，实行定型化赔偿。

1. 核定依据

《最高人民法院关于审理人身损害赔偿案件适用法律若干问题的司法解释》第十二条规定：“残疾赔偿金根据受害人丧失劳动能力程度或者伤残等级，按照受诉法院所在地上一年度城镇居民人均可支配收入或者农村居民人均纯收入标准，自定残之日起按二十年计算。但六十周岁以上的，年龄每增加一岁减少一年；七十五周岁以上的，按五年计算。受害人因伤致残但实际收入没有减少，或者伤残等级较轻但造成职业妨害严重影响其劳动就业的，可以对残疾赔偿金作相应调整。”

《最高人民法院关于审理人身损害赔偿案件适用法律若干问题的司法解释》第十九条规定：“超过确定的护理期限、辅助器具费给付年限或者残疾赔偿金给付年限，赔偿权利人向人民法院起诉请求继续给付护理费、辅助器具费或者残疾赔偿金的，人民法院应予受理。赔偿权利人确需继续护理、配制辅助器具，或者没有劳动能力和生活来源的，人民法院应当判令赔偿义务人继续给付相关费用五至十年。”

《最高人民法院关于审理人身损害赔偿案件适用法律若干问题的司法解释》第二十条规定：“赔偿义务人请求以定期金方式给付残疾赔偿金、辅助器具费的，应当提供相应的担保。人民法院可以根据赔偿义务人的给付能力和提供担保的情况，确定以定期金方式给付相关费用。但是，一审法庭辩论终结前已经发生的费用、死亡赔偿金以及精神损害抚慰金，应当一次性给付。”

2. 审核实务

（1）所需资料。残疾赔偿金核定时需要的单证材料一般有户籍证明、居住证明、劳动合同、工作证明、社保缴纳证明、司法鉴定机构出具的伤残鉴定书、租房合同、购房合同、征地文件等。但是，实务中，需要具体情况具体分析，比如伤者伤残未经鉴定结构鉴定，而是由保险公司自行评定，那么索赔残疾赔偿金时不需要提供伤残鉴定报告书；主张城镇标准赔付须提供户籍证明，或其他能证明其户籍性质和年龄的材料；农村户籍主张按照城镇标准赔付需要提供在城镇工作、居住满 1 年的相关材料，比如暂住证、房屋租赁合同、劳动合同等。

（2）赔付条件。残疾赔偿金理论上采取“劳动能力丧失”说，根据因伤致残的受害人全部或部分丧失劳动能力的情况，计算其未来的收入损失，但也考虑了赔偿权利人收入与否的实际情况。因此残疾赔偿金主张的前提条件是伤者存在残疾。实务中需要结合伤者伤情、治疗终结后的状态以及伤残鉴定报告来审核伤残等级的客观性。

（3）计算公式。

残疾赔偿金 = 赔偿标准 × 赔偿年限 × 伤残赔偿指数。

一处伤残的赔偿指数依据《人体损伤致残程度分级》规定，人体损伤致残程度划分为 10 个等级，从一级（人体致残率 100%）到十级（人体致残率 10%），每级致残率相差 10%。多处伤残的赔偿指数一般以最高一处伤残等级为基准，其他伤残按一定附加赔偿指数计算，从 10 级伤残至 2 级伤残按 1% 的增加比例确定赔偿附加指数，即 10 级为 1%、9 级为 2%、8 级为 3%，以此类推。无论有多少处伤残，在最高处的伤残赔偿比例基础上再增加的赔偿比例必须小于或等于 10%，且总赔偿比例之和不能超过 100%。如当地有相关复合伤残附加指数计算的地方性文件，按文件执行，但需审核其真实性和合理性。

做一做

伤者有 6 级伤残 1 处，8 级、9 级、10 级各 1 处，计算其伤残赔偿指数?

赔偿年限以伤者定残日对应的年龄来确定。比如伤者定残日年龄为 48 岁，依据国家法律规定，其赔偿年限为 20 年；伤者定残日年龄为 78 岁，依据国家法律规定，其赔偿年限为 5 年。依据《最高人民法院关于审理人身损害赔偿案件适用法律若干问题的司法解释》第十九、二十条规定，实务中结合伤者伤情、年龄、健康状况，还可以积极协商，采用定期支付方式赔付残疾赔偿金。

依据国家法律规定，残疾赔偿金赔偿标准有城镇居民人均可支配收入或者农村居民人均纯收入标准两种，因此，计算残疾赔偿金需要确定伤者的身份，根据其身份确定使用城镇居民人均可支配收入或者农村居民人均纯收入标准。实务中需要伤者提供户籍证明，或其他能证明其户籍性质和年龄的材料。比如：伤者为外地人农村户籍提供在城镇生活、工作满一年的相关证明可按城镇标准；伤者为农村户籍，但土地已被征收的，提供征收文件、征地补偿协议等相关证明材料的也可按照城镇标准核定。

2019年5月5日，中共中央、国务院公布的《关于建立健全城乡融合发展体制机制和政策体系的意见》（十七）指出改革人身损害赔偿制度，统一城乡居民赔偿标准。2019年9月2日，最高人民法院向全国各省高级人民法院发出明传电报，要求省高级人民法院开展人身损害赔偿案件统一城乡居民赔偿标准试点工作。之后，全国各省高级人民法院又以各种形式要求中级人民法院开展人身损害赔偿案件统一城乡居民赔偿标准试点工作。截至目前，北京、上海、江苏、湖南等地已经实行了人身损害赔偿标准城乡一体化，但是各地在具体执行人身损害赔偿标准城乡一体化时有一定的差异。比如《上海市高级人民法院关于开展人身损害赔偿标准城乡统一试点工作的实施意见》，明确2020年1月1日以后发生的因侵权行为所引发的人身损害赔偿案件，适用标准统一为"上海市居民标准"，即案件中的残疾赔偿金、死亡赔偿金按照政府统计部门公布的上一年度上海市居民人均可支配收入计算；《江苏省高级人民法院关于开展人身损害赔偿标准城乡统一试点工作的实施方案》，明确规定残疾赔偿金根据上一年度江苏省居民人均可支配收入中工资性收入与经营净收入之和乘以全省平均负担系数的标准。因此实务中，核定伤者残疾赔偿金赔偿标准时需要结合案件实际情况来做具体分析。

随着国民经济的发展、交通的便利，人们生活、就业地不再固定，可能出现多地的变动。而我国不同地区的经济发展水平存在较大差异，因此残疾赔偿金赔偿标准也会有较大差异。国家法律对受民事诉讼管辖做了相关规定，但是实务中可能存在伤者收入来源地、被告住所地、被告经常居住地不一致情况，有待理赔人员根据案件的实际情况，结合受害人住所地、经常居住地、主要收入来源等因素确定。如果伤者主张按较高一方的标准赔付，经审核符合国家法律规定，那么保险公司予以认可。

想一想

2019年9月，来自云南农村的李某被北京某大学录取。2021年3月，李某在其学校门口被一辆私家车撞伤致残，残疾程度为9级，肇事车主为杭州人。结合国家法律规定，分析案件中的李某，其残疾赔偿金赔偿标准如何确定，并说明理由。

（九）残疾辅助器具费

残疾辅助器具费概念：因伤致残的受害人为补偿其遭受创伤的肢体器官功能、辅助其实现生活自理或者从事生产劳动而购买、配制的生活自助器具所需的费用。这种费用支出的损失同侵害行为具有相当因果关系，根据人身损害赔偿填补损害的功能，对于受害人的这种损失应当进行赔偿，以填补受害人的损失。

1. 核定依据

《最高人民法院关于审理人身损害赔偿案件适用法律若干问题的司法解释》第十三条规定："残疾辅助器具费按照普通适用器具的合理费用标准计算。伤情有特殊需要的，可以参照辅助器具配制机构的意见确定相应的合理费用标准。辅助器具的更换周期和赔偿期限参照配制机构的意见确定。”

2. 审核实务

（1）所需资料。残疾辅助器具配置发票、辅助器具配置证明（由民政部门、鉴定机构或器具厂出具）。

（2）配置标准。国家法律规定残疾辅助器具按照“普通适用”标准配置。实务中，“普通”一般理解为配制的辅助器具应排斥奢侈型、豪华型，不能一味追求高品质，费用标准是大众化消费水平。“适用”一般理解为配置的残疾辅助器具确实能起到功能补偿作用，有助于恢复生活自理能力、劳动能力，同时还要符合“稳定性”和“安全性”要求。现实中残疾辅助器具参差不齐，审核人员尽可能以伤者的身份向各生产厂家了解配置信息，以综合分析出一个客观合理的价格。有些保险公司参照中国康复辅助器具协会《中国康复辅助器具基本产品指导价格目录》，结合伤情治疗情况和当地经济发展情况，协商确定。关于残疾辅助器具配置，有些地方政府出台了相应的政策文件或具体标准区，理赔实务中也可参考。

伤情有特殊需要的，可以参照辅助器具配制机构的意见确定相应的合理费用标准。伤情有特殊需要，一般是指受害人伤情有异于常人，对辅助器具的配制需“个别化”处理，“普通”器具达不到安全性或者稳定性的“适用”要求，须配制“普通”以上的器具才具有“安全性”“稳定性”，才能起到帮助受害人恢复生活自理或者从事生产劳动的功能补偿作用。

（3）配制机构的意见。我国民政部门的假肢与矫形康复机构，是从事辅助器具研究和生产的专业机构，可从事残疾辅助器具的鉴定和配置工作，且比一般商业公司更为专业。实务中，对于伤情有特殊需要的，可以参照民政部门的假肢与矫形康复机构的意见，但不能完全以他们的鉴定意见作为残疾辅助器具确定依据，还需搜集残疾辅助器具生产相关厂家的费用标准、使用期限，结合伤者伤情，综合分析，予以确定。

（4）辅助器具的更换周期与赔偿期限。国家法律对于辅助器具的更换周期与赔偿期限未作具体的规定，而这两个赔偿因素的确定是一个技术问题，关系到使用残疾辅助器具的受害人的切身利益，可以参照配置机构的意见，但理赔人员必须介入调查，搜集相关信息综合裁定。如果当地公安、民政部门、物价部门有相关标准的，可以按当地标准执行。赔偿期限上可以结合更换周期，受诉法院所在地人均期望寿命减去残疾人的年龄计算出残存寿命，以残存寿命作为赔偿期间，除以更换周期就是更换次数。在核定残疾辅助器具的赔偿期限时，还应考虑受伤人的实际情况，如对年龄较大的伤者可能不需配置长期使用的残疾辅助器具；超过 70 岁以上的伤者，考虑其年龄和身体状况，不适合配置残疾辅助器具等。

残疾辅助器具费用受价格标准、伤情、伤者安装心理需求诸多因素的影响，导致其赔付弹性大，因此人伤理赔实务中，一方面需要提前告知被保险人、伤者残疾辅助器具配置相关注意事项，引导事故双方就残疾辅助器具费用协商议定；另一方面在核定该项损失时，尽可能收集相关政策文件、器具价格标准，与被保险人和伤者积极沟通、协商。

拓展阅读

1.《工伤保险辅助器具配置管理办法》

http：//www. mca. gov. cn/article/gk/fg/shsw/201603/20160315880813. shtml

2. 湖南省人力资源和社会保障厅关于印发《湖南省工伤职工配置辅助器具管理办法》和《湖南省工伤保险辅助器具配置项目目录和最高支付限额标准》的通知 http：//www. hunan. gov. cn/xxgk/wjk/szbm/szfzcbm_ 19689/srlsh-bzt/gfxwj_ 19835/201901/t20190114_ 5258399. html

（十）丧葬费

丧葬费是指侵害自然人的生命权致使受害人死亡的，受害人的亲属对死亡的受害人进行安葬所产生的丧葬费用的支出。一般用于逝者服装、整容、遗体存放、运送、告别仪式、火化、骨灰盒、骨灰存放等，这明显是一种财产损失，赔偿义务人应当赔偿。

1. 核定依据

《最高人民法院关于审理人身损害赔偿案件适用法律若干问题的司法解释》第十四条规定："丧葬费按照受诉法院所在地上一年度职工月平均工资标准，以六个月总额计算。"

2. 审核实务

丧葬费 = 受诉法院所在地上一年度职工月平均工资 ×6 个月。丧葬费包括了丧礼费、停尸费、尸检费、尸体整容费、火化费（土葬费）及治丧期间的有关人员的吃住、停尸费交通费等一切费用，因此，实务中对此类费用不再另行赔付。

（十一）死亡赔偿金

死亡赔偿金，又称死亡补偿费，是死者因他人致害死亡后由加害人给其近亲属所造成的物质性收入损失的一种补偿。

1. 核定依据

《最高人民法院关于审理人身损害赔偿案件适用法律若干问题的司法解释》第十五条规定："死亡赔偿金按照受诉法院所在地上一年度城镇居民人均可支配收入或者农村居民人均纯收入标准，按二十年计算。但六十周岁以上的，年龄每增加一岁减少一年；七十五周岁以上的，按五年计算。"

《中华人民共和国民法典》第一千一百八十条规定："因同一侵权行为造成多人死亡的，可以以相同数额确定死亡赔偿金。"

2. 审核实务

（1）所需资料。死亡证明比如尸检报告、医学死亡证明、户籍火化证明、安葬证明或户籍注销证明；户籍证明，同残疾赔偿金。

（2）赔偿标准。依据国家法律规定，死亡赔偿金赔偿标准有城镇和农村差别，其赔偿标准、赔偿期限的具体核定参照残疾赔偿金。需要注意的是，死亡赔偿金审核时需要考虑死亡原因与交通事故的关联性，实务中也存在伤病共存导致死亡的。

（3）同命同价。依据《中华人民共和国民法典》第一千一百八十条规定，实务中对于同一起交通事故导致多人死亡的，其死亡赔偿金按照同一数额予以赔付。同一侵权行为导致多人死亡，按照受害者实际情况来计算死亡赔偿金，其数额差异较大，一般采取就高不就低原则，即按照受害者死亡赔偿金数额最大的标准进行赔付。

（4）无名氏的赔偿。《最高人民法院关于审理道路交通事故损害赔偿案件适用法律若干问题的解释》第二十三条规定："被侵权人因道路交通事故死亡，无近亲属或者近亲属不明，未经法律授权的机关或者有关组织向人民法院起诉主张死亡赔偿金的，人民法院不予受理。侵权人以已向未经法律授权的机关或者有关组织支付死亡赔偿金为理由，请求保险公司在交强险责任限额范围内予以赔偿的，人民法院不予支持。被侵权人因道路交通事故死亡，无近亲属或者近亲属不明，支付被侵权人医疗费、丧葬费等合理费用的单位或者个人，请求保险公司在交强险责任限额范围内予以赔偿的，人民法院应予支持。"

基于上述法律规定，实务中对于无名氏死亡赔偿金的审核，需要确定索赔主体必须经法律授权。这里的"法律"一般指狭义的法律即全国人大及其常委会制定的法律，不包括行政法规、地方性法规、部门规章等规范性法律文件。民政部门、检察机关、交警部门、道路交通事故社会救助基金管理机构等未经法律授权的机关或有关组织均无权代收无名氏死亡赔偿金赔款，也无权向人民法院提起死亡赔偿金之诉。对于无名氏发生交通事故产生的医疗费、丧葬费等合理费用，有关单位或个人已先行垫付的，可以请求保险公司在交强险限额内予以赔偿，无需法律授权。

（十二）被扶养人生活费

被扶养人生活费是指受害人因道路交通事故死亡或者伤残而丧失劳动能力的情况下，由其进行扶养的、无其他生活来源的人因为生活来源的丧失而遭受不利，被扶养人的扶养费给付请求权难以实现，直接影响其现实生活，赔偿义务人应按照一定的标准赔偿。

1. 核定依据

《最高人民法院关于审理人身损害赔偿案件适用法律若干问题的司法解释》第十六条规定："被扶养人生活费计入残疾赔偿金或者死亡赔偿金。"

《最高人民法院关于审理人身损害赔偿案件适用法律若干问题的司法解释》第十七条规定："被扶养人生活费根据扶养人丧失劳动能力程度，按照受诉法院所在地上一年度城镇居民人均消费性支出和农村居民人均年生活消费支出标准计算。被扶养人为未成年人的，计算至十八周岁；被扶养人无劳动能力又无其他生活来源的，计算二十年。但六十周岁以上的，年龄每增加一岁减少一年；七十五周岁以上的，按五年计算。被扶养人是指受害人依法应当承担扶养义务的未成年人或者丧失劳动能力又无其他生活来源的成年近亲属。被扶养人还有其他扶养人的，赔偿义务人只赔偿受害人依法应当负担的部分。被扶养人有数人的，年赔偿总额累计不超过上一年度城镇居民人均消费性支出额或者农村居民人均年生活消费支出额。"

《最高人民法院关于审理人身损害赔偿案件适用法律若干问题的司法解释》第十八条规定："赔偿权利人举证证明其住所地或者经常居住地城镇居民人均可支配收入或者

农村居民人均纯收入高于受诉法院所在地标准的，残疾赔偿金或者死亡赔偿金可以按照其住所地或者经常居住地的相关标准计算。被扶养人生活费的相关计算标准，依照前款原则确定。”

2. 审核实务

（1）所需资料。共同扶养人证明、被扶养人劳动能力丧失情况证明、户籍证明、居住证明等。

（2）赔付前提。基于被扶养人生活费概念的理解，该项费用的赔付强调被侵权人因为受到侵害，劳动能力丧失或降低，导致收入的减少或中端，从而影响到其扶养义务的履行。因此，被扶养人生活费的计算与扶养人劳动能力丧失程度密切相关，国家法律也是这样规定的。如果扶养人仅是受到轻微伤害，达不到伤残甚至死亡的程度，不会影响其劳动能力、扶养义务的履行，就不会产生被扶养人生活费这项损失。即便有伤残，其劳动能力未必有影响，比如容貌毁损致残，一般不影响劳动能力，此类情况通常不赔付抚养费。如果受害人请求受害人的被扶养人生活费，需对受害人进行劳动力评估，再确定是否赔付及赔付比例。实务中，一般有伤残或死亡，就可以赔付被扶养人生活费。也有受害者提供了伤残与劳动能力鉴定报告，要求以劳动能力丧失程度计算被抚养人生活费。法院对于这种情况也支持，但是目前劳动能力鉴定采用的是工伤标准，相对比较宽松。

（3）被扶养人的确定。依据国家法律规定，被扶养人包括受害人依法应当承担扶养义务的未成年人、受害人依法应当承担扶养义务的丧失劳动能力又无其他生活来源的成年近亲属。其中“近亲属”是指配偶、父母、子女、兄弟姐妹、祖父母、外祖父母、孙子女、外孙子女；“依法”即法定，现行主要是遵循《中华人民共和国民法典》的相关规定。被扶养人须是直接受害人生前或致残前扶养的人，一般不包括有扶养期待权的权利人。

依据《中华人民共和国民法典》以及《最高人民法院关于审理人身损害赔偿案件适用法律若干问题的司法解释》相关规定，受害人依法应当承担扶养义务的未成年人包括未成年子女、父母已经死亡或父母无力抚养的未成年孙子女与未成年外孙子女、父母已经死亡或父母无力抚养的未成年的弟妹以及履行法定收养手续的未成年的养子女。《中华人民共和国民法典》规定“非婚生子女享有与婚生子女同等的权利”，因此未成年子女还包括非婚生子女。受害人依法应当承担扶养义务的丧失劳动能力又无其他生活来源的成年近亲属包括：①丧失劳动能力又无其他生活来源的配偶，《中华人民共和国民法典》规定夫妻具有相互扶养的义务；②丧失劳动能力又无其他生活来源的父母，《中华人民共和国民法典》规定成年子女不履行赡养义务的，缺乏劳动能力或者生活困难的父母，有要求成年子女给付赡养费的权利；③丧失劳动能力又无其他生活来源的继父母，前提是继父或继母对继子女承担过抚养教育义务；④子女已经死亡或子女无力赡养的丧失劳动能力又无其他生活来源的祖父母、外祖父母，但是要求扶养人具有负担能力；⑤丧失劳动能力又无其他生活来源的兄、姐，但是要求扶养人有负担能力的，而且其由兄、姐扶养长大。

想一想

1. 受害者死亡时，其有3个儿女。大女儿21岁，但是智力低下，未就业。二女儿19岁，在某高校读书。儿子10岁，在某小学读书。结合国家法律规定，分析案件中的被扶养人有谁，并说明理由。

2. 交通事故导致张某当场死亡。事发3个月后，其妻顺产一男婴。4个月后，其妻来索赔，结合国家法律规定，分析案件中的男婴能否列为被扶养人对象，并说明理由。

（4）共同扶养人的确定。《最高人民法院关于审理人身损害赔偿案件适用法律若干问题的司法解释》第十七条规定“被扶养人还有其他扶养人的，赔偿义务人只赔偿受害人依法应当负担的部分”，强调的是具有共同扶养义务的人，并未说明共同扶养人的扶养比例。实务中，对共同扶养人的扶养比例采取平均，即受害者如果兄妹共两人，那么对其父母的赡养比例各为1/2。

（5）赔偿标准。车险人伤案件中，被抚养人有数人，当中既有城镇居民又有农村居民，同时还涉及多个省份，计算被抚养人生活费时具体采用什么赔偿标准？实务中，有些地区基于对被抚养人生活费概念的理解，按照被扶养人各自的身份状况采用相应的赔偿标准。第八次全国法院民事商事审判工作会议（民事部分）纪要（2016年11月30日）提出，在计算被扶养人生活费时，如果受害人是农村居民但按照城镇标准计算残疾赔偿金或者死亡赔偿金的，其被扶养人生活费也应按照受诉法院所在地上一年度城镇居民人均消费性支出标准计算。目前不少省市基于规范理赔，减少纠纷等因素，对道路交通事故损害赔偿项目及计算标准做了具体的规定。比如《广西壮族自治区道路交通事故损害赔偿项目及计算标准》（桂高法会〔2020〕8号）规定“受害人致残的，被扶养人生活费=广西上一年度城镇居民人均消费支出×扶养年限÷扶养人人数×伤残赔偿指数”。《河北省道路交通事故损害赔偿项目及计算标准（试行）》（冀高法会〔2020〕31号）规定“被扶养人生活费=上一年度河北省城镇居民人均消费性支出标准×扶养年限×伤残赔偿系数”。因此，关于被扶养人生活费赔偿标准，实务中需要结合案件实际情况、国家法律相关规定以及地方出台的相应政策文件，综合分析，予以确定。

（6）赔偿年限。依据国家法律规定，被扶养人生活费赔偿年限分两种情况。未成年，计算到十八岁。成年近亲属，以二十年为限，但六十周岁以上的，年龄每增加一岁减少一年；七十五周岁以上的，按五年计算。

（7）计算时间节点。被扶养人生活费是因为扶养人即受害人因事故损伤，获得财产能力下降导致被扶养人生活受到影响而产生。在扶养人未评残前，无法认定扶养人获得财产的能力是否下降，该项损失还处于不确定状态。即使后期扶养人评定有伤残，其评定伤残前已主张了误工损失，并不影响扶养义务的履行。如果从事故发生之日起开始计算被扶养人生活费，那么被扶养人生活费存在重复计算。因此被扶养人生活费应从定残之日或死亡之日开始起计算。

（8）被扶养人生活费的计算。实务中，被扶养人生活费有多种计算方法。一般计算步骤为：首先，确定每个被扶养人的扶养年限；其次，根据被扶养人的户籍采用相应的城镇或农村标准（有些地区统一按照受害人城镇或者农村标准），对扶养人每个年度相对应每一被扶养人应承担的份额进行分摊；再次，将每个年度内扶养人应承担的所有被扶养人的被扶养人生活费相加与上一年度城镇居民人均消费性支出额或者农村居民人均年生活消费支出额相比，未超过的按实际数字，超过的按城镇或农村支出额年标准计算；最后，将每个年度的被扶养人生活费相加，就是被扶养人生活费总数。

受害人有多个被扶养人，实务中有两种做法。一种是在确定被扶养人生活费中的年赔偿总额时不应当考虑受害人的劳动能力丧失程度，按照先限制年赔偿总额后再乘残疾赔偿系数的方式计算；另一种是确定被扶养人生活费的年赔偿总额时应当考虑受害人的劳动能力丧失程度，按照先乘残疾赔偿系数后再限制年赔偿总额的方式计算。

具体以案例演示。

2017年7月23日8时30分左右，万某建驾驶渝C×××××号小型客车与彭某勇驾驶的渝C×××××号小型客车发生碰撞，造成彭某勇驾驶的渝C×××××号小型客车乘客古某群受伤，两车受损的道路交通事故，交警部门认定万某建承担此次事故的全部责任，彭某勇、古某群无责任。古某群随后被送入医院住院治疗，治疗终结后，古某群的伤情经鉴定属于右侧肩关节功能丧失25%以上，构成十级伤残。

古某群的被扶养人有其父亲、母亲和两个女儿，父亲古某義，生于1956年9月12日；母亲陈某惠，生于1957年4月7日；长女彭某蕊，生于2014年1月9日；次女彭某玥，生于2016年7月27日。古某群系古某義与陈某惠的独生女，古某義与陈某惠均无生活来源，由古某群进行赡养。彭某蕊与彭某玥由古某群与其丈夫共同抚养。

古某群向一审法院起诉请求：被告赔偿其各项损失共计22万余元，其中被扶养人生活费115670.5元（母亲21031元/年×20年×10%，父亲21031元/年×19年×10%，长女21031元/年×15年×10%÷2，次女21031元/年×17年×10%÷2）。

一审法院对被扶养人生活费依法确定如下：父亲古某義为21031元/年×19年×10%，母亲陈某惠为21031元/年×20年×10%，长女彭某蕊为21031元/年×15年×10%÷2，次女彭某玥为21031元/年×17年×10%÷2，共计115670.5元。故作出（2017）渝0120民初7881号民事判决，保险公司赔偿古某群各项损失共计21万余元。

一审判决作出后，保险公司不服，提前上诉，保险公司认为：一审法院按多被扶养人逐一计算的方式支持古某群的被扶养人生活费，不合理，应当按照十级伤残标准计算被扶养人生活费，多个被扶养人的，每一年的计算份额为2103.1元，其十级伤残，被扶养人生活费不超过21031元/年×20年×0.1=42062元。

最终，二审作出（2018）渝01民终3572号民事判决：撤销一审民事判决，改判支持古某群主张的被扶养人生活费41010.45元。其被扶养人生活费计算如下：第1-15年被扶养人有四人，因四人每年的被扶养人生活费累加计算为［21031/2+21031/2+21031/2+21031/2］元，超过了人均消费性支出21031元，故其年赔偿总额为21031元，被扶养人生活费为21031元×15年×10%=31546.5元；第16—17年被扶养人有三人，因三人每年的被扶养人生活费累加计算为［21031/2+21031/2+21031/2］元，超过了人均消费性支出 21031 元，故其年赔偿总额为 21031 元，被扶养人生活费为 21031 元×2 年×10% =4206.2 元；第 18－19 年被扶养人为二人，因二人每年的被扶养人生活费累加计算为［21031/2＋21031/2］元，即刚好等于人均消费性支出 21031 元，故其年赔偿总额为 21031 元，被扶养人生活费为 21031 元×2 年×10% =4206.2 元；第 20 年被扶养人为一人，因每年的被扶养人生活费为 21031/2 元，未超过人均消费性支出 21031 元，应当据实计算，故被扶养人生活费为 21031 元÷2 人×1 年×10% = 1051.55 元。故古某群的被扶养人生活费分段相加后共计 41010.45 元。

通过案例中，发现不同的计算方法或得到不同的赔偿金额，至于在人伤理赔案件中如何选定计算方法，则见仁见智，据理力争。

资料来源：https：//mp.weixin.qq.com/s/wAcCGxZoSZjyVf3xV_ PCgg

想一想

父母、兄弟、养父母以及配偶分别在什么情况可以主张被抚养人生活费?

（十三）精神损害抚慰金

1. 核定依据

《中华人民共和国民法典》第一千一百八十三条规定：“侵害自然人人身权益造成严重精神损害的，被侵权人有权请求精神损害赔偿。”

《最高人民法院关于审理人身损害赔偿案件适用法律若干问题的司法解释》第二十三条规定：“精神损害抚慰金适用《最高人民法院关于确定民事侵权精神损害赔偿责任若干问题的解释》予以确定。精神损害抚慰金的请求权，不得让与或者继承。但赔偿义务人已经以书面方式承诺给予金钱赔偿，或者赔偿权利人已经向人民法院起诉的除外。”

《最高人民法院关于确定民事侵权精神损害赔偿责任若干问题的解释》第十条规定：“精神损害的赔偿数额根据以下因素确定：①侵权人的过错程度，法律另有规定的除外；②侵害的手段、场合、行为方式等具体情节；③侵权行为所造成的后果；④侵权人的获利情况；⑤侵权人承担责任的经济能力；⑥受诉法院所在地平均生活水平。”

《最高人民法院关于确定民事侵权精神损害赔偿责任若干问题的解释》第十一条规定：“受害人对损害事实和损害后果的发生有过错的，可以根据其过错程度减轻或者免除侵权人的精神损害赔偿责任。”

2. 审核实务

实务操作中一般只受害者有死亡和伤残的情况下，法院才支持精神损害抚慰金，并且各个地方法院均有结合自己地区的操作标准，伤残一级到十级对应不同的赔付金额。

精神损害抚慰金可在交强险中进行赔偿，商业险中一般不予赔偿，但已经承保精神损害抚慰金附加险的按条款规定进行赔偿。原则上在其他费用已造成交强险满额的情况下，无论是在交强险中还是在商业险中精神损害抚慰金均不赔偿，但法院已经明确精神损害抚慰金在交强险中赔偿的除外。

调解过程中，精神损害的赔偿数额确定需要综合以下因素协定：①侵权人的过错程度，法律另有规定的除外；②侵害的手段、场合、行为方式等具体情节；③侵权行为所造成的后果；④侵权人的获利情况；⑤侵权人承担责任的经济能力；⑥受诉法院所在地平均生活水平。

（十四）身故保险金和伤残保险金

1. 核定依据

身故保险金和伤残保险金是驾乘人员意外伤害保险赔付项目，其核定依据主要依照《中国保险行业协会驾乘人员意外伤害保险示范条款（2020 版）》第六条规定。

2. 审核实务

依据《中国保险行业协会驾乘人员意外伤害保险示范条款（2020 版）》第六条规定，身故保险金、伤残保险金赔付对象都是被保险人，均强调被保险人驾驶或乘坐保险单载明车牌号码的机动车辆，在车辆使用过程中因遭受自然灾害、意外事故而导致其身故或伤残。不同的是，保险人按意外伤害保险金额给付身故保险金，伤残保险金按照意外伤害保险金额的一定比例进行给付。

不同于其他意外伤害保险，驾乘人员意外伤害保险伤残鉴定标准是《人体损伤致残程度分级》。当同一保险事故造成两处或两处以上伤残时，应首先对各处伤残程度分别进行评定，如果几处伤残等级不同，以最重的伤残等级作为最终的评定结论；如果最重的两处或两处以上伤残等级相同，伤残等级在原评定基础上最多晋升一级，最高晋升至第一级。

人伤定损是一项有难度的任务，不但需要理赔人员掌握医学、法律、保险等多学科知识，还需要良好的沟通协调能力，定损之后还需要和客户、伤者就赔偿项目及额度进行协商沟通。近些年来，为统一损害赔偿标准和证据规则，实现道路交通事故纠纷理赔、调解及裁判标准的统一，甘肃、广西、河北等多地公安厅、司法厅、人民法院等多部门发布《道路交通事故损害赔偿项目及计算标准》，对人身损害赔偿项目的计算方法、必要证据、相关说明做了具体规范。人伤定损实务中，工作人员需要结合案件实际情况，遵守国家法律，对照地方相应标准，综合分析、确定。

案例分析

2015 年 3 月 27 日，李某因吃饭时与张某发生争执，被张某打伤，致伤头部，及全身多处刀伤，在送医院途中与一辆大货车发生碰撞，致使胫骨平台骨折。抢救及治疗共花去 20 万元，期中头部及刀伤部分花去医疗费 5 万元。非医保费用 12000 元；胫骨平台骨折治疗花去 15 万元。非医保费用 30000 元。李某于 2015 年 10 月 27 日出院，住院期间妻子护理。并于 2016 年 3 月 27 日由法医鉴定出膝关节活动受限 9 级伤残，2016 年 10 月 27 日鉴定出颅脑损伤 10 级伤残，现在李某要求大货车驾驶员赔偿其损失 100 万。大货车承保保险公司经调查获得如下信息：

1. 统计信息：赔偿适用的统计数据（如表 1－4 所示）

表 1－4

城镇居民人均可支配收入 24069 元/年	城镇居民人均消费支出 14637 元/年
农村居民人均可支配收入 8809 元/年	农村居民人均消费支出 6992 元/年
城镇在岗职工年平均工资 48969 元	农、林、牧、渔业 34230 元/年
采矿业 65904 元/年	制造业 39868 元/年
电力、热力、燃气及水生产和供应业 68142 元/年	建筑业 40504 元/年
批发和零售业 37693 元/年	交通运输、仓储和邮政业 60187 元/年
住宿和餐饮业 24082 元/年	信息传输、软件和信息技术服务业 56094 元/年
金融业 74778 元/年	房地产业 37991 元/年
租赁和商务服务业 34270 元/年	科学研究、技术服务业 51919 元/年
水利、环境和公共设施管理业 24342 元/年	居民服务、修理和其他服务业 30467 元/年
教育 45722 元/年	卫生和社会工作 39653 元/年
文化、体育和娱乐业 40133 元/年	公共管理、社会保障和社会组织 40502 元/年

2. 案件其他信息

(1) 李某，男性，农村户籍，出生于 1979 年 3 月 27 日，某城市饭馆厨师，有租房合同 2 年，有劳动合同，提供工资发放证明显示月收入平均 4000 元/月，工资以现金方式发放；

(2) 现任妻子李某，家庭主妇，无收入；

(3) 前妻已经死亡。与前妻孙某所生儿子出生时间为 2010 年 3 月 27 日；与现任妻子李某所生女儿出生时间为 2014 年 3 月 20 日。

(4) 李某的母亲健在，农村户籍，出生于 1950 年 10 月 1 日，无生活来源；

(5) 李某有一残疾妹妹，以农村小卖店为生。

(6) 就诊医院出具医疗证明：住院期间一人护理，出院后伤者需护理 3 个月，一人护理。休息误工 300 天。并盖有医生个人章。

问题：

(1) 被张某打伤所花的医疗费用怎么核定，为什么？

(2) 非医保费用是否需要扣除，请说明理由？

(3) 依据目前信息，认定多少护理期合适？说明依据。

(4) 护理费标准如何核定，说明依据。

(5) 误工期认定多少合适？说明依据。

(6) 误工费标准认定多少，请说明依据。

(7) 李某的户籍性质如何认定，请说明理由。

(8) 事故发生时，伤者多少周岁？伤残鉴定时，伤者多少周岁？

(9) 如果交通事故发生时，伤者 59 周岁，应该取哪个时间的年龄计算伤残赔偿金？

（10）伤者残疾妹妹是否应该核定被抚养人生活费，为什么？
（11）计算出正确的被抚养生活费准确数值。
（12）伤残赔偿金如何核定，说明理由？
（13）最终的核定金额是多少？
（14）与客户沟通协商最终核定损失金额。

任务10 人伤诉讼

任务情景

2019年5月2日15时40分，李付山驾辽M××××××号中型普通货车由北向南超车行驶，与同方向前车肖树萍驾驶无号牌两轮摩托车载乘田红梅由北向南行驶相撞，发生交通事故，造成田红梅和肖树萍受伤，双方车辆部分损坏的后果。经开原市公安局交通警察大队认定，李付山承担主要责任，肖树萍承担次要责任，田红梅无责任。事故发生后田红梅入住开原市中医医院住院治疗151天，一级护理10天，二级护理141天，诊断为：重度开放性颅内损伤、多发脑挫裂伤、右侧硬膜下血肿、左侧硬膜下血肿、蛛网膜下腔出血、多发颅骨骨折、颅底骨折伴颅内积气、头皮血肿。经田红梅申请铁岭市中级人民法院委托，沈阳市精神卫生中心法医司法鉴定所于2020年5月12日作出鉴定，鉴定意见：①被鉴定人患脑外伤所致精神障碍（边缘智力，器质性人格改变）；②与此次交通事故为直接因果关系；③精神损伤致残程度分级：九级。铁岭鹿城法医司法鉴定所于2020年7月18日作出鉴定，鉴定意见：①田红梅重度颅内损伤行开颅手术后伤残等级十级；②田红梅患脑外伤所致精神障碍，测定日常生活自理能力项目分值为90分，日常生活基本能够自理，无护理依赖。同时查明，肖树萍于事故当日入住开原市中医医院治疗，诊断为头皮裂伤、锁骨骨折、肋骨骨折，住院62天，支出医疗费15362.96元。被告肖树萍于2020年7月16日一审法院提起诉讼[案号为（2020）辽1282民初2057号]，要求李付山、人民保险公司赔偿其各项损失60000元。

资料来源：https：//wenshu. court. gov. cn/website/wenshu/181107ANFZ0BXSK4/index. html？docId =500d891f20c4456ea6c3acca0034b873

问题：

（1）诉讼程序有哪些？

（2）保险公司如何应诉？

随着我国国民经济的快速发展和人民生活水平的不断提高，相关法律法规的不断完善和维权意识的加强，人身损害赔偿不但在机动车保险赔款中所占的比重越来越大，而且诉讼概率也比较高。基于此，人伤理赔人员一方面需要提前提供周到、全程的理赔服务，做到公正理赔，力争避免理赔纠纷，另一方面要接到法院通知后，积极应诉，维护保险行业的良好形象。

一、人伤诉讼相关法律基础知识

（一）管辖

管辖是一个汉语词语，意思是指管理、统辖。法律意义上的管辖，分为级别管辖和地域管辖。级别管辖是指各级人民法院之间受理第一审民事案件的权限和分工。我国法院机构的设置分为基层人民法院、中级人民法院、高级人民法院、最高人民法院。一般的民事案件是由各地的基层人民法院管辖的。地域管辖是指不同地区的同级人民法院之间受理第一审民事案件的权限和分工。

人伤诉讼的提起，一般有两个案由，由被保险人或者投保人提起的诉讼叫作保险合同纠纷。由被保险人或者投保人之外的伤者提起的诉讼归为侵权责任纠纷，两种案由的管辖是有区别的。

机动车保险条款约定，因履行保险合同发生的争议，由当事人协商解决，协商不成的，由当事人选择提交保险单载明的仲裁委员会仲裁或依法向人民法院起诉来解决合同争议，并在保险合同中载明。因此如果是保险合同纠纷，当事人有仲裁和诉讼两种主张权利的办法。

仲裁是指纠纷当事人自愿达成协议，将纠纷提交非司法机构的第三者审理，由第三者做出对争议各方均有约束力的裁决的一种解决纠纷的制度和方式。其性质兼具契约性、自治性、民间性和准司法性，适用的法律是《中华人民共和国仲裁法》及国家其他法律和有关国际公约中关于仲裁的规定。

诉讼是指国家司法机关依照法定程序，解决纠纷、处理案件的专门法律活动，分为行政、民事和刑事三类。道路交通事故人身损害、保险合同纠纷一般属于民事诉讼，具有公权性、强制性、程序性、特定性、自由性、规范性及正当性的特点，适用的法律主要是《中华人民共和国民事诉讼法》。

诉讼与仲裁虽然都是解决合同纠纷和其他财产权益纠纷的法律形式，但是两者在管辖权的取得、审理者的产生方式等方面有显著的区别。车险人伤案件，选择诉讼或仲裁具体以合同约定为准。

财产保险合同纠纷的管辖一般有被告住所地或者保险标的物所在地两个地方的法院可以选择。侵权责任纠纷是由侵权行为地或者被告住所地人民法院管辖。因此交通事故中，伤者可以选择事故的发生地或者任意一个被告的住所地进行管辖。

车险人伤案件中，人身损害赔偿标准及其计算方式因受诉讼法院所在地的不同而有很大的区别，而且管辖法院的不同，处理案件的效率也不一样，特别是在沿海经济比较发达的城市，法院案件数量非常多，一般较长时间的诉讼安排等待期。因此人伤理赔实务中，非常有必要掌握民事诉讼的管辖。被告所在地管辖为民事案件一般原则，侵权案件一般可以由侵权行为地、结果发生地等多个地域的法院进行管辖。

知识链接

《中华人民共和国民事诉讼法》第二十一条规定："对公民提起的民事诉讼，由被告住所地人民法院管辖；被告住所地与经常居住地不一致的，由经常居住地人民法院管辖。对法人或者其他组织提起的民事诉讼，由被告住所地人民法院管辖。同一诉讼的几个被告住所地、经常居住地在两个以上人民法院辖区的，各该人民法院都有管辖权。"

《中华人民共和国民事诉讼法》第二十四条规定："因保险合同纠纷提起的诉讼，由被告住所地或者保险标的物所在地人民法院管辖。"

《中华人民共和国民事诉讼法》第二十八条规定："因侵权行为提起的诉讼，由侵权行为地或者被告住所地人民法院管辖。"

《最高人民法院关于适用〈中华人民共和国民事诉讼法〉的解释》（法释〔2015〕5号）第二十一条规定："因财产保险合同纠纷提起的诉讼，如果保险标的物是运输工具或者运输中的货物，可以由运输工具登记注册地、运输目的地、保险事故发生地人民法院管辖。"

想一想

北京人在长沙旅游时，被云南籍司机撞伤致残。肇事者虽然为云南人，但事故发生前在杭州工作多年，其车辆也是在杭州某一保险公司买的保险。结合国家法律规定，分析受害者可以在哪些法院起诉？选择这些法院诉讼对保险赔付的利弊有哪些？

（二）民事诉讼程序

民事诉讼程序一般有起诉、受理、开庭审理。审理程序是人民法院审理案件适用的程序，可以分为一审程序、二审程序和审判监督程序，其中一审程序包括普通程序和简易程序，普通程序是《民事诉讼法》规定的民事诉讼当事人进行第一审民事诉讼和人民法院审理第一审民事案件所通常适用的诉讼程序。诉讼程序具体如图 1－18 所示。

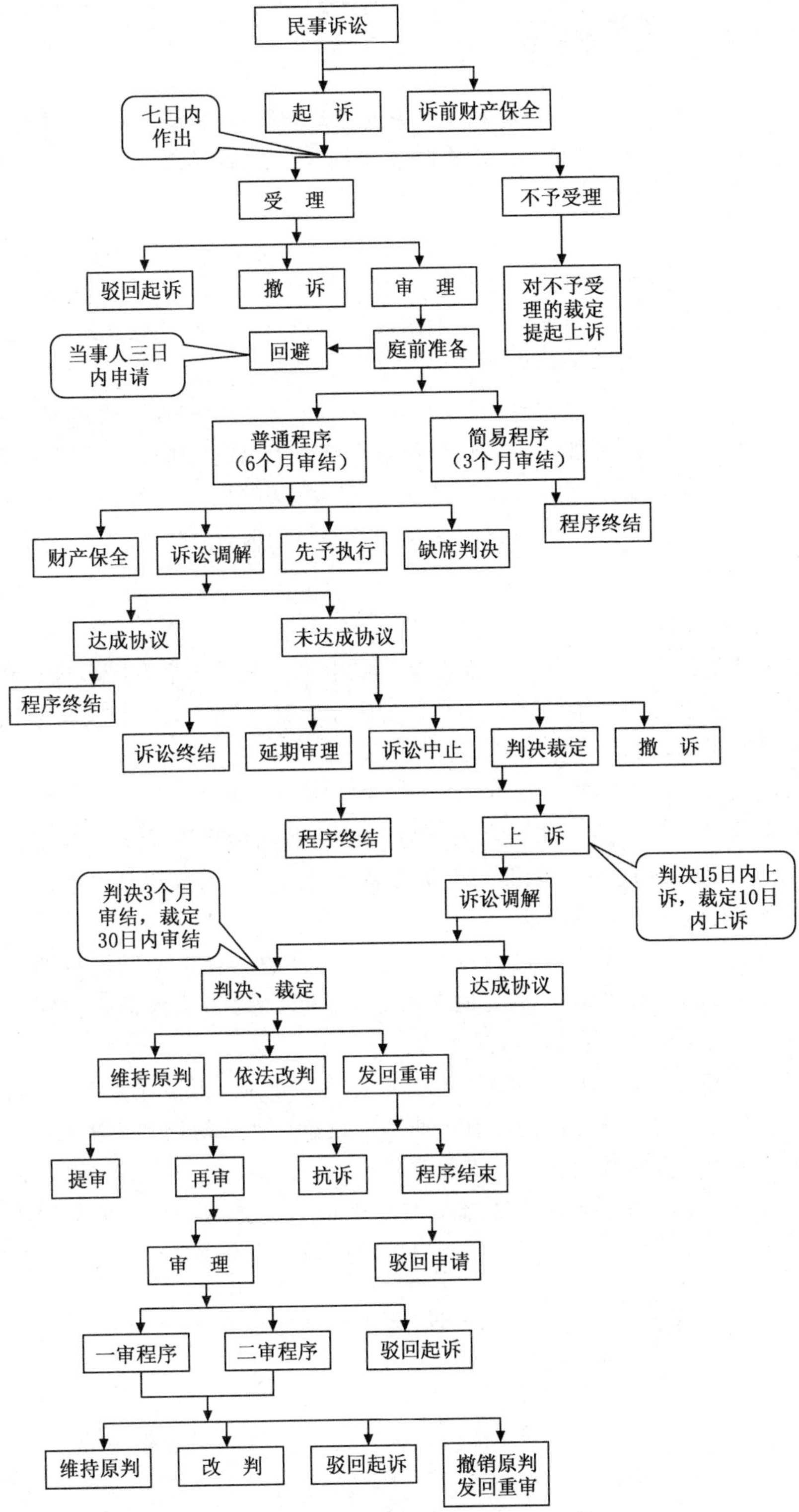
民事诉讼
起　诉
诉前财产保全
七日内作出
受　理
不予受理
驳回起诉
撤　诉
审　理
对不予受理的裁定提起上诉
当事人三日内申请
回避
庭前准备
普通程序（6个月审结）
简易程序（3个月审结）
程序终结
财产保全
诉讼调解
先予执行
缺席判决
达成协议
未达成协议
程序终结
诉讼终结
延期审理
诉讼中止
判决裁定
撤　诉
程序终结
上　诉
判决15日内上诉，裁定10日内上诉
诉讼调解
判决3个月审结，裁定30日内审结
判决、裁定
达成协议
维持原判
依法改判
发回重审
提审
再审
抗诉
程序结束
审　理
驳回申请
一审程序
二审程序
驳回起诉
维持原判
改　判
驳回起诉
撤销原判发回重审

图1－18

想一想

（1）依据《中华人民共和国民事诉讼法》《中华人民共和国民法典》以及其他法律相关规定，民事案件诉讼中有哪些时效规定？

（2）2018年11月26日，张某驾驶自卸低速货车前往建筑工地卸货，途中撞到驾驶电动车的李某，造成李某受伤，两车受损的交通事故。此次事故经交警部门认定，张某承担事故主要责任，李某承担次要责任。李某受伤后，被送往医院治疗三个月，后一直在家休养。2020年1月29日，李某自行委托司法鉴定机构进行伤残鉴定，伤残程度评定为十级。2020年12月1日，李某诉至法院，要求张某以及车辆承保的保险公司公司赔偿各项损失18万元。分析该案件是否超过诉讼时效。

（三）民事主体

民事主体是指根据法律规定，能够参与民事法律关系，享有民事权利和承担民事义务的当事人。能够充当民事法律关系主体的包括自然人和法人。作为民事法律关系的主体，必须具有民事权利能力和民事行为能力。

分析自然人和法人的共同特点，民事主体的构成要件有：

（1）名义独立。自然人和法人能够以自己的名义为民事行为，与第三人发生法律关系。“对组织体特别意味着能够用组织的名称与第三人为民事法律行为，而不是以法定代表人或其他组织成员的名义。”

（2）意志独立。即按照自己的意愿，通过自己的选择来活动。自然人能通过自己的自由意志为民事法律行为，不受他人的非法干涉。对于法人而言，应该是其共同意志，而不是其成员的个人意志的简单相加。

（3）财产独立。即“民事主体必须拥有作为一个实体独立的财产”。自然人对其拥有的财产享有完全的、排他性的占有、使用、收益、处分的权利。法人的财产独立于其成员的财产，为法人的共同利益所支配。

（4）责任独立。即要求民事主体具有责任能力。自然人和法人都以其全部财产对外承担责任，法人独立承担民事责任是以其财产独立为前提。

想一想

在交通事故案件处理中，保险公司的省级分公司、市级中心支公司、支公司、营业部，是否可以作为被告主体资格？如果不能，属于上述哪方面不独立？

练一练

如何根据保单通过互联网查询提供符合法律规定的证明材料？

（四）赔偿权利人

赔偿权利人是指因侵权行为或者其他致害原因直接遭受损害的受害人、依法由受害人承担抚养义务的被抚养人以及死亡受害人的近亲属。

1. 直接受害人

车险人伤案件中，直接受害人是健康权、生命权、身体权受到侵害的受害人。这种赔偿权利主体，就是直接受害人。被害人没有死亡，但因伤不能参加诉讼，委托其近亲属或者其他人参加诉讼的，被害人仍是原告人，是赔偿权利人。受委托的人不能成为原告，其身份是委托代理人。另外，被害人没有死亡，近亲属替被害人支付医疗费等其他费用的，近亲属不能以此为由作为原告提起诉讼。近亲属支付的医疗费等，只能由被害人自己以原告的身份向被告人追偿。被害人抚养近亲属的费用，是从其收入中支出的一部分，因重伤、残疾收入减少、失去，无法支付抚养费的，应由被害人作为原告以正常收入的损失为由向被告人追偿。

2. 间接受害人

人身损害赔偿中的间接受害人，原则上为与死者或残者事故发生前有扶养关系的人。死者生前扶养的人，原来是在死者扶养之下，扶养来源是死者，死者因为侵权行为而死亡后，使他的扶养来源受到损害，这是一个间接的损害；造成身体残废的人，他在受伤以前所扶养的人也可以请求抚养损害赔偿，这个人也是间接受害人。

此外，还有一种特殊情况，如：侵权行为人直接的侵权行为造成了丈夫丧失了性功能，间接造成了对方配偶性利益的损害，丈夫是直接受害人，妻子是一个间接受害人。

3. 死者近亲属

依据《最高人民法院关于审理人身损害赔偿案件适用法律若干问题的解释》第一条的规定，死者近亲属是赔偿权利人之一。车险人伤案件中，死者近亲属作为赔偿权利人有两种类型，一种是侵权行为侵害生命权而主张人身损害赔偿，另一种是侵权行为侵害了死者人格利益而主张精神损害赔偿。

被害人死亡后，其父母、子女、兄弟姐妹作为近亲属都提起民事诉讼，有的法院全部列为原告人参加诉讼，不利于诉讼效率的原则。可以让他们选定一个代表人参加诉讼，或者由法院按照继承的程序，直接指定一个第一顺序继承人参加诉讼。这样做，符合民事诉讼法规定的“当事人一方为人数众多的共同诉讼，可以由当事人推选代表人参加诉讼”的原则。

依《中华人民共和国民法典》第一千一百二十七条规定，第一顺序继承人为配偶、子女、父母。其中子女包括婚生子女、非婚生子女、养子女和有扶养关系的继子女。第一顺序继承人与被继承人之间存在着法定的、无条件的扶养和赡养的义务关系。在被继承人死亡时，享有法定的继承权。

依《中华人民共和国民法典》第一千一百二十七条规定，第二顺序继承人包括兄弟姐妹、祖父母、外祖父母，是针对第一顺序继承人而言。其中兄弟姐妹，包括同父母的兄弟姐妹、同父异母或者同母异父的兄弟姐妹、养兄弟姐妹、有扶养关系的继兄弟姐妹，且不论男女，继承权是平等的。第二顺序继承人与被继承人之间存在着在一定条件下的法定扶养、赡养义务关系。继承开始后，由第一顺序继承人继承，第二顺序继承人不继承。没有第一顺序继承人继承的，由第二顺序继承人继承。也就是说第二顺序继承人只有在被继承人没有法定的第一顺序继承人和合法遗嘱指定的（含第二顺序继承人）继承人，或者法定的第一顺序继承人声明放弃，或者依法剥夺继承权的情况下，才享有继承权。

想一想

1. 车险人伤案件中，无名氏或五保户的死亡，谁是赔偿权利人？为什么？

2. 作为我国独创的遗赠扶养人，能否获得赔偿权利人资格？为什么？

3. 赔偿权利人起诉部分共同侵权人的，人民法院如何处理？

工作实例

一位一直以收废品为生的文盲男士潘某，在众人的劝说下收养了一位一直以乞讨为生的精神病患者，在大家的鼓舞下2个人举行了简单的婚礼仪式。但是该女子精神有障碍，并没有身份证明以及户口证明（属于无名氏），所以也没有办理结婚登记手续、领取结婚证书。两人共同生活的这些年中，该女子的衣食起居，梳洗打扮等全部由该男子负责。在丈夫的细心调理下，该女子从开始的不会说话、生活不能自理，但后来已经懂得生活常识，在事故发生前其生活自理能力有了很大的变化。

之后，该女子因交通事故而亡，其丧事全部由该男子办理。在其索取交通事故赔偿的时候，公安机关认为该男子既没有收养权利，也无结婚证明、收养协议书，认为其没有权利获得交通事故赔偿费用，所以未将交通事故认定书给予该潘某。

问题：潘某是否是合法的赔偿权利人？为什么？

（五）赔偿义务人

赔偿义务人是指因自己或者他人的侵权行为以及其他致害原因依法应当承担民事责任的自然人、法人或者非法人组织。

道路交通事故赔偿义务人也叫交通事故赔偿责任主体，是指交通事故损害赔偿责任的承担者，通常为被告。准确确定道路交通事故损害赔偿责任的主体，是正确处理交通事故损害赔偿案件的基础。只有确定了损害赔偿责任的主体，受害人被侵犯的权益才能得以维护。打官司中，“告谁”是一个很重要的问题。如果告的对象不对，不仅浪费了时间、人力、财力，还达不到要求赔偿的目的。

交通事故发生后，有责任的车方应承担相应的赔偿责任。一般来讲，赔偿义务主体包括肇事司机、车主、保险公司及其他有过错或连带关系人，赔偿义务主体主要有：

1. 机动车所有人为赔偿义务人

《中华人民共和国民法典》第一千二百零九条规定：“因租赁、借用等情形机动车所有人、管理人与使用人不是同一人时，发生交通事故造成损害，属于该机动车一方责任的，由机动车使用人承担赔偿责任；机动车所有人、管理人对损害的发生有过错的，承担相应的赔偿责任。”机动车所有人就是拥有车辆所有权的人，即对车辆享有占有、使用、收益和处分四项权能的人。这四种权能是可以分离的，对于汽车在承包期间发生交通事故的，由于承包人只享有占有、使用和收益的权利，不具有处分权，而发包人因发包而暂时让渡占有、使用权，也不完全具备四项权能，因而只有承包人与发包人相结合才能构成完全所有权，因此应把承包人与发包人都视为机动车的所有人。

因租赁、借用等情形机动车所有人与使用人不是同一人时，机动车所有人对损害的发生有过错的，承担相应的赔偿责任。主要包括：知道或者应当知道机动车存在缺陷，且该缺陷是交通事故发生原因之一的；知道或者应当知道驾驶人无驾驶资格或者未取得相应驾驶资格的；知道或者应当知道驾驶人因饮酒、服用国家管制的精神药品或者麻醉药品，或者患有妨碍安全驾驶机动车的疾病等依法不能驾驶机动车的；其他应当认定机动车所有人或者管理人有过错的情形。

2. 挂靠车辆的赔偿义务人

挂靠是指被挂靠方向挂靠方提供资质、技术等方面的服务，挂靠方向被挂靠方上交管理费的行为。以挂靠方式从事运输经营活动，即挂靠人自己出资购买机动车，将该车挂靠具有运输经营权的被挂靠企业，由被挂靠企业代办各种法律手续，使其能以被挂靠企业的名义对外进行运输经营，而挂靠人则需向被挂靠企业上交管理费用。

以挂靠方式从事道路运输经营活动的情形在当今社会的部分地区是比较常见的，同时存有较多弊端。挂靠经营的管理难以落到实处，将流于形式，不仅是被挂靠企业对挂靠人的管理，还有国家对市场经营秩序的管理，使国家的经营许可无法发挥作用，挂靠人疏于管理容易存有安全隐患。司法实践中，发生交通事故，挂靠人的资力往往较弱，无法对受害人及时充分赔偿，使受害人的权益受损。

《中华人民共和国民法典》第一千二百一十一条规定：“以挂靠形式从事道路运输经营活动的机动车，发生交通事故造成损害，属于该机动车一方责任的，由挂靠人和被挂靠人承担连带责任。”首先，此规定是立法精神的体现，注重被侵权人权益的保护，让交通事故中受到伤害的人能够及时充分的获得赔偿。其次，挂靠人是挂靠于有经营许可的企业，以被挂靠人的名义从事运输经营活动的。无论是乘坐挂靠人车辆的乘客或是与其签订货物运输合同的托运人，都是基于对其经营资质能力或是安全条件的信赖而与其进行交易，即他们的这种信赖是针对具有经营许可的被挂靠人的。此外是被挂靠人向挂靠人收取了管理费用，符合开启、从事某种危险活动即机动车运输经营活动并从中获取利益，根据《中华人民共和国民法典》理应承担相应的责任。最后，若挂靠人发生交通事故，被挂靠人不承担或承担较少责任的话，将会滋生这种破坏运输管理秩序的挂靠行为，且被挂靠人更会疏于管理挂靠人。

因此，挂靠形式从事交通运输经营活动中发生交通事故的，挂靠人与被挂靠人承担连带责任，能够切实地保护受害人利益，规范市场经营秩序。此时的赔偿义务人为挂靠人（实际车主）与被告挂靠人（登记车主）。

3. 车辆买卖未过户情形下的赔偿义务人

连环购车未办理过户手续，因车辆已交付，原车主既不能支配该车的运营，也不能从该车的运营中获得利益，故原车主不应对机动车发生交通事故致人损害承担责任。但是，连环购车未办理过户手续的行为，违反有关行政管理法规的，应受其规定的调整。

据此可以认为，车辆登记过户属于行政管理行为，并非物权法意义上的所有权转移，车辆买卖从交付时就已发生所有权转移的法律效力。因而，发生交通事故应由实际支配车辆运行或者取得运行利益的购买人承担损害赔偿责任，作为原登记所有人不应再承担损害赔偿责任。

《最高人民法院关于审理道路交通事故损害赔偿案件适用法律若干问题的解释》（法释〔2020〕17号）第二条规定："被多次转让但是未办理登记的机动车发生交通事故造成损害，属于该机动车一方责任，当事人请求由最后一次转让并交付的受让人承担赔偿责任的，人民法院应予支持。"对于驾驶员弃车逃离现场的案件，在公安交警部门没有第一时间掌握肇事司机信息的情况下，公安机关、受害人肯定是根据车辆登记信息找到登记车主了解情况，如果登记车主又不能提供受让人具体的身份信息及联系方式的，不排除最后受害人会要求登记车主承担赔偿责任的可能。原因是，登记车主仅提供一份车辆转让协议，无法证明转让事实的真实性。因此，建议转让车辆一定要及时办理车辆登记过户、保险过户，更不建议出借身份让第三人购买的车辆使用自己名义进行车辆登记。

4. 分期付款、融资租赁购买车辆的赔偿义务人

分期付款是时下流行的一种购物方式，解决了大多数人的经济困境，同时又满足了人们的购买欲望，买房、买车甚至是买手机都可以分期付款，分期付款又叫所有权保留买卖，那么分期付款买的车发生交通事故谁来承担赔偿责任？

分期付款买卖是指买受人将应付的总价款，在一定期间内分次向出卖人支付的买卖合同，是一种保留所有权的买卖，其目的是担保债的实现，所有权保留人对车辆的运营无法实际控制，也不享有运营收益，其权利只是对方违约时的取回权。这种情形下，让所有权保留人承担赔偿责任显然有失公平。

《最高人民法院关于购买人使用分期付款购买的车辆从事运输因交通事故造成他人财产损失保留车辆所有权的出卖方不应承担民事责任的批复》（法释〔2000〕38号）规定："采取分期付款方式购车，出卖方在购买方付清全部车款前保留车辆所有权的，购买方以自己名义与他人订立货物运输合同并使用该车运输时，因交通事故造成他人财产损失的，出卖方不承担民事责任。"该批复对机动车的所有人不承担民事责任做了非常严格的限制条件，即购买方使用该车辆时，不是为出卖方的利益而使用的。

在融资租赁的实务操作中，汽车作为比较特殊的租赁物，极为容易发生诸如标的物灭失、毁损或在使用过程中造成交通事故等种种问题，这些问题通常让融资租赁公司承担了较大的法律风险。因此在汽车融资租赁过程中，融资租赁公司都会强制要求承租人

投保车辆损失险、第三者责任险、盗抢险、自燃险等各种指定保险。在审判实践中，有人将融资租赁合同视为分期付款合同的一种，引用最高院上述司法解释，以此作为不承担责任的抗辩理由。

其实分期付款合同是买卖合同的一种，与融资租赁合同存在区别。它们的主要区别在于：融资租赁合同是以转移财产的使用、收益权为目的的合同，承租人需要向出租人支付租金；而分期付款合同则是以转移财产所有权为目的的合同，受让人不需要向出卖人支付租金或利息。另外，融资租赁合同的出租人必须是特定的融资租赁公司或信托投资公司；而分期付款合同的出卖人则是一般的商店和生产厂家。

融资租赁购买车辆中关于车辆登记在谁名下，谁负责投保，保险受益人是谁，以及做好租赁物的所有权、使用权交接是非常重要的事情，这关系到最终谁是赔偿义务人。融资租赁中的承租人、分期付款中的买受人也并非所有情况下均是赔偿义务人，关键要看其他各方是否对损害的发生存在过错。

5. 租、借车事故中的赔偿义务人

车辆所有人基于利益和信任关系将车辆出租、出借给他人使用的情形下，根据机动车辆运行支配与运行利益归属原则，在机动车辆所有人将机动车辆合法转移（出租、出借）给他人占有时，车辆的承租人、借用人已成为机动车辆运行支配者与运行利益的归属者。因此，如发生交通事故，应由承租人和借用人承担赔偿责任。如果机动车辆所有人出租或出借时明知机动车辆有缺陷而仍然出租、出借，或明知承租人和借用人不具备使用、驾驶车辆的资格或技能而仍然出租、出借而发生交通事故的。基于信任关系，应当由出租人、承租人或出借人、借用人承担连带赔偿责任，受害人可向其中任一方或双方提出赔偿请求，更有利于对受害人权利的保护。

实践中，基于租赁关系和借用关系的情况比较复杂，考察赔偿责任主体是否担责的条件和因素应当从是否系有偿使用、是否长期使用、连续使用以及对车辆管理支配权和运行受益权等方面诸因素综合判断。借车出事故应注意的几种情况：

（1）如果借车人为无证驾驶，又在事故中死亡，借车人承担赔偿责任，出借人承担连带赔偿责任。借车出事故造成损害，出借人应当承担侵权责任。如果借车人无证驾驶，出借人明知而出借的，更要承担责任。借车人自己造成损害，属于自冒风险，是对自己安全的漠视，原则上应当自担风险，但是出借人明知借车人为无证驾驶而出借，也有过错，应当承担适当的责任。

工作实例

某年 11 月，张三（无驾驶证）借李四的长安小客车开，后因车失控冲向路边，将行人李某撞伤。事故认定结果认为，张三负全部责任。李某医疗费花掉近 2 万元，但张三仅赔偿了 5000 元，李某便向法院起诉张三、李四。李四把私家车借给无驾驶证者开，出了车祸，结果李四不得不承担连带赔偿责任。法院审理认为，张三应承担全部赔偿责任。李四系车辆所有人，未对车辆行使管理职责，应承担连带赔偿责任。

（2）借车人有驾驶证，借车时有明确约定事故自负的借车人发生交通事故，借车人应承担赔偿责任。

工作实例

某年清明节这天，恰逢周末，车主张三、李四夫妻将车借给好友王二驾驶，三人一同回李四的老家。晚上8时30分，王二驾车行至某地，将退休女教师撞伤，被送至医院后经抢救无效死亡。经当地公安局出具《道路交通事故责任认定书》，认定驾驶员王二和死者负同等责任。法院审理，认定王二在驾驶过程中存在过错，因此判令其赔偿受害者家属10.2万余元。对于车主张三夫妇，法院认为原告并无证据证明其借车过程中存在过错或获得利益，因此车主张三夫妇不承担连带赔偿责任。

（3）将机动车辆无偿出借给他人使用，如果出借人此时并未丧失对出借机动车辆的支配管理权，出借人应当承担赔偿责任；如果出借人此时已实际丧失对出借车辆的支配管理权或者无法行使支配管理权的，出借人一般不承担赔偿责任，否则就是客观归责。以无偿方式将机动车长期出借给借用人使用的情形，此时出借人确实已经丧失了对机动车的运行支配权并且不能获得运行利益，因此借车人应负赔偿责任。

（4）附驾驶者（司机）之租赁关系或使用借贷关系的场合，因在该情况下，驾驶员是车辆所有人支派出来的，车主完全可以通过驾驶员来执行车辆的支配、管理和收益，这种情况出借人应当负连带赔偿责任。

（5）如果出借人基于出借车辆而从借用人处受益的，按照运行利益分配基准，出借人一般应承担赔偿责任。

（6）机动车所有人指令驾驶员为其朋友无偿搬运物品的，经济利益归朋友所有的事故主体。这种情形下谁是责任主体，理论界也有争议。通常认为，以运行支配和运行利益作为评判标准，便会产生两种责任主体，即车辆所有人和接受服务的运行利益承受者（车主朋友），在立法和司法实践中仍需值得研究。

（7）对于与机动车所有人和承租人都有特殊关系的第三人擅自驾车的事故主体。如甲将车出租给乙，一日丙自认为与甲、乙关系都很好，未经二人许可，将出租车擅自开出，途中发生事故。这种情况下，应当依人对物的占有、使用和支配关系，按照物件所有人应当承担的善良管理义务标准，判定甲、乙共同承担责任。这样处理还是基于运行管理和利益分配因素。

6. 被盗机动车辆发生交通事故或盗开他人机动车造成交通事故的赔偿义务人

未经车辆所有人同意擅自使用他人所有的车辆，其客观表现与盗车相似，因而应与盗窃、抢劫或者抢夺车辆致交通事故者适用同样的规则处理，即由擅自驾驶者或盗车人承担机动车交通事故的无过错责任。

但是如果被盗抢机动车没有上交强险，机动车的所有人或者管理人是否要承担相应赔偿责任呢？有人认为，根据《最高人民法院关于被盗机动车辆肇事后，由谁承担损害赔偿责任问题的批复》，机动车被盗抢期间发生交通事故的车辆所有人不承担损害赔偿责任，当然也包括没有上交强险的机动车。因此，没有上交强险的机动车被盗抢期间发生交通事故，车辆所有人不应承担赔偿责任。

《中华人民共和国民法典》第一千二百一十五条规定：“盗窃、抢劫或者抢夺的机动车发生交通事故造成损害的，由盗窃人、抢劫人或者抢夺人承担赔偿责任。盗窃人、抢劫人或者抢夺人与机动车使用人不是同一人，发生交通事故造成损害，属于该机动车一方责任的，由盗窃人、抢劫人或者抢夺人与机动车使用人承担连带责任。保险人在机动车强制保险责任限额范围内垫付抢救费用的，有权向交通事故责任人追偿。”由于投保交强险是机动车的所有人或者管理人的法定义务，是机动车的所有人或者管理人对社会应当履行的义务。机动车的所有人或者管理人不履行该法定义务，使得交通事故的受害人丧失了请求保险公司垫付抢救费用的权利。因此如果被盗抢机动车发生交通事故后，该机动车没有依法投保交强险的，车辆的所有人或者管理人应当承担相当于交强险保险公司所承担的垫付责任，垫付之后有权向致害人追偿。

机动车被盗抢期间发生交通事故，给他人造成人身、财产损失，机动车投保了交强险的，保险公司应在机动车交通事故责任强制保险责任限额范围内垫付抢救费用，并有权向致害人追偿。对受害人因事故造成的财产损失，保险公司不承担赔偿责任。

7. 乘车事故的赔偿义务人

乘客乘坐客运车辆，因客运车辆发生意外事故或者与其他车辆之间发生交通事故，使乘客遭受损失。因客运车辆发生意外翻沉，与山体等撞击而发生事故的，乘客与营运人之间存在客运合同关系，除因伤亡是乘客故意或重大过失造成的之外，承运人应承担全部损害赔偿责任。乘客作为原告起诉的，应以承运人为被告。在此种情况下，乘客与承运人之间属合同纠纷，无须公安机关先行处理，乘客有权直接起诉。因客运车辆与其他车辆发生相撞等事故致乘客遭受损失的，乘客可以基于与营运人之间存在的客运合同关系，不经公安机关处理，直接单独起诉营运人要求营运人承担自己的全部损失。营运人赔偿乘客损失后，可以起诉对方车辆的所有人或管理人，要求其根据过错程度承担相应的赔偿责任。乘客也可以基于营运人与对方车辆对自己共同侵权的事实，以营运人和对方车辆为共同被告提起侵权赔偿诉讼。乘客以此种方式起诉的，应当先经过公安机关处理。否则，不应受理。

乘车人无偿搭乘他人车辆，因所乘车辆发生意外事故或者与其他车辆之间发生交通事故，使乘客遭受损失承运人应承担适当补偿责任。但是如果乘车人未经车主同意强行搭乘或暗中搭乘的，因双方未形成客运合同关系，乘车人不能以合同纠纷起诉，只能提起侵权赔偿之诉，要求有过错的车辆所有人或管理人承担相应的民事责任。《中华人民共和国民法典》第一千二百一十七条规定：“非营运机动车发生交通事故造成无偿搭乘人损害，属于该机动车一方责任的，应当减轻其赔偿责任，但是机动车使用人有故意或者重大过失的除外。”完全的好意同乘，即无偿的同乘人遭受交通事故损害，基本规则是车主应当适当赔偿。出于意外而致害同乘人，也应当承担适当补偿责任，但是这个补偿责任就可以适当降低。好意同乘者不能作为绝对免责事由，因为作为驾驶人或所有人，同意他人搭乘，本身就负有安全将他人送到目的义务。不能以是否有偿作为认定这种义务有无的标准。

想一想

起诉情形中有哪些属于保险公司的免赔事由？

（六）交通事故侵权责任和违约责任

侵权责任又称侵权损害的民事责任，是指行为人因故意或过失不法侵害他人权利所应承担的民事责任，是基于行为人存有侵害他人权利的违法行为而产生，客观表现为行为人对他人人身权或财产权造成了不法侵害。

违约责任又称违反合同的民事责任，是指合同中的当事人违反合同约定所应承担的民事责任，是基于合同当事人存有违反合同约定的违法行为而产生，客观表现为合同当事人不履行合同义务或履行合同义务不符合约定。

侵权责任和违约责任相同之处是两者都因非法行为而产生，行为人都应承担民事责任。但两者又有许多不同，主要是：

1. 责任基础不同

侵权的民事责任是依据权利人存有人身权或财产权受到损害的事实，依法律法规规定而产生。违反合同的民事责任是以存有违反合同的事实为依据，且在违反合同的事实发生之前，当事人之间存在着合法、有效的合同关系。

2. 产生的原因不同

侵权的民事责任是侵害他人人身权或财产权的侵权行为所引起的法律后果。违反合同的民事责任是违反合同的违约行为所引起的法律后果。

3. 行为的性质不同

侵权行为是对民事法律强制性或禁止性规定的违反。违约行为是对当事人之间具有法律效力的协议的违反。

4. 侵害的客体不同

侵权行为侵害的客体是受民事法律保护的民事权利，包括人身权、财产权、知识产权等。违约行为侵害的客体是合同规定的债权。

5. 违法行为表现不同

侵权行为主要表现为不法侵害或权利滥用。违约行为主要表现为不履行（履行不能）、不完全履行、迟延履行、毁约。

6. 承担责任的方式不同

侵权责任的承担方式除财产责任外，还包括停止侵害、排除妨碍、消除危险、恢复原状、修理、重作、更换、消除影响、恢复名誉、赔礼道歉、赔偿损失等。而违约责任的承担方式主要是财产责任（包括违约赔偿金、违约金）和继续履行责任。

7. 责任承担的范围不同

承担侵权责任的范围一般从法律法规的规定，可有精神损害赔偿，但一般不对预期利益加以赔偿。承担违约责任的范围通常是当事人约定的，当事人可以在合同中约定一方违约时应承担的违约金数额或约定一方违约时对他方赔偿的计算方法等，可以对预期利益要求赔偿，但通常没有精神损害赔偿。

8. 适用法律不同

交通事故侵权责任主要适用《中华人民共和国民法典》《道路交通安全法》等法律。违约责任一般情况下主要适用《中华人民共和国民法典》等法律。

对于交通事故中的违约责任赔偿。《中华人民共和国民法典》第五百七十七条规定："当事人一方不履行合同义务或者履行合同义务不符合约定的，应当承担继续履行、采取补救措施或者赔偿损失等违约责任。"交通事故当事人在维护自己权益时，经常会遇到侵权责任请求权与工伤保险请求权的竞合、侵权责任请求权与违约责任请求权的竞合。乘客在交通事故中受害的，承运人应当对运输过程中旅客的伤亡承担损害赔偿责任，但伤亡是旅客自身健康原因造成的或者承运人证明伤亡是旅客故意、重大过失造成的除外。前款规定适用于按照规定免票、持优待票或者经承运人许可搭乘的无票旅客。乘客乘坐的客车与另一辆车相撞而发生交通事故，乘客人身、财产遭到损害的，可依客运合同关系要求承运人承担违约责任，给予赔偿；同时也可依侵权损害赔偿的法律规定要求对交通事故负有责任的车辆所有者或经营者承担侵权责任，赔偿损失，但只能择一行使权利。

9. 涉及的保险各类不同

一起交通事故中可能涉及的保险包括了责任险（包括但不限于：交通事故强制保险、商业第三者保险、雇主责任险、工伤保险、承运人责任险等），财产险（包括但不限于：车损险等），意外险（包括但不限于：司机和乘客的座位险，驾驶员驾乘意外险等）。

因此，基于侵权或违约要求赔偿的责任，涉及的保险险种有可能不同。

（七）举证期限

举证期限，是指当事人向人民法院履行提供证据责任的期间。在举证期限内，当事人应当向人民法院提交证据材料，当事人在举证期限内不提交的，视为放弃举证权利。对于当事人逾期提交的证据材料，人民法院责令其说明理由，拒不说明理由或理由不成立的，人民法院审理时不组织质证或者虽采纳证据但要予以训诫或罚款。规定举证期限是为了达到庭前固定争议点、规定证据的目的，以克服"证据随时提出主义"的弊端。

1. 举证时限规定

根据《中华人民共和国民事诉讼法》以及《最高人民法院关于适用〈中华人民共和国民事诉讼法〉的解释》，在民事诉讼中有关"举证时限"的规定主要包括以下几方面：

（1）被告应当在答辩期届满前提出书面答辩，阐明其对原告诉讼请求及所依据的事实和理由的意见。

（2）人民法院应当在送达案件受理通知书和应诉通知书的同时向当事人送达举证通知书。举证通知书应当载明举证责任的分配原则与要求、可以向人民法院申请调查取证的情形、人民法院根据案件情况指定的举证期限以及逾期提供证据的法律后果。

（3）举证期限。根据最新的《中华人民共和国民事诉讼法》第六十五条的规定，人民法院根据当事人的主张和案件审理情况确定当事人应当提供的证据及其期限。

（4）人民法院确定举证期限，第一审普通程序案件不得少于十五日，当事人提供新的证据的第二审案件不得少于十日。

（5）当事人应当在举证期限内向人民法院提交证据材料，当事人在举证期限内不提交的，视为放弃举证权利。

（6）当事人增加、变更诉讼请求或者提起反诉的，应当在举证期限届满前提出。

（7）当事人变更诉讼请求的，人民法院应当重新指定举证期限。

（8）当事人在举证期限内提交证据材料确有困难的，应当在举证期限内向人民法院申请延期举证，经人民法院准许，可以适当延长举证期限。当事人在延长的举证期限内提交证据材料仍有困难的，可以再次提出延期申请，是否准许由人民法院决定。

根据《最高人民法院关于民事诉讼证据的若干规定》第二十三条规定，当事人依据《中华人民共和国民事诉讼法》第七十四条的规定向人民法院申请保全证据的，不得迟于举证期限届满前 7 日，当事人申请保全证据的，人民法院可以要求其提供相应的担保。

2. 证人出庭时限规定

当事人申请证人出庭作证，应当在举证期限届满前提出，并经人民法院许可。人民法院对当事人的申请予以准许的，应当在开庭审理前通知证人出庭作证，并告知其应当如实作证及作伪证的法律后果。

证人应当出庭作证，接受当事人的质询。证人在人民法院组织双方当事人交换证据时出席陈述证言的，可视为出庭作证。

开庭时，当事人可以向人民法院申请由一至二名具有专门知识的人员出庭就案件的专门性问题进行说明。

（八）诉讼时效

诉讼时效是指民事权利受到侵害的权利人在法定的时效期间内不行使权利，当时效期间届满时，债务人获得诉讼时效抗辩权。在法律规定的诉讼时效期间内，权利人提出请求的，人民法院就强制义务人履行所承担的义务。而在法定的诉讼时效期间届满之后，权利人行使请求权的，人民法院就不再予以保护。值得注意的是，诉讼时效届满后，义务人虽可拒绝履行其义务，权利人请求权的行使仅发生障碍，权利本身及请求权并不消灭。当事人超过诉讼时效后起诉的，人民法院应当受理。受理后，如另一方当事人提出诉讼时效抗辩且查明无中止、中断、延长事由的，判决驳回其诉讼请求。如果另一方当事人未提出诉讼时效抗辩，则视为其自动放弃该权利，法院不得依照职权主动适用诉讼时效，应当受理支持其诉讼请求。

关于交通事故造成人身损害赔偿的诉讼时效起算时间，结合交通事故各种情况的特点，总结出如下：

我国《中华人民共和国民法典》生效之后，交通事故造成人身损害的，其诉讼时效的期间是 3 年。诉讼时效起算的时间是：

1. 协商损害赔偿争议，但未达成协议的

（1）自行协商，但未达成一致的，从达不成一致意见之日起计算；

（2）交警适用简易程序当场调解，但未达成一致的，从接到交警当场制作的交通事故认定书之日起计算；

（3）交警适用一般程序调解，但未达成一致的，从接到交警制作的终结调解书之日起计算。

2. 协商损害赔偿争议，达成一致，但一方到期不履行的

从协议书约定履行的时间届满之日起计算。

3. 未协商损害赔偿争议的

（1）未达到伤残的，从医疗终结时间届满之日起计算；

（2）达到伤残的，从伤残鉴定结论确定之日起计算；

（3）死亡的，自受送达道路交通事故认定书之日起计算。

4. 肇事逃逸的，从接到交通警察制作的交通事故认定书之日或者从确定车辆所有人、实际支配人和肇事人之日起算

5. 未在事故现场报警，事后请求交警队处理，交警队决定不予受理的

从接到交警队送达的不予受理通知书之日起计算。

6. 需要康复治疗、后续治疗的

从康复和后续治疗费实际发生之日起计算。

7. 其他未列情形的

从接到相关的法律文书（不包括法院起诉书副本）之日起计算。

（九）诉讼费

1. 诉讼费构成

诉讼费是指当事人为向人民法院提起诉讼程序应当缴纳的费用，包括案件受理费和其他诉讼费用。当事人应当向人民法院交纳的诉讼费用包括：①案件受理费；②申请费；③证人、鉴定人、翻译人员、理算人员在人民法院指定日期出庭发生的交通费、住宿费、生活费和误工补贴。

案件受理费包括：①第一审案件受理费；②第二审案件受理费；③再审案件中，依照《诉讼费用交纳办法》规定需要交纳的案件受理费。

实务中，一般情况下，在诉讼阶段委托的司法鉴定费支出，法院会把鉴定费放在判词最后与诉讼费一起裁判。但如果提出的重新鉴定维持，一般根据“谁申请谁承担”的原则处理。

2. 不交纳案件受理费的案件

（1）依照民事诉讼法规定的特别程序审理的案件；

（2）裁定不予受理、驳回起诉、驳回上诉的案件；

（3）对不予受理、驳回起诉和管辖权异议裁定不服，提起上诉的案件；

（4）行政赔偿案件。

3. 申请费构成

（1）申请执行人民法院发生法律效力的判决、裁定、调解书，仲裁机构依法作出的裁决和调解书，公证机构依法赋予强制执行效力的债权文书；

（2）申请保全措施；

（3）申请支付令；

（4）申请公示催告；

（5）申请撤销仲裁裁决或者认定仲裁协议效力；

（6）申请破产；

（7）申请海事强制令、共同海损理算、设立海事赔偿责任限制基金、海事债权登记、船舶优先权催告；

（8）申请承认和执行外国法院判决、裁定和国外仲裁机构裁决。

4. 当事人负担的费用

诉讼过程中因鉴定、公告、勘验、翻译、评估、拍卖、变卖、仓储、保管、运输、船舶监管等发生的依法应当由当事人负担的费用，人民法院根据“谁主张、谁负担”的原则，决定由当事人直接支付给有关机构或者单位，人民法院不得代收代付。

人民法院对不通晓当地民族通用的语言、文字的诉讼参与人提供当地民族通用语言、文字翻译的，不收取费用。

5. 案件受理费缴费期限

依据《诉讼费用交纳办法》相关规定，原告自接到人民法院交纳诉讼费用通知次日起7日内交纳案件受理费；反诉案件由提起反诉的当事人自提起反诉次日起7日内交纳案件受理费。上诉案件的案件受理费由上诉人向人民法院提交上诉状时预交。双方当事人都提起上诉的，分别预交。上诉人在上诉期内未预交诉讼费用的，人民法院应当通知其在7日内预交。申请费由申请人在提出申请时或者在人民法院指定的期限内预交。当事人逾期不交纳诉讼费用又未提出司法救助申请，或者申请司法救助未获批准，在人民法院指定期限内仍未交纳诉讼费用的，由人民法院依照有关规定处理。

想一想

工作中，往往会同时处理多个案件，而每个案件涉及不同的时间节点，那么，诉讼中有哪些时间节点是不可以超过的？如果超过了，会产生哪些法律后果？工作中，如何在时间节点到来前完成工作？

6. 案件受理费承担

诉讼费用由败诉方负担，胜诉方自愿承担的除外。

部分胜诉、部分败诉的，人民法院根据案件的具体情况决定当事人各自负担的诉讼费用数额。

共同诉讼当事人败诉的，人民法院根据其对诉讼标的的利害关系，决定当事人各自负担的诉讼费用数额。

第二审人民法院改变第一审人民法院作出的判决、裁定的，应当相应变更第一审人民法院对诉讼费用负担的决定。

经人民法院调解达成协议的案件，诉讼费用的负担由双方当事人协商解决；协商不成的，由人民法院决定。

拓展阅读

《诉讼费用交纳办法》《中华人民共和国民事诉讼法》

想一想

在交通事故诉讼中，保险公司不承担诉讼费和鉴定费的依据是什么?

二、诉前准备工作

诉前准备工作时间节点从收到法院、仲裁委的起诉书副本，到第一次庭审前。工作的主要内容：

（一）登记案件资料

理赔诉讼岗在接到法院传票后，应保存法院寄送的快递单号，备注签收日期；阅读传票，重点关注案号、事由、被传唤人、开庭日期、受诉法院、经办法官和书记员的姓名和联系方式；阅读举证通知书，重点关注举证期限，含提交证据和申请鉴定截止日期；阅读起诉状和赔偿清单，重点关注原被告信息、诉求、事实与理由。

一般情况下，收到起诉书副本的同时，还有传票、诉讼权利告知书等。传票上主要记载：审理案号、审理法院（法庭）、开庭时间、开庭地点、承办法官姓名及联系电话。如果没有写清楚承办法官姓名及联系方式，可通过 12368 司法热线[①]查询。

对收到的法院案件应严格按照保险公司要求扫描上传至相应系统或登记诉讼案件相应资料，包括原被告身份、签收副本时间、管辖法院、开庭时间、举证截止时间、审理人员联系方式以及审理机构地址等。

（二）核实案件信息，根据诉讼材料内容与以下资料进行信息核实

查阅理赔系统，核对涉诉车辆承保及理赔处理信息，重点关注保险期间、是否报案、是否查勘定损、是否人伤跟踪，是否有其他赔付和预付记录等。

1. 与保单信息比对

通过起诉书副本中记载的事故信息查询承保的标的车保险情况，一般情况下，根据车牌号码很容易查询到保险情况。

在肇事车辆为未上牌即投保的新车、保险未及时过户的情况下，通过车牌并不能及时找到承保车辆信息。此时需要根据车架号、发动机号、保单号进行查询。在简易程序中，上述信息记录在通过复写纸书写的简易程序事故认定书上，有时很难辨认字迹，此时需要向交警、法院索取肇事车辆信息才能进行下一步审核。

信息核对要求：对车牌号码、车型、发动机号、车架号与保单上记载的信息，以及事故是否发生在保险期限内进行一一核对，确认无误后还需要核对行驶证、驾驶证年检是否在有效期内。如果是特种车辆，还需要核对操作资格证；如果是营运车辆，还需要核对服务资格证。上述情况准确无误后才可以进行下一步的应诉准备工作。

---

① “12368”是最高人民法院确定的、全国法院系统通用的司法信息公益服务号码。中国“12368”司法服务热线首个试点单位——北京法院“12368”司法服务热线于 2009 年 1 月 7 日正式开通。

2. 与报案出险记录比对

包括事故时间、地点、人伤人数及损伤轻重情况、车损情况以及出险时间是否在保险期限内等。

保险机构一般会有出险报案录音系统，有时候通过报案的电话录音会获得更多的信息资料，包括报案人身份、讲话语速、用词用语习惯等，这可以提示是否存在虚假报案的可能。

3. 与案件跟踪信息比对

包括原告工作单位、工作收入、居住地址、家庭成员、受伤及治疗情况，保险公司垫付款情况、鉴定是否告知、前期是否进行过调解以及后期手术是否完成等。

4. 与司机、车主了解的信息比对

包括司机、车主垫付款、事故发生经过、责任认定情况、受伤及治疗情况，目前活动情况；原告方面的工作收入情况、家庭成员等。

在很多情况下，伤者与司机或车主生活在同区域，相邻较近，彼此了解，司机、车主了解的信息比查勘人员调查到的信息更为准确。

想一想

在工作中核实上述信息的目的是什么？保险机构的责任来源于什么？

（三）审查诉讼材料

1. 法律审查

一般进行管辖、保险责任、免责事由、赔偿义务人与赔偿权利人主体资格、诉讼请求是否存在法律依据进行法律上审查。法律审查的思路可以根据起诉状或申请书的行文顺序一一审查，下面以起诉状来说明。

民事起诉状①

原告：×××②

被告：×××③

案由：机动车交通事故责任纠纷④

诉讼请求：请求判令被告赔偿原告×××元⑤，详见赔偿清单⑥

事实与理由：××××××⑦

此致

×××人民法院⑧

具状人：×××⑨

××××年×月×日⑩

为方便介绍审查顺序，在起诉状要求之后编上序号。审查是可以根据起诉状顺序一一审查，各要素的审查要点如下：

（1）起诉状类别。分为民事起诉状、刑事起诉状、刑事附带民事起诉状、行政起诉状，人伤诉讼中一般以民事起诉状为常见，在涉及刑事案件中也经常会有刑事附带民事起诉将保险机构一同起诉的做法。此外，人伤诉讼案件中，还有根据保险合同约定为仲裁管辖的，此时应为仲裁申请书。审查时，要分析选择的文书类别是否具备法律依据，比如约定仲裁管辖后到法院起诉，此时就可以提出管辖权异议。

（2）原告。一般为赔偿权利人，需要审查原告是否具备民事行为能力，是否有法定代理人、委托代理人等，原告主体是否适格，人员是否遗漏。在死亡案件中，往往家庭成员之间因观念、利益问题，故意不告知或隐匿一些弱势的人员作为原告。比如：死者系未婚生子；死者系无父无母无妻儿，兄弟姐妹起诉时就时常不把祖父母、外祖父母列为原告身份。这类案件容易造成后期财产争夺纠纷，更有甚者未获得赔偿人员到保险机构、法院等部门主张权利，成为社会不稳定因素。因此，审查原告主体资格是一项非常重要的工作。

想一想

（1）如果赔偿权利人在诉讼过程中，一审判决之前死亡时，对案件审理会有哪些影响？哪些情况下，赔偿权利人容易发生变化，包括增加、减少、变更？

（2）案件的原告是否一定为赔偿权利人？被告是否一定为赔偿义务人？

（3）被告。一般为赔偿义务人，需要注意审查的是被告是否适格，是否全面，有无遗漏。被告是否全面是根据事故的发生事实，在法律上赔偿义务人是否均被列为被告。

比如：列挂靠车主为被告，遗漏实际车主；列肇事司机为被告，遗漏车主；列全责方为被告，遗漏无责方承保机构；车上人员受伤案件中，常列对方车辆为被告，遗漏己方车辆为被告等。

想一想

如果审查中发现原告遗漏了被告，作为同案被告如何处理？如何答辩？是自己申请追加被告，还是要求原告申请追加？是否还有其他方法处理？

（4）案由。案由是人民法院对诉讼案件所涉及的法律关系的性质进行概括后形成的案件名称。

2020年12月29日《最高人民法院关于印发修改后的〈民事案件案由规定〉的通知》（法〔2020〕346号）对民事案件案由作了相关规定，实务中可以此来审核起诉状中的案由。

案由是表明该起案件的具体法律关系。人伤诉讼中最为常见的是机动车交通事故责任纠纷、责任保险合同纠纷以及保险合同纠纷。不同的案由，确定不同的原告、被告主体，也决定着证据的举证方向，同时也与管辖相关。

（5）诉讼请求。诉讼请求是向法院提出，要求法院予以判决的请求（当事人希望法院对其请求作出与之相应的确认、给付、形成这些具体的判决）。与诉讼请求相伴随产生的是诉讼费，诉讼请求越高，诉讼费就越高，最终是由原被告双方承担。在人伤诉讼案件中，经常会因为病情变化产生后续治疗费、社会统计标准更迭、鉴定结果变化而进行变更诉讼请求①。作为保险机构应当有诉讼请求被申请变更的敏感性，需要综合分析将来可能发生诉讼请求变更因素，及时妥当地做出调解方案，处理好诉讼双方当事人及法官的关系。

（6）赔偿清单。赔偿清单是人伤诉讼案件较为特殊的项目内容。由于人伤诉讼案件赔偿项目众多，计算复杂，往往需要单独打印一页，有些原告习惯于在事实与理由内列明。赔偿清单的法律审查即根据原告的证据及赔偿标准进行审查。

（7）事实与理由。“事实”是指案件事实，包括当事人的民事权益受到侵害或者发生争执的事实，以及当事人之间权利义务关系发生、发展、变更的事实，是案件的基础，也是诉状的基本内容。为了证明自己所述事实的客观性和真实性，原告在叙述案件事实的同时，应当随时将自己持有的、能够证明该部分事实的相关证据予以说明。法律审核是要针对陈述的事实内容与证据进行一一审查，特别是关系到计算赔偿依据的事实，同时需要根据证据挖掘出对于被告有利的事实来抗辩原告的主张。

所谓“起诉理由”，即原告关于案件性质、被告行为性质及诉讼请求合法性的主观分析和看法。一般包括以下几点：“综上所述，原告认为”要概括案件主要事实情节（即以概括的案件事实作论据，就事而论），而后结合法律的相关基本原则（即以法律为论据/依法说理），分析、论述案件性质或被告行为的性质（如违法、违约或侵权），得出“依法应否承担法律责任”的结论；根据相关案件事实，结合相应的法律规定，依法分析、论述被告行为的情节轻重。审核此部分主要是针对原告的依据一一审查，人伤案件一般情况下包括法律强制规定的依据及保险合同约定的依据，内容比较简单固定，但需要融会贯通。

（8）案件受理的审理机构。包括法院和仲裁机构。审核中需要根据管辖的规定进行审核，甄别出无管辖权的问题。人伤诉讼中常见的是商业保险条款约定为仲裁管辖，但原告以机动车交通事故责任纠纷侵权事由向法院起诉，如果作为保险机构应诉人员未提出管辖权异议，则视为保险机构放弃管辖权利。在特别的案件中，原告经常会选择对自己有利的法院管辖，比如：某些法院在审理某些项目赔偿标准相对宽松（常常为赔偿数额较大的伤残辅助器具费、伤残赔偿金城镇农村标准选择，后续护理费年限及标准，责任比例等），以及跨区域选择较发达城市起诉，这是因为发达地区的赔偿标准会更高。

---

① 根据《最高人民法院关于民事诉讼证据的若干规定》第三十四条，当事人增加、变更诉讼请求或者提起反诉的，应当在举证期限届满前提出。

工作实例

2012年8月14日03时38分许，原告屈某驾驶豫P×××××号重型货车，沿萧山区三益线由东向西行驶至萧山区益农镇益农煤场路段处时，与停在三益线南侧道路的徐某驾驶的、被告陈某实际所有但分别挂靠于蒙城县某公司及永城市某公司名下的皖S×××××牵引车牵引的豫N×××××挂重型厢式半挂车尾部相撞，造成原告受伤、两车损坏的交通事故。该事故经公安机关交警部门认定，原告负事故的主要责任，徐某负事故的次要责任。经原告委托，浙江某司法鉴定所于2013年4月22日评定原告的左下肢损伤截肢构成五级伤残，建议原告伤后误工时间为自受伤之日起至定残前一日止，护理期限自受伤之日起至假肢安装日止，营养补偿期为90日。损失为：医疗费2034.77元、误工费25919.88元（109.83元/天×236天）、护理费10543.68元（109.83元/天×96天）、交通费5000元、住宿费9792元、住院伙食补助费2950元（50元/天×59天）、营养费4500元（50元/天×90天）、残疾赔偿金454212元（37851元/年×20年×60%）、被扶养人生活费69711元（儿子23257元/年×10年×60%÷2人）、鉴定费2100元、精神损害抚慰金30000元、残疾辅助器具费414380元【69000元×（20年÷4年/副）+（69000元×20年×5%）+380元】，共计1031143.33元。

法院审理认为，残疾辅助器具费，一般应按照普通适用器具的合理费用标准计算，原告配置的价位偏高，使用寿命偏短，本院参照相关残疾辅助器具配置机构意见，酌定为223125元【假肢费（69000元+15年÷5年/副×36500元）】+【假肢维修费（69000元×5%×5年+36500元×5%×15年）】。

同样为大腿截肢定五级伤残案，2012年12月10日发生的事故，原告花费7.3万元配置假肢起诉到杭州市富阳区人民法院，最终法院认定：残疾辅助器具费273750元（73000元×3次+73000元×5%×15年）。

（9）具状人。审查中主要考虑到签字的规范性问题。实务中经常会存在：交通事故造成较高级别精神伤残病人作为原告自己签字，具状人签字与原告姓名不一致，起诉状签字字迹与其他材料中字迹不一致等问题。

出现上述签字问题主要有两类原因造成：一类是原告或其代理人不够仔细，未考虑到原告民事行为能力问题；另一类是当前社会中，交通事故索赔中介（也称：交通事故索赔“黄牛”）大量出现，买案包办时经常出现“黄牛”代签字问题。实务中，因律师代签原告姓名，被告提出涉嫌虚假诉讼，提出笔迹鉴定确认原告签名为律师代签，最终律师被处罚的案例。

（10）起诉落款日期。主要审核诉讼时效问题。基于侵权的人伤案件一般不会超过诉讼时效，但对于基于保险合同的纠纷案件，诉讼时效也是需要审核的内容。

2. 证据审查

证据审查判断是指司法人员在诉讼过程中对收集的证据进行分析、研究和判断，找出它们与案件事实之间的客观联系，确定其证据能力和证明力大小的一种特殊活动。这种对证据的审查判断不仅仅是停留在表面的感性认识，而是通过概念、判断、推理等思维活动，建立在理性认识的基础上。证据审查判断是一种从感性上升到理性的活动，是诉讼证明的关键环节，在证明活动中有重要意义。证据审查判断是在证据收集的基础上进行的，又与证据收集交叉进行，不能截然分开。如果收集到的证据不及时进行审查，就难以确定如何进一步进行收集补充证据，从而可能延误时机，不能收集到必要的证据。如果对收集的证据没有进行正确的审查，就可能以假乱真，导致案件的认定发生错误。所以说，证据的审查判断是非常关键的，在整个证明活动中起着承接的作用。在这里需要指出，如果从法官的角度出发来看待证据审查判断，那么更多的是集中于庭审阶段，而且与最终案件的确认更加密切联系。这时，证据的审查判断就与举证、质证和认证制度相联系，某种意义上而言就是认证，对证据的证明力和证据能力的分析和确认。对证据的审查判断虽然在刑事诉讼中的不同阶段，主体有所不同，但总体来说，应当是一个由浅入深，由局部到整体的过程。

（1）证据审查判断的三个基本步骤。

首先，对单个证据的审查判断。主要包括对证据的证据能力和证明力的审查。

对证据能力的审查应当从客观性、关联性、合法性三个方面进行。即包括证据是否原件、原物复印件、复制品与原件、原物是否相符；证据是否是客观存在；证据与案件事实之间是否有客观的联系，联系的形式和性质怎样，联系的确定程度如何等；证据是否由法定的收集证据的主体以合法的方式收集的，证据的形式和来源是否合法，证据的运用是否合法；证据的内容是否真实；证人或者提供证据的人与当事人有无利害关系；认定证人证言，可以通过对证人的智力状况、品德、知识、经验、法律意识和专业技能等的综合分析作出判断等。

对证明力的审查应当从证据的可靠性即是否真实可信这一方面进行。包括：①证据的来源的可靠性。即这个证据是如何形成的、由谁提供或收集的、提供者的能力与知识水平、提供者的身份动机、收集的方法是否科学、证据的形成是否受到主客观因素的影响等。②证据的内容的可靠性。对证据内容的可靠性的审查判断是整个审查判断活动的关键。可以通过注重每个证据不同的特点，例如言词证据易变动，实物证据易被伪造、窜改等对证据内容的可靠性进判断；或根据逻辑推理对证据内容的可靠性进行判断。这样，对于那些明显虚假、毫无证明价值或者因其他原因不具有证据能力的证据材料，经过单个证据的审查判断就可以将之剔除。

此外，对单个证据的审查判断，可以按两种顺序进行。一种是按证据所证明的案件事实发生的先后顺序逐个审查单个证据；另一种是按证据所证明的案件事实的主次关系和证据本身的主次关系逐个审查判断。

其次，对多个证据的对比审查判断。有时候从单个证据本身无法作出判断时，需要对案件中的证明同一事实的两个或者两个以上的证据材料进行比较和对照，看其内容和所反映的情况是否一致，以及能符合理地共同证明该案件事实。一般说来，证据和证据之间应当是协调一致的。如果两个证据的内容不一致，就说明这两个证据中至少有一个是不可靠的。所以审查判断证据不能孤立地进行，一定要结合其他证据综合分析、比较、判断。比如，对于同一个证人对相同的事实的前后不同的陈述就要进行多个证据的审查，判断是否一致，如果不一致那么不一致的原因是什么，究竟哪一次证据才是可靠的等。

对多个证据的审查判断也有两种基本形式。一种是纵向对比判断，即对同一个人就同一案件事实提供的多次陈述作前后对比；另一种是横向对比判断，即对证明同一个案件事实的不同证据或不同人提供的证据作并列的对比。

最后，对全案证据的综合的审查判断。即要注意从证据与事实之间的联系中对全案证据进行审查判断。此时，采取的最基本的方法就是进行证据的综合比较分析，判断证据与证据之间是否能相互印证、相互吻合，从而对整体的证据进行评价。此时，不仅仅是对证据的证据能力和证明力的评价，还应当从整体上对证据的充分与否作出判断，因为证明的最终目的就是为了达到事实清楚、证据的充分的证明标准。因此，还应当从证据的质量、数量上对案件进行综合分析，使案件的证据能形成一个充分、完整的证明体系。

关于证据审查判断的基本方法，不同证据由于各自的特点不同，所以在具体的审查判断的方法上也有所区别，因此，这里仅概括介绍一下对证据审查判断的基本方法。

对证据进行审查判断的基本方法根据实践经验包括鉴别法、对比法、印证法、侦查试验、测谎技术、推理判断等，可以结合不同的证据种类以及不同的证据审查阶段加以灵活运用。对物证的审查判断可以采用鉴定、勘验的方法，或将物证交给当事人、证人进行辨认，同时结合其他证据进行分析、印证；对于书证的审查判断也可以采用鉴定、辨认的方法，同时结合其他证据进行分析、对照、印证；对视听资料的审查判断，应当注重鉴定的方法，如通过图像分析仪勘测录像中的图像是否经常经过剪接，通过音素分析仪鉴别所录制的声音是否为模仿、伪造等，还可以让当事人、证人对视听资料中的内容予以辨认，同时结合其他证据进行对比分析；对鉴定结论、勘验检察笔录的审查判断不能孤立进行，应侧重于同其他证据的对比分析，看是否与其他证据存在矛盾；对言词证据的审查判断可以采用对其内容进行实验、辨认、质证等方法，而最重要的是将证人证言、被害人陈述、被告人供述、鉴定结论、现场勘验笔录、视听资料等结合起来对比分析、相互印证，从而进行审查判断。

（2）以下证据，人民法院应确定其证明力。

①一方当事人提出的下列证据，对方当事人提出异议但没有足以反驳的相反证据的，人民法院应当确认其证明力：书证原件或者与书证原件核对无误的复印件、照片、副本、节录本；物证原物或者与物证原物核对无误的复制件、照片、录像资料等；有其他证据佐证并以合法手段取得的、无疑点的视听资料或者与视听资料核对无误的复制件；一方当事人申请人民法院依照法定程序制作的对物证或者现场的勘验笔录。

②人民法院委托鉴定部门作出的鉴定结论，当事人没有足以反驳的相反证据和理由的，可以认定其证明力。

③一方当事人提出的证据，另一方当事人认可或者提出的相反证据不足以反驳的，人民法院可以确认其证明力。一方当事人提出的证据，另一方当事人有异议并提出反驳证据，对方当事人对反驳证据认可的，可以确认反驳证据的证明力。

④当事人对自己的主张，只有本人陈述而不能提出其他相关证据的，其主张不予支持。但对方当事人认可的除外。

⑤诉讼过程中，当事人在起诉状、答辩状、陈述及其委托代理人的代理词中承认的对己方不利的事实和认可的证据，人民法院应当予以确认，但当事人反悔并有相反证据足以推翻的除外。

⑥有证据证明一方当事人持有证据无正当理由拒不提供，如果对方当事人主张该证据的内容不利于证据持有人，可以推定该主张成立。当事人对自己的主张，只有本人陈述而不能提供出其他相关证据的，其主张不予支持，但对方当事人认可的除外。

（3）以下证据不能单独作为认定案件事实的依据。

①未成年人所作的与其年龄和智力不相当的证言；

②与一方当事人或者其代理人有利害关系的证人出具的证言；

③存有疑点的视听资料；

④无法与原件、原物核对的复印件、复制品；

⑤无正当理由未出庭作证的证人证言。

（4）以下证据，不确定其证明力。

①在诉讼中，当事人为达成调解协议或者和解目的作出妥协所涉及的对案件事实的认可，不得在其后的诉讼中作为对其不利的证据。

②以侵害他人合法权益或者违反法律禁止性规定的方法取得的证据，不能作为认定案件事实的依据。

（四）移交人伤岗审查

人伤岗主要根据原告或申请人提供的证据，对医疗费、伤残级别、误工期、护理期、营养期、伤病关系等方面内容进行审查，针对有争议事项如被抚养人人数、工作情况、是否存在挂床等情况确定是否需要补充调查。如果需要调查，则需要在短时间内完成。同时，根据原告伤情和系统提交的证据材料，预算出较合理的金额，并提出赔付意见。

（五）确定举证内容和举证方式

1. 举证内容

主要内容有：用于证明垫付款、先予赔付的打款凭证；用于证明保险及免赔责任的有：投保单、保险条款、保单等；用于证明赔偿金额构成的有：涉及伤残级别、伤病关系的医疗文献、案例资料，涉及残疾辅助器具配置价格的征询证明资料，涉及误工收入减少的证明资料等；综合前期所了解到的证据资料或信息，与起诉状副本资料比对后，认为需要提供前期调查到的证据。

保险理赔是多人、多部门共同完成的系统工程。出险报案由电话客服完成，出险后首次查勘由查勘员完成，诉讼由诉讼岗完成。保险理赔每一环节均有可能提供或提示举证方向，因此，针对每一个案件需要综合所有的信息方能做出较完整的举证内容。

看一看

交通事故赔偿计算、诉讼证据如表1－5所示。

表1－5 交通事故赔偿计算表＋诉讼证据表

<table>
<tr><th>赔偿项目</th><th colspan="3">计算公式</th></tr>
<tr><td>医疗费</td><td colspan="3">医疗机构出具的医药费、治疗费等收款凭证所载费用之和</td></tr>
<tr><td rowspan="3">误工费</td><td colspan="3">A类：受害人有固定收入，按实际减少的收入计算</td></tr>
<tr><td colspan="3">B类：受害人无固定收入（受害人能举证证明其最近三年平均年收入）
公式：最近三年平均年收入（元/年）÷365×误工期限（天）</td></tr>
<tr><td colspan="3">C类：受害人无固定收入（且不能举证证明其最近三年平均年收入）
公式：受诉法院所在地相同或相近行业上一年度职工年平均工资（元/年）÷365×误工期限（天）</td></tr>
<tr><td rowspan="2">护理费</td><td>护理人员有收入的</td><td colspan="2">参照误工费的规定计算</td></tr>
<tr><td>护理人员无收入或雇佣护工</td><td colspan="2">当地护工从事同等级别护理的劳务报酬标准×护理期限（天）。护理期限：护理至受害人恢复自理能力为止；因伤致残不能恢复的，护理期限结合受害人年龄、健康状况等确定合理期限，最长不超过二十年</td></tr>
<tr><td>交通费</td><td colspan="3">正式票据所载实际交通费用之和（包括受害人及其必要的陪护人员因就医或转院治疗实际发生的交通费用，票据所载事项应与就医地点、时间、人数、次数相吻合）</td></tr>
<tr><td>住院伙食补助费</td><td colspan="3">1. 可以参照当地国家机关一般工作人员的出差伙食补助标准予以确定；
2. 受害人确有必要到外地治疗，因客观原因不能住院，此时住院伙食补助费还包括受害人及其陪护人员实际发生的住宿费和伙食费</td></tr>
<tr><td>丧葬费</td><td colspan="3">受诉法院所在地上一年度职工月平均工资×6（月）</td></tr>
<tr><td rowspan="6">残疾赔偿金
（残疾赔偿金根据受害人丧失劳动能力或伤残等级确定；因伤残未导致实际收入减少对残疾赔偿金作适当调整）（湖南长沙、郴州、常德、岳阳四个地区对于残疾赔偿金、死亡赔偿金不再区分城市、农村；统一按城镇标准计算）</td><td rowspan="3">受害人为城镇居民（或农村居民符合按照城镇居民计算的情形）</td><td>≤60周岁</td><td>受诉法院所在地上一年度城镇居民人均可支配收入[1]×20年×伤残赔偿系数[2]</td></tr>
<tr><td>60—75周岁</td><td>受诉法院所在地上一年度城镇居民人均可支配收入×[20－(实际年龄－60)]年×伤残赔偿系数；</td></tr>
<tr><td>≥75周岁</td><td>受诉法院所在地上一年度城镇居民人均可支配收入×5年×伤残赔偿系数</td></tr>
<tr><td rowspan="3">受害人为农村居民</td><td>≤60周岁</td><td>受诉法院所在地上一年度农村居民人均纯收入[3]×20年×伤残赔偿系数</td></tr>
<tr><td>60—75周岁</td><td>受诉法院所在地上一年度农村居民人均纯收入×[20－(实际年龄－60)]年×伤残赔偿系数</td></tr>
<tr><td>≥75周岁</td><td>受诉法院所在地上一年度农村居民人均纯收入×5年×伤残赔偿系数</td></tr>
</table>

续表

死亡赔偿金（湖南长沙、郴州、常德、岳阳四个地区对于残疾赔偿金、死亡赔偿金不再区分城市、农村；统一按城镇标准计算）	受害人为城镇居民（或农村居民符合按照城镇居民计算的情形）	≤60周岁	受诉法院所在地上一年度城镇居民人均可支配收入×20年
		60—75周岁	受诉法院所在地上一年度城镇居民人均可支配收入×[20－(实际年龄－60)]年
		≥75周岁	受诉法院所在地上一年度城镇居民人均可支配收入×5年
	受害人为农村居民	≤60周岁	受诉法院所在地上一年度农村居民人均纯收入×20（年）
		60—75周岁	受诉法院所在地上一年度农村居民人均纯收入×[20－(实际年龄－60)]年
		≥75周岁	受诉法院所在地上一年度农村居民人均纯收入×5年
被扶养人生活费计入残疾赔偿金或者死亡赔偿金（被扶养人有数人的，年赔偿总额累计不得超过上一年度城镇居民人均消费性支出或农村居民人均年生活消费支出）	被扶养人为城镇居民（无劳动能力又无其他生活来源）	≤18周岁	受诉法院所在地上一年度城镇居民人均消费性支出[④]×(18－实际年龄)÷扶养人数×伤残赔偿系数（受害人死亡的系数为1，下同）
		≤60周岁	受诉法院所在地上一年度城镇居民人均消费性支出×20年×伤残赔偿系数
		60—75周岁	受诉法院所在地上一年度城镇居民人均消费性支出×[20－(实际年龄－60)]年÷扶养人数×伤残赔偿系数
		≥75周岁	受诉法院所在地上一年度城镇居民人均消费性支出×5年÷扶养人数×伤残赔偿系数
	被扶养人为农村居民	≤18周岁	受诉法院所在地上一年度农村居民人均年生活消费支出[⑤]×(18－实际年龄)÷扶养人数×伤残赔偿系数
		≤60周岁（被扶养人无劳动能力又无其他生活来源）	受诉法院所在地上一年度农村居民人均年生活消费支出×20年÷扶养人数×伤残赔偿系数
		60—75周岁	受诉法院所在地上一年度农村居民人均年生活消费支出×[20－(实际年龄－60)]年÷扶养人数×伤残赔偿系数
		≥75周岁	受诉法院所在地上一年度农村居民人均年生活消费支出×5年÷扶养人数×伤残赔偿指数
精神损害抚慰金	根据侵权人的过错程度、侵害手段、场合、行为方式、侵权行为造成的后果、侵权人的获利情况、侵权人经济赔偿能力、受诉法院所在地平均生活水平等因素确定。 **注意事项** 1. 精神损害抚慰金计算的具体标准，因个案和地域经济发达程度的不同会有较大差异。目前湖南省一般按如下标准计算：根据伤残等级从10级至1级分别对应为0.5万至5万，死亡的，同1级。 2. 司法实践中，该费用可以在诉讼请求中明确提出在交强险中优先支付。		
财产损失	根据估损清单及相应财产有效凭证主张（包括车辆维修、施救损失；车载货物损失；经营车辆停运损失；非经营车辆替代支出的交通费等）		

注：①镇居民人均可支配收入：按照政府统计部门公布的各省、自治区、直辖市以及经济特区和计划单列市上一年度相关统计数据确定。“上一年度”是指一审法庭辩论终结时的上一统计年度。2020年度湖南省城镇居民人均可支配收入为41698元。

②伤残赔偿系数：根据伤者伤残的严重程度将伤者残疾划分为十个等级，一级伤残的赔偿系数是100%，二级伤残的赔偿系数是90%，以此类推，十级伤残的赔偿系数是10%。

③农村居民人均可支配收入：来源同①，湖南省2020年度农村居民人均可支配收入为16585元。

④城镇居民人均消费性支出：来源同①，湖南省2020年度城镇居民人均消费支出为26796元。

⑤农村居民人均生活消费支出：来源同①，湖南省2020年度农村居民人均生活消费支出为14974元。

2. 举证方式

（1）调取证据申请。对事故存在疑问，仅根据事故责任认定书中记载的内容不足以排除疑问时，可以申请法院调取交警部门的事故责任认定案卷是人伤诉讼中最为常见的手段。

（2）申请重新鉴定。法定的重新鉴定理由一般有：原司法鉴定人不具有从事原委托事项鉴定执业资格的；原司法鉴定机构超出登记的业务范围组织鉴定的；原司法鉴定人按规定应当回避没有回避的；委托人或者其他诉讼当事人对原鉴定意见有异议，并能提出合法依据和合理理由的；法律规定或者人民法院认为需要重新鉴定的其他情形。

在诉讼实务中，保险机构申请重新鉴定最常用的理由是“对原鉴定意见有异议”，但很多情况下，却不能很好提出“合法依据和合理理由”。一般情况下可以从以下两方面入手：①司法鉴定程序问题，如单方委托未告知、鉴定材料未经质证等；②涉及鉴定的专业医学问题，如未考虑自身疾病问题、未达到原鉴定残疾程度等。在申请重新鉴定时需要注意的是接受重新鉴定委托的司法鉴定机构一般应当高于原委托的司法鉴定机构。

（3）申请鉴定。鉴于保险机构在人伤诉讼类案件的特殊性，此处的申请鉴定内容较申请重新鉴定内容更为广泛。它不仅包括法医类的伤残级别、“三期①”鉴定、死亡原因鉴定等，还包括文书字迹鉴定、文书形成时间鉴定、车辆速度鉴定、交通事故成因鉴定、明确司机或乘客身份的DNA鉴定等。

（4）申请鉴定人出庭。《司法鉴定程序通则》规定：司法鉴定人经人民法院依法通知，应当出庭作证，回答与鉴定事项有关的问题。但实务中鉴定人并不能做到百分之百出庭率，往往通过书面解答方式完成一方提出的鉴定异议内容。

（5）申请专家辅助证人出庭。这是一项新的举证方式，但目前各地法院实施要求、标准还不统一，存在着一定的局限性，但是在人伤诉讼类案件中，这也是保险机构一个新的举证思路，往往与申请鉴定人出庭一起并用以达到更佳效果。

专家辅助人是《中华人民共和国民事诉讼法》中新增加的一项制度，因此对于该类人员的出庭程序以及证据效力的认定问题尚在摸索之中。对于专家辅助人，上海市闵行区法院采取“一定三排除”的方法甄别专家辅助人的出庭意见：“一定”即确定诉讼地位。《中华人民共和国民事诉讼法》采取了鉴定人和专家辅助人双轨的专家证据制度，由于鉴定人由法院选择，其所出具的鉴定意见具有客观、中立性，而专家辅助人系一方当事人聘请，不能摆脱其“党派性”，因此专家辅助人的诉讼地位不同于证人，也有别于诉讼代理人，在诉讼中应归属于某一方当事人阵营。“三排除”，一是排除专家专业外意见。《中华人民共和国民事诉讼法》中所指的专家是“有专门知识的人”，因此认为不宜对专家的资格作过多限制。然而，专家辅助人的作用是对案件中的专业问题提供补充性参考意见，帮助法官对专业知识形成客观判断，因此专家辅助人的意见仅限于专业性问题，对于事实或法律的意见应当予以排除。二是排除专家“党派性”意见。由于专家辅助人是由一方当事人聘请的，而不是由法院，就其独立性和中立性而言弱于

① 三期是指：误工期、护理期、营养期，现行最新标准为GA/T 1193－2014《人身损害误工期、护理期、营养期评定》。

鉴定专家的意见，因此法院若要采纳专家辅助人对该方有利的专业性意见的陈述，应在庭后进行多方求证核实后才能予以采信，从而排除因辅助人“党派性”因素而影响意见的客观性。三是排除专家主观性意见。基于我国对专家意见双轨制的影响，专家辅助人的意见事实上是对专家鉴定意见的补充，因此辅助人的意见与鉴定意见能相互佐证，才能作为有效的证据进行采信，要尽量安排专家辅助人与鉴定人当面交锋对质，确保对辅助人主观意见的进行排除①。

此外，对于现有的资料可以直接举证。如果需要通过证人证明，可以申请证人出庭；针对伤残辅助器具费问题，价格不属于鉴定事项，可以申请法院询价。

举证注意事宜：必须在举证期限内提出；必须以书面方式提出；提供“N+1”份证据资料；开庭时需要提供证件原件；鉴定、重新鉴定、专家辅助人申请应及时缴纳费用。

看一看

（2021）湘0682民初111号

重新鉴定申请书

申请人：中国平安财产保险股份有限公司×××公司，营业场所为×××

法定代表人：×××　　公司总经理

被申请人：×××，男，汉族，1969年×月×日出生，身份证号码为4127271969××××××××，住河南省淮阳县×××，联系电话：×××××××××。

申请事项：请求贵院委托司法鉴定机构对×××因案涉交通事故导致的伤残等级、误工期、护理期和营养期进行重新鉴定。

事实与理由：

被申请人×××诉申请人机动车交通事故纠纷一案，贵院已受理。周口陈州法医临床司法鉴定所［2020］临鉴字第×××号司法鉴定意见书不公正、不客观、不科学，严重损害了申请人的合法权益。因此，申请人依法提出上述申请，具体理由如下：

1. 周口陈州法医临床司法鉴定所［2020］临鉴字第100号司法鉴定意见书认定被申请人×××颈椎损伤为九级伤残与被申请人的伤情不符。

周口陈州法医临床司法鉴定所［2020］临鉴字第100号司法鉴定意见书根据《人体损伤致残程度分级》5.9.6.2的规定认定被申请人颈椎损伤为九级伤残。据查《人体损伤致残程度分级》5.9.6.2规定的是“一椎体并相应附件骨折经手术治疗后”。《人体损伤致残程度分级》适用指南中明确记载C5椎体的结构包括椎体、横突、棘突、椎弓等附件，而被申请人的岳阳市二人民医院的入院记录、手术记录、转入记录、出院记录、影相报告，以及周口陈州法医临床司法鉴定所［2020］临鉴字第100号司法鉴定意见书的资料摘要、辅助检查，均记载的被申请人为C5椎体脱位并附件骨折。由此可见被申请人只有C5附件骨折，

① 来源于上海法院网：《闵行法院“一定三排除”甄别专家辅助人出庭意见》，网址：http：//shfy.chinacourt.org/article/detail/2013/08/id/1045396.shtml

并不存在C5椎体骨折的事实。因此被申请人的病情与鉴定结论不符，原鉴定意见关于被申请人颈椎的伤残等级认定错误。

2. 周口陈州法医临床司法鉴定所［2020］临鉴字第100号司法鉴定意见书认定被申请人左肩活动度丧失52%的测算方法不正确，程序不合法。

周口陈州法医临床司法鉴定的［2020］临鉴字第100号司法鉴定意见书，记录的被申请人左肩关节活动度为“内旋80°，外旋50°”，根据司法部SF/ZJD0103003－2011《法医临床检验规范》4.10.7及附录A表1中颈部、腰部、四肢关节活动度检测方法的规定，关于肩关节活动度的测量应该为“贴臂内、外旋”和“水平内、外旋”。故原鉴定测量方法程序不合法，不符合《法医临床检验规范》的规定。且鉴定意见只测量了左键关节的活动度，没有测量健侧的活动度进行对照，其关于左肩关节活动度丧失程度没有计算基础，不能作为评定依据。

3. ×××诉前单方所做的鉴定程序违法，鉴定意见不具有合法性。

根据《最高人民法院关于民事诉讼证据的若干规定》第二十六条的规定，当事人申请鉴定经人民法院同意后由双方当事人协商确定有鉴定资格的鉴定机构、鉴定人员，协商不成的由人民法院指定。按此规定，当事人申请鉴定前应征得人民法院同意，并与被告协商。而本案×××既未征得人民法院同意，也未按规定与被告方协商选定鉴定机构和鉴定人员，是在被告不知情的情况下自行单方委托周口陈州法医临床司法鉴定所，鉴定程序违法。周口陈州法医临床司法鉴定所认定×××左肩关节活动功能丧失52%以上，该依据的得出是源于鉴定时鉴定人员对被鉴定人进行临床检验肩关节活动度。这种检验结果受检验操作主观影响较大，该次检验仅有×××一方在场，剥夺了被告方参与和监督检验鉴定的权利，无法保证该次临床检验被申请人关节活动度的客观性和公正性。因此，该鉴定意见不具有合法性，不应予以采纳。

4. 鉴定意见书评定的误工期、护理期、营养期与被申请人的病情不符。

据查《人身损害误工期、护理期、营养期评定规范》9.1.2规定的是脊柱骨折手术治疗的情形，而申请人为C5椎体脱位并附件骨折，并没有出现脊柱骨折的情形，故原鉴定意见三期结论错误。且其鉴定结论为一个区间不符合《人身损害误工期、护理期、营养期评定规范》的规定。

综上，申请人认为周口陈州法医临床司法鉴定所［2020］临鉴字第100号司法鉴定意见书程序不合法，结论明显错误，严重损害了申请人的合法权益。为便于贵院查清事实，公正审理本案，申请人特提出上述重新鉴定申请，请求准许。

此致

×××人民法院

申请人：中国平安财产保险股份有限公司×××

××××年×月×日

（六）制订应诉方案

主要指确定出庭应诉人员的方案。一般情况下，根据案件复杂程度，保险机构可以指派理赔部门、法务人员出庭以及聘请外部律师出庭应诉。这里需要注意的是，聘请专家辅助证人出庭也是一项非常重要的应诉方案，目前保险机构使用率还不是很高，在将来的应诉中将会越来越得到重视。

（七）制订调解方案，并及时上报

对于诉讼审核通过的案件，诉讼岗位人员结合审核意见，在通过的应诉方案内及时与法院和原告联系进行调解。对于可以调解的案件，及时制订调解方案并上报。上报调解方案之前一般需要在做好诉前准备前五项工作之后，提出自己的意见一并上报，这有利于上级领导充分认识案件情况，减少多次上报，以提高工作效率。在上级领导给出具体反馈意见后，还需要根据反馈意见再做进一步调查核实工作，这有利于提升自己的专业水平。

（八）庭前准备的法律文书

1. 答辩状

保险类应诉案件，其答辩状一般包括以下内容：

（1）主体。需要审查确认，实践中往往存在起诉状上列的被告错误；

（2）保险责任。认可的或不认可的事实，如保险事故的真实性，是否构成保险责任。如果构成保险责任，其事故责任认定是否认可；

（3）赔偿项目意见。主要包括医保外费用组成，误工、护理、营养期限是否认可，计算标准是否认可，伤残等级、计算年限、计算标准是否认可，被抚养人是否有隐匿赡养人数，后续护理信赖计算年限，护理信赖等级是否认可；高等级伤残案件，是否存在开庭前已经死亡等。

2. 质证意见

质证意见是当事人围绕证据的真实性、关联性、合法性（简称“证据的三性”），针对证据证明力有无以及证明力大小，进行质疑、说明与辩驳。质证的目的在于通过与举证方就所举证据及其证明对象的辩论，最终使法庭作出对己方有利的事实认定。对“证据的三性”发表的意见，一般分为：无异议；有异议；具体异议与理由。对证明力发表的意见，主要包括其可靠性（从证据来源、内容两个角度分析）、充分性（证据与待证事实之间关联为直接关联还是间接关联，为必然关联还是偶然关联），最终明确为证明力有无及大小。

质证意见的注意事项：

（1）依据制订的质证方案撰写书面质证意见，并在庭前将书面质证意见及相应的电子文档提交书记员，以方便法庭准确记录。

（2）对否认可能性不大的证据应当及时予以认可，以获得法庭的信任。

（3）对于法庭或对方当事人能够通过调查取得或核实的证据，虽然存在一定瑕疵，但在充分评估风险后应当予以确认。

（4）对于对方存在明显瑕疵的证据，应当果断予以否认，并向法庭简要说明理由。

（5）质证策略应当与辩论意见保持高度一致。质证目的、观点必须要明确，质证时应当简短、果断、坚定、充满自信，不得在法庭上有犹豫或模棱两可的表现。

（6）必须核对证据原件。证据副本往往存在复印不清晰、少页、彩色变为黑白等导致证据本身固有的特征属性无法辨识。实践中，往往会发现提供数年前的劳动合同、租赁合同的字迹、印泥、纸张如同昨天形成的一样新鲜。

(7) 注重综合性质证意见表达。实践中，往往存在多组证据证明一个或多个相关问题，而多组证据之间也会存在矛盾的问题，经过综合性质证的目的是达到“以子之矛，攻子之盾”的目的。

质证方通过质证程序应当达到如下效果：

(1) 通过直接否定对方证据，使对方请求赖以存在的事实丧失证据支持，从而不被法庭采信；

(2) 通过有效否定对方证据或降低对方证据的证明力，以影响对方当事人的在法庭心中的诚信状况，从而增加对方当事人的举证成本和诉讼风险；

(3) 通过否定或利用对方证据，进一步强化己方主张事实的客观性，以增强己方在法庭心中的诚信度，降低己方的举证成本和诉讼风险；

(4) 通过质证减小法庭在对己方有利事实认定上的自由裁量权。

3. 授权代理文书

如果被告为公司的，一般需要营业执照、法定代表人身份证明、法定代表人身份证复印件，并且上述资料均需要加盖公章；如果被告为个人的，则需要提供被告个人的身份证复印件，并注明仅限某某案件中使用，以减少当事人对身份证复印件流露出去的担忧。

授权委托需要载明授权事项是特别授权，还是一般授权。一般授权是指代理人有权代表委托人起诉、应诉、提出证据、询问证人、进行辩论、申请回避、进行财产保全等诉讼行为，即程序性诉讼行为，而无权处分委托人的实体权利。特别授权是指代理人除享有一般授权代理的诉讼权利外，还可代为行使“承认、放弃、变更诉讼请求，进行和解，提起反诉或者上诉”等实体权利。特别授权主要包括：代为承认、放弃、变更诉讼请求；代为调查、取证、申请鉴定、申请调查；代为参加鉴定听证；代为申请仲裁、起诉，提出反诉，提起上诉；代为进行和解、调解，代签法律文书；代为申请裁判文书是否在互联网公布事宜；代为申请强制执行、代为执行和解、调解；代为提供执行款领款、诉讼退费账户。

被委托为诉讼代理人的情形有：①律师、基层法律服务工作者；②当事人的近亲属或者工作人员；③当事人所在社区、单位以及有关社会团体推荐的公民。

实践中，法院针对非法律工作者出庭代理案件，需要提供身份证明资料，诸如：如果是当事人的工作人员需要提供劳动合同、社保证明、工作证明；如果是近亲属出庭，则需要提供近亲属的身份证明资料。

作为保险机构的代理人，一般以工作人员的身份出现。但是在多个被告的情况下，法院会询问对出庭人员是否有异议，此时可以根据上述规则发表意见，比如：原告的代理人身份资格不适格，要求法院审查。

4. 组织证据及证据清单

保险案件，一般需要保险机构出具以下方面的证据：

(1) 保险情况的证据：有投保单、保险免责告知书、保险条款等，以证明案涉保险情况及免责告知情况。

(2) 保险垫付款的证据：垫付款申请书，打款凭证等，以证明保险机构已经垫付的情况。

（3）医疗费审核的证据：以证明医保外费用构成及具体金额。

（4）保险查勘的证据：主要有现场照片、询问笔录、录像、人伤回访笔录等，以证明事发经过，确定是否构成保险责任，以及保险责任的大小。

（5）诉前、诉后调查的证据：主要有走访调查录音、录像、询问笔录、照片，以证明损失构成的真实性、合理性。比如：车损险中，原告提供的证据证明已经报废，但提供车辆已经过户给别人，还在使用。人伤案件中，原告提供的证据称构成精神伤残，不能完成原来的工作，但调查了解到原告还在原来岗位上工作的证据。再如，原告提供的居住证明称在城镇生活一年以上，结果居住的楼房刚刚入住不久，可以通过该户的用水、用电量来确定入住时间。

上述证据需要准备证据原件一份，副本为（双方当事人人数+1）份，首页为自己制作的证据清单，注明自己的证据名称、来源、份数、证明目的，以方便庭审中双方的举证、质证。

想一想

如何调取居住情况和误工情况的反证。

5. 申请法院调取、鉴定、评估、管辖异议等各类申请书

实践中，有些法院原告立案时，法院立的是“预”字号案件，该阶段主要让双方对证据进行初步的沟通，一旦法院启动鉴定、评估程序之后，正式鉴定、评估报告出来之后，法院才将案件转为审理的“民初”字号案件。此时，收到上述证据之后，需要做好应诉准备。一般情况下，针对法院委托的鉴定、评估意见书，有效的救济途径为：申请鉴定人出庭接受质询、申请专家辅助人出庭，同时准备好专业技术资料，以及后期调查取证的证据材料用于反驳已经成文的鉴定、评估意见书。

实践中，有些鉴定机构会先出一个初步鉴定意见，告知双方，并给予一定期限提出异议。此时如果发现鉴定意见有疑问，必须及时且以有效的方式提出，否则后期很难再被推翻。

6. 同类案件的案例、专业书籍资料

一般情况下，案例、专业书籍不属于证据，但庭前建议准备，以参考资料方式提交给法官，有助于法官作出有利于己方的判决。

三、参加庭审

工作开始时间节点：审理机构确定的开庭时间。工作的主要内容：

（一）开庭准备阶段

开庭时，诉讼参加人应向法庭提供身份证明、授权委托书、出庭函等，书记员查明诉讼参加人是否到庭，并宣布法庭纪律。审判长核对诉讼参加人的身份、代理人的代理

权限等。

（二）法庭调查阶段

人民法院开庭按照以下步骤调查事实：①当事人陈述。先由原告简要陈述诉讼请求及理由，再由被告简要陈述答辩意见，最后由第三人陈述意见。②归纳争议焦点。人民法院根据双方的陈述归纳案件争议焦点，并征询双方当事人意见。③举证、质证。当事人根据争议焦点，陈述案件事实，并提供证据证明。双方当事人围绕证据的真实性、关联性、合法性发表质证意见。

（三）法庭辩论阶段

法庭辩论阶段主要是当事人根据法庭调查的事实和证据为基础，发表意见，驳斥对方观点。

法庭辩论阶段，一般先由原告发表辩论意见，再由被告发表辩论意见，最后由第三人发言。各自发表辩论意见后，开始互相辩论。在一方发言时，其他当事人不要随意打断，须待对方发言完毕后再陈述反驳意见。法庭辩论终结时，审判长按照原告、被告、第三人的先后顺序征询各方最后意见。

法庭辩论语言要语速适中，吐字清晰，富有逻辑、条理清晰，围绕重点，详略得当。庭审时要着装整洁，仪态大方。坐姿要端庄大方，精神饱满，不能左倾右斜，或前俯后仰，也不宜过于拘谨、紧张。要合理使用手势，避免在法庭辩论中指手划脚。

庭审后应对原告提交的证据原件进行拍摄保存，收集支付信息。庭审后应收集原被告或法院银行卡卡号、开户行等信息，留存其余各当事人的电话（含法官、原告、其余被告和第三人），方便后续调解等。

（四）不到人民法院开庭或中途退庭的法律后果

原告经人民法院传票传唤，无正当理由拒不到庭的，或者未经法庭许可中途退庭的，可以按照撤回起诉处理，人民法院不再继续审理。如果被告反诉的，可以缺席审理并作出判决。

被告经人民法院传票传唤，无正当理由拒不到庭的，或者未经法庭许可中途退庭的，可以缺席审理并作出判决。

工作中，由于事多人少，再加上法院通知开庭的方式不尽相同，有的发纸质传票，有的发短信，有的电话通知，有的在“移动微法院”上告知，导致忘记开庭的事情时有发生。因此，在工作中，一定要把所有的开庭档期全部写在一个地方，千万不要写在不同的地方，以免遗漏开庭。

（五）申请人民法院延期开庭审理的条件

有下列情形之一的，当事人可以申请人民法院延期开庭审理：①必须到庭的当事人和其他诉讼参与人有正当理由没有到庭的；②当事人临时提出回避申请的；③需要通知新的证人到庭，调取新的证据，重新鉴定、勘验，或者需要补充调查的；④其他应当推迟开庭的情形。

（六）开庭笔录签阅

法庭笔录是指由书记员制作的、如实而准确地反映庭审过程的书面记录。法庭笔录是人民法院审判的重要依据，庭审后当事人应认真阅读。如果认为对自己的陈述记录有遗漏或者差错的，有权申请补正。如果不予补正，应当将申请记录在案。

当事人阅完笔录后，当事人和其他诉讼参与人应签名或盖章，拒绝签名盖章的，书记员记明情况附卷，开庭笔录仍然有效。

（七）庭审答辩技巧

法庭辩论，是事实的陈述，是有理的抗辩。庭审中，有时证人证言、当事人陈述等会发生变化，有时会发现新的事实，有时论辩时间比自己事先估计的时间要短。一旦出现这些情况，如果仍按自己原来准备的思路和方法进行论辩，那就可能使自己陷入不利的境地。为此，必须采取应变措施，摆脱困境。一般说来，常用的应变措施有：

1. 紧追不舍，迫其吐真

在庭审中，证人出庭作证，但由于种种原因，证人有时会改变自己已向律师提供的真实证言，或含糊其辞，或作虚假陈述。如果证人的证词很关键，无疑将会关系到案件的判决。在这种情况下，律师必须引用先行采集的调查事迹追问证人，迫使其客观作证。例如，原告提供的鉴定意见书称肘关节屈曲 0°—20°，定为 10 级伤残，但鉴定意见书附图中显示 X 片肘关节屈曲 90°。在被询问，是上肢不能活动，还是 X 片有假时，原告就在瞬间可以活动了。

被告采用这种追问法，间接地证明了证人庭上证言、当事人陈述虚假性和庭前证方的真实性，从而为自己辩论阶段的论辩观点奠定了坚实的事实基础。由此可见，在证人证方不稳的情况下，利用证人首次作出的客观证言，刨根问底，无疑是可以奏效的。当然，提问要得当，同时要避免审问式的发问。

2. 提示矛盾，争取主动

在同一案件中，证据与证据间可能会存在矛盾，这些矛盾只要认真细致地研究案卷材料，是完全可以发现的。但有时由于粗心疏忽，往往等到法庭上出示有关证据时才发现这个问题，而这个问题又可能会影响到案件的处理。此时，应针对出现的新情况，迅速做出反应，提示矛盾，争取案件处理的主动权。例如，原告提供的鉴定意见书称下肢活动障碍，行走困难，证人为证明是在城镇居住，称每天走路到自己家小店购买生活用品。显然，需要继续询问具体的活动情况，两者之间要么证人说假话，要么鉴定意见书记载的情况不真实。

此外，庭审时还需要注意以下问题：

（1）庭审时，坐姿端正，准备好笔和笔录纸，对对方的新证据、新观点等要认真记录，不能只听不记，更不能一直低头不看审判长或对方当事人。

（2）质证、辩论发表意见时不能总是低头，显得不够认真和自信。

（3）庭审发言时，声音要铿锵有力，要显得自信又稳重，切忌用平时讲话的声音和腔调在法庭上讲话。

（4）明晰开庭的目的是吸引审判法官的眼球和注意力，切忌做出令法官产生反感的语言和动作，注意用眼神、肢体语言与法官的交互。切记法庭上的发言目的是让法官听懂，而不是与对方争辩个输赢，甚至产生冲突。

四、诉后工作

工作开始时间节点：自收到审理机构作出的判决、调解时起。要根据法律文书的类别确定工作。

（一）民事裁定书

即人民法院在审理民事案件和执行民事判决的过程中，为保障诉讼的顺利进行，就程序问题作出的书面处理决定，是应用写作中常见的一种文体。

人伤诉讼中主要有：管辖权异议裁定书、撤诉裁定书、转为普通程序裁定书等，均是审理过程中就程序问题做出的处理决定。只有撤诉裁定书是结案依据，但并不代表案件处理完毕。人伤诉讼案件中常见撤诉裁定书的情况有：原告因未及时交诉讼费或未按时到庭按自动撤诉处理；重新鉴定造成不利结果而暂时撤回起诉；撤回对部分被告的起诉（如司机是职务行为；交强险承保机构已经全额支付保险赔款等）。

对于不利结果而暂时撤回起诉的案件，建议及时跟踪，主动联系原告，尽可能向原告说清道理，以达到调解结案。

（二）民事判决书

我国是两审终审制，一审判决书签收之后有 15 天的上诉期①，一审法院一般情况下会给 10 天的履行期。二审判决书签收之日生效，如果有异议必须先履行再申请再审。再审是为纠正已经发生法律效力的错误判决、裁定，依照审判监督程序，对案件重新进行的审理，但并不是案件必经程序。

1. 看懂审判法律文书

一般情况下，人伤诉讼判决书要看法院判决观点及法院判决结果。法院判决观点是从判决书“本院认为”之后开始，到“依照《中华人民共和国××法》第×条”结束。法院判决结果为“判决如下：”的内容。人伤诉讼案件，由于案件构成要素相对稳定，法院经常会使用“令状式裁判文书”，不再使用记载当事人诉辩主张、理由和法院裁判理由的裁判文书，虽然裁判文书上对前述内容没有详细记载，但是这些内容将充分记录在庭审笔录中，若对裁判理由不清楚可以向法庭要求复印开庭笔录。

在审查判决书时，不要试图从某个部分法中的某个法律的某个法律条文来解读整个案件。法律是有体系性、逻辑性的，一个法律条文很多时候只是一个法律规范的一个片段，别让“盲人摸象”的笑话发生在自己身上。

2. 确定是否上诉

---

① 上诉期是指当事人及其法定代理人不服法院的第一审判决或裁定，向上一级法院提起上诉时必须遵守的法定期限。民事判决的上诉期为十五日，民事裁定的上诉期为十日。比如：1 月 1 日签收判决书，1 月 16 日 24 时上诉期满，1 月 17 日即为过期，其算法是：签收之日向后加 15 天（上诉期）即为期满的最后一日，第二天即为过期。履行期的计算方式也一样。

在看懂审判法律文书的基础上，把自己的意见上报领导审查，如果认为需要上诉，可以事先提交上诉状一并提交上级领导审查。要注意的事项是不能超过上诉期，及时缴纳上诉费，并做好上诉事由的证据准备工作。

实践中，建议不要让律师或他人代交上诉费，最好方式是让专业财务缴纳。因为律师、他人均有可能忘记或者账户搞错。专业财务人员有较高的专业素养，一般不会弄错或者忘记。发起交纳诉讼费的流程之后，要注意后期跟踪，一定要拿到交费凭证。

3. 决定不上诉

应及时收集案件材料，并向理赔内勤移交全案材料，尽快做赔款理算工作，争取在规定的履行期内履行付款义务。如果时间延迟，尽早与承办法官、相关当事人联系，争取宽容的履行时间。

（三）调解书

调解书是指人民法院、仲裁委制作的确认双方当事人协议内容的法律文书，它是法律应用写作研究的重要文种之一，是具有约束力的法律文书。

人伤诉讼实务中经常存在原告举证不足。调解是在原告补充证据材料的情况下进行的，此时需要在调解笔录中明确要求原告补充证据明细，一旦在调解笔录上签字，调解内容即生效，以后很难再让原告补充证据。当事人对已经发生法律效力的调解书，提出证据证明调解违反自愿原则或者调解协议的内容违反法律的，可以申请再审。

（四）仲裁裁决书

仲裁裁决书是指仲裁庭在认定证据、查明事实的基础上，依法对当事人提出的仲裁请求或反请求及其相关事项作出决定的具有法律效力的文书。人伤诉讼实务中，往往因为保险合同约定仲裁管辖，而由仲裁委管辖（此处仲裁委不是劳动仲裁委），裁决书自作出之日起发生法律效力。对裁决书中的文字、计算错误或者仲裁庭已经裁决但在裁决书中遗漏的事项，仲裁庭应当补正。当事人自收到裁决书之日起三十日内，可以请求仲裁庭补正。

当事人提出证据证明裁决有下列情形之一的，可以向仲裁委员会所在地的中级人民法院申请撤销裁决：没有仲裁协议的；裁决的事项不属于仲裁协议的范围或者仲裁委员会无权仲裁的；仲裁庭的组成或者仲裁的程序违反法定程序的；裁决所根据的证据是伪造的；对方当事人隐瞒了足以影响公正裁决的证据的；仲裁员在仲裁该案时有索贿受贿，徇私舞弊，枉法裁决行为的。人民法院经组成合议庭审查核实裁决有前款规定情形之一的，应当裁定撤销。人民法院认定该裁决违背社会公共利益的，应当裁定撤销。

收到仲裁裁决书之后，诉讼岗人员每周与理赔内勤、支付岗核对法院判决或仲裁案件支付情况，确保及时、正确履行了判决内容，避免造成强制执行及其他损失。

（五）上诉状

民事上诉状，是民事诉讼当事人对地方各级人民法院作出的第一审民事判决或裁定不服，按照法定的程序和期限，向上一级人民法院提起上诉时所提交的法律文书。

民事上诉状的构成分为六个部分：

（1）标题：写明“民事上诉状”。

（2）首部：必须分别写明上诉人和被上诉人的相关情况。首先写明上诉人，然后写明被上诉人。并根据案情需要，写明他与上诉人之间的关系。被上诉人不止一个的，依次写明他们的基本情况。列完被上诉人之后，如有第三人的，即写明第三人。是公民的，写明姓名、性别、年龄、民族、出生地、文化程度、职业、工作单位、住址等；是法人或其他组织的，写明全称、住所地、法定代表人及职务等。

（3）上诉缘由：上诉人因与被上诉人××纠纷一案，不服××人民法院×年×月×日（2006）×民初字第××号民事判决（裁定），现依法提出上诉。

（4）上诉请求：一般是要求“撤销”原判决（裁定），进而要求“驳回诉讼请求”或“驳回起诉”；或要求“发回重审”；或要求“部分”或“全部”改判；要求改判的应当具体说明改判的请求。

（5）事实与理由：该部分是上诉状的重点。围绕上诉请求，说明原判决（裁定）事实不清，或证据不足，或适用法律错误，或原审定性错误，或程序违法等。通过事实和证据说明原审错误所在，阐明自己的观点，以实现上诉的目的。

（6）尾部：依次写明上诉人民法院的全称、上诉人名称、上诉日期等，并在附项中列明上诉状副本和有关证据材料的份数。

不服一审民事上诉状范文

民事上诉状

上诉人（原审被告）：某某，男/女，×族，××××年×月×日生。

户籍地：×××省××县。

身份证号：××××××××××××××××××。

被上诉人（原审原告）：××省××有限公司。

法定代表人：×××。

地址：×××省××××××。

上诉人因不服×××省×××市×××人民法院(2011）泉民初字第×××号民事判决,原审认定事实不清、适用法律错误，特提出上诉：

上诉请求：

1. 撤销×××省×××市×××人民法院(20××）×民初字第×××号民事判决中第一、第二项判决;发回重审或依法改判。

2. 本案一审、二审诉讼费用由被上诉人承担。

3. 上诉理由如下：

（1）××。

（2）××。

（3）××。

据此，请求二审法院撤销原判，发回重审或对一审判决直接予以改判，支持上诉人的上诉请求。

此致

××人民法院

上诉人：×××

日期：

根据《中华人民共和国民事诉讼法》第一百六十四条规定：对第一审判决不服的，应当在判决书送达之日起15日内提起上诉；对第一审裁定不服的，应当在裁定书送达之日起10内提起上诉。因此，确定上诉，诉讼岗人员应在规定时间内提交上诉状。

虽然法律规定可向二审法院递交，但二审法院在接到上诉状后，还要移交原审人民法院，以便原审人民法院能够及时送达上诉状副本。因此，上诉状一般应当向原审人民法院递交。

实践中，不是所有案件都可以要求“撤销”原裁判，也不是所有案件都可以要求“发回重审”，上诉人应当根据原审错误的特点及自己的上诉目的，确定上诉的具体请求。可以要求“依法改判”的情形：①原判决适用法律错误的，可要求依法改判；②原判决认定事实错误，或者原判决认定事实不清，证据不足，可要求查清事实后依法改判；③原告诉讼请求无事实和法律依据，原审却支持了原告诉讼请求的，可要求“依法改判”，进而可明确要求“驳回诉讼请求”。

可以要求发“发回重审”的情形：①原判决认定事实错误，或者原判决认定事实不清，证据不足，可要求裁定撤销原判决，发回重审或者要求查清事实后改判。②判决违反法定程序，可能影响案件正确判决的，可要求裁定撤销原判决，发回重审。具体包括以下情形：①审理本案的审判人员、书记员应当回避未回避的；②未经开庭审理而作出判决的；③适用普通程序审理的案件当事人未经传票传唤而缺席判决的；④对当事人在一审中已经提出的诉讼请求，原审人民法院未作审理、判决的，又无法调解的；⑤必须参加诉讼的当事人在一审中未参加诉讼，又无法调解的；⑥一审判决不准离婚的案件，认为应当判决离婚，对子女抚养、财产问题无法调解的。

依法不应由人民法院受理的，可以要求二审人民法院撤销原判，驳回起诉。原告起诉被一审法院裁定“不予受理”，或受理后“驳回起诉”的，原告上诉可要求二审法院撤销原裁定指令一审法院受理或审理。

任务11 机动车保险人伤欺诈的防范

任务情景

市民闵先生于2015年12月在步行时与一辆小客车发生碰撞，导致其肋骨多发性骨折，胸骨及肩胛骨骨折。2016年4月，“人伤黄牛”刘某、顾某等人冒充律师联系到闵先生，蛊惑闵先生将事故理赔交由其代理。此后，双方签订了交通事故赔偿金买断协议，约定由刘某、顾某等人向闵先生先行支付30万元，而本次事故中获赔的理赔金则全数归刘某等人所有。而刘某等在策划虚假鉴定及起诉肇事司机及保险公司，最终获赔保险理赔金高达 95 万余元。

资料来源：https：//baijiahao. baidu. com/s？ id = 1639297623997982469&wfr = spider&for = pc

问题：车险人伤案件中，欺诈的情形有哪些？如何防范？

随着保险逐步走进千家万户，不法分子利用保险作为犯罪工具的情况也逐步增多。人伤赔付案件中存在的虚假水分，甚至是保险骗赔，近年来已引起各家保险公司的高度重视。认真分析车险人伤案件的特点，总结实践中发现的虚假案例，提高对欺诈案件的识别能力，对于防范道德风险，确保车险的理赔质量，提高车险的经营效益，维护保险双方的合法权益，促进保险事业的健康发展以及维护社会良好风气都是非常重要和十分必要的。

一、车险人伤案件中的欺诈情形

经行业数据统计，责任险（包含车险、非车责任险）理赔案件中人伤案件的数量占全部案件的 5%—10%，但人伤案件的赔款金额占比却占到了全部赔案的 70% 以上。人伤案件由于受伤人员的年龄、健康情况、伤情、家庭情况千差万别，其赔偿标准更是千差万别，容易受外部理赔环境影响，难免产生道德风险。常见的欺诈情形如下：

（一）先出险后保险，篡改出险时间

此类案件中被保险人以往不曾保险，一般是主动上门投保，且以现金方式缴纳保险费，保险生效后几天内即出险，且往往属于单方事故，推迟报案时间，无现场及目击者。值得注意的是，由于此类案件需要提供一系列资料，单独一人作案的可能性很小，往往会涉及相关环节人员的协助，如交警部门同意给予事故发生时间及经过的证明、医院同意提供虚假的就诊日期、更改病人就诊资料等。

工作实例

2013 年 12 月 6 日 3 时 54 分被保险人柳州市某运输公司的法定代表人杨某报案称：公司司机梁某驾驶标的车桂 B8348B 从桂林回到柳州于上述时间在柳太路和三者车发生追尾事故，造成标的车受损，司机胸口疼痛，送往医院。现场赔付三者车 1000 元后三者车离开现场。标的车损失约 10 万元。

经初步了解，该案肇事者不向交警报案；事故发生后三者车离开现场；未经保险公司查勘人员勘查取证被保险人擅自将受损标的车拖离现场。

进一步调查，显示：案发凌晨 3 时，没有目击证人，现场没有任何车辆碰撞遗留物，包括汽车的后视镜、门窗玻璃碎片，可以肯定不是标的车碰撞的第一现场，被保险人自行拍摄提供的现场相片是作假的现场相片。车辆所有人广西某汽车销售服务有限公司销售部经理证实，标的车尚未出售，系投保人承运到柳州某汽车销售服务有限公司。被保险人已于 2013 年 12 月 1 日将标的车运回柳州，购买商业险的时间却在 2013 年 12 月 3 日，运车在前保险在后，完成运车任务后还购买商业险，有悖常规。

（二）利用各种手段，伪造相关单证

伪造单证是人伤事故骗赔案中最常见的手段，其中主要伪造的单证为：

（1）假医疗发票、住宿发票、交通费发票；

（2）假出院证明书、疾病诊断证明、虚假医生或相关人员签字；

（3）各种虚假公章；

（4）假法医伤残评定书；

（5）假事故当事人协议书、收据；

（6）假身份证、假户籍证明、假残疾证明、假供养证明。

工作实例

某单位会计在出险后向保险公司的提交索赔资料中，包括第三者伤者在出险地（异地）就诊的医疗发票，人伤核损员在审核时，发现伤者在住院期间还在进行门诊治疗，而且治疗的项目基本相同。经实地调查后得知，伤者进行门诊治疗属实，但被保险人又利用关系找到医院的财务部门，将该医院已经申请作废的住院发票拿出来，伪造住院发票，然后冒充住院医师编造住院病历，企图通过欺诈手段从保险公司骗取超额赔款。

（三）夸大病情，诈领赔款

骗赔手段一般是故意夸大伤害程度，如一般软组织伤，脑震荡很长时间仍诉头痛、恶心拖延出院时间和治疗时间，或故意表现出视力、听力减退等，以达到诈骗领取补偿费用的目的。

工作实例

伤者赵某（女性，65岁浙江金华人），出险当时以“右肩部软组织挫伤，高血压病”入院治疗24天，产生医疗费15000余元，从其提供的门诊病历上看，其出院后又在门诊继续治疗（每10—20天复查一次），时间长达5个多月，每次都是开具的治疗高血压及舒筋活血等药物，但是并没有提供与之对应的医疗费发票。

（四）张冠李戴，移花接木

此类案件是指“一人得病、多人受益”的情况，即张三受伤，李四冒用其名到医院就诊或开药，在人伤案件的审理中，这种现象也是比较普遍的。

工作实例

某标的车出险后，被保险人提交索赔资料中，包括其驾驶员李某，38岁。在事故中砸断右腿发生的医疗费用2万余元，经办人员经审核“出院记录和费用清单”，发现很多与风湿有关的用药及检查项目，认为此案可能有“搭车治疗”的可能，即前往治疗医院查阅原始病案，经调查，伤者实际年龄65岁，有30年“类风湿病史”，将其原始病历复印存档。被保险人向我司提供的“出院记录”系伪造，因此确定此案系一骗赔案，因证据确凿，我司予以拒赔，被保险人表示接受。

二、车险人伤案件欺诈的防范

针对上述诈骗类型的存在，保险公司必须尽快采取有效措施加以制止，打击犯罪、控制风险，保证保险制度的健全完善，维护保险双方的合法权益。在人伤事故的理赔过程中，可以采取以下对策：

1. 认真审查保险合同中的被保险人情况，对属于高风险客户或黑名单客户，从受理报案开始就给予重点关注，多方核查，排除疑点

2. 加强对事故发生后的调查核实工作

（1）询问知情人，发现和了解被保险人的诈骗线索。通过询问医师、被保险人亲属、报案人、相关当事人、现场处理人员等，了解病情一般情况，目前病况和诊断治疗情况，病情演变趋势和愈合；及时询问有关人员，以便全面掌握情况，察觉隐瞒的实情。

（2）从欺诈手段开始，寻找证据。审核调查伤亡者与被保险人的关系、就诊地点与被保险人所在位置等信息，以界定保险责任；查验诊断书是否正确完整，有无涂改痕迹，医学术语是否专业，用药是否与诊断病情相符，检查结果是否符合人体标准，是否准确反映伤者病情程度等，以审核病情的真实性与合理性；查验是否属于国家规定的正规发票，有无涂改，是否同一人笔迹，是否存在联号，是否为复印迹等，临床某些用药与相应检查与表现对应的费用开支比例规律等，以验证医疗费用票据的真实性与合理性。

（3）针对伪造单证的主要欺诈手段，重点对单证的真实性进行核实。

第一，核查伪证制造者的权威性，审查医师提供的证据是否在其职权范围内，如存在漏洞，还应该及时向有关管理部门反映情况。

第二，核查证据是否与事实相符。如是否有夸大病情诊断的可能，如有疑点应及时追究。

第三，核查证据的来源有无编造，是否可靠，对于字迹潦草，无印章或印章不清的，应认真追查。

（4）必要时可以运用技术鉴定手段，对一些涉及重大案情的资料，进行真伪鉴定，确保证据的真实可靠。

（5）对涉及各类抚养费、补偿费的证明，应会同出证当地的保险公司共同进行实地了解，避免出现伪造证据骗取赔款的情况。

（6）加强同业间的信息沟通和交流，对存在疑问的案件或人员，可以与当地同业之间进行横向交流，查实是否存在重复投保、多方骗赔的迹象。

项目小结

本项目共分为 11 个任务，主要介绍了机动车保险人伤案件的特点、理赔方法以及理赔实务操作规程。通过本项目的学习，要求了解机动车保险人伤案件赔付形势与未来发展，理解人伤案件特点与理赔方法，掌握人

伤查勘、调查、定损、调解以及诉讼等人伤理赔实务环节的知识要点与技能点。

问题讨论

（1）当前机动车保险人伤赔付呈现赔付率高、客户满意度低等特点，如何加强机动车保险人伤理赔管理，切实提升客户满意度，又能兼顾保险公司利益。

（2）机动车保险人伤案件中，保险条款设计时为何要规定按照国家基本医疗保险标准核定医疗费用？车险条款费改后，保险条款中设计按照国家基本医疗保险同类标准核定医疗费用，增加“同类”二字，实务操作有何影响？

（3）人伤诉讼难免延长了保险事故理赔周期，无论与伤者、客户还是保险人均有不同程度的影响，人伤理赔实务中，如何规范操作，减少诉讼发生？

推荐阅读

1.《2016中华人民共和国伤残鉴定与赔偿法规全书》（法律出版社）

2. 杜万华：《人身损害赔偿纠纷裁判标准与规范指引》（法律出版社）

3.《法医临床检验规范》（SF/Z JD0103003－2011）

4.《最高人民法院关于审理人身损害赔偿案件适用法律若干问题的司法解释》

习题与实训

一、选择题

1. 2019年3月1日，乙某被甲某驾驶的车辆撞伤住院60天，甲某负事故全部责任。同年5月，乙某向甲某索赔住院期间的误工费，乙某提供了保险事故发生前平均工资为3000元/月的收入证明，3月份收入为1000元、4月份收入为0元的收入证明，根据司法解释，甲某应向乙某赔偿误工费为（　　）元。

A. 1000　　B. 2000　　C. 3000　　D. 5000

2. 以下关于误工费叙述错误的是：（　　）。

A. 误工费根据受害人的误工时间和收入状况确定

B. 误工时间按真实有效的病休证明确认，对于与病情不相符的病休证明，公司不予认可

C. 受害人因伤致残持续误工的，误工时间可以计算至定残日前一天

D. 司法鉴定的误工时间与《人身损害误工损失日评定准则》差异较大的，原则上以法医标准执行

3. 事故属于交强险保险责任，标的车负事故主要责任。经医疗核损员核定客户损失：医药费用2万元，护理费1万元，住院伙食补助费0.4万元，交通费0.2万元，误工费2万元，后续治疗费1万元。依据保险合同和人伤相关法律规定，交强险应赔付（　　）。

A. 6.6万元　　B. 5.6万元

C. 5.0万元　　D. 4.2万元

4. 张某驾驶标的车在2014年10月撞伤行人李某，经治无效而亡。经调查李某62岁，户籍为湖北农村，事故发生前半年来武汉市打工，2013年湖北省城镇居民人均可支配收入标准为20840元，湖北农村居民人均纯收入标准为7852元，2014年湖北省城镇居民人均可支配收入标准为22906元，湖北农村居民人均纯收入标准为8867元。经核定事故属于保险责任，保险公司应赔付李某的死亡赔偿金为（　　）。

A. 20840×20　　B. 7852×18

C. 22906×20　　D. 8867×18

5. 标的车撞伤行人张某和李某，伤势过重抢救无效而亡，经调查核实，张某为上海市人，36岁，为非农业人口，工作在上海，李某为湖北人，38岁户籍为农村，事故发生前三个月来上海打工。保险实务中下列关于死亡赔偿金说法正确的是（　　）。

A. 李某与张某死亡赔偿应按照各自户籍所在地人身损害赔偿标准计算

B. 李某应按照上海市人身损害赔偿标准计算，理由是李某虽然户籍在农村，但是务工在城市

C. 李某应按照户籍所在地人身损害赔偿标准计算，理由是李某虽然务工在城市，但是来城市务工只有3个月，没有达到非农业人口赔付标准

D. 李某和张某均应按照同一额度赔付死亡赔偿金

6. 标的车撞伤流浪汉，经治无效而亡，经确认死者无近亲属，所在村委会出资安排了丧葬事宜，现村委会要求标的车投保的保险公司进行赔付，下列说法正确的是（　　）。

A. 村委会未经法律授权，保险公司可以拒绝赔付

B. 村委会安葬了死者，保险公司应赔付丧葬费、死亡赔偿金以及精神损害抚慰金

C. 村委会安葬了死者，保险公司应赔付丧葬费、死亡赔偿金，但是不能赔付精神损害抚慰金

D. 村委会安葬了死者，保险公司对其支付的丧葬费进行赔付，但是不承担死亡赔偿金和精神损害抚慰金的赔付责任

二、问答题

1. 分析交强险和第三者责任保险关于人伤赔付的区别？

2. 交通事故导致某某脑震荡、软组织挫伤，自行到某司法鉴定所鉴定为10级伤残，该伤情是否达到评残标准？如果不能，如何避免这种结果的出现？

3. 伤者户籍为农村户口，伤前在某小餐馆打工，其误工赔偿标准应提供的索赔材料有哪些？

三、案例分析题

案情：标的车在保险期限内发生交通事故，事故导致行人刘某受伤入院，伤情：①左侧股干骨折；②左侧髌骨粉碎性骨折；③左侧股四头肌腱断裂；④多发软组织挫裂伤。刘某住院60天，病情好转出院。经核定刘某38岁，户籍农村，交通事故发生时在城市打工5年。

问题：

1. 结合保险实务，该伤者有伤残的可能吗？为什么？

2. 如果该伤者有伤残可能，如何进行司法鉴定的风险管控？

3. 该伤者能否按照城镇标准赔付？为什么？确认赔偿标准应调查的材料有哪些？

4. 若伤者司法鉴定伤残8级1处、7级2处，当地城镇居民人均可支配收入28000元，农村居民人均纯收入9000元，计算其残疾赔偿金。

2 项目二 雇主责任保险理赔

学习目标

【知识学习目标】

- 掌握雇主责任保险的概念；
- 掌握雇主责任保险的法律关系及责任险的归责认定；
- 掌握雇主责任保险的理赔实务；
- 掌握雇主责任保险与团体意外伤害保险的差异；
- 了解《劳动能力鉴定职工工伤与职业病致残等级》和《工伤保险条例》。

【技能训练目标】

- 能说出雇主责任保险与民事责任的关系；
- 能够进行雇主责任保险案例分析；
- 能初步设计雇主责任保险人伤的查勘计划；
- 能简单计算雇主责任保险人伤的赔付方案。

工作任务

- 能够从事雇主责任保险的查勘；
- 能够从事雇主责任保险的赔付核定及理算缮制。

导入案例

被保险人S有限公司在某保险公司投保雇主责任险，保险期间为2018年4月13日至2019年4月12日，每人医疗费赔偿限额4万元，死亡伤残赔偿限额40万元。无附加条款。

2018年6月28日，被保险人提出批增要求，加保新增雇员陈某，某保险公司出具批单予以认可。陈某于2018年7月3日在井下作业时，被掉落的槽钢击中腰部致伤，被保险人于出险当日向保险公司报案。

2018年9月28日，伤者申请工伤认定并获市社保局认可。市劳动能力鉴定委员会分别于2018年7月31日和2019年1月25日，认定陈某伤残程度为工伤二级和三级，且生活大部分不能自理。

问题：

（1）伤者陈某经过两次劳动能力鉴定，鉴定结果不一，应当以哪一次鉴定结果为准？伤者陈某的伤残赔偿金依法应如何计算？

（2）如果陈某的已获得工伤基金支付的工伤待遇，被保险人是否仍有权要求保险公司在雇主责任险项下赔付？

（3）经调查，被保险人于2018年6月28日与M公司签订工程承包协议，由M公司负责被保险人井下工程，工程时间为2018年6月28日至2018年7月11日，并在合同中列明施工人员名单，其中包括陈某。被保险人与M公司认为：他们双方存在承包合同关系，且陈某在投保名单当中，保险公司已经认可承保，应该承担相应赔偿责任。对此你作为理赔人认可吗？

（4）经了解，根据承包协议，由于M公司并无工程资质，故双方约定以S公司资质进行施工，并以S公司名义给施工人员投保，费用由M公司负责。对此是否可理解为M公司是被保险人？

任务1　雇主责任保险相关的法律关系

任务情景

某物流运输公司为其所雇佣的50名驾驶人员与保险公司签订了雇主责任险合同，合同规定每人死亡的赔偿限额是80万元，伤残的最高赔偿限额根据工伤评定等级最高赔偿金额也是80万元。公司的驾驶员王某在驾驶的过程中，发生了车祸，产生了医药费6万元。该名员工还购买了工伤保险，所以该员工因为工伤保险而获赔13.2万元。

问题：

（1）雇主责任保险的保险责任有哪些？

（2）该员工的受伤是否属于雇主责任保险的保险责任？

一、雇主责任保险概述

雇主责任保险是指被保险人所雇佣的员工在受雇过程中从事与保险单所载明的与被保险人业务有关的工作而遭受意外或患与业务有关的国家规定的职业性疾病，所致伤、残或死亡，被保险人根据中华人民共和国法律（不包括港、澳、台地区法律）应承担的医药费用及其他经济赔偿责任，包括应支出的诉讼费用，由保险人在规定的赔偿限额内负责赔偿的一种保险。

雇主责任保险是最早以独立险种的形式出现的责任保险，也是目前较为常见的责任保险。责任保险属于广义的财产保险范畴。广义财产保险保障的财产损失可分为三种：一是直接损失，例如汽车因交通事故导致车身损坏的损失；二是间接损失，例如工厂因遭受损害事故，正常生产活动中断，导致企业生产利润未能实现的损失；三是责任损失，责任损失是指因承担责任而造成的赔偿。雇主责任险的保险责任主要是在保险合同期间内，凡被保险人的雇员，在其雇佣期间因从事保险单所载明的被保险人的工作而遭受意外事故或患与工作有关的国家规定的职业性疾病所致伤、残或死亡，对被保险人因此依法应承担的下列经济赔偿责任，保险公司依据本保险合同的约定，在约定的赔偿限额内予以赔付，主要赔偿的项目有死亡赔偿金、伤残赔偿金、误工费用、医疗费用，以及经保险公司书面同意的必要的、合理的诉讼费用。

责任保险是人类社会从“人治”到“法治”的法制产物，通俗而言，如果没有民事责任制度，就不存在转嫁责任风险的需要，也就不会产生责任保险。依据国家相关法律规定，雇主的民事责任主要包括三个方面：雇员在执行职务中致第三人损害，雇主承担侵权损害赔偿责任；雇员在执行职务中受到损害，雇主承担侵权损害赔偿责任；雇员在执行雇佣活动中，第三人致其损害，雇主也应承担侵权损害赔偿责任，但享有追偿权。其中，雇主的第一项责任常常以“附加雇员第三者责任保险”的方式进行保障。附加雇员第三者责任保险承保雇员在执行公务时因其过失或疏忽行为导致第三者损害，且依法应由雇主承担的经济赔偿责任。雇主的第二项责任正是商业雇主责任险主险条款中的保险责任。第三项则不在雇主责任险的保障范围内。

二、民事责任的概念

民事责任是民事主体对于自己因违反合同，不履行其他民事义务，或者侵害国家的、集体的财产，侵害他人的人身财产、人身权利所造成法律后果，依法应当承担的民事法律责任。责任保险是指以被保险人对第三者依法应负的赔偿责任为保险标的的保险，其承保的是民事赔偿责任。但责任保险承保的民事赔偿责任与我国《民法典》范畴完全意义上的民事损害赔偿责任有所区别，并非被保险人在民事活动中承担的一切民事损害赔偿责任就是责任保险范畴，责任保险的保险责任主要是承担其民事赔偿责任的一部分，且该赔偿主要集中在直接损失部分。

责任保险承保的民事责任一般包括侵权责任和违约责任。侵权责任细分为过失责任和严格责任。过失责任是指行为人应当注意、能够注意却没有注意而导致他人财产损失或人身损害，构成侵权行为，从而依法对受害人承担的法律后果。责任保险中承保的大部分责任是过失责任。严格责任又称无过错责任，是指不以致害人主观过错为归责原则的侵权民事责任。不论行为人主观上有无过错，只要他的行为造成损害事实，就应当承担民事责任。雇主责任保险的保险责任基本涵盖了雇主对雇员在从事生产经营活动中的侵权责任。

三、侵权责任与侵权行为

侵权责任是指民事主体因实施侵权行为而应承担的民事法律后果。侵权责任是任何人都应对他人承担的义务，即不因为自己的错误（过错）行为而侵害了他人的合法权益，否则即能构成侵权行为，要对受害方承担责任。

侵权行为基本上都是违法行为。在民法理论上，根据《中华人民共和国民法典》的有关规定并结合侵权行为的归责原则理论，可将侵权行为分为一般侵权行为和特殊侵权行为两大基本类型。一般侵权行为是指行为人基于过错致人损害而应承担民事责任的行为。特殊侵权行为，是指由法律直接规定，在侵权责任的主体、主观构成要件、举证责任的分配等方面不同于一般侵权行为。

一般侵权行为的构成要件，是指在一般情况下，构成侵权行为所必须具备的因素。只有同时具备这些因素，侵权行为才能成立。一般侵权行为的构成要件包括：有加害行为、有损害事实的存在、加害行为与损害事实之间有因果关系、行为人主观上有过错四个方面。

（一）有加害行为

加害行为，又称致害行为，是指行为人做出的致他人的民事权利受到损害的行为。任何一个民事损害事实都与特定的加害行为相联系，亦即民事损害事实都由特定的加害行为所造成。没有加害行为，损害就无从发生。

从表现形式上看，加害行为可以是作为，也可以是不作为，但以作为的形式居多。以不作为构成加害行为的，一般以行为人负有特定的义务为前提。

（二）有损害事实的存在

损害事实，是指因一定的行为或事件对他人的财产或人身造成的不利影响。损害事实的存在，是构成侵权行为的另一个要件。没有损害事实，就谈不上侵权，更谈不上侵权损害赔偿。

作为侵权行为构成要件的损害事实，具有以下特点：损害系合法权益受侵害所致；损害具有可补救性，即所受损害可通过一定的方式进行补救；损害的确定性，即损害事实确实发生，并可通过一定的方式衡量其大小和程度。

相关知识

损害事实依其性质和内容，可分为财产损害、人身伤害和精神损害三种。

财产损害主要是指由于行为人对受害人的财产权利施加侵害所造成的经济损失。如毁人房屋、盗人车辆等行为致权利人的经济利益受到损害。财产损害包括直接损害和间接损害，直接损害是既得利益的损害，如车辆被盗；间接损害是可得利益的损害，如因车辆被盗导致营业收入的减少。

人身伤害是指由于行为人对受害人的人身施加侵害所造成的人身上的损害。人身伤害专指自然人而言，系由侵害自然人的人身所造成，具体包括生命的损害、身体的损害、健康的损害三种情况。同时，对自然人人身的损害往往也会导致其财产的损失。如伤害他人身体致其支付医疗费和收入的减少等。

精神损害又称无形损害，主要是指自然人因人格受损或人身伤害而导致的精神痛苦。如名誉受不法侵害、隐私被他人不法披露、身体因受伤而致残等。这些都会导致自然人的精神痛苦。与其他损害不同的是，精神损害具有无形性，难以用金钱来衡量。

（三）加害行为与损害事实之间有因果关系

侵权行为只有在加害行为与损害事实之间存在因果关系时才能构成。如果加害人有加害行为，他人也有民事权益受损害的事实，但二者毫不相干，则侵权行为仍不能构成。因此，加害行为与损害事实之间有因果关系，是构成一般侵权行为的又一要件。

因果关系，是指社会现象之间的一种客观联系，即一种现象在一定条件下必然引起另一种现象的发生，则该种现象为原因，后一种现象为结果，这两种现象之间的联系，就称因果关系。

就侵权行为法上的因果关系而言，主要是指损害事实系由加害行为所引起的情形。例如，甲故意伤害乙的身体，直接造成乙身体受伤。在这里，甲的加害行为是原因，乙的身体受伤是结果，二者之间就存在因果关系。

侵权行为法上的因果关系较为复杂，有许多不同的表现形式。其具体表现形式主要有：

（1）一因一果，即一个加害行为导致一个损害结果，这种因果关系较为简单；

（2）一因多果，即一个加害行为导致了多种损害结果；

（3）多因一果，即多个加害行为导致了一个损害结果，这种因果关系最为复杂。

理清侵权行为法上的因果关系，对侵权民事责任的认定极为重要。实践中，有些因果关系较为清楚，一目了然；有些则较为复杂，难以确定，在必要时还需进行相应的司法鉴定。

雇主责任保险的案件中，雇员本身存在较多的基础疾病，这些疾病对雇主责任保险的死亡赔偿和伤残赔偿都存在较大的影响，同时对于事故责任的厘定都有重要的参考意义。

相关知识

《人体损伤致残程度分级》中的“4.3 伤病关系处理”也是根据侵权行为的因果关系引入侵权行为的作用力确定伤残的因果关系。

当损伤与原有伤、病共存时，应分析损伤与残疾后果之间的因果关系。根据损伤在残疾后果中的作用力大小确定因果关系的不同形式，可依次分别表述为：完全作用、主要作用、同等作用、次要作用、轻微作用、没有作用。

除损伤“没有作用”以外，均应按照实际残情鉴定致残程度等级，同时说明损伤与残疾后果之间的因果关系；判定损伤“没有作用”的，不应进行致残程度鉴定。

（四）行为人主观上有过错

一般侵权行为的构成，除需具备上述要件外，还以行为人主观上有过错为必要条件。即只有在行为人具有主观上的过错时，一般侵权行为才能构成。

过错，是行为人决定其行动的一种心理状态。行为人是否有过错直接关系到对其行为性质的认定。民法理论对“何为过错”尚无明确的界定，关于过错的认定主要是借用刑法上的有关理论。

民法上的过错也包括故意和过失两种形式。

行为人明知自己的行为会发生损害他人民事权利的结果，并且希望或放任该结果发生的，为故意。如明知用刀去刺人会发生伤人或死人的后果，仍然用刀去刺人，结果导致他人受伤的，就为故意的侵权行为。

行为人应当预见自己的行为可能损害他人的民事权利但因为疏忽大意而没有预见，或者虽然已经预见但轻信能够避免，结果导致他人的民事权利受到损害的，为过失。衡量行为人是否有过失，应以行为人是否尽到注意义务而定。对行为人注意义务的确定，应根据具体的时间、地点和条件等多种因素综合考量。

四、侵权责任的免责事由

根据《中华人民共和国民法典》的规定，侵害民事权益的，应当承担侵权责任。但同时也规定了在具备某些条件时，可以减轻或免除侵权人的责任。了解侵权责任的免责事由，有助于雇主责任保险理赔实务中的协商调解。

（1）被侵权人对同一损害的发生或者扩大有过错的，可以减轻侵权人的责任。

（2）损害是因受害人故意造成的，行为人不承担责任。

（3）损害是因第三人造成的，第三人应当承担侵权责任。

（4）自愿参加具有一定风险的文体活动，因其他参加者的行为受到损害的，受害人不得请求其他参加者承担侵权责任；但是，其他参加者对损害的发生有故意或者重大过失的除外。

（5）因不可抗力造成他人损害的，不承担责任。法律另有规定的，依照其办理。

（6）因正当防卫造成损害的，不承担责任。正当防卫超过必要的限度，造成不应有的损害的，正当防卫人应承担适当的责任。

（7）因紧急避险造成损害的，由引起险情发生的人承担责任。如果危险是由自然原因引起的，紧急避险人不承担责任或者给予适当补偿。紧急避险采取措施不当或者超过必要的限度，造成不应有的损害的，紧急避险人应当承担适当的责任。

五、民事责任的归责

民事责任的归责原则，即确定民事责任的依据。我国《中华人民共和国民法典》规定的过错原则对违约责任和侵权责任都适用，规定的无过错责任和公平责任则适用于特殊侵权责任。

（一）过错责任原则

1. 过错责任

过错责任原则的主要特点是，以过错为责任的构成要件，即行为人只有在主观方面有过错时，才承担民事责任，无过错即无责任。过错是判断行为人是否承担民事责任的理由和标准的决定因素。过错责任实行“谁主张，谁举证”的原则，受害人请求加害人承担民事责任时，应对加害人的主观过错负举证责任。过错责任原则，较之古代社会的加害责任原则更有利于保护自由竞争，符合个人主义为核心的自由竞争制度的客观要求，有利于根除封建的责任株连，因而被各国立法继承，成为近代民法的基本原则。比如我国《中华人民共和国民法典》第一百七十六条规定“民事主体依照法律规定和当事人约定，履行民事义务，承担民事责任”。

2. 过错推定责任

过错推定责任原则是指加害人对其行为所造成的损害不能证明自己主观无过错时就推定其主观有过错并承担民事责任的一项归责原则。这是对过错责任原则的修正。

过错推定原则是过错责任的特殊形式。因为在一般过错责任原则下，是要由受害人来证明行为人存在过错；而在过错推定的情况下，受害人不需要对行为人的过错举证证明，法律推定行为人存在过错，除非行为人能够证明自己没有过错。适用过错推定的情况，需要有法律的明确规定。

过错责任原则与过错推定责任原则的共同之处是二者都要考虑行为人的主观过错，并把过错作为民事责任的最终构成要件；过错推定责任原则的特殊之处在于举证责任倒置，即行为人的主观过错不是由受害人举证，而是由行为人自己予以举证反驳。但是，应该注意此处举证责任倒置并不是全部举证责任的倒置，而是行为人对自己主观过错进行举证。作为受害人，他仍负有部分举证责任，如损害事实、行为人的行为与损害事实之间的因果关系。

（二）无过错责任原则

1. 无过错责任原则

无过错责任原则，是指不问行为人主观上是否有过错，只要行为与损害后果间存在因果关系，就应承担民事责任的归责原则，也叫严格责任原则。适用无过错责任原则，受害人不必举证证明行为人主观上有过错来支持自己的主张，行为人也不能以自己主观上没有过错来抗辩。法院在处理案件时也不必考虑行为人主观上是否具有过错，无疑更有利于受害人获得司法保护。

但是，无过错责任原则的适用范围是受限制的，只能在法定情况下适用。《中华人民共和国民法典》第一千一百六十六条规定：“行为人造成他人民事权益损害，不论行为人有无过错，法律规定应当承担侵权责任的，依照其规定。”这是适用无过错责任原则的原则性法律规定，具体的适用范围由《中华人民共和国民法典》及其他有关法律法规作出特别规定。主要有以下几种情况：企业法人对其法定代表人或其他工作人员在经营活动中致人损害的责任；国家机关对其工作人员在执行职务中致人损害的责任；产品责任；高度危险作业的责任；建筑物及其他设施以及附着物的责任；动物致人损害的责任；监护人责任；环境污染责任等。

2. 过错原则与无过错原则的关系

过错原则与无过错原则是承担民事责任的两种主要的归责原则。无过错原则在适用过错原则、过错推定原则不足以保护受害方利益或难以保护受害方利益的情况下产生的。两种原则都是为了更方便、更有利于保护受害方，体现了社会的公平正义要求。

适用过错原则（除过错推定）由受害方就侵权人的主观故意或过失即过错承担举证责任，如举证不能，对方就不承担民事责任。但在适用这一原则时，对方就自己无过错可抗辩免责，如系第三人造成的，自己就可免责。而适用无过错，不考虑行为人主观上是否有过错，受害人不必就此举证，按法律规定直接由行为人承担责任，行为人不得以自己无过错抗辩免责，如系第三人造成的，违约方仍要承担民事责任。

过错原则与无过错原则，其过错的轻重对责任的影响不同。如在无偿的民事行为中，一般只有存在故意或重大过失造成损害的才承担民事责任。在过错推定的情况下，由于行为人的过错是被推定的，难以确定过错的程度，所以过错程度对责任的大小没有影响。无过错责任原则因为不考虑主观过错，自然不存在责任的大小及轻重。

3. 无过错责任原则与过错推定责任原则的关系

在举证责任方面，无过错责任原则与过错推定责任原则都不用对加害人的主观过错承担举证责任。

在考虑加害人主观过错方面，无过错责任原则根本不考虑加害人的主观过错，但过错推定责任原则推定加害人主观有过错；在是否可以以主观无过错作为抗辩方面，无过错责任原则规定加害人不能以自己主观无过错作为抗辩，而过错推定责任原则允许加害人对自己主观无过错予以举证，确认后可以以自己主观无过错作为抗辩；在免责事由方面，无过错责任的免责事由由法律予以特别规定，法律没有明文规定的，不能作为免责事由，而过错推定责任原则不仅可以以自己主观无过错予以抗辩，而且还可以以法律规定的一般免责事由作为抗辩。

（三）公平责任原则

公平责任原则，又称衡平责任原则，是指当事人双方对损害的发生均无过错，法律又特别规定适用无过错责任原则时，由法院根据公平的观念，在考虑当事人双方的财产状况及其他情况的基础上，责令加害人对受害人的财产损失给予适当补偿，由当事人公平合理地分担损失的一种归责原则。公平责任原则是以公平观念为价值来确定责任的归属，适用于加害人和受害人对损害的发生均无过错的情况。公平责任原则主要适用于侵害财产权案件，目的在于平衡当事人之间的财产状况和损失，并合理分配损失。

我国民法以一般条款的形式确立公平责任作为侵权行为的一种独立归责原则。如《中华人民共和国民法典》第一千一百八十六条规定“受害人和行为人对损害的发生都没有过错的，依照法律的规定由双方分担损失”；第一百八十二条规定“危险由自然原因引起的，紧急避险人不承担民事责任，可以给予适当补偿”；第一千一百八十八条规定“监护人尽到监护职责的，可以减轻其侵权责任”，以及司法实践中考虑加害人经济状况决定赔偿数额等，均为公平原则的体现。

公平原则的法律价值在于补充过错原则和无过错原则的不足。它的确立体现了社会的公正合理性和在更高的水准上要求人们承担互济互助的社会责任，反映了侵权行为法的客观需要，是道德意识与法律意识、社会责任与法律责任趋于统一的产物，对于合理弥补受害人损失，稳定经济秩序具有重要作用。

想一想

一成年人在某承包户的鱼塘垂钓，垂钓者被高压线电击死亡。法院判决，供电部门承担无过错责任，鱼塘承包经营户承担管理不善、未提供安全钓鱼场所的责任，钓鱼者本人系成年人，不注意安全也有过错，由三方承担损失。

问题：

1. 该判决结果使用了什么原则？

2. 一个案件的归责原则是否具有单一性？无过错原则和过错原则是否可以同时使用？

任务2　雇主责任保险条款的认知

任务情景

税务师事务所派朱某至外地接洽相关工作；次日0时55分左右，朱某遇到交通事故当场死亡。

经调查发现，朱某在事发前一日下午17时左右已经完成工作任务，回宾馆办理入住手续后与当地的大学同学一起吃饭、唱歌，在次日凌晨时分发生了交通事故。

问题：朱某的死亡是否属于雇主责任保险的赔偿范围，为什么？

雇主责任险以用人单位依法对雇员应承担的经济赔偿责任为标的，转嫁用人单位对雇员的赔偿责任风险。各家保险公司关于雇主责任保险条款的具体内容有所差异，有中华人民共和国境内和境外条款的差异，但主要是境内版为主。实务中还需比对所在公司的雇主责任保险条款开展理赔工作。

一、保险责任

（一）赔偿项目

雇主责任保险赔偿项目主要有：被保险人的雇员在中华人民共和国境内因从事保险单所载明的工作而遭受意外事故或患与工作有关的国家规定的职业性疾病所致伤、残或死亡，所产生的死亡赔偿金、伤残赔偿金、误工费用、医疗费用以及法律费用。

其中，死亡赔偿金按照保险合同约定的每次事故每人人身死亡赔偿限额进行赔偿。

关于伤残赔偿金，有些条款将伤残分为永久丧失全部工作能力、永久丧失部分工作能力以及暂时丧失工作能力超过5天三种情形。永久丧失全部工作能力者，按照合同约定的最高赔偿额度赔偿；永久丧失部分工作能力者，按保险合同所附赔偿金额表规定的百分率乘以保险合同规定的赔偿额度；暂时丧失工作能力超过五天者，按被雇人员在暂时丧失工作能力期间工资/薪金、加班费、奖金及其他津贴的总数给予赔偿。有些条款约定：按保险人认可的伤残鉴定机构依据、《劳动能力鉴定职工工伤与职业病致残等级》（GB/T16180－2014）为标准确定的伤残等级，根据合同约定的“伤残等级赔偿限额比例表”对应的赔偿限额比例乘以每次事故每人人身伤亡赔偿限额所得金额进行赔偿。

关于医疗费用，有些条款约定：保险人赔偿必需的、合理的医疗费用，具体包括挂号费、治疗费、手术费、床位费、检查费、医药费。保险人不承担陪护费、伙食费、营养费、交通费、取暖费及空调费用。除紧急抢救外，受伤雇员均应在二级以上（含二级）医院以上医院或保险人指定的医院就诊；保险人赔付的本款项下的赔偿金额以保险单中载明的每人医疗费用赔偿限额为限。有些条款约定：医疗费用包括挂号费、治疗费、手术费、检查费、医药费、住院期间的床位费、陪护费、伙食费、取暖费、空调费、就（转）诊交通费、急救车费。除紧急抢救外，受伤员工雇员均应在二级以上（含二级）医院或保险人认可的医疗机构就诊。被保险人承担的诊疗项目、药品使用、住院服务等费用，保险人均按照国家工伤保险待遇规定的标准核定。

关于误工费，有些条款约定：保险事故导致被保险人雇员暂时丧失工作能力超过5天（不含5天），并经二级以上（含二级）医院及被保险人证明的，保险人按本保险单明细表中载明的标准负责赔偿被保险人雇员暂时丧失工作能力期间的误工费用，至工伤医疗期满或确定伤残程度后停发，最长赔付天数为365天，且以保险单约定的每人误工费用赔偿限额为限。有些条款约定：经保险人认可的医疗机构或司法鉴定机构证明，暂时丧失工作能力超过5天（不包括5天）的，在超过5天的治疗期间，每人每天按当地政府公布的最低生活标准赔偿误工补助，以医疗期满及确定伤残程度日先发生者为限，最长不超过1年。

关于法律费用，有些条款约定：保险事故发生后，被保险人因保险事故而被提起仲裁或者诉讼的，对应由被保险人支付的仲裁或诉讼费用以及事先经保险人书面同意支付的其他必要的、合理的费用（以下简称“法律费用”），保险人按照保险合同约定负责赔偿，但是对每次事故法律费用的赔偿金额不超过保险合同保险单中载明的法律费用责任限额的25%。有些条款约定：除合同另有约定外，无论发生一次或多次保险事故，保险人对被保险人所雇佣的每个雇员承担的法律费用的赔偿金额不超过每次事故每人人身伤亡赔偿限额的10%。

由此可见，不同保险公司的雇主责任保险条款约定有所不同，即便同一保险公司，其雇主责任保险条款约定也有所不同。但是相同之处在于：死亡赔偿金按照保险合同约定的最高赔偿限额进行赔付；伤残赔偿金按照最高赔偿限额的一定比例进行赔付；误工费赔付期限一般是从暂时丧失劳动能力5天起（不含第5天），至劳动能力恢复，最长赔付天数不超过365天；医疗费用一般要求是在二级以上（含二级）医院产生，包含挂号费、治疗费、手术费、床位费、检查费、医药费等；法律费用一般强调是经保险人书面同意支付的必要的、合理的费用。

（二）构成要件

（1）雇主和雇员必须存在法律意义上的雇佣关系、劳动关系、或劳务关系。帮工一般不是雇主责任险的保险范围。

雇佣关系是指受雇人向雇佣人提供劳务，雇佣人支付相应报酬形成权利义务关系。认定雇佣关系的要件在于雇员一方提供劳务，雇主一方支付报酬，提供劳务一方接受另一方管理、指挥和监督，其中雇员受雇主的管理、指挥和监督是劳务关系存在的基础。

劳动关系，是指用人单位与劳动者之间，依法所确立的劳动过程中的权利义务关系。用人单位包括企业、个体经济组织、民办非企业单位等组织，同时也包括国家机关、事业单位、社会团体与劳动者建立劳动关系的。劳动者，是指达到法定年龄，具有劳动能力，以从事某种社会劳动获得收入为主要生活来源，依据法律或合同的规定，在用人单位的管理下从事劳动并获取劳动报酬的自然人（中外自然人）。

劳务关系是劳动者向用工者提供一次性的或者是特定的劳动服务，用工者依约向劳动者支付劳务报酬的一种有偿服务的法律关系。劳务关系是由两个或两个以上的平等主体，通过劳务合同建立的一种民事权利义务关系。

帮工，是为他人无偿提供劳务的行为。为他人无偿提供劳务的帮工人，在从事帮工活动中致人损害的，被帮工人应当承担赔偿责任。被帮工人与帮工之间不存在雇佣关系、劳务关系或劳动关系，不能成为雇主责任险的保险责任。

（2）雇佣的员工在受雇过程中从事与保险单所载明的与被保险人经营业务有关的工作。

被保险人的工作人员从事与被保险人经营业务范围内的工作，为被保险人提供劳务，是雇主责任保险强调的保险范围。有些条款则约定事故具体情形，如在保险期间内，凡被保险人的员工雇员在中华人民共和国境内（不包括香港、澳门和台湾地区）受雇佣期间，因下列情形所致伤、残或死亡，依照中华人民共和国法律（不包括港澳台地区法律）应由被保险人承担的经济赔偿责任，保险人按照本保险合同约定负责赔偿：

①在工作时间和工作场所内，因工作原因遭受意外伤害；

②在上下班途中，受到交通及意外事故伤害；

③工作时间前后在工作场所内，从事与工作有关的预备性或者收尾性工作受到意外事故伤害；

④在工作时间和工作场所内，因履行工作职责受到暴力等意外伤害；

⑤被诊断、鉴定为职业病；

⑥在工作时间和工作岗位突发疾病死亡，或因突发疾病在48小时之内经抢救无效死亡；

⑦因工外出期间，因工作原因受到伤害或者发生事故下落不明；

⑧在抢险救灾等维护国家利益、公共利益活动中受到伤害；

⑨原在军队服役，因战、因公负伤致残，已取得革命伤残军人证，到现工作单位后旧伤复发；

⑩法律、行政法规规定应当认定为工伤的其他情形。

以上条款约定，和我国《工伤保险条例》是一致的，因此实务中有必要熟悉、理解《工伤保险条例》相关规定。

相关知识

工伤保险条例

（中华人民共和国国务院令第586号）

第十四条　职工有下列情形之一的，应当认定为工伤：

（一）在工作时间和工作场所内，因工作原因受到事故伤害的；

（二）工作时间前后在工作场所内，从事与工作有关的预备性或者收尾性工作受到事故伤害的；

（三）在工作时间和工作场所内，因履行工作职责受到暴力等意外伤害的；

（四）患职业病的；

（五）因工外出期间，由于工作原因受到伤害或者发生事故下落不明的；

（六）在上下班途中，受到非本人主要责任的交通事故或者城市轨道交通、客运轮渡、火车事故伤害的；

（七）法律、行政法规规定应当认定为工伤的其他情形。

第十五条　职工有下列情形之一的，视同工伤：

（一）在工作时间和工作岗位，突发疾病死亡或者在48小时之内经抢救无效死亡的；

（二）在抢险救灾等维护国家利益、公共利益活动中受到伤害的；

（三）职工原在军队服役，因战、因公负伤致残，已取得革命伤残军人证，到用人单位后旧伤复发的。

职工有前款第（一）项、第（二）项情形的，按照本条例的有关规定享受工伤保险待遇；职工有前款第（三）项情形的，按照本条例的有关规定享受除一次性伤残补助金以外的工伤保险待遇。

第十六条　职工符合本条例第十四条、第十五条的规定，但是有下列情形之一的，不得认定为工伤或者视同工伤：

（一）故意犯罪的；

（二）醉酒或者吸毒的；

（三）自残或者自杀的。

……

第二十一条　职工发生工伤，经治疗伤情相对稳定后存在残疾、影响劳动能力的，应当进行劳动能力鉴定。

第二十二条　劳动能力鉴定是指劳动功能障碍程度和生活自理障碍程度的等级鉴定。

劳动功能障碍分为十个伤残等级，最重的为一级，最轻的为十级。

生活自理障碍分为三个等级：生活完全不能自理、生活大部分不能自理和生活部分不能自理。

劳动能力鉴定标准由国务院社会保险行政部门会同国务院卫生行政部门等部门制定。

……

第三十条　职工因工作遭受事故伤害或者患职业病进行治疗，享受工伤医疗待遇。

职工治疗工伤应当在签订服务协议的医疗机构就医，情况紧急时可以先到就近的医疗机构急救。

治疗工伤所需费用符合工伤保险诊疗项目目录、工伤保险药品目录、工伤保险住院服务标准的，从工伤保险基金支付。工伤保险诊疗项目目录、工伤保险药品目录、工伤保险住院服务标准，由国务院社会保险行政部门会同国务院卫生行政部门、食品药品监督管理部门等部门规定。

职工住院治疗工伤的伙食补助费，以及经医疗机构出具证明，报经办机构同意，工伤职工到统筹地区以外就医所需的交通、食宿费用从工伤保险基金支付，基金支付的具体标准由统筹地区人民政府规定。

工伤职工治疗非工伤引发的疾病，不享受工伤医疗待遇，按照基本医疗保险办法处理。

工伤职工到签订服务协议的医疗机构进行工伤康复的费用，符合规定的，从工伤保险基金支付。

第三十二条　工伤职工因日常生活或者就业需要，经劳动能力鉴定委员会确认，可以安装假肢、矫形器、假眼、假牙和配置轮椅等辅助器具，所需费用按照国家规定的标准从工伤保险基金支付。

第三十三条　职工因工作遭受事故伤害或者患职业病需要暂停工作接受工伤医疗的，在停工留薪期内，原工资福利待遇不变，由所在单位按月支付。

停工留薪期一般不超过 12 个月。伤情严重或者情况特殊，经设区的市级劳动能力鉴定委员会确认，可以适当延长，但延长不得超过 12 个月。工伤职工评定伤残等级后，停发原待遇，按照本章的有关规定享受伤残待遇。工伤职工在停工留薪期满后仍需治疗的，继续享受工伤医疗待遇。

生活不能自理的工伤职工在停工留薪期需要护理的，由所在单位负责。

第三十四条　工伤职工已经评定伤残等级并经劳动能力鉴定委员会确认需要生活护理的，从工伤保险基金按月支付生活护理费。

生活护理费按照生活完全不能自理、生活大部分不能自理或者生活部分不能自理 3 个不同等级支付，其标准分别为统筹地区上年度职工月平均工资的 50%、40%或者 30%。

（3）雇员因工作受到人身伤害，甚至致残或致死，不包括财产损失。

雇主责任包括三个方面：①雇员在执行职务中所受到损害，雇主承担侵权损害赔偿责任；②雇员在执行职务中致第三人损害，雇主承担侵权损害赔偿责任；③雇员在执行雇佣活动中，第三人致雇员损害，雇主也应承担侵权损害赔偿责任。雇主责任保险，一般指雇员因工受到伤害，包括非因故意或重大过失产生的雇员自己致自己伤害，他人致伤或雇主致伤。但不包括雇员致第三人伤害。

（4）根据我国法律，应当由雇主承担的经济赔偿责任。

根据法律规定，必须由雇主承担的经济赔偿责任，不包括雇主自愿承担的补偿。

想一想

食女士开设了一家食品加工厂，其营业范围主要包括蔬菜腌制，农副产品加工及销售。2019年12月，食女士为自己的雇员在保险公司投保了雇主责任险。合同约定，当被保险人的工作人员在工作时致残或死亡，依法应由被保险人承担经济赔偿责任时，保险人负责赔偿。2020年11月26日，食女士的雇员之一黄先生在为某建筑工地进行钢管卸货过程中，被正在作业的挖掘机碾压身亡。该起事故经当地政府鉴定为一起安全生产事故，责任人为建先生（经营范围为建筑安装工程等）。同时政府相关职能部门给予了建先生20万元的行政处罚。事故发生后三天，建先生的法定代表人以食女士的名义与死者家属签订了赔偿协议，约定由食女士向死者家属赔偿各项损失85万元，并从食女士账上交易完毕。由此食女士承担了85万元的经济赔偿责任，于是向其购买雇主责任险的保险公司要求理赔责任险额。分析案情，保险公司是否予以赔偿，为什么?

二、免除责任

雇主责任保险的免除责任具体见各保险公司的雇主责任保险条款。现将有别于其他保险产品免责事由简单列举如下：

（1）被保险人的雇员由于职业性疾病以外的疾病、传染病、分娩、流产以及因前述原因接受诊疗所致的伤、残或死亡；

（2）被保险人的雇员受酒精、毒品、药品的影响所致的伤、残或死亡；

（3）精神损害赔偿；

（4）罚款、罚金及惩罚性赔偿；

（5）工伤保险已经支付的医疗费用；

（6）超出雇员所在地工伤保险诊疗项目目录、工伤保险药品目录、工伤保险住院服务标准的医疗费用。

三、赔偿限额与免赔额（率）

雇主责任险赔偿限额一般包括每次事故每人人身伤亡赔偿限额、每次事故每人医疗费用赔偿限额、每次事故赔偿限额、每人误工费用赔偿限额、累计赔偿限额。赔偿限额、每次事故免赔额（率）由投保人与保险人协商确定，并在保险合同中载明。

四、索赔单证

鉴于索赔单证对于理赔的重要性，多数雇主责任险条款会对索赔单证做具体的约定。比如某款约定其索赔单证包括：保险单正本、被保险人或其代表填具的索赔申请书；雇员或其代理人向被保险人提出索赔的相关证明和资料；雇员与被保险人存在劳动关系的证明资料；雇员的工资收入证明、就诊病历、诊断证明、医疗收据、用药清单、劳动能力鉴定委员会依法出具的伤残鉴定报告、公安机关或医疗机构出具的死亡证明书等有关证明和资料；被保险人与雇员签订的赔偿协议书或和解书；经判决或仲裁的，应提供判决书或裁决书；投保人、被保险人所能提供的与确认保险事故的性质、原因、损失程度等有关的其他证明和资料。

尽管雇主责任保险条款对索赔单证做了约定，但是基于案情的不同，保险公司在接到雇主责任险报案时，往往还会出具该险种理赔指南，告知索赔注意事项以及索赔单证要求。

五、诉讼时效

《保险法》第二十六条规定：人寿保险以外的其他保险的被保险人或者受益人，向保险人请求赔偿或者给付保险金的诉讼时效期间为二年，自其知道或者应当知道保险事故发生之日起计算。基于此，雇主责任保险条款通常约定：被保险人向保险人请求赔偿保险金的诉讼时效期间为二年，自其知道或者应当知道保险事故发生之日起计算。对于雇主责任保险而言，其保险事故就是第三人请求被保险人承担法律责任，保险事故发生之日，应指第三人请求被保险人承担法律责任之日。

六、主要涉及的附加险

（一）附加第三者责任保险

该项附加险承保被保险人（雇主）因其疏忽或过失行为导致雇员以外的他人人身伤害或财产损失的法律赔偿责任，它实质上属于公众责任保险范围，但如果雇主在投保雇主责任保险时要求加保，保险人可以扩展承保。

（二）附加雇员第三者责任保险

该项附加保险承保雇员在执行公务时因其过失或疏忽行为造成的对第三者的伤害且依法应由雇主承担的经济赔偿责任。

（三）附加医药费保险

该项附加险种承保被保险人的雇员在保险期限内，因患有疾病等所需的医疗费用的保险，它实质上属于普通人身保险或健康医疗保险的范畴。

此外，雇主责任保险还可以附加战争等危险的保险和附加疾病引起的雇员人身伤亡的保险。

想一想

2018年1月，某镇畜牧兽医服务中心聘用向某从事疫苗物资管理、检疫，同时兼任某镇的村级防疫工作。市场检疫上班时间较为固定，即夏季每天早上5时、冬季每天早上6时之前必须到屠宰场进行宰前检疫、宰后检疫，夏季每天下午5时、冬季每天下午4时左右到屠宰场进行检疫，其余工作上班时间不固定。向某在某镇畜牧兽医服务中心上班不签到，该畜牧兽医服务中心为向某提供有办公室一间，另在办公室对面的档案室内提供有床铺作为临时休息室。

2019年7月24日，根据单位安排向某与庞某上午共同在办公室整理资料，下午庞某对养殖户进行环保督查。下午5时左右，庞某给向某打电话未接听，便组织多人查找向某，当晚9时54分左右听见临时休息室内有电话声响，便踢开档案室的门，见向某躺在床上，随后庞某拨打120、110电话，某镇卫生院的医生到现场后确认向某已死亡。

2019年7月27日，某镇卫生院出具诊断证明书，初步诊断为脑出血（估计死亡时间约6小时），处理结论为宣告临床死亡。

问题：向某的死亡是否与工作有关，为什么？

任务3　雇主责任保险的理赔实务

任务情景

胡金钟系××公司员工，岗位为纺丝操作工带班长，单位为其安排了员工宿舍，但胡金钟居住了一段时间后，租房居住在江阴市××马嘶村。2017年6月6日胡金钟上夜班，上班时间为0点至12点。6月5日23时52分许，胡金钟骑着电动自行车从租住地出发上班，沿着江阴市周庄镇山泉路由北向南行驶至江阴市周庄镇山泉路81号门口地段时，发生交通事故受伤，后送医院治疗，诊断为：颅底骨折、右额骨骨折、右眶骨骨折、眼睑皮肤裂伤、右侧视神经损伤、颈髓损伤。经交警部门认定，胡金钟负事故同等责任。

问题：该案件的查勘重点有哪些？胡某受伤是否属于雇主责任险的保险责任，为什么？

一、接报案

目前国内大部分保险公司实行保险服务专线接受报案的集中管理方式，同时随着社会形势的变化，开始有互联网形式嵌入报案模块，如：官网、微信、小程序和保险公司自主开发的APP程序。

（一）询问案情

接报案人员接到报案时，应详细询问投保险种及附加险、被保险人名称、保单号码、出险时间、出险地点、出险原因、人员伤亡、是否采取施救措施和善后处理、报案人姓名、联系电话及方式等情况。

（二）查询承保、理赔信息

如果客户报案的险种已进入公司核心业务处理系统，接报案人员应立即进入该系统，查抄保单、批单等有关单证，了解客户承保及以往理赔情况。在核心业务处理系统中未查到任何承保、理赔信息的，询问客户是否在公司投保，经客户确认后，进行报案信息的登记。如果客户报案险种未进入核心业务处理系统的，则直接进行记录报案相关。登记报案信息前，一般需要进行手工查抄保险单底、批单副本、缴费情况、分保情况以及以往有关承保、理赔的信息，以便了解被保险人的保险情况。

（三）报案登记

确认客户的出险标的系公司承保的情况下，接报案人员应及时按理赔系统报案界面项目相应登入有关内容，进行报案登记处理。

（四）报案处理

对于待查勘定损地点在覆盖范围内的报案，如果需要赴现场查勘，则依据出险报案信息，迅速安排出险地公司查勘定损。对于查勘定损地点在覆盖范围外的报案，依据出险报案信息，应迅速通知相关人员安排查勘定损。

根据公司授权经营管理规定，对于超出本级理赔权限的雇主责任保险案件，应及时报上级公司，并按照上级公司的指示办理。

二、查勘

（一）主要工作内容

（1）查勘定损人员接到查勘定损调度任务后，应立即将承保情况与报案记录的内容详细比对，确认被保险人名称是否相符、出险日期是否在保险期限内，雇员伤亡是否属于承保的责任范围、索赔是否失效等情况，初步审核报案人所述事故是否属于保险责任范围。对于明显不属于保险责任的情况，应与客户明确说明，并耐心细致地向客户做好解释工作，以免引起不必要的理赔纠纷。同时通知接报案人员在报案界面相关项目内填写拒赔或不予受理的理由，做好立案前的拒赔处理。

（2）与被保险人联系，了解事故的概况和性质，告知有关索赔事宜和赔偿处理注意事项，如索赔单证的提交等。根据所了解的情况确定是否勘查事故现场或进行必要的事故调查。如果需勘查事故现场，最好是安排两人完成。对复杂的事故，通知医疗跟踪人员介入，必要时邀请有关部门或聘请专家查明原因，做出鉴定，调阅、封存被保险人有关记录。

（3）对附加险受损害的第三者、已经向法院或仲裁机构起诉被保险人的，查勘定损员还应索取起诉状、仲裁申请书及其他法律文书，询问被保险人是否委托律师介入司法程序，并根据情况建议是否由保险人委派代表或律师参与事故处理。

（4）完成查勘定损后，在规定的时间内向接报案人员反馈案件定损情况，整理并移交查勘定损资料。

（5）现场查勘。

对于需要现场查勘的，查勘定损人员充分把握承保情况后，及时赶赴现场，进行现场查勘，以掌握第一手资料，确保理赔工作的准确无误。现场查勘应制作查勘笔录，并签字确认。鉴于雇主责任险业务的特殊性，涉及人身伤亡的情况，很难做到及时查勘第一现场，应在了解案情后，马上到第二现场（如医院等地）查勘。查勘完毕后要尽快根据查勘情况缮制查勘报告。现场查勘的内容：

①调查出险时间、地点、原因。了解事故发生的具体时间，对接近保险起讫期出险的案件，应慎重查实。对发生事故的第一现场要仔细勘察，绘制现场查勘平面图。要细致了解现场有关人员，作详细现场询问记录。对于人身伤亡进行第二现场查勘的，要对受伤人员及了解案情的有关人员就出险情况进行详细了解。

对于出险原因，要深入调查，收集证据，索取证明，详细调查事故发生的原因，确认事故是由于被保险人造成还是由于第三者行为所导致。

②现场拍照。现场查勘过程中，查勘人员应进行必要的现场拍照。照片应显示出险地点、现场概貌、人员伤亡情况等。必要时应拍摄特写镜头。

③估计损失。详细了解人员伤亡情况，对被保险人向保险人提供的索赔清单中所列明的损失情况，逐项核实，并根据被保险人应承担的责任，概算赔偿金额。

想一想

李玉英系华宝牧业公司分割车间职工，日常住在公司内职工宿舍。2015 年 12 月 1 日，李玉英下班后于 18 时 42 分从公司外出至汉诺路与汇丰路交叉口附近吃饭。饭后，李玉英乘坐一同吃饭的朋友邹为岭驾驶的电动车沿汉诺路由东向西返回公司宿舍，当行驶至距离汉诺路与世纪大道十字路口红绿灯约 150 米处时与后方同方向行驶的轿车发生交通事故，致颅脑外伤死亡。肇事司机李伟于当日 20 时 08 分向公安机关报警。经道路交通事故认定，李玉英对该事故不承担责任。

问题：接到查勘调度任务后，查勘员查勘的重点有哪些？

（二）查勘定损的注意事项

1. 承保信息的核查

核实被保险人姓名与保单约定是否一致；如是清单投保，核实出险人员是否在清单中；如是不记名投保，核实出险时总人数与投保人数的关系，查勘时人数是否全；了解保单的有效期限；了解保单约定的累计赔偿限额、每次事故赔偿限额、每人赔偿限额及每次事故免赔额等；核查特别约定的内容，是否扩展上下班途中，申报工资条款等。

2. 保险责任的查勘

（1）时间因素。仔细核对保单约定的保险期限与出险时间的关系，确定出险日期是否包含在保险期限。了解被保险人的相关工作时间的规定，核实被保险人的雇员是否在工作时间出险、出险时是否在加班期间或因雇主要求而工作期间（包括上下班时间）；核实被保险人的报案是否及时，是否在出险后或知道出险的两年内或者保单约定的时效内报案。

（2）地点因素。在没有扩展相关附加险的保单下，核实事故发生地是否为被保险人的雇员工日常工作的场所，这类场所既可能是比较固定的，也可能是变动的（如从事装修、服务等业务）；如果雇员在上下班途中所遭受的交通事故及意外事故，需要注意雇员是否在交通事故是否负主要责任；在扩展境内或境外公出条款时，核实雇员是否在这些活动的场所、因工作原因出险。

（3）被保险人的雇员。如果保单是按照清单来投保的，查勘时需要核实受伤员工是否在被保险人提交的清单内，是否通过后期的批单增补进来，其入司时间是否发生在该清单生效前。如果受伤员工入司时间是在该清单生效之后，且没有批单增补进来，那么需要特别关注，与被保险人做好相应的沟通解释。

如果是不记名投保，查勘时需要核实出险时被保险人的雇员总数，并与保单约定的投保人数对比，确定是否足额投保。如果保单对工种有细分，还需要调查该工种出险时的员工总数、保单就该工种投保的人数是否足额，并进行比较。

（4）各项赔偿限额。赔偿限额一般包括每次事故每人人身伤亡赔偿限额、每次事故每人医疗费用赔偿限额、每次事故赔偿限额、每人误工费用赔偿限额、累计赔偿限额，由投保人与保险人协商确定，并在保险合同中载明。

核算医疗费时，要结合保险合同的约定、事故发生地医保药品目录相关规定，核查有无自费的费用，有无与伤情无关的费用，并结合保单关于医药费限额和免赔的规定，具体核算医疗费的赔付金额。

核算误工费时，一方面需要确认合理的误工时间，对医生给受伤员工开具的建议全休时间进行审核。如果存在不合理，则需要与受伤员工与之协商，争取以合理期限结案。另一方面需要核查保险合同关于误工标准的相关规定，按照合同约定的误工标准进行核算。

（5）出险原因。核查事故发生原因，以界定是否属于保险责任。事故如果因非人为因素造成的，也就是找不到过错方的情况下，一般可以认定属于保险责任，保险人应按照保单约定进行赔付；如果事故是由于雇员或雇主的过失造成，如属一般过失，保险人应按照保单约定赔付，如果属于重大过失，则可考虑进行比例赔付；如果事故是由于雇员或雇主的故意造成，则属于保单的除外责任，保险人不负赔偿责任；如果事故是由第三人造成，则雇员既可以向雇主请求赔偿，也可以直接向致害人要求赔偿，如果向雇主索赔，则保险人可按照保单约定赔付，并在赔付后取得被保险人的权益转让书，在赔付金额内向第三人追偿；如果事故是由多种因素共同造成的，那么需要查清这些因素，判断各因素在此次事故中的责任比例，然后保险人按照自己应负的比例进行赔付。

（6）共保或重复保险。保单如果是多个保险人共同承保的，要查明具体承保人，及各保险人的承保份额。此次事故如果被保险人有多重保险，应查明这些保险的总保险金额，核算公司保险金额与其他保险公司的比例，进行比例赔付。

想一想

焦女士在刘家擦玻璃时不慎意外坠楼身亡。查勘时，雇主刘先生承认焦女士意外坠楼身亡的事实，但提及：焦女士是和自己住在同一个小区的邻居，其雇用焦女士帮忙照料家务4年。但是今年9月以后，因不再需要保姆帮忙，就解除了和焦女士之间的雇佣关系。可焦女士却向他哭诉家里生活困难，希望能在其家继续帮忙。刘先生觉得他基于友情和社会责任感的角度考虑，决定以后尽力帮焦女士。而焦女士出于感激，此后经常来他家走动，与刘家并无雇佣关系。此次出事前，焦女士说要擦玻璃时，他明确阻止过，但焦女士还是自己来到他家，自行清理了家务，结果造成了意外事故。出事后，刘先生已经给焦女士的丈夫27979元的经济帮助。

问题：该案件是否属于雇主责任险的保险责任？为什么？

三、立案

经过查勘定损，理赔人员根据查勘报告、事故证明及有关材料，遵照条款及条款解释的有关规定，全面分析主客观原因，确定事故是否属于保险事故。对于事故发生在保险有效期内、属于保险责任的赔案，查勘定损人员将现场查勘记录和相关资料上传至核心业务系统，进行立案登记。对不属于保险责任的案件，经慎重研究做出拒赔结论后，通知被保险人。

立案时，应注意的几个问题：

（1）出险时保险合同是否有效。

（2）伤亡人员是否在保险范围内。

（3）被保险人行业性质或职业是否已发生变化。如果被保险人出险时其行业性质或所从事的职业危险性增加且事先未向保险人做变更通知，保险人则不承担保险责任。

（4）出险地点是否发生在条款或保险单约定的范围内。

（5）出险原因是否属于保险责任或扩展承保的保险责任范围。

（6）索赔时效问题。依据《中华人民共和国保险法》规定，被保险人请求索赔的时效期为两年，自其知道或应当知道保险事故发生之日起两年内向保险人提出正式索赔，并提供全套索赔单证。如果超过两年未能做到有效索赔，则视同自动放弃索赔权益。值得注意的是，索赔与报案不同，索赔时效虽为两年，但被保险人发生保险事故立即通知保险人的义务不能因此免除，仍应按保险合同的规定履行。被保险人对保险事故的报案，并不意味着被保险人提出了正式索赔，必须出具索赔通知书，才能视为有效索赔，提供全套索赔单证后，方可赔付。对于诉诸法律的索赔，只要初次诉诸法律行为发生在规定的两年期间内，对以后（超过两年）法院的判决，保险人仍予负责。

（7）被保险人所提交的索赔单证是否完整、真实、规范。实务中，不同保险公司对于雇主责任保险索赔单证要求不同，还需理赔人员结合案情在遵循公司要求之下灵活应对。

四、损失确定

责任保险是指以被保险人对第三者依法应负的赔偿责任为保险标的的保险。依法应承担的民事赔偿责任，是责任保险存在的基础。因此，确定雇主责任保险案件损失时，理赔人员必须熟悉相关法律法规条文中有关赔偿的规定以及保险合同的约定，根据条款所列保险责任，以法院或政府有关部门的裁决或国家有关法律法规逐项核定赔偿责任和赔偿金额。

（一）死亡赔偿金

确定死亡赔偿金，首先需要确定受伤员工的死亡是否与保险事故有关，因为有可能存在伤病共存情况。然后依据保险单中载明的每次事故每人人身伤亡赔偿限额核定。被保险人就其单个雇员申请赔付死亡赔偿金的，如果保险人已赔付了伤残赔偿金，在计算赔付金额时，需扣除已赔付的伤残赔偿金额。

（二）残疾赔偿金

关于残疾赔偿金的确定，有些条款约定采用《劳动能力鉴定职工工伤与职业病致残等级》（GB/T16180－2014）标准确定的伤残等级，根据保单所附伤的“伤残等级赔偿限额比例表”对应的赔偿限额比例乘以每次事故每人人身伤亡赔偿限额所得金额进行赔偿。依照该条款约定，计算残疾赔偿金时，首先需要审核受伤员工依据《劳动能力鉴定职工工伤与职业病致残等级》（GB/T16180－2014）标准确定的伤残等级是否客观，如果客观，则按照保险合同约定进行。鉴于实务中司法伤残结论有可能失真，出于风险管控，理赔人员查勘时需要客观预估伤者伤残情况，积极引导司法鉴定，力争鉴定结论客观化。必要时，还可以引导伤者不做司法鉴定、自行认定其伤残等级。

关于雇主责任保险种受伤员工的伤残鉴定，有些条款约定采用《劳动能力鉴定职工工伤与职业病致残等级》（GB/T16180－2014）标准，有些条款约定采用《劳动能力鉴定—职工工伤与职业病致残等级分级》（GB/T16180－2006），还有些直接在保险条款约定残疾的情形以及赔付的比例。比如：A保险公司雇主责任保险条款约定丧失四指的，按保险单规定赔偿最高限额的40%赔付；B保险公司雇主责任保险条款约定一目永久完全失明的，按保险单规定赔偿最高限额的40%赔付。

（三）误工费

条款一般约定误工时间从暂时丧失工作能力超过5天（不包括5天）开始计算，直至工作能力恢复为止，但是最长不超过1年。鉴于此，实务中需要客观评估伤情，审核医疗机构关于误工时间的证明材料。误工赔付标准，有些条款约定每人每天按当地政府公布的最低生活标准赔偿，有些条款约定按被雇人员在暂时丧失工作能力期间工资/薪金、加班费、奖金及其他津贴的总数给予赔偿。可见实务中，一定要结合实际情况以及保险合同约定，具体情况具体分析。但是无论哪一种情形，都需要客观评估伤情，审核误工时间、赔付标准的公正性。

（四）医疗费用

医疗费的核定，首先需要核定费用是否合理，是否与伤情有关，是否发生在合同约定的医疗机构内，然后按照条款约定逐一计算，因为实务中也存在过度医疗现象。鉴于此，雇主责任保险案件，需要加强过程跟踪，及时了解伤情变化以及诊疗费用情况，并引导其合理诊疗，以防范不必要的理赔纠纷。对于多开药、开好药、开营养药、药与病情不符、扩大检查范围等情况，必须认真审核。个别伤者必须进行二次手术，为及时结案，在双方协商一致的情况下，可以一次性结案。

雇主责任保险案件中，对被保险人所聘用员工个人的上述各项赔偿金额，不得超过被保险人依法或合同应承担的责任，最高不超过保险单规定的每人的各项赔偿金额。需要注意的是，死亡和伤残赔偿不得兼得。同时，保险期限内，对保险单项下的各项赔偿的赔偿责任之和不得超过保险单中列明的累计赔偿限额。

（五）法律费用

法律费用核定时，需要注意该项费用的赔偿是否事先经保险人书面同意，有无保险人出具的同意书为凭，是否在被保险人与索赔方为确定赔偿责任提起诉讼或进行仲裁的情况下发生的。如果以上条件均满足，那么其赔偿金额以实际发生数额为准，但不得超过约定赔偿限额。

该项费用应是在被保险人与索赔方为确定赔偿责任提起诉讼或进行仲裁的情况下发生的。保险人对此费用的赔偿应符合以下条件：

拓展阅读

1.《工伤保险条例》（中华人民共和国国务院令第586号）

2.《劳动能力鉴定职工工伤与职业病致残等级》（GB/T16180－2014）

3.《劳动能力鉴定—职工工伤与职业病致残等级分级》（GB/T16180－2006）

4.《最高人民法院关于审理工伤保险行政案件若干问题的规定》（法释〔2014〕9号）

五、赔款理算

在损失确定的基础上，理赔人员审核被保险人提交的有关证明及费用清单，根据相关雇主责任保险条款的规定，保险单约定的各种限额、免赔额及其他条件进行理算，并缮制赔款计算书。理算项目主要有医药费、误工费（有些公司称工伤津贴）、伤残赔偿金、死亡赔偿金、诉讼费用及事先经保险人书面同意的其他费用。

理算时，需要注意重复保险和限额赔偿。

如果被保险人在两家或两家以上保险公司投保相同责任保险，或其他性质相同的人身保险，在发生保险事故时，保险人应按比例责任分摊方式计算赔付，其分摊公式如下：

应付赔款 = 索赔金额 ×（本保单项下相应赔偿限额/全部保单项下相应赔偿限额之和）

限额赔偿问题，是指赔偿金额每次事故每人不得超过保单约定的每人赔偿限额。保险期限内发生多次事故累计赔偿金额不得超过保险单中约定的累计赔偿限额。

六、核赔

雇主责任保险赔案理算完毕，应将有关文件按照所在公司规定进行最后的整理，做到资料完整、准确、单证齐全。严格按照授权理赔权限逐级进行核赔。属于本公司权限内的赔案，根据公司内部的审核权限，由核赔人员审核后结案；超出本公司核赔权限逐级上报审批。核赔的基本内容有：核实保险责任；核定赔偿金额、费用范围及大小；核定赔款限额；审核赔款手续。

七、结案处理

支付赔款后，理赔人员应出具“结案报告”，注明赔款及保单有关项目的变动情况，加批于各联保险单后，并加盖骑缝章，另留一份存入赔案案卷。

“结案报告”是对全案自理的综合描述，是整个赔偿过程的集中反映。遇到的疑点或难点以及解决办法均应体现在理赔说明中。因此，它是领导了解案情最方便快捷的途径，也是以后遇到棘手问题寻找解决办法的有效途径之一。所以，缮制理赔说明非常重要。

“结案报告”的重点：①承保情况；②事故概况；③现场查勘情况，包括查勘人员看到的事故情况、雇员伤亡情况以及需要特别说明的事项；④责任认定；⑤损失逐项核定；⑥特殊问题的处理。

赔案归档时，赔案案卷必须进行规范化管理，一般要求是一案一卷，单证齐全，编排有序，目录清楚，装订整齐，照片及原始单据一律粘贴整齐并附说明。各家公司对雇主责任保险赔案归档具体要求有所不同，但是一般按分级审批、本级留存的原则管理，赔案中一般应有的证明及有关单据：结案报告、出险索赔通知书、抄单通知书、保单或批单抄件、查勘报告、照片（事故现场、伤残者）、诉讼材料、法院裁决书、证明材料（医院诊断证明、单位出险证明、法医鉴定证明、死亡证明及户口注销证明、联合事故调查报告、其他所需证明文件）、损失理赔清单索赔申请书赔款计算书赔款收据赔案审批表、拒赔或注销案件报告表、拒赔或注销案件通知书、拒赔备案表。

如果赔款达到保险单总的累计赔偿限额，理赔部门需要及时通知承保部门进行保单注销处理。

八、未决赔案的处理

未决赔案是指，截至规定的统计时间，已经完成估损、立案，尚未结案的赔款案件。未决赔案，定期进行案件跟踪。对可以结案的案件，需督促被保险人尽快交齐索赔材料，赔偿结案；对尚不能结案的案件，应认真核对、调整估损金额。

九、特殊案件处理

（一）代位追偿赔案处理

1. 代位追偿赔案的处理原则

代位追偿是《保险法》规定的保险人的权利。根据权利义务对等的原则，代位追偿的金额应在保险人支付给被保险人的赔偿金额范围内，保险人可根据实际情况接受部分或全部权益转让。代位追偿必须以保险人履行赔偿义务为前提，自保险人向被保险人支付赔偿金的两年内，保险人可行使代位追偿权。

2. 代位追偿程序

责任险赔案，凡涉及向第三者追偿的案件，被保险人向保险人提出先予赔偿要求时，一般应向保险人提供下述材料：①提供必要的文件和其所知道的有关情况；②有关法律依据；③被保险人向第三者交涉索赔的证明；④承诺协助保险人追偿的书面承诺；⑤保险人认为必要的其他的证据材料。

收到上述材料后，按照赔偿案件一般程序处理外，还需做到：审核有关证明材料，确定构成保险责任事故；审核有关证明材料，确定保险责任事故由于第三者所致；按照赔偿案件处理程序，核定赔偿范围，并计算赔款金额；按照赔偿案件处理程序完善有关手续，在“赔款计算书”中注明“此案属追偿案件”，并录入追偿案件登记簿；如果是由于第三者责任所致的保险事故，被保险人已经从第三者处取得损害赔偿的，保险人计算赔偿时，应扣减被保险人已从第三者处取得的赔偿金额；如果是由于第三者责任所致的保险事故，保险人未赔偿之前，被保险人放弃对第三者请求赔偿权利时，保险人不承担赔偿责任；如果由于被保险人的过错，使保险人不能行使代位请求赔偿权利，保险人可以相应扣减赔偿金额；承保公司在向被保险人支付赔款时，业务人员应要求被保险人填写“权益转让书”，一式三份签字、盖章后，一份交被保险人自留，一份附案卷，另一份交财务部门存留；保险人自向被保险人支付赔偿金额之日起，在赔偿金额范围内，代位行使被保险人对第三者请求赔偿的权利；业务人员将全部案卷登记后，交法律顾问，并协助法律顾问具体承办追偿事宜。

保险人追回应由第三者负责赔偿的经济损失后，财务部门出具收据一式三份。一份送第三者，一份由财务部门留存，一份由业务部门存留。

（二）诉讼或仲裁赔案处理

涉及理赔纠纷时，应按承保时保险单约定的合同争议解决方式进行争议处理。应诉案件的处理，具体可参照项目一中的任务10。

（三）预付赔款赔案处理

责任保险赔案，原则上不能预付赔款。对于特殊案件确需预付赔款时，应从严掌握。

被保险人因特殊原因提出预付赔款请求，并提交有关证明材料后，经审核确属保险责任，方可预付；保险责任已经确定，但保险赔款金额暂时不能确定，因而难以尽快结案，可根据已有证明材料所能确定的最低数额预付；对社会影响面大、损失金额较大、被保险人确实无力承担、保险责任范围比较明确和损失金额基本查清的案件或赔款金额暂时不能全面核定的，可按估计赔偿金额的一定比例预付。

预付赔款赔案，赔偿金额最终确定后，再支付相应差额。预付赔款一般由被保险人填写“预付赔款申请书”一式二份，详细说明申请理由，业务人员签署审查意见并附有关材料，交核赔人员审查、签署意见，按规定权限报上级公司核准后支付。

（四）拒赔案件处理

保险客户往往难以接受拒赔处理结果，因此实务中拒赔案件要严格按照条款的有关规定处理，要有确凿的证据和充分的理由，应当慎重。拒赔时，业务人员应向被保险人说明原因，认真听取意见，耐心做好解释工作。

（五）共保或联保赔案处理

1. 公司为主承保公司或牵头公司

接到报案或其他承保公司的出险通知，报案处理程序同一般案件。如果直接接到被保险人的报案，那么需要及时通知其他承保公司，按共保或联保协议规定开展后续理赔。如果协议未明确规定，可按其他承保公司的授权由公司独自进行理赔或与其他承保公司共同处理案件。在理赔过程中，要注意与其他承保公司保持及时沟通，共同研究赔付事项，力求达成一致意见。

2. 公司为非主承保公司或牵头公司

接到报案或其他承保公司的出险通知，报案处理程序同一般案件。视案情或损失的大小，决定是否参与理赔工作。如果决定授权主承保公司或牵头公司处理案件全权处理理赔事项，应予协助。赔款的支付按照共保或联保协议、财务规定处理。如果先由主承保公司或牵头公司支付全部赔款和费用，要督促财务部门及时将分摊的赔款或费用划入主承保公司或牵头公司，并要求主承保公司或牵头公司将赔案要件的复印件传送我公司，收到后，要按照一般案件的理赔程序在核心业务处理系统中进行理赔登记处理。

（六）分保赔案处理

对于涉及商业分保的赔款，根据再保险业务有关规定，在出险报案后要及时与同级或上级再保险部门进行沟通，赔款金额确定后要及时通知同级再保险部门，根据业务相关情况逐级上报。

（七）注销案件处理

注销案件是指发生保险责任范围内的事故，被保险人报案后未行使保险金请求权致使案件失效注销的案件。它分为超出索赔时效注销和主动声明放弃索赔权利注销两种情况。

对超出索赔时效注销，即自被保险人知道保险事故发生之日起两年内未提出索赔申请的案件，由理赔部在公司规定期限前发出“结案催告、注销通知书”。如果被保险人仍未及时索赔，那么理赔部门可将案件做注销处理。

对主动声明放弃索赔权利注销的案件，在理赔部发出“催告、注销通知书”后，由被保险人在回执栏签署放弃索赔权利意见。案件由理赔部门予以注销处理。对涉及其他责任方的损害赔偿案件，被保险人主动声明放弃索赔权利的，要慎重处理。

做一做

苏州某机械有限公司于2014年8月26日至2015年8月25日在某保险公司投保了雇主责任险，共计投保40人。条款特别约定：①死亡最高赔偿限额为48个月工资；伤残最高赔偿限额为36个月工资；②医疗费用部分累计赔偿限额为200000元、其中每人责任限额为20000元；③意外伤害医疗费用项目每人每次事故扣除100元免赔额后，在保险金额范围内按80%比例给付医疗保险金；④附加住院津贴50元/人/天，住院津贴保险每次事故绝对免赔天数为三天。

2015年2月8日10时15分左右，该公司人事部门张某报案称员工陈某2015年2月3日19时在做焊接条件试验时，电阻焊机在无指令的状况下突然进行焊接，导致陈某左手中指前端被压，现入住苏州大学附属第二医院进行治疗。

问题：

（1）分析案件，该案件的风险点有哪些？

（2）分析案件，设计查勘方案。

（3）针对案件，设计联系人事部门张某的询问话术。

（4）针对案件，人伤查勘前具体的准备工作有哪些？

（5）针对案件，如果伤者不配合调查，如何有效沟通？经调查伤者入院诊断为左中指远节机器压砸伤、左中指远节缺损，现已进行手术治疗。结合伤情与条款，需要具体调查的内容有哪些？

（6）针对案件，伤者入院诊断为左中指远节机器压砸伤、左中指远节缺损，结合保险条款，需要具体告知的理赔注意事项有哪些？

（7）针对案件，列举该案件需要提交的索赔单证。

任务4 雇主责任保险与团体人身意外伤害保险的区别

任务情景

李某系金生鑫公司聘请的管理人员，雇佣了张某、王某等人从事搬运工作。2019 年 5 月 29 日，张某、王某在公司厂区内驾驶电动三轮车装砖作业的过程中，与来厂区拉砖的邓某驾驶的小型拖拉机发生碰撞，造成张某、王某受伤。

问题：如果该公司在事故发生前，向某保险公司投保了雇主责任保险和团体人身意外伤害保险，那么保险公司如何处理？

现实中，许多企业为员工购买了团体意外险，而有的企业则是购买了雇主责任险。那么，这不同的两种保险有什么区别呢？理赔时又如何处理？

团体意外伤害保险，是一种以团体方式投保的人身意外保险形式，而其保险责任、给付方式与个人意外伤害保险相同，属于人寿保险中的意外伤害保险。雇主责任险，是以被保险人对其所雇用的员工，在受雇期间从事相关工作时，因意外事故或职业病导致伤残、死亡或其他损失的赔偿责任为保险标的的保险，属于财产保险中的责任险。

可见，团体意外险与雇主责任险是两类性质截然不同的险种，但是二者在投保人、投保手续及费率决定因素等方面类似：二者的投保人都是单位、组织或团体；投保这两种保险均需填写团体保险投保单、以一张总保险单保障许多人；这两个险种保险费率的确定都要考虑员工所属的职业类别。

尽管雇主责任保险与团体人身意外伤害保险有相似，但在保险标的、被保险人、保险金额确定、费率确定、对企业的作用以及在企业福利制度设计等方面均存在较大差异。

1. 投保人、被保险人的区别

雇主责任险的投保人是雇主（即单位），被保险人是雇员；团体意外伤害保险的投保人是单位、组织，被保险人是该团体的成员。

2. 保险标的的差异

雇主责任保险的保障对象是雇主，其保险标的是雇主对雇员在法律上应负的经济赔偿责任。雇主责任险具有偿付的替代性和保障性特征，即代替被保险人（雇主）承担对雇员因工受伤、身故或患有关职业病的经济偿付责任，保障雇主免受经济赔偿、给付的风险。保险给付的基础是雇主对员工的伤亡负有法律责任，否则，即使雇员因工发生伤亡，雇主在法律上没有赔付责任，保险公司也不负责给付。

团体意外伤害保险的保险标的是其成员（即被保险人）的生命或身体，即对被保险人生命的灭失和身体的受伤给予保险保障，由此减少被保险人及其家属的经济负担。在保险责任有效期限内，被保险人因保险事故身故或残疾，保险公司将给付相应的意外身故保险金或意外残疾保险金，保险金付给被保险人的受益人或被保险人。

3. 费率厘定的差异

团体意外伤害保险的费率根据被保险人所属的行业类别确定。雇主责任险的费率根据雇员的行业类别和工资额确定。

4. 保险责任期间的差异

一般而言，意外伤害保险的保险责任在保单生效后的每天24小时均有效，而不论是在工作期间，还是非工作期间。雇主责任保险的保险责任期间一般是正常工作期间，或与完成工作任务直接有关的期间。

5. 保险金额的差异

人的生命或身体是无价的，当然可以通过一定方式估算被保险人的生命价值。意外伤害保险保险金额的确定根据一定方式估算或按约定的价值确定，意外伤害保险金给付主要根据被保险人的身体残疾程度和保险金额。

雇主对雇员的经济责任是可以在雇佣合同中确定的，确定雇主责任险保险金给付时，要考虑雇员的伤残程度和在特定时间段内的平均工资额。

6. 二者作用的差异

意外伤害保险是为应对被保险人不幸因意外事故引致身故或残疾的风险而产生和发展起来，意外伤害保险具有保费低、保障高、手续简便等特点，从而广受青睐。意外伤残保险金付给被保险人，可以减轻其暂时或永久丧失工作能力导致收入减少的压力；意外身故保险金付给被保险人的受益人，可以应付突然增加的费用，维持生活水平。因此，意外伤害保险为被保险人及其家庭提供切实的保障。在意外伤害保险金之外，被保险人或其家属还可以向单位要求其他的赔偿金、抚恤金或救济金。

雇主责任险是为缓和劳资纠纷，保障雇员的利益而产生并发展起来的，其客观上还起到保障雇主权益的作用，因此许多国家立法强制实施雇主责任险。如果雇员在工作中身体受到伤害，雇主对此负有法律责任，则雇主应当赔偿员工的损失。但是由于种种原因，雇主或者想逃避责任，或者无力支付赔偿，或者双方协商不成，雇员的权益常常得不到完全的保护，有时不得不诉诸法庭。出于对个人和劳工利益的保护，法庭判决往往较多考虑雇员一方，由此雇主不仅要支付有关医疗、抚恤、善后费用，而且要负担诉讼费用。

7. 人身赔偿项目的差别

（1）误工费。大部分雇主责任保险有误工费的赔偿，但是一般会有3到5天不等的免赔天数，误工费必须是工伤事故才能进行补贴。而团体人身意外伤害保险没有误工费。

（2）伤残级别。一般雇主责任保险会用《职工工伤与职业病致残程度鉴定标准》进行人身伤残鉴定，或者在条款中直接约定伤残等级具体情形。其赔付比例以保险合同约定为准。

团体人身意外伤害保险按照《人身保险伤残评定标准》进行伤残鉴定，其赔付比例是以10%为常数的等差比例。如一级赔付比例为100%，二级赔付比例为90%，依此类推，允许复合伤残晋级。

（3）法律费用。雇主责任保险赔付有由被保险人支付的仲裁或诉讼费用以及事先经保险人书面同意支付的其他必要的、合理的法律费用。团体人身意外伤害保险无此费用。

项目小结

本项目共分为4个任务，主要介绍了雇主责任保险的法律关系、与意外伤害保险的区别以及理赔实务操作规程。通过本项目的学习，要求了解雇主责任保险与意外伤害保险的区别，理解雇主责任保险的法律关系，掌握雇主责任保险人伤查勘、调查、定损、调解以及诉讼等人伤理赔实务环节的知识要点与技能点。

习题与实训

一、选择题

1. 我国的雇主责任保险是承保雇主根据（　　）对雇员人身伤害的损害赔偿责任。

A. 保险合同　　B. 雇佣合同

C. 有关法律或雇佣合同　　D. 劳动法律

2. 雇主责任保险的（　　）。

A. 投保人和被保险人都是雇主

B. 投保人是雇主，被保险人是雇员

C. 投保人既可以是雇主也可以是雇员

D. 被保险人既可以是雇主也可以是雇员

3. 雇主责任保险不承担（　　）情况下的雇员伤残或者死亡而应由被保险人承担的经济赔偿责任。

A. 在雇佣期间，因意外事故伤残

B. 在雇佣期间，因职业病死亡

C. 在雇佣期间，因疾病死亡

D. 在雇佣期间，因职业病而依雇佣合同由被保险人负担的医疗费

二、判断下列事故是否属于雇主责任险的保险责任，并说明理由

1. 被保险人A保洁公司员工赵大在清扫大街时突然晕倒，后经120急救送至医院，诊断结论为中暑，发生医疗费1000元；

2. 被保险人B保洁公司员工孙二14：00骑自行车从家里出发去工作，途经一座桥边时不慎摔倒，造成右股骨骨折；

3. 被保险人C电子工厂员工张三在工作时间内去洗手间，因地面湿滑摔倒，造成轻微脑震荡，花费医疗费500元；

4. 被保险人D机械厂员工李四下班途中驾驶摩托车与一辆轿车剐蹭，造成自己小腿被剐伤，交通事故责任认定书载明当事双方对交通事故负同等责任；

5. 被保险人E制药厂员工王五中午在公司餐厅就餐吃酸菜鱼时不小心被鱼刺卡住，鱼刺已经插入食管造成穿孔，医生要求他留院进行食管异物取出手术；

6. 被保险人F汽车销售公司员工钱六驾驶客户新车与客户一起去办理车辆上牌事宜，在市区高架上发生交通事故身亡，交通事故责任认定书载明钱六对交通事故负全部责任，其他当事人无事故责任；

7. 被保险人G银行员工冯七下班后骑电动车去幼儿园接孩子，途中被货车撞击身亡，交通事故责任认定结论为货车方负全责；

8. 被保险人H商场员工高八上个月初在商场张贴广告时突然昏迷，送往医院急救后诊断为脑溢血，现处于植物人状态；

9. 被保险人K电子设备厂员工林九，外地出差为某机械厂安装调试设备。设备安装完毕后，机械厂招待晚餐，当晚十点准备休息时林九突然发病，经医院抢救后脱险，确诊为脑出血。病历记载林九当日过量饮酒；

10. 被保险人M纸业公司员工周十，于0时至8时上夜班，5时左右纸辊架上原有半成品纸辊突然坍塌，把已经在靠在门边睡着的周十砸成踝骨骨折。

三、问答题

双鸭山新兴煤矿为井下矿工投保雇主责任险。保单中约定每人雇员的人身伤亡赔偿限额为100000元、医疗费用责任限额为20000元，累计诉讼费用为10000元，每次事故每人医疗费免赔额1000元。该煤矿发生一起意外工伤事故，10名矿工死亡。1名矿工重伤，造成二级伤残，企业支付治疗费50000元，请问保险公司如何赔付？企业还有8名矿工轻伤，导致7级伤残，每人花费医疗费3000元，请问保险公司如何赔偿，并说明理由。

四、论述题

1. 分析雇主责任保险与工伤保险的区别，工伤保险和雇主责任保险并存时，如何赔偿？

2. 雇主责任保险与意外伤害保险并存时，如何赔偿？

3 项目三 公众责任保险理赔

学习目标

【知识学习目标】

- 掌握公众责任保险的概念与法律关系；
- 掌握公众责任保险的人伤查勘要点；
- 掌握公众责任保险的人伤赔付核定；
- 了解公众责任保险的现状和趋势。

【技能训练目标】

- 能说出公众责任保险与民事责任的关系；
- 能够进行公主责任保险案例分析；
- 能初步设计公众责任保险人伤查勘计划；
- 能简单计算公众责任保险人伤赔付方案。

工作任务

- 能够进行公众责任保险的人伤查勘；
- 能够进行公众责任保险人伤的赔付核定及理算缮制。

导入案例

2018年3月，黑龙江某温泉度假村向某保险公司投保公众责任险，约定每次事故赔偿限额为50万元，每次事故每人伤亡赔偿限额为20万元，累计赔偿限额为300万元。保险期间为1年。

2018年11月，顾客张某夫妇携带7岁女儿张小某前往温泉度假村游玩，在参与室内游乐设施彩虹桥项目中，张小某意外摔伤导致骨折。经调查事故原因为，一个未启用的滑道未设置护栏、警示标志且无人看管造成张小某受伤。张小某治疗后，其伤情构成9级伤残。后张某夫妇向温泉度假村提出索赔，认为温泉度假村游乐设施存在安全隐患，未尽到对游客的安全保障义务，要求温泉度假村赔偿张小某的医疗费、护理费及残疾赔偿金等，共计18万元的损失。

问题：

（1）公众责任保险的保险责任是什么？

（2）张小某的受伤是否属于公众责任险的保险责任？

任务1 公众责任保险概述

任务情景

2017年8月，四川绵阳某餐饮有限公司向某保险公司投保公众责任险，约定每次事故赔偿限额为200万元，每次事故每人伤亡赔偿限额为20万元，累计赔偿限额为500万元。保险期间为1年。

2018年6月某日中午12点左右，顾客吴某在餐厅就餐，行走时被餐饮大厅观赏假山旁边摆放的酒店餐具阻挡意外摔倒，导致全身多处受伤。餐厅负责人立即联系120，将伤者送往附近医院救治。经调查事故原因为，餐厅在湿滑路面未全部铺放防滑垫、放置警示标语，且在行走的通道内摆放障碍物及未设置警示标语等。吴某经住院救治，发生医疗费、护理费、误工费等各项费用，吴某经鉴定构成9级伤残。之后，吴某向餐厅索赔各项损失20万元。

问题：

保险公司如何处理该案件？

伴随现代经济的高速发展、法律制度的不断完善，责任保险风险不断出现。其中，公众责任风险是最普遍存在的，可以发生在各种公众场所。如商场、工厂、商店、酒店、博览馆、电影院、旅游景点等场所，或者公交、铁路、航空公司，物流运输公司、广告展览公司、建筑公司等企业，或者发生在举行展览表演、庆祝促销、生产运营等活动中，造成第三者的人身伤害或财产损失，当受害人向致害人发起民事赔偿请求时，致害人就必须依法承担相应的民事损害赔偿责任。

公众责任保险，又称为普通责任保险或综合责任保险，是以被保险人在民事活动过程中因疏忽、过失意外造成他人人身伤亡或财产损失，依照法律须承担的赔偿责任为标的的保险。公众责任险保险标的是被保险人的法律责任，为无形标的，从而也增加了理赔实务中保险责任界定的难度。该险种表现形式丰富，主要有普通责任、综合责任、场所责任、电梯责任、承包人责任等，我国则主要表现为场所公众责任。

1. 场所责任险

即在承保的被保险场所（包括建筑物及设备、装置等）因存在结构上的缺陷或管理不善，或在场所内进行生产经营时因过失行为，造成他人损害而应承担的经济赔偿责任。常见的责任保险：展览会责任保险、机场责任保险、停车场责任保险等。

2. 承运人责任险

即专门承保承担各种客、货运输任务的部门或个人在运输过程中可能发生的损害赔偿责任，主要包括旅客责任保险、货物运输责任保险等险种。依照有关法律，承运人对委托给他的货物运输和旅客运送的安全负有严格责任，除非损害货物或旅客的原因是不可抗力、军事行动及客户自己的过失等，否则，承运人均须对被损害的货物或旅客负经济赔偿责任。与一般公众责任保险不同的是，承运人责任保险保障的责任风险实际上是处于流动状态中的责任风险，但因运行途径是固定的，从而亦可以视为固定场所的责任保险业务。

3. 综合公共责任保险

这是一种综合性的责任保险业务，它承保被保险人在任何地点因非故意行为或活动所造成的他人人身伤害或财产损失依法应负的经济赔偿责任。

4. 承包人责任保险

即专门承保承包人的损害赔偿责任，主要适用于承包各种建筑工程、安装工程、修理工程施工任务的承包人，包括土木工程师、建筑工、公路及下水道承包人以及油漆工等。

5. 其他公众责任保险

包括环境污染责任保险、油污责任保险等。

公众责任保险属于责任保险的一种，其承保的民事责任主要是侵权责任。归责问题具体见项目二，此处不再赘述。

任务2 公众责任保险条款的认知

任务情景

2020 年 8 月，四川绵阳某美容机构向某保险公司投保公众责任险，约定每次事故赔偿限额为 200 万元，每次事故每人伤亡赔偿限额为 20 万元，累计赔偿限额为 500 万元。保险期间为 1 年。

2020 年 12 月，该美容机构的美容师张某在为李女士纹眉时，撞倒了身旁的手术推车，导致车上的手术刀滑落，砸在李女士的脸上。治疗后，李女士脸上遗留 3cm 长度的疤痕。

问题：李女士的受伤是否属于公众责任险的保险责任，为什么？

公众责任保险是责任保险中独立的、适用范围最为广泛的保险类别。同时，公众责任保险是一个统括性概念，根据其自身的内涵和社会责任风险的现实需要，将风险进行了细分，衍生出大量具体的责任保险类别，如客人财产责任保险、游泳池责任保险、电梯责任保险、停车场责任保险等。可见，公众责任险条款具体内容受适用场地不同而有区别，实务中还需结合具体条款具体分析。

一、保险责任

公众责任险的保险责任一般强调在保险有效期限内，被保险人在保险合同载明的场所内依法从事生产、经营等业务时，因该场所内发生的意外事故造成第三者人身伤亡或财产损失，依照中华人民共和国法律（不包括港澳台地区法律）应由被保险人承担的经济赔偿责任，保险人负责赔偿。

由此可见，审核公众责任险的保险责任，需要注意责任保险事故是否发生在保单列明的地点范围之内、事故的发生是否与被保险人经营业务有关、被保险人所承担的赔偿责任是否是依法规定。而且索赔应当不属于条款除外责任中规定的事项，或属于批单、特别约定扩展的项目。

公众责任险的赔付项目一般有：第三者人身伤亡或财产损失；事先经保险人书面同意的诉讼费用；发生保险责任事故后，被保险人为缩小或减少对第三者人身伤亡或财产损失的赔偿责任所支付必要的、合理的费用。其中，第三者人身伤亡赔付项目主要依据《中华人民共和国民法典》《最高人民法院关于审理人身损害赔偿案件适用法律若干问题的解释》以及保险合同来确定。

二、免除责任

公众责任保险的免除责任具体见各保险公司的雇主责任保险条款。现将有别于其他保险产品免责事由简单列举如下：

（1）被保险人或其代表、雇佣人员人身伤亡的赔偿责任，以及上述人员所有的或由其保管或控制的财产的损失；

（2）罚款、罚金或惩罚性赔款；

（3）被保险人与他人签订协议所约定的责任，但应由被保险人承担的法律责任不在此列；

（4）被保险人或其雇员因从事医师、律师、会计师、设计师、建筑师、美容师或其他专门职业所发生的赔偿责任；

（5）间接损失；

（6）不洁、有害食物或饮料引起的食物中毒或传染性疾病，有缺陷的卫生装置，以及售出的商品、食物、饮料存在缺陷造成他人的损害。

三、赔偿限额与免赔额（率）

公众责任险赔偿限额一般包括每次事故赔偿限额、每次事故每人人身伤亡赔偿限额、每次事故财产损失责任限额以及累计赔偿限额。投保人与保险人协商确定赔偿限额、免赔额，并在保险合同中载明。

四、索赔单证

鉴于索赔单证对于理赔的重要性，多数公众责任险条款会对索赔单证做具体的约定。比如某款约定其索赔单证包括：保险单正本；索赔申请、有关部门出具的与保险事故认定有关的证明和材料；涉及财产损失的，应提供财产损失清单、受损财产的损失程度和损失金额的证明材料；涉及医疗费用的，应提供二级以上（含二级）医院或者保险人认可的医疗机构诊断证明及病历、用药清单、医疗费用票据、检查报告；涉及伤残、死亡的，应提供保险人认可的医疗机构或司法鉴定机构出具的伤残程度证明、公安部门或保险人认可的医疗机构出具的死亡证明、销户证明；有关的法律文书（裁定书、裁决书、判决书、调解书等）或赔偿协议、被保险人已支付的赔偿凭证；投保人、被保险人所能提供的与确认保险事故的性质、原因、损失程度等有关的其他证明和资料。

尽管条款对索赔单证做了约定，但是基于案情的不同，保险公司在接到公众责任险报案时，往往还会出具该险种理赔指南，告知索赔注意事项以及索赔单证要求。

五、诉讼时效

《保险法》第二十六条规定：人寿保险以外的其他保险的被保险人或者受益人，向保险人请求赔偿或者给付保险金的诉讼时效期间为二年，自其知道或者应当知道保险事故发生之日起计算。基于此，公众责任保险条款通常约定：被保险人向保险人请求赔偿保险金的诉讼时效期间为二年，自其知道或者应当知道保险事故发生之日起计算。对于雇主责任保险而言，其保险事故就是第三人请求被保险人承担法律责任，保险事故发生之日，应指第三人请求被保险人承担法律责任之日。

六、常见扩展的责任范围

常见扩展的责任范围有电梯、锅炉爆炸、客人财产、出租人责任、建筑物改动、游泳池、广告及装饰装置、车辆装卸、停车场、食品、饮料、提供物品及服务、租用汽车、合同责任等。

做一做

某市政公司于 2019 年 5 月向保险公司投保了公众责任保险，保险责任是其施工过程中的过失造成他人的人身伤害或财产损失的赔偿责任，赔偿限额为每起事故 10000 元。同年 10 月 2 日，该公司一队工人在维修路边窑井时因下大雨跑回施工棚，忘记在井边设立标志，也未盖好窑井盖子。傍晚时分，一行人骑自行车经过此地时跌入井中受伤，并受感染而致死。受害人家属向该市人民法院起诉要求市政公司承担损害赔偿责任。法院判决被告方应向死者家属支付 16756 元。

你认为保险公司是否应承担赔偿责任？赔偿多少？如果保险公司赔偿的不够受害人怎么办？

任务3　公众责任保险理赔实务

任务情景

2018年9月7日18时许，郑某某在下班回家途中，经过福建省福安市汽车南站门口附近某酒店门口时，被一条横拉的铁链绊倒（铁链系福安某酒店所拉），导致郑某某右侧额区头皮开裂、左髌骨骨折、右肱骨外科颈粉碎性骨折。随后，郑某某被送闽东医院急救，共住院20天。

接到报案后，保险理赔人员如何开展查勘工作？

一、接受报案

报案方式与车险、雇主责任保险大同小异。接受报案主要内容包括：询问案情、查询承保理赔信息、报案登记以及报案处理。

（一）询问案情

主要询问被保险人名称、出险时间、出险地点、出险原因、经过、人员伤亡、财产损失估计、第三者对被保险人的索赔情况、是否采取施救措施和善后处理（如就诊医院、病案号等）、是否有第一现场、是否已向公安消防等有关部门报案、报案人姓名、联系电话及方式等情况。对于群死群伤的案件，还应询问并记录死亡人数及受伤人数，出险人是否尚在治疗中。

（二）查询承保、理赔信息

进入核心业务系统查抄保单、批单等有关单证，同时了解是否有临分、共保以及保费缴纳等情况，以便了解被保险人的保险情况。理赔信息主要包括保险期限内出险情况、已赔金额、剩余保险金额等情况。

（三）报案登记

按照所在公司报案要求如实、详细、规范做好报案登记。

（四）报案处理

对于案情重大并实时报案的案件，应通知报案人员采取相应的保护措施，并告知理赔注意事项；按照报案保单的归属地，及时将报案信息通过系统调度至承保机构的案件处理人员，安排查勘定损；对特定出险案件，通知承保公司和外勤业务人员参与查勘定损。对于超出本级理赔权限的案件或后果严重、社会影响大、舆论关注的案件，应及时上报。

二、查勘定损

公众责任保险是以被保险人依法应承担的民事损害赔偿责任或经过特别约定的合同

责任作为保险标的保险。公众责任保险人伤事故中，由于被保险人的赔偿责任通过保险关系的建立而转移到保险人身上，保险人代替致害人承担对受害人的赔偿责任。被保险人对各种责任事故处理的态度、方式、赔偿金额以及医疗机构、司法鉴定机构等部门的处理往往关系到保险人的利益。通过查勘，有助于及时调查事故事实与事故原因，界定保险责任，方便后续理赔的开展，从而提高人伤理赔速度；在被保险人和受害人协商处理事故之前，查勘员在人伤查勘过程中告知被保险人人身损害相关赔偿项目的赔偿标准有助于减少保险人与被保险人之间的争议，从而提高客户服务满意度。可见公众责任保险案件，保险人及时派遣工作人员对保险事故经过、伤者伤情以及其他赔偿信息的调查具有重要现实意义。

案例分析

2018 年 2 月 25 日凌晨 6 时许，L 被路人发现跌落至泵井内，受伤严重，遂拨打 110 报警电话，第二天转送湘东医院诊治，症状加重，经医生建议转诊湖南湘雅医院治疗。2 月 27 日经湘雅医院诊断：颅底骨折、颅内感染、外伤性癫痫、外伤性视神经炎，花费医疗费 42000 余元。

该泵井位于某小区的一座景观喷泉水池周围，系由被告人负责管理及日常维护。因被告对喷水池及泵井缺乏日常维护，没有尽到必要的、相关安全保障义务，致使死者跌落井内，抢救无效死亡。

问题：

（1）该案件需要人伤查勘吗？为什么？

（2）如果需要，设计人伤查勘方案。

（一）接受人伤查勘任务

查勘员接到人伤查勘任务后，尽快收集并分析需要查勘的案件资料，确定查勘方向与重点，制定调查计划。如果对人伤查勘要求有异议的案件，应与查勘任务发起人员充分沟通，明晰查勘要求，双方达成一致意见后再进行查勘。

（二）人伤查勘准备

1. 查询保单，并与报案记录内容核对

根据业务内容的不同，公众责任保险若干的附加险，而且同一险种不同客户保额、免赔额以及免除责任约定有所不同。因此，查勘人员接到人伤查勘任务后，应立即查询有关该案的承保信息，并与报案记录的内容详细核对，以初步审核报案人所述事故是否属于保险责任范围，及时作出理赔处理意见。核查事项主要有：被保险人名称是否相符、出险日期是否在保险期限内、受损标的是否属于承保的责任范围、索赔是否失效等情况。对于明显不属于保险责任的情况，应向客户明确说明，并耐心细致地向客户做好解释工作。同时通知所在保险公司接报案专员在理赔系统内填写拒赔或不予受理的理由，并进行立案前的拒赔处理，将有关情况通知承保公司。

2. 联系客户

为方便查勘工作有序开展，查勘人员查勘前还需要联系客户。联系客户的主要工作内容有：

（1）了解出险时间、出险地点、出险原因、三者人身或财产损失情况，是否有第一现场、是否已向交警、公安、消防等有关部门报案等情况。

（2）重点了解三者伤亡人数、姓名、受伤程度、就诊医院、科室、已缴纳医疗费用额度等伤者伤情、诊疗信息。

（3）对于无保单登记的出险，还需了解客户承保情况，包括核实出险原因是否属于保险责任，出险日期是否在保险期间内等相关保险要素。

（4）约见被保险人，告知有关索赔事宜和赔偿处理注意事项，如对人身伤亡存在重大疑点的申请第三方机构第一时间出现场、索赔应提交的单证要求等。

3. 查看相关法律文书

对受损害的第三者已经向法院或仲裁机构起诉被保险人的，查勘定损员应索取起诉状、仲裁申请书及其他法律文书，询问被保险人是否已委托律师介入司法程序，并根据情况建议是否由保险人委派代表或律师参与事故处理。

4. 携带查勘资料及工具

（1）查勘资料。出于案件理赔需要，查勘时往往需要发放诸如“保险索赔申请书”等索赔单证，同时还需要缮制查勘记录、保险事故询问笔录等理赔资料。不同公司索赔单证与查勘单证样式与名称有所不同，但是基本内容是相同的。索赔单证一般有“保险出险/索赔通知书”“保险金给付申请书”等，查勘单证一般有“现场查勘记录”“人伤跟踪调查表”等有关单证。

（2）查勘工具。如通讯工具、数码相机、手电筒、录音笔、印泥、卷尺、笔（必须用黑色中性笔、钢笔，不能用圆珠笔）、备用纸张等，重大赔案往往还需要携带摄像机进行摄像等。

（3）其他资料。对受损害的第三者已经向法院或仲裁机构起诉被保险人的案件，查勘员应索取起诉状、仲裁申请书及其他法律文书。

（三）实施人伤查勘

对于需要现场查勘的，查勘定损岗人员在充分把握承保情况的前提下，及时赶赴现场，进行现场查勘，以掌握第一手资料，确保理赔工作的准确无误。现场查勘应制作查勘笔录，并签字确认，查勘人员一般不得少于2人。鉴于公众责任险业务的特殊性，如涉及人身伤亡的情况，很难做到及时查勘第一现场，应在了解案情后，马上到第二现场（如医院等地）查勘。查勘完毕后要尽快根据查勘情况缮制查勘报告。现场查勘主要内容如下：

1. 调查出险事故经过

（1）调查事故发生的具体时间。公众责任保险的保险期限一般是一年，调查事故发生时间一般需要落实到分，这有助于保险责任的界定。尤其是接近保险起讫期出险的案件，更应慎重查实，以防道德风险。

（2）调查事故发生的具体地点。公众责任保险事故地点一般要求在投保人或者被保险人的经营范围，由被保险人组织生产经营活动。因此查勘时需要核实事故地点是否属于保险合同约定的地点范围。对发生事故的第一现场要仔细勘察，绘制现场查勘平面图。要细致了解现场有关人员，作详细现场询问记录。对于人身伤亡进行第二现场查勘的，要对受伤人员及了解案情的有关人员就出险情况进行详细了解。

（3）调查出险原因。公众责任保险案件中，对于因被保险人或者受害者故意行为导致的损伤按照国家相关法律规定以及保险合同约定，保险公司概不负责赔偿。因此查勘人员需要深入调查，通过被保险人或目击者叙述的事故经过，初步掌握出险原因，确定是由于被保险人造成的事故还是由于第三者行为所导致。如果事故是由第三者责任引起的，应取得文字证据，以便日后追偿。对事故原因不清楚明了或疑点较大的，可找有关部门协助鉴定事故原因。

（4）重点调查伤者受伤经过，核查损伤与事故的相关性。比如部分公众责任保险中涉及人身伤害的损伤机制复杂，伤情多发。因此医院查勘如果发现伤者单一损伤，往往需要考虑事故发生可能是其他原因导致的。

2. 调查伤者伤情与赔偿项目信息

公众责任保险案件涉及保险条款不同，具体赔偿项目有所不同。其人身伤亡赔付项目主要遵循《最高人民法院关于审理人身损害赔偿案件适用法律若干问题的解释》《中华人民共和国民法典》相关规定，具体赔付计算基本与机动车责任保险人身伤亡赔付项目一致，不同之处在于医疗费用的赔付主要强调“合理、必须”，不一定要扣除非医保用药。而伤情不同，其人身伤亡赔付项目有所不同，因此查勘时需要调查伤者伤情，核查与事故的关联性，其人身伤亡赔付信息的调查与机动车保险人伤一致。如调查伤者护理级别、护理人员人数、姓名、有无固定收入等护理费用赔偿信息，以备后续护理费核定所需；调查伤者住所地或经常居住地，以方便后续残疾或者死亡赔偿标准的确定；调查伤者家庭成员姓名、年龄以及居住地，以备后续被抚养人生活费赔偿需要。

3. 履行告知指引

（1）告知人伤索赔流程。事故发生后被保险人需要及时报案，保险人依据报案情况进行查勘、估计损失与立案。被保险人与伤者达成赔偿协议后，被保险人提交人身损害赔偿相关证据索赔。

（2）告知赔付标准。公众责任保险人身损害赔偿项目是按照《最高人民法院关于审理人身损害案件适用法律若干问题的司法解释》来进行计算的，其中医疗费用的发生必须与事故相关，而且费用强调合理。对受害者与事故无关的医疗费用不予赔付，因此查勘时需要告知被保险人公司医疗费用赔偿标准，促使被保险人提早认识，并能对受害者不合理费用进行合理干预。

（3）一次性告知当事人双方（被保险人、伤者）索赔时应提供的资料。一般保险公司都有制式人伤索赔须知函，不同公司关于人伤索赔须知名称有所不同，但是基本内容一般都包含住院注意事项与结案注意事项。其中住院事项一般有就诊医疗机构要求、转院要求以及医疗费用赔付要求；而结案注意事项一般有司法鉴定事项、索赔单证事项以及赔偿项目计算标准等。向被保险人发放人伤索赔须知时需要请其签名确认。

（4）告知理赔注意事项。虽然人伤索赔告知函有理赔注意事项，但是被保险人对于保险理赔认知有限，出于案件理赔需要，查勘人员还需针对公众责任保险具体条款、不同伤者伤情告知被保险人理赔注意事项。如预估伤情可能评残，在司法鉴定机构商业化模式下可能导致鉴定结论有所公正，因此查勘过程中应该引导客户到公信力高的鉴定机构进行鉴定，同时告知选择合适的评定时机对于司法鉴定结论也是非常重要的。

4. 拍照取证

查勘现场照片是保险事故现场的真实记录，也是保险理赔证据之一，因此对于人伤案件，查勘人员应进行第一或第二现场拍照，照片应显示出险地点、现场概貌、受损状况、人员伤亡情况等，必要时应拍摄特写镜头，力求清晰、准确、完整拍照。依据证据三性要求，一般伤者就诊信息照片有：

（1）医院外貌、医院科室楼层、病室门口、病室号；

（2）拍摄病床全貌、床头卡、受伤部位照片、伤者上半身特写、检查影像片（包括X光片、CT、核磁共振）、伤者及护理人员证件照、伤者及护理人员合影照、查勘员与伤者合照；

（3）尽可能征得医生护士同意，拍摄住院病历、诊断、阳性检查报告、长期医嘱、临时医嘱。

保险公司理赔一般需要依据客户提交人伤理赔资料进行费用核定，因此查勘过程中需要尽可能收集人伤理赔单证，比如病历、劳动合同、事故证明等材料。

5. 估计损失情况

估损准确率对于保险公司经营影响很大，估损额度不足，导致未决准备金不足难以保障对保险事故进行赔偿。估损额度过高，导致未决准备金额度高，公司投资经营额度少，不利于公司的投资经营。因此人伤案件估损需要遵循“充足、谨慎、及时、准确”的原则。

查勘人员经过实地查勘，详细了解第三者人员伤亡、财产损失情况，对被保险人向保险人提供的索赔清单中所列明的损失情况，逐项核实，对受损财产或人伤程度进行初步估损。

预估损失应做的准备有：

（1）事故详细信息；

（2）熟悉创伤医学（治疗方案、治疗周期、并发症、后遗症）；

（3）掌握当地历史数据（医院），已用医疗费用额度、现有住院时间天数、后期住院天数与医疗费用额度；

（4）了解预估对象行为特征及其与环境互动状况（社会环境、司法环境）；

（5）熟悉公众责任保险理赔规范。

公众责任保险预估损失的基本思路与步骤和机动车保险人伤估损基本一致，此处不再赘述。

工作实例

公众责任保险条款约定：保险期间内，被保险人在保险单载明的地点范围内，合法从事生产、经营等活动时发生意外事故造成第三者人身伤亡或财产损失，依照中华人民共和国法律（不包括港澳台地区法律）应由被保险人承担的经济赔偿责任，保险人按照本保险合同的约定负责赔偿。

公众责任保险事故中，伤者，男，35岁，户籍为农村，伤前一直在某个体服装加工厂工作，计件工资，收入为5000元左右。入院诊断：①左侧胫骨下端粉碎性骨折；②全身软组织挫裂伤。

问题：

（1）预估损失需要的准备工作有哪些？

（2）结合条款约定，预估伤者赔偿的项目有哪些？

（3）围绕伤者赔偿项目的预估，需要调查伤者赔偿信息有哪些？

6. 缮制查勘报告

查勘报告是判定赔偿责任和计算赔款的依据，各家保险公司查勘报告样式与名称不一，但是基本内容的填写都是围绕人伤理赔设置，一般包含保单信息、事故信息、伤者基本信息、伤情信息、预估损失额度等信息。查勘人员查勘完现场后，应及时出具查勘报告，并初步确定是否属保险责任以及估损金额。对于不负赔偿责任的也要出具查勘报告，并及时录入业务处理系统。查勘报告书写要求人伤赔偿要素齐全、字迹清晰、信息准确，并且查勘人员需要签字。

做一做

阅读下面的查勘记录（如图 3－1 所示），分析案件的风险点以及查勘记录的不规范之处。

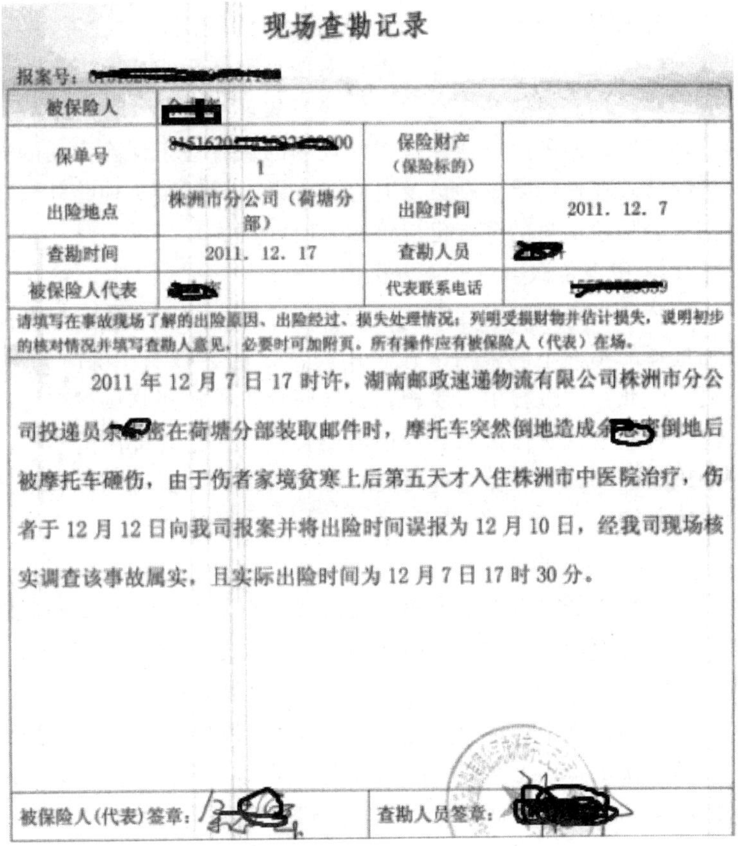

现场查勘记录

报案号：[redacted]

被保险人	[redacted]		
保单号	[redacted]	保险财产（保险标的）	
出险地点	株洲市分公司（荷塘分部）	出险时间	2011. 12. 7
查勘时间	2011. 12. 17	查勘人员	[redacted]
被保险人代表	[redacted]	代表联系电话	[redacted]

请填写在事故现场了解的出险原因、出险经过、损失处理情况；列明受损财物并估计损失，说明初步的核对情况并填写查勘人意见，必要时可加附页。所有操作应有被保险人（代表）在场。

2011 年 12 月 7 日 17 时许，湖南邮政速递物流有限公司株洲市分公司投递员余[redacted]在荷塘分部装取邮件时，摩托车突然倒地造成余[redacted]倒地后被摩托车砸伤，由于伤者家境贫寒上后第五天才入住株洲市中医院治疗，伤者于 12 月 12 日向我司报案并将出险时间误报为 12 月 10 日，经我司现场核实调查该事故属实，且实际出险时间为 12 月 7 日 17 时 30 分。

被保险人（代表）签章：[redacted]　　查勘人员签章：[redacted]

图 3－1

（四）认识人伤查勘的注意事项

1. 遵守人伤查勘工作原则

查勘人员进行查勘时应遵循详尽、客观、中立和公正的原则。详尽是指查勘人员详细记录查勘经过和结果，不根据个人喜好进行删减；客观是指查勘人员只记录查勘所发现的事实，不对保险事故的前因后果妄加推测；中立和公正是指查勘人员进行查勘的立场应不偏不倚，记录所有对公司有利或不利的查勘事实，供核赔人员判断。

2. 理清法律关系，巧妙取证

公众责任保险案件赔偿有赖于被保险人提交伤者病历、医疗费用票据、误工证明等材料，这些索赔材料真正持有者是伤者。而伤者和保险人不存在直接的关系，难免造成保险人取证有所困难。同时在一些公众责任保险案件中，事故发生后被保险人和伤者可能处在敌对面，不愿意配合保险公司搜集索赔材料。因此在人伤查勘时需要将积极争取伤者的配合，与其沟通商业保险赔款其中利害关系。

根据查勘情况，请被保险人尽快提交事故证明、政府有关部门作出的事故调查报告、死亡伤残证明、法医作出的尸体检验报告、医疗证明、药费单据、财产损失清单、有关的经济合同和财产损失鉴定等证明材料。

3. 注意时效性

各家保险公司对于人伤查勘均有时间规定，比如正常工作日内接到调度任务后30分钟内向报案人进行电话调查；人伤首次住院调查在接到伤者住院48小时内完成。之所以对查勘有时效性规定源于保险事故理赔需要。保险事故发生后，首先需要核实事故的真实性，而公众责任保险案件现场的调查对于保险责任的界定至关重要，因此事故现场的易破坏性需要查勘员及时完成查勘。同时由于理赔外部环境存在不良因素，对于人伤事故赔偿信息的调查也应该第一时间调查。

4. 积极争取事故第三方机构的配合

公众责任保险案件中往往涉及医疗机构、司法鉴定等部门。医疗机构治疗方案、药物选择的不同不但影响医疗费用高低，也会影响住院时间的长短，甚至影响伤情的恢复。因此查勘过程中需要积极引导医疗机构按照临床诊疗指南选择合适的治疗方案与用药。有些公众责任保险案件还需要公安、交通等部门的参与，这些部门处理事故中出具的事故证明材料对保险理赔具有参考价值，因此查勘过程中还需要积极争取事故第三方机构的配合。

5. 熟悉保险条款

公众责任保险由于事故责任一般具有隐匿性，在查勘过程时调查重点、收集信息要求也会有不同，因此查勘前熟悉保险条款是必须的工作。

6. 规范回答客户或伤者关于保险赔偿的提问

查勘过程中，难免会遇到伤者或者客户关于保险赔偿的提问，比如医疗费用怎么赔付的，误工费用怎么赔付的。查勘人员对于诸如此类问题的解答不当届时会影响后续理赔的顺利开展，因此回答问题既要遵守国家相关法律法规，也要遵守保险合同约定，切忌肯定性承诺。确定保险责任后，应向被保险人明确必须在征得保险人的同意后才能向受害方进行赔付，被保险人在未征得保险人同意之前，不得对索赔做出任何拒绝、承诺、提议或赔付。如被保险人擅自处理，保险人可以拒赔。必要时保险人可以以被保险人的身份向第三者进行诉讼。由保险人自行处理的案件，费用由保险人自行承担。

7. 加强医疗跟踪服务

对于涉及重大人身伤害事故，查勘定损岗人员应进行医疗跟踪服务，定期到伤者入住医院了解治疗情况，并监督受伤人员的治疗、用药情况，必要时，聘请专业医务工作者审查受伤人员的治疗方案及医药费。一旦发现不合理的医疗方案、用药方案和检查项目等，要及时同医院或相关医生交换意见，积极促成院方进行调整。对有转院情况的案件，应尽量到所有就诊治疗过的医院进行调查取证。调查时应注意是否所有就诊医院都是公司认可的医院。

想一想

（1）人伤查勘过程中，客户提问：保险公司关于医疗费用如何赔付的？工作人员回答：按照医保标准赔付70%。请问这样的回答对后续的理赔有何影响？如何规范回答？

（2）公众责任保险案件的及时查勘非常有必要，但是现实中有些案件报案时伤者治疗已经结束或者达成了赔偿协议，如何避免这种延迟报案？

（3）公众责任保险理赔实务中，有些案件存在不公正司法鉴定现象，围绕此查勘过程中需要做到的工作事项有哪些？

（4）查勘过程中未经调查对象同意取得的证据属于有效证据吗？当案件需要进行视频录像，而调查对象不同意时，如何沟通？

三、立案

对于发生在保险有效期内，且属于保险责任的赔案，查勘定损岗人员必须对所查勘的案件作出是否立案的决定，并在查勘报告中注明，之后将查勘报告和相关资料交于相应的理赔人员进行立案登记。立案登记项目应依据报案登记和查勘报告中的有关内容认真、准确、详实地录入。

保险责任的界定是公众责任保险案件立案的前提。理赔人员应依照保险基本原则（如近因原则等）、保险责任范围，结合查勘及调查情况、有关权威部门（如政府的行业安全技术部门、公证等）的事故责任认定书、公估报告、事故证明材料等来审核事故是否属于保险责任。经审核事故属于保险责任的，可以进行下一环节的理赔工作。对不属于保险责任的案件，经慎重研究做出拒赔结论后，及时通知被保险人。

（一）审核保险事故是否属于保险责任需要考虑的问题

1. 保险事故是否发生

公众责任保险案件中，被保险人对第三者造成的人身损害大多数可能是由于过失行为所致。因此被保险人并不是都会在保险事故现场，有时候伤者治疗结束后才知晓保险事故发生了，导致事故真实性难以界定。同时公众责任保险理赔实务中也存在虚假报案情况，因此审核保险责任时需要认真分析查勘报告、事故相关人询问笔录以及报案记录等资料，多途径了解事故发生的经过，以界定保险事故是否发生。对于谎报事故的案件，需要全面调查，找到确凿证据后予以拒赔。

2. 伤亡人员是否在保险范围内

公众责任保险涉及受害人身份不一。公众责任保险中的伤者要求是被保险人在保险单载明的地点范围内，合法从事生产、经营等活动时发生意外事故而造成受伤。因此需要依据保险条款，界定伤亡人员是否在保险范围内。对于伤亡人员不在保险范围内的案件，保险人不应承担保险责任。

3. 人体损伤与事故有没有相关性

公众责任保险案件存在报案不及时，导致案件无现场可查，因此事后还需要调查事故发生人体受伤经过，结合伤情判断人体损伤与事故有无相关性。如果人体损伤与事故无关，保险人一般不予赔偿。

4. 事故地点是否发生在条款和保单约定的范围内

公众责任保险有许多险种条款都规定或约定了承担责任的区域范围，保险人对保单列明范围之外所发生的事故则不应承担保险责任。

5. 出险时间是否在保险期限内

根据保单、特别约定或保险协议列明的保险期限或追溯期，结合投保人或被保险人报案信息、查勘人员现场记录及相关证明等资料信息，核实被保险人报告的出险时间是否在保险期限列明的追溯期内。对保险事故发生不在保险期限或追溯期内的，按拒赔流程处理。理赔人员应特别注意出险时间接近保险期起讫日或追溯期的案件，判断是否存在道德风险。

6. 出险原因是否属于保险责任或扩展承保的保险责任范围

核对事故证明文件，明确出险原因，如交警部门出具的交通事故责任认定书、医院出具的诊断证明和就诊病历、有关机构出具的技术鉴定等；核实出险原因是否属于被保险人重大过失或故意行为所致；被保险人行业性质或职业是否已发生变化。被保险人出险时其行业性质或所从事的职业危险性增加且事先未向保险人做变更通知的，保险人不承担保险责任；核实事故是否属于条款规定的其他除外责任。

7. 索赔是否超过时效

《保险法》第二十六条规定人寿保险以外的其他保险的被保险人或者受益人，向保险人请求赔偿或者给付保险金的诉讼时效期间为二年，自其知道或者应当知道保险事故发生之日起计算。因此如果被保险人超过两年未能做到有效索赔，则视同自动放弃索赔权益。值得注意的是，索赔与报案不同，索赔时效虽为两年，但被保险人发生保险事故立即通知保险人的义务不能因此免除，仍应按保险合同的规定履行。被保险人对保险事故的报案，并不意味着被保险人提出了正式索赔，必须出具索赔通知书，才能视为有效索赔，提供全套索赔单证后，方可赔付。对于诉诸法律的索赔，只要初次诉诸法律行为发生在规定的两年期间内，对以后（超过两年）法院的判决，保险人仍予负责。

（二）不属于保险责任案件的处理

经审核保险事故不属于保险责任，按照保险基本原则需要拒赔。而实务中保险客户往往难以接受这样的结果，有时甚至将案件诉诸于法庭，这样的发展无论是对于客户还是保险公司都不利。因此拒赔案件的处理需要谨慎，应注意的事项有：

（1）拒赔案件要严格按照遵守《保险法》责任保险条款的有关规定，全面分析事故后，具备确凿的证据和充分的理由后方可以做出处理。

（2）保险责任认定结果应在有关调查工作完成和相关理赔资料收集齐全后尽快做出，案情复杂的，核定时间最迟不得晚于接到报案起第30日，但保险合同另有约定的除外。原因在于：《保险法》第二十三条规定保险人收到被保险人或者受益人的赔偿或者给付保险金的请求后，应当及时作出核定；情形复杂的，应当在30日内作出核定，但合同另有约定的除外。《保险法》第二十三条规定的30日核定期间，应自保险人初次收到索赔请求及投保人、被保险人或者受益人提供的有关证明和资料之日起算。保险人主张扣除投保人、被保险人或者受益人补充提供有关证明和资料期间的，人民法院应予支持。扣除期间自保险人根据保险法第二十二条规定作出的通知到达投保人、被保险人或者受益人之日起，至投保人、被保险人或者受益人按照通知要求补充提供的有关证明和资料到达保险人之日止。

（3）保险责任认定结果应在做出后立即通知被保险人或受益人。对不属于保险责任的，应当自作出核定之日起3日内向被保险人或者受益人发出拒绝赔偿或者拒绝给付保险金通知书，并说明理由，认真听取意见，耐心做好解释工作。

（4）责任保险人伤案件处理过程中，任何一环节发现事故不属于保险责任的，均需慎重处理，不能随意做出拒赔决定，更不能随意将结果通知被保险人，以免引起不必要的理赔纠纷。

（5）经研究后，决定拒赔的案件，理赔人员应详细填写“拒赔案件报告书”，说明拒赔原因、依据，并附有关赔案材料，经核赔人审核签署意见，报上级领导审批和法律部门的同意。超过授权权限的拒赔案件，应当报上级公司。拒赔案件经批准后，理赔人员规范填写“拒赔通知书”，经核赔人核准签字并加盖公司业务专用章后，送交被保险人。

（6）拒赔案件所有材料必须妥善保管，必要时做好应诉准备工作。

想一想

某幼儿园与被告D供电公司、镇人民政府管理纠纷案

2017年4月29日，幼儿园院墙外一棵意杨树被风吹倒，与幼儿园院内上空高压线接触。幼儿园为保证小孩的安全，与D供电公司、镇人民政府联系，要求派人前来排除安全隐患。D供电公司工作人员来后未做实际处理，要求幼儿园自行排除。次日下午，幼儿园雇请M排除安全隐患时，M不慎从梯子上坠落死亡。幼儿园与死者M家属达成赔偿协议并支付赔偿款45万元。

问题：

1. M的死亡是否属于公众责任保险的保险责任？为什么？

2. 案件中，M的死亡应该由谁来承担赔偿责任？

四、损失确定

（一）收集、审核人伤理赔单证

理赔单证是具有一定格式，凭以界定保险责任、确定保险标损失项目和金额、规范赔款支付手续和维护保险公司追偿权益的各种赔案资料的总和。

公众责任保险条款中对理赔单证一般要求如下：被保险人请求赔偿时，应向保险人提供保险单正本、索赔申请、事故情况说明、赔偿项目清单、责任认定证明、判决书、裁决书或调解书，县级以上（含县级）医疗机构或本保险人认可的医疗机构出具的医疗证明，向索赔方支付赔偿金的付款凭证，以及投保人、被保险人所能提供的与确认保险事故的性质、原因、损失程度等有关的其他证明和资料。

公众责任保险理赔单证的类别：

（1）公众责任保险案件基本资料。主要有：保险单正本、事故现场照片、查勘报告、询问笔录、理赔申请书、与索赔方达成的赔偿协议及支付赔偿金的付款凭证，以及投保人、被保险人所能提供的与确认保险事故的性质、原因、损失程度等有关的其他证明和资料等。

（2）事故证明材料。主要有：事故责任认定证明；事故分析报告；政府有关部门作出的事故调查报告、死亡伤残证明、法医鉴定报告等。若存在诉讼，应收集法院判决书、调解书、裁决书；若存在仲裁，还应收集仲裁裁决书。

（3）人员受伤/死亡材料。按照《最高人民法院关于审理人身损害赔偿案件适用法律若干问题的解释》等人身损害赔偿法律条文规定，公众责任保险案件中，伤情不同则赔偿项目不同，理赔材料也不同，但是基本与机动车责任保险材料要求一致，具体可参考项目一中的任务10，此处不再赘述。

（4）公众责任保险案件调查资料：人伤探视/调查照片、人伤案件住院探视表、人伤案件调查报告及询问笔录等。

工作实例

公众责任保险事故中，被保险人与伤者达成了赔偿协议，并支付了赔款，但是由于种种原因，伤者未将住院病历全部交给被保险人。事后被保险人多次与其协商，对方均不同意交付病历资料。

问题：

（1）保险公司理赔时对病历有哪些要求？

（2）当客户遗失了病历原件，保险公司如何处理？

（3）当伤者不愿提交病历资料，保险公司如何处理？

（4）保险事故发生后如何避免病历资料的丢失或不全？

（5）病历涉及伤者的隐私，保险公司有调阅病历的权利吗？调阅病历时需要携带什么证件？

（6）如果可以调阅病历，保险公司可以调阅的病历资料有哪些？

（二）审核责任保险人伤理赔单证

1. 审核单证的完整性

案件基本资料和事故证明材料是案件的必备资料，人伤单证必须达到理赔证明的目的。如客户只提供了伤者受伤前收入材料，按照《最高人民法院关于审理人身损害赔偿案件适用法律若干问题的解释》规定，误工费赔偿前提是伤者伤前有无收入，伤后有无收入减少，因此如果单纯提供伤前收入材料只能证明伤者伤前有收入，不能证明因伤导致收入减少了多少，保险公司无法确定误工费赔偿标准。由于责任保险人伤案件中，保险人是对被保险人依法对造成他人人身伤亡应承担的经济赔偿责任进行补偿，所以此类案件中人伤理赔单证的收集应在理解《最高人民法院关于审理人身损害赔偿案件适用法律若干问题的解释》等人身损害赔偿相关法律文件基础上收集人伤理赔单证，不能机械地要求所有案件都是一样的理赔单证。人伤理赔单证中有些需要从医疗机构、交通部门、法医鉴定等第三方机构提取，因此收集材料后需要及时按照保险公司对单证扫描要求进行扫描上传到理赔系统，并打印“索赔材料回执单”交与客户。如果审核发现单证不完整，应按照《保险法》的要求一次性告知客户需要补充的资料。

2. 审核单证的规范性

各单证需符合其格式及填写规范要求，清晰、有序上传；案件所需单证均需提供原件，涉及诉讼或在其他保险优先赔偿的损失项目，可提供相应单证复印件，但必须加盖留存章；公司内部人伤理赔单证需按照单证内容和规范准确填制，不得出现人为漏填、难以辨认或错填等；公司外部人伤理赔单证需符合相应行业的单证格式要求，如果相应的编号不符、格式不符、缺少印章、缺少签名、涂改等，应及时进行调查核实。

3. 真实性

单证材料及其所反映的事实应真实准确，证明单据必须由职能部门出具，必须真实、规范，并加盖公章。对于存在以下问题的应及时调查核实：

（1）单证格式、编号、表述、印章等与其相应行业一般单证形态不符，单证出处存疑。

（2）出具证明的机构不具备相应职能和资质。

（3）重要信息涂改，或涂改内容未加盖修正章。

相关知识

审阅证明和单证时应注意的问题

（1）联合事故调查报告。与政府负责处理事故的部门共同出具。

（2）死亡证明。在医院内死亡的，由救治医院出具，否则由公安部门出具。

（3）尸体检验报告。不在医院死亡的，由公安部门派法医验尸并出具尸检报告。

（4）永久性残疾证明。由救治医院按有关规定检验后出具。对于身体内部的残疾，或有疑点的，应请专业鉴定部门复检。

（5）身份证复印件。要求正反两面，清晰可见。

（6）医疗事故鉴定。由地市或地市以上医疗事故鉴定委员会出具。

(7) 诊断证明书及医疗费用单据。由救治医院出具。

(8) 职业病及程度证明。由地市及地市以上职业病医疗机构出具。

(9) 户口注销证明。由死者长住户口所在地派出所出具，有条件的应复印户口登记簿。

(10) 经济合同书。如旅行社责任保险应索取旅游合同。保户是地接社的，应索取交接的有关文件和费用单据。产品责任保险应索取产品销售合同、产品销售发票、产品保险卡等。

(11) 裁决书、调解书或判决书。裁决书由仲裁委员会做出，调解书或判决书是由人民法院做出。

(12) 仲裁或诉讼费用单据。由仲裁委员会或人民法院出具。

做一做

审核下面单证（如图 3－2～图 3－7 所示）的真实性与规范性。

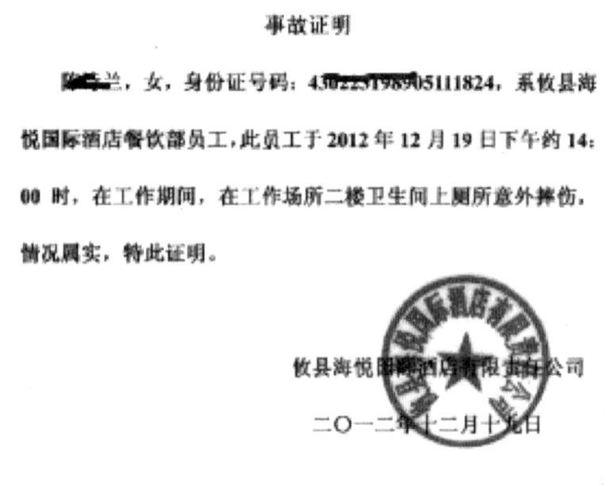
事故证明

[redacted]兰，女，身份证号码：43[redacted]05111824，系攸县海悦国际酒店餐饮部员工，此员工于 2012 年 12 月 19 日下午约 14：00 时，在工作期间，在工作场所二楼卫生间上厕所意外摔伤，情况属实，特此证明。

攸县海悦国际酒店有限责任公司

二〇一二年十二月十九日

图 3－2

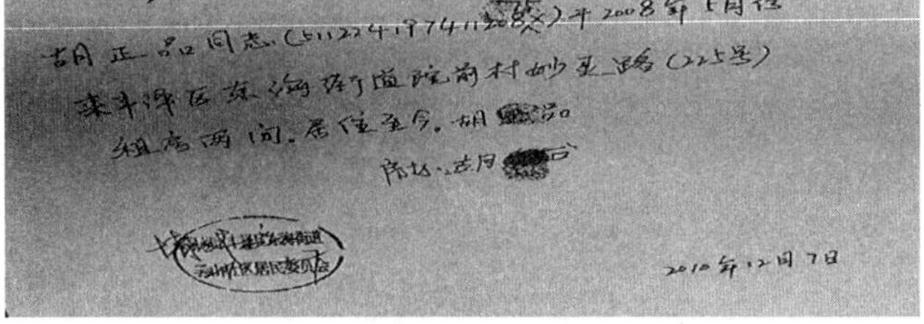
情况证明

兹有重庆市云阳县水口乡石佛村5组3号胡正品同志（511224197411[redacted]）于2008年6月住来丰泽区东海街道院前村妙丞路（225号）组房两间，居住至今。胡[redacted]品

房东：胡[redacted]

2010年12月7日

图 3－3

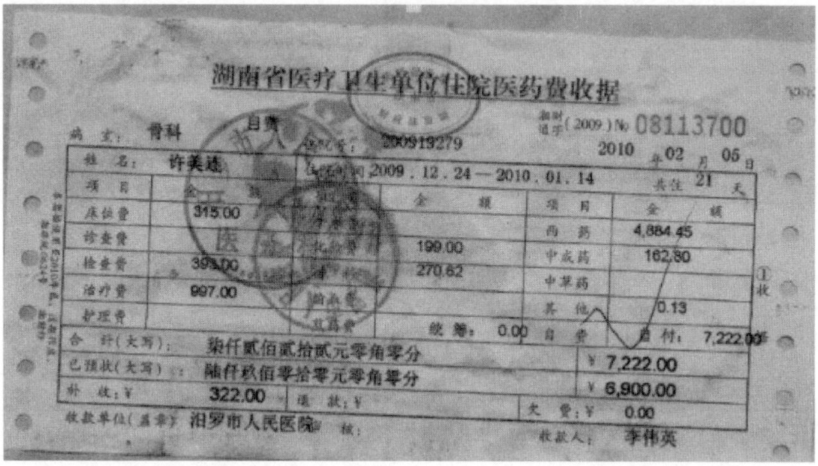
湖南省医疗卫生单位住院医药费收据

湘财通字（2009）№ 08113700

病室：骨科　自费　住院号：200919279　2010 年 02 月 05 日

姓名：许美连		住院时间 2009．12．24—2010．01．14		共住 21 天	
项目	金额	项目	金额	项目	金额
床位费	315.00	[illegible]		西药	4,884.45
诊查费		[illegible]	199.00	中成药	162.80
检查费	393.00	[illegible]	270.62	中草药	
治疗费	997.00	[illegible]		其他	0.13
护理费		[illegible]	统筹：0.00	自费	自付：7,222.00
合计（大写）：柒仟贰佰贰拾贰元零角零分				¥ 7,222.00	
已预收（大写）：陆仟玖佰零拾零元零角零分				¥ 6,900.00	
补收：¥ 322.00		退款：¥		实费：¥ 0.00	

收款单位（盖章）汨罗市人民医院　审核：　收款人：李伟英

图 3－4

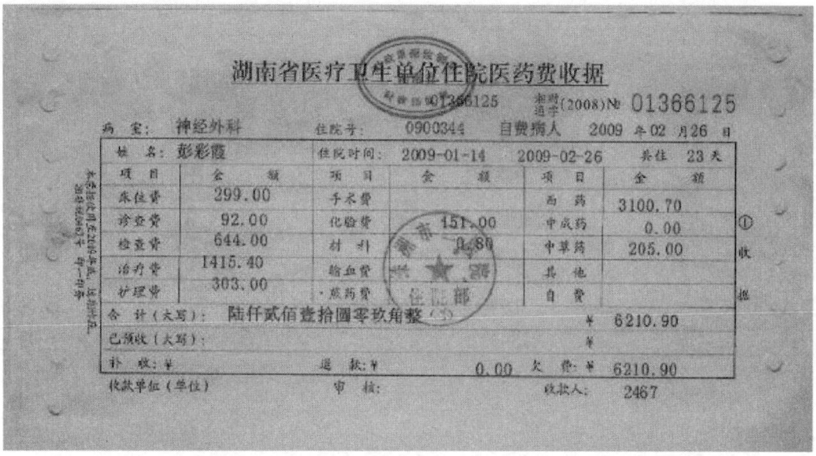
湖南省医疗卫生单位住院医药费收据

湘财通字（2008）№ 01366125

病室：神经外科　住院号：0900344　自费病人　2009 年 02 月 26 日

姓名：彭彩霞		住院时间：2009-01-14　2009-02-26		共住 23 天	
项目	金额	项目	金额	项目	金额
床位费	299.00	手术费		西药	3100.70
诊查费	92.00	化验费	151.00	中成药	0.00
检查费	644.00	材料	0.80	中草药	205.00
治疗费	1415.40	输血费		其他	
护理费	303.00	放药费		自费	
合计（大写）：陆仟贰佰壹拾圆零玖角整				¥ 6210.90	
已预收（大写）：				¥	
补收：¥		退款：¥ 0.00		实费：¥ 6210.90	

收款单位（单位）　审核：　收款人：2467

图 3－5

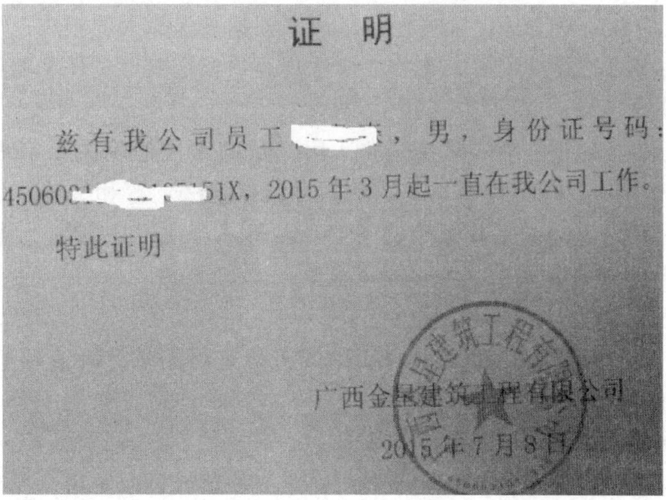
证　明

兹有我公司员工[redacted]，男，身份证号码：4506[redacted]51X，2015 年 3 月起一直在我公司工作。

特此证明

广西金[redacted]建筑工程有限公司

2015 年 7 月 8 日

图 3－6

湖南省[redacted]人民医院

出院记录

姓名：陈[redacted] 性别：女 年龄：24岁 病区：骨一科 床号：128 住院号：[redacted]663

入院日期：2012年12月19日 心电图号：

出院日期：2013年01月02日 X光号：X1230663

住院天数：14天 其他特检号：

入院诊断：

左外踝骨折

入院时病情摘要：

患者青年女性23岁，外伤后致左踝部肿痛3小时，既往体健。查体：BP120/70mmhg 神清、语利，心肺听诊（-）腹平软，左踝部肿胀、压痛、有骨擦感、活动受限，左足远端血运好。辅助检查：X线：左侧外踝骨折。

住院经过及治疗情况：

入院后予以完善各项相关检查，术后予以抗炎、退肿、换药等支持治疗。

出院时情况：

患者诉伤口疼痛消失。体查：生命体征平稳，左外踝伤口无红肿、无压痛，伤口愈合良好，已I/甲级愈合。左踝关节活动可，肢端血运感觉。

出院诊断：

左外踝骨折

出院医嘱：

1、注意休息。

2、注意左踝关节X片间期复查（术后1个半月、2个月），待骨质愈合良好后，方可下地负重行走。

3、不适随诊。

医师签名：[redacted]

图3－7

（三）核定赔偿项目

理赔人员应在公众责任保险责任范围内，根据被保险人的损失及所提交的单证、法院或政府有关部门的裁决或国家有关法律法规逐项核定赔偿责任和赔偿金额。

1. 人身伤亡项目

公众责任保险案件赔偿依据和标准适用《最高人民法院关于审理人身损害赔偿案件适用法律若干问题的解释》《中华人民共和国保险法》等相关法律法规，具体核定参照项目一任务10，不同的是其医疗费用主要强调“合理、必须”，一般不需要考虑医保标准。

2. 财产损失

财产损失按照恢复原状所发生的费用或折价进行赔偿，计算赔款适当考虑折旧因素，在相应的限额内赔偿。

3. 法律费用

法律费用一般是指事先经保险人书面同意的仲裁或诉讼费用及律师费用。该项费用应在被保险人与索赔方为确定赔偿责任提起诉讼或进行仲裁的情况下发生的。律师费用的赔偿必须事先经保险人书面同意，以保险人出具的同意书为凭。

4. 必要的、合理的费用

保险事故发生后，为防止或减少人身伤亡或财产损失所支出的必要的、合理的费用，其赔偿以实际发生的数额为准。费用虽然因保险事故而发生，但不包括预防费用，而强调保险事故发生时，为防止和减少被保险人的损失而发生的必要、合理的费用。

案例分析

2014 年 6 月 7 日 17 时 10 分许，有两名游客于广东某旅游风景区仙女潭溺水身故，死者均为男性，分别为 23 岁和 33 岁。

本次事故中，景区方在游客进景区游玩时未尽到最大限度的安全告知、警示义务；出险现场无相关的警示标识，未尽到安全警示、告知义务；景区单位在本次事故中存在重大过失，对本次事故应当承担大部分责任。而 A 在景区非亲水景点进行亲水活动，作为一名有完全民事行为能力的成年人，其应当意识到游泳属于有一定危险的体育活动，其应当对事故的发生承担部分责任；B 在另一死者出现溺水事故时，在下水营救时未能考虑到水势、环境的因素，对其本人发生溺水事故亦应当承担部分责任。

针对本案，景区和事故者分别承担多大的责任呢？

五、赔款理算

在损失确定的基础上，理赔人员应对具体的赔款金额进行理算，并缮制赔款计算书，赔款计算书应录入业务处理系统。

（一）理算依据

（1）相关责任保险条款的规定。

（2）以法院或政府有关部门依法裁定、仲裁机构仲裁或经被保险人与受到损害的第三者及保险人协商（以法律、法规为协商依据）确定的被保险人应偿付的金额为准。

（3）保险单约定的各种限额、免赔额及其他条件。

（4）有关证明及费用清单。

（二）理算项目

（1）对第三者的经济赔偿责任，包括人身伤亡和财产损失。

（2）事先经保险人书面同意的法律费用。

（3）保险事故发生后，为防止或减少人身伤亡或财产损失所支出的必要的、合理的费用。

（三）理算中注意的问题

1. 重复保险

如果被保险人在两家或两家以上保险公司投保相同责任保险，或其他性质相同的保险，在发生保险事故时，保险人应按比例责任分摊方式计算赔付，其分摊公式如下：

$$\text{应付赔款}=\frac{\text{索赔金额}\times\text{本保单项下相应赔偿限额}}{\text{全部保单项下相应赔偿限额之和}}$$

2. 限额赔偿

赔偿金额每次事故不得超过保单约定的每次事故或每次索赔赔偿限额，每人不得超过保单约定的每人赔偿限额。保险期限内发生多次事故累计赔偿金额不得超过保险单中约定的累计赔偿限额。

拓展阅读

1.《中华人民共和国道路运输条例》

2.《中华人民共和国消费者权益保护法》

项目小结

本项目共分为3个任务，主要介绍了公众责任保险的条款、理赔实务操作规程。通过本项目的学习，要求理解公众责任保险的法律关系，掌握公众责任保险人伤查勘、调查、定损、赔款理算等人伤理赔实务环节的知识要点与技能点。

习题与实训

一、不定项选择题

1. 公众责任保险的保险范围包含（　　）。

A. 意外事故造成的第三者人身伤亡

B. 意外事故造成的第三者财产损失

C. 法律费用

D. 意外事故造成的自身财产损失

2. 某餐馆投保公众责任保险，累计赔偿限额100万元，每次事故赔偿限额20万元，每次人伤赔偿限额5万元，不计免赔。2020年11月某日，餐馆玻璃意外爆裂导致靠窗客户头部受伤，产生医疗费用62758元，请问保险公司赔付多少？（　　）

A. 0元　　B. 50000元

C. 62758元　　D. 不属于保险责任

3. 一个顾客在商场购物时，由于地面积水滑倒，导致小腿骨折，这属于（　　）的保险责任。

A. 意外伤害保险　　B. 公众责任保险

C. 物业管理责任保险　　D. 雇主责任保险

4. 公众责任保险的赔偿限额取决于（　　）。

A. 保险双方协商确定　　B. 被保险人应负的责任

C. 法院的最后判决　　　　　　D. 受害人的损失大小

二、案例分析

2018 年 4 月 28 日，高祥与吴庭全协商将其自有的树木出卖给吴庭全，双方商定树木价款为 2000 元，吴庭全向高祥支付了定金 500 元。2018 年 5 月 2 日吴庭全带领邀请的锯树工人开始锯树，在锯树过程中，吴庭全对案发时以外的其他树木在锯倒时均采取用绳索系住树木的安全措施后才锯树，5 月 3 日锯最后两棵村组水泥公路路边较小的树木时（高祥不在锯树现场），吴庭全没有要求锯树工人像锯其他的树木一样采取用绳索系住树木的安全措施，也没有在路的两端设置警示牌，而是安排帮忙锯树的人员柯某等在距树 20 米处的路边拦守。张凤凤骑电动车经过时，未能注意到拦守人员，拦守人员也未能拦下张凤凤，张凤凤骑行至树边，恰被倒下的树木砸中受伤。吴庭全当即安排参加锯树活动的柯某将张凤凤送往钟祥市人民医院抢救治疗，先后在钟祥市人民医院、湖北省人民医院住院治疗 211 天，花去医疗费 150179.4 元；院外购买人血白蛋白 6880 元；院外购买药品及生活必需品 791.2 元；支出交通费 5910 元。吴庭全支付了相关费用 56000 元。2019 年 1 月 22 日，钟祥正和法医司法鉴定所作出“鄂钟祥正和鉴［2019］临鉴字第 2 号”司法鉴定意见书，鉴定意见：①被鉴定人张凤凤所受伤评定为一级伤残；②被鉴定人张凤凤需入院行内固定物取出术，该费用为人民币贰万元（￥20000.00）左右或据实赔付；③被鉴定人张凤凤需长期使用药物及一次性材料，该费用为人民币壹仟元（￥1000.00）/月或据实赔付；④被鉴定人张凤凤误工期从受伤之日起，计算至 2019 年 1 月 21 日，营养期为 120 日；⑤被鉴定人张凤凤存在护理依赖，其护理程度属大部分护理依赖。因双方就赔偿不成达成一致，张凤凤等四人遂向法院起诉。

问题：

1. 张凤凤的人身损害，应该由谁来承担赔偿责任？为什么？
2. 该案件是否属于公众责任保险的保险责任，为什么？
3. 依据国家法律相关规定，张凤凤能够得到哪些项目的赔偿？

4 项目四 其他责任保险人伤理赔

学习目标

【知识学习目标】

➢ 理解医疗责任保险、校园方责任险、产品责任险的法律关系；
➢ 掌握医疗责任保险、校园方责任险、产品责任险的保险责任；
➢ 掌握医疗责任保险、校园方责任险、产品责任险的保险责任的理赔实务操作要点。

【技能训练目标】

➢ 能够分辨医疗责任保险、校园方责任险、产品责任险的侧重点；
➢ 能够运用法律、条款约定进行相应的案例分析；
➢ 能够根据案情设计相应的查勘计划；
➢ 能够简单计算医疗责任保险、校园方责任险、产品责任险的赔付方案。

工作任务

能够从事医疗责任保险、校园方责任险、产品责任险的保险责任查勘、赔付核定及理算缮制。

导入案例

2019年8月8日，李彬因急性阑尾炎入住淮北矿工总医院杨庄分院并行阑尾切除术，于8月17日出院后出现发热症状，故于8月22日再次入住该医院，但一直没有退烧，在李彬家人的强烈要求下，当晚转入淮北矿工总医院并实施手术，术后进入ICU重症监护室。手术后诊断：①阑尾术后腹腔残余感染；②回盲部坏死；③感染性休克失代偿期。住院18天出院，后于2019年12月2日又入院做回肠造口还纳术，共支付医疗费用近9万元。之后，李彬认为淮北矿工总医院杨庄分院对其身体损害有过错，向当地人民法院提出诉讼，请求判令杨庄分院赔偿李彬医疗费、误工费、护理费、营养费、住院伙食补助费、交通费、残疾赔偿金、精神抚慰金等各项费用469183.17元。

问题：

（1）李彬诊疗过程中，淮北矿工总医院杨庄分院是否有过错？为什么？

（2）保险人从哪些方面进行调查，以确定医疗损害赔偿责任？

任务1　常见责任保险种类

任务情景

2019年8月15日，原告在被告松伟修理站购买一辆世纪风牌三轮车，当天由案外人高家豪驾驶该三轮车沿明州路自东向西方向行驶至黄海路路口时，因右后轮爆胎导致三轮车失控与绿化带相撞，造成车辆受损，车上乘客原告受伤的道路交通事故。事故发生后原告在浙江省宁波市××医院住院治疗共计46天，花费医疗费共计106588.8元。

2019年9月5日该事故经宁波市公安局北仑分局交通警察大队（以下简称“北仑交警队”）认定，案外人高家豪和原告没有导致此次事故发生的过错，该事故属于交通意外事故，各方均无责任。

2020年6月5日、7月13日，经法医鉴定：原告因外伤导致颅脑多发损伤的致残程度为一个十级和一个九级，评定误工期为180日，护理期为90日，营养期为90日，花费鉴定费4317元。

问题：

（1）案件中，原告的受伤属于什么保险产品的保险责任？

（2）该案件是否涉及保险竞合？如何处理？

责任保险产品众多，除了项目一、二、三中所提到的机动车责任保险、雇主责任保险、公众责任保险外，此处仅列举常见的几种。

一、产品责任险

产品责任保险，是指以产品制造者、销售者、维修者等的产品责任为承保风险的一种责任保险，而产品责任又以各国的产品责任法律制度为基础。所谓产品责任，是指产品在使用过程中因其缺陷而造成用户、消费者或公众的人身伤亡或财产损失时，依法应当由产品供给方（包括制造者、销售者、修理者等）承担的民事损害赔偿责任。

（一）保险责任

在保险期间或保险合同载明的追溯期内，被保险人在本保险合同载明的承保区域内，由于保险合同载明的被保险产品存在缺陷，造成使用、消费或操作该产品的人或其他任何人的人身伤亡或财产损失，受损害方在保险期间内首次向被保险人提出赔偿请求，依照中华人民共和国法律（不包括港澳台地区法律）应由被保险人承担的经济赔偿责任，保险人按照本保险合同的约定负责赔偿。其中，追溯期是指保险期间开始前的、与保险期间相连续的一段时期。在这段时期内发生事故，受损害方在保险期间内首次向被保险人提出索赔并经被保险人向保险人索赔，保险人按保险合同约定在赔偿限额内承担赔偿责任。如果这种事故发生在追溯期之前，保险人不承担赔偿责任。

保险事故发生后，被保险人因保险事故而被提起仲裁或者诉讼的，应由被保险人支付的仲裁或者诉讼费用以及事先经保险人书面同意支付的其他必要的、合理的费用，也属于产品责任险的赔偿范围。

（二）免除责任

不同保险公司对产品责任险免责约定有所不同，此处仅简单列举与其他责任保险免除事由不同的情形。

（1）行政行为或司法行为；

（2）直接或间接由于石棉、电磁场、霉变、铅毒或其相关问题引起的责任；

（3）被保险产品本身的损失或其修理、改装、重置、退换、回收或召回引起的损失及费用；

（4）对飞机或轮船的损害责任；

（5）被保险人对其雇员由于雇佣关系而依法或依据雇佣合同所应承担的责任；

（6）被保险人应该承担的合同责任，但无合同存在时仍然应由被保险人承担的经济赔偿责任不在此限；

（7）任何罚款、罚金或惩罚性赔款；

（8）精神损害赔偿；

（9）间接损失。

想一想

2010 年 9 月 23 日上午，彭某在操作山东省某纺织机械厂生产的“A286G 大型加宽电脑变频自动上料梳棉机”过程中，发生棉花堵塞现象。11 时 30 分左右，彭某通过电话向被告寻求解决办法。在山东省某纺织机械厂相关人员在电话中的指导下，去处理棉花堵塞问题时，彭某左手被机器上的齿辊勾住，致使彭某左手掌被快速搅入其中，将左手掌完全压碎，彭某被紧急送某中医院，因伤情严重又转院至某工人医院救治，彭某的伤情被诊断为：左上肢压榨伤、部分皮肤脱套，左上肢部分缺损。治疗终结后经某司法鉴定中心鉴定本次事故造成原告六级伤残。根据法律规定，产品缺陷包括设计缺陷、制造缺陷、警示缺陷和经营缺陷。本次事故的发生究其原因主要就是被告生产“A286G 大型加宽电脑变频自动上料梳棉机”存在着设计缺陷：应当加装防护罩的部件也没有加装；再加上被告的工作人员指导不力，最终导致不幸的后果发生。彭某为治疗事故伤害共住院 19 天，支出了 12520 元医疗费，安装假肢的支出费用 18000 元。

彭某认为山东省某纺织机械厂为“A286G 大型加宽电脑变频自动上料梳棉机”的生产者，由于所生产的产品缺陷导致事故伤害，根据《中华人民共和国民法典》侵权责任编、《中华人民共和国产品质量法》，依法应当承担损害赔偿责任。向法院提起诉讼，本案一审判决支持了原告 70% 的请求，被告不服上诉，二审被驳回。

问题：法院为何仅判决山东省某纺织机械厂承担 70% 的赔偿责任?

二、职业责任保险

职业责任保险，是以各种专业技术人员在从事职业技术工作时因疏忽或过失造成合同对方或他人的人身伤害或财产损失所导致的经济赔偿责任为承保风险的责任保险。职业责任保险所承保的职业责任风险，是从事各种专业技术工作的单位或个人因工作上的失误导致的损害赔偿责任风险，它是职业责任保险存在和发展的基础。

（一）医疗职业责任保险

也称为医生失职保险，它承保医务人员或其前任由于医疗责任事故而致病人死亡或伤残、病情加剧、痛苦增加等，受害者或其家属要求赔偿且依法应当由医疗方负责的经济赔偿责任。

（二）律师责任保险

承保被保险人或其前任作为一个律师在自己的能力范围内在职业服务中发生的一切疏忽行为、错误或遗漏过失行为所导致的法律赔偿责任，包括一切侮辱、诽谤，以及赔偿被保险人在工作中发生的或造成的对第三者的人身伤害或财产损失。

律师责任保险的承保基础可以以事故发生或索赔为依据确定，它通常采用主保单——法律过失责任保险和额外责任保险单——扩展限额相结合的承保办法。此外，还有免赔额的规定，其除外责任一般包括被保险人的不诚实、欺诈犯罪、居心不良等行为责任。

（三）会计师责任保险

承保因被保险人或其前任，或被保险人对其负有法律责任的那些人，因违反会计业务上应尽的责任及义务，而造成他人遭受损失，依法应负的经济赔偿责任，但不包括身体伤害、死亡及实质财产的损毁。

（四）建筑、工程技术人员责任保险

承保因建筑师、工程技术人员的过失而造成合同对方或他人的财产损失与人身伤害并由此导致经济赔偿责任的职业技术风险。建筑、安装以及其他工种技术人员、检验员、工程管理人员等均可以投保该险种。

拓展阅读

口腔医疗执业责任保险

口腔医疗责任保险是为口腔医师和口腔医疗机构量身定做的职业责任保险。投保形式灵活，个人和机构均可作为投保人投保。多项附加条款可根据需求与主险自由组合，保障更完善。

主要险种

口腔医疗机构职业责任保险；口腔医师执业责任保险；附加意外及并发症责任条款；附加实习生责任条款；附加护士及医技人员责任条款；附加口腔住院诊疗护理活动条款；附加输血责任条款；附加口腔医疗机构场所责任条款。

保险对象

口腔医师：口腔医师资格考试成绩合格并在县级以上地方卫生行政部门注册，可以在医疗、预防、保健机构中按照注册的执业地点、执业类别、执业范围执业，从事相应的医疗、预防、保健业务的口腔医师或口腔助理医师。

口腔医疗机构：依照中华人民共和国法律设立、有固定场所并取得“医疗机构执业许可证”的医疗机构。

保险责任

医生在诊疗过程中因意外或过失导致患者伤害，患者提出索赔，这时保险公司负责处理医患纠纷，并进行理赔（如果出现鉴定或诉讼，在此过程中的相关费用也由保险公司承担）。

工作实例

正畸拔错牙齿引发的医疗纠纷

2011 年 6 月 29 日，一未成年病人在家长的带领下，到西南地区某大型连锁口腔诊所进行正畸治疗。检查了病人的口腔状况后，当事医生为其设计了正畸方案。按照正畸方案，需拔除右上 5 号牙齿和右下 4 号牙齿，但实际操作时，却误拔左上 5 号牙齿和左下 4 号牙齿，故产生医疗纠纷，病人要求口腔诊所赔偿 5 万元。事情发生后，医疗机构立即向保险公司报案。保险公司在接到报案后两小时内即赶到诊所，同诊所负责人商讨案情、明确责任，并确定处理方案。之后保险公司、病人法定监护人与医疗机构负责人三方谈判，三方最终商定赔偿患者 3.5 万。保险公司在核定赔偿费用构成后，与医疗机构再次进行了确认，扣除保单免赔额后，最终保险公司向医疗机构赔付 3.3 万元。

三、校（园）方责任保险

校（园）方责任保险是为幼儿园、小学、中学、中专、职业学校、技工学校、工读学校、特殊学校、高等院校（以下简称“普通教育机构”）提供校方责任保障，维护学校教育而设立的。该险种由学校作为投保人，学生在校活动中或由学校统一组织安排的活动（学校活动包括体育课、实验课、课间操、课外活动、春游等）过程中，因学校非主观过失导致注册学生的人身伤害和财产损失，依法应由学校承担的直接经济赔偿责任，由保险公司负责赔偿。

此外，事先经保险人书面同意的仲裁或诉讼费用，以及保险事故发生后被保险人为防止或减少对注册学生的人身伤亡或财产损失的赔偿责任所支付的必要的、合理的费用也属于校（园）方责任险的保险责任。

免除责任包括但不限于以下情形：

（1）注册学生自伤、自杀，而被保险人及其雇员的教育管理并无不当；

（2）学生打架、斗殴、吸毒等违法、犯罪行为；

（3）注册学生本人具有特异体质，而被保险人事先并不知情；

（4）注册学生突发疾病，而被保险人及时采取措施，未延误治疗；

（5）被保险人的雇员的非职务行为；

（6）被保险人知道其教学、建筑设施不安全，仍继续使用；

（7）手机、电脑及其他电子产品的丢失和损坏；

（8）金银、首饰、珠宝、文物、软件、数据、现金、信用卡、票据、单证、有价证券、文件、账册、技术资料及其他不易鉴定价值财产的丢失和损坏；

（9）被保险人应该承担的合同责任，但无合同存在时仍然应由被保险人承担的经济赔偿责任不在此限；

（10）罚款、罚金或惩罚性赔款；

（11）精神损害赔偿；

（12）间接损失。

做一做

2013年醴陵市云潭中学向某公司投保了校（园）方责任保险，保险期限从2013年8月26日至2014年8月25日。条款第三条约定：在本保险期间和本保单明细表中列明的保险区域范围内，被保险人在其校（园）内或由其统一组织并带领下的校（园）外活动中（限中国境内，港澳台地区除外），由于疏忽或过失造成下列依照中华人民共和国法律（不包括港澳台地区法律）应由被保险人承担的经济赔偿责任，保险人负责赔偿：①注册学生的人身伤亡或财产损失；②事先经保险人书面同意的仲裁或诉讼费用。

2014年4月27日该校负责人报案称请92班学生易飞宇在2014年3月15日上午被安排打扫实验室卫生过程中，头部碰到窗框上受伤。当时以为无大碍，坚持把卫生打扫完。下午感觉身体很不适，老师以为其患感冒，给予风油精等外搽，并嘱咐其回家好好休息。易飞宇回家后感觉头痛加重，并出现抽搐、面部浮肿，家长将其送当地卫生院按感冒治疗，无好转。第二天转送醴陵湘东医院诊治，症状加重，经医生建议转诊湖南湘雅医院治疗。4月16日经湘雅医院诊断：颅底骨折、颅内感染、外伤性癫痫、外伤性视神经炎，产生医疗费42000余元。现在校方已全部赔付医疗费用外，还对其赔付了10000元的精神损害赔偿，要求保险公司进行赔偿。

问题：该案件查勘的重点内容有哪些？

任务2　医疗责任保险理赔

任务情景

2020年12月22日，银保监会发布《责任保险业务监管办法》。共五章三十五条，主要内容有四大方面：一是规范责任保险承保边界。针对责任保险边界不断扩大，一方面严格责任保险承保范围，明确责任保险应当承保被保险人给第三者造成损害依法应负的赔偿责任，不得承保故意行为、罚金罚款、履约信用风险、确定损失、投机风险等风险或损失，另一方面要求保险公司厘清责任保险与财产损失保险、保证保险、意外伤害保险等险种的关系，合理确定承保险种……三是规范保险服务。明确保险公司提供保险服务，应当遵循合理性、必要性原则，以降低赔付风险为主要目的，不得随意扩大服务范围、服务内容……

问题：

（1）中国银保监会办公厅为何出台《责任保险业务监管办法》？

（2）责任保险理赔实务中，需要注意的问题有哪些？

医疗责任保险、校方责任保险、产品责任险等险种，其理赔流程和机动车责任保险大同小异，赔款理算主要依据国家法律以及保险合同约定逐项进行，因此医疗责任保险、校方责任保险、产品责任险等其他责任保险险种的理赔实务不再赘述。但是同为责任保险，其保险责任的确定确有很大的差异性，相对比较复杂。确定一个事故是不是保险事故，除查勘现场、询问知情人外，往往还必须收集足够的证明等材料，作为依据。

一、医疗赔偿责任的基本形态

医疗赔偿责任的基本形态主要有违约责任和侵权责任。医疗违约责任是医患双方在履行医疗服务合同的过程中，因一方违反合同约定，而应向对方承担的合同责任，因此医院一方在医疗过程中提供不合格的医疗服务的，属于违约责任；医疗侵权责任是医疗单位在从事诊疗、护理等活动中因过错而侵害受害人生命权、身体权、健康权所应承担的赔偿责任。

医疗侵权行为的构成要件具有特殊性：

（1）医疗行为的违法性。医疗机构违反我国法律、法规和部门规章，或者严重违反医疗护理规范、医疗卫生人员的职业道德，对患者造成损害。

（2）医疗行为造成损害。医疗侵权行为直接导致患者死亡、残疾、器官组织损伤导致功能障碍、明显的人身损害等其他后果。

（3）医疗行为与损害结果之间有法律上的因果关系。

（4）医疗机构有过错。患者因医疗机构及其工作人员的医疗过失行为而造成人身损害结果的，应由医疗机构承担赔偿责任。

二、违约责任和侵权责任的竞合

理赔实务中，患者既可以依据医疗服务合同的约定而提出违约之诉，也可以根据侵权行为法的规定提出侵权之诉。按照医疗服务合同的要求，医院一方在医疗过程中损害患者健康甚至造成死亡的，属于违约行为，应承担违约责任；但因医疗过失行为侵害公民健康权、身体权、生命权，医疗机构应承担侵权责任，这就构成了侵权责任与违约责任的竞合。

在处理责任竞合问题时，应当按照有利于受害人的原则，由受害人根据实际情况选择提起合同之诉或侵权之诉。不同的诉由，由于各自的法律依据、责任构成要件、免责事由、举证责任的承担、注意义务的程度、责任范围与形式、诉讼管辖与时效等方面的不同，导致的法律后果也是不同的，势必影响到保险人的赔付。

三、医疗事故的定义和特征

（一）医疗事故的定义和分类

《医疗事故处理条例》第二条规定：“医疗事故是指医疗机构及其医务人员在医疗活动中，违反医疗卫生管理法律、行政法规、部门规章和诊疗护理规范、常规，过失造成患者人身损害的事故。”

依据《医疗事故处理条例》相关规定，医疗事故分为四类：一级医疗事故是指造成患者死亡、重度残疾的；二级医疗事故是指造成患者中度残疾、器官组织损伤导致严重功能障碍的；三级医疗事故是指造成患者轻度残疾、器官组织损伤导致一般功能障碍的；四级医疗事故是指造成患者明显人身损害的其他后果的。

下列情形不属于医疗事故：①在紧急情况下为抢救垂危患者生命而采取紧急医学措施造成不良后果的；②在医疗活动中由于患者病情异常或患者体质特殊而发生医疗意外的；③在现有医学科学技术条件下，发生无法预料或不能防范的不良后果的；④无过错输血感染造成不良后果的；⑤因患方原因延误诊疗导致不良后果的；⑥因不可抗力造成不良后果的。

（二）医疗事故的一般特征

（1）医疗事故是因医疗单位所提供的医疗服务造成的；

（2）医疗事故是因医务人员的过失行为引起的。按照我国法律规定，医疗事故严格限定在因过失引起的医疗事件。因医务人员故意行为造成患者损害的行为不属于医疗事故；

（3）医疗事故的责任主体是医疗单位。因此医务人员的职务行为以及医疗单位委托人所为的行为都是医疗单位的行为，其赔偿责任由医疗单位承担；

（4）医疗事故实行举证倒置。举证倒置是指当原告受到侵害时，如果被告不能证明自己无过错，应推定被告有过错。

（三）医疗过失与医疗差错的区别

医疗差错是指在诊疗护理过程中，医务人员确有过失，但经及时纠正未给病人造成严重后果或未造成任何后果的医疗纠纷。医疗事故的后果必须达到一定的严重程度，如残疾、组织器官损伤导致功能障碍，对于没达到事故程度的医疗过失，均应认定为医疗差错。

四、医疗事故鉴定

根据《医疗事故处理条例》规定，医患双方协商解决医疗事故争议，需要进行医疗事故技术鉴定的，由双方当事人共同委托负责医疗事故技术鉴定工作的医学会组织鉴定。同时参加鉴定的专家，也由医患双方在医学会的组织下从专家库中随机抽取。但医疗事故发生后，出于考虑医院的声誉、有关医生的前途等原因，医院可能不愿请上述机构出具鉴定，从而导致保险理赔时缺乏相应的事故证明材料，影响到保险责任的界定。实务中，有些保险公司与医学会、承保医院协商，医疗鉴定结果只作为保险公司处理医疗责任保险事故的依据，除司法部门，不向其他部门和个人公开。这样的处理既满足了保险公司的理赔需要，又避免了对医院和有关医生造成不良影响。

五、医疗事故的赔偿标准

根据《医疗事故处理条例》第四十九条规定，医疗事故赔偿金额的确定需要考虑的因素有：①医疗事故等级；②医疗过失行为在医疗事故损害后果中的责任程度；③医疗事故损害后果与患者原有疾病状况之间的关系。

《医疗事故处理条例》第五十条、第五十一条明确规定了医疗事故的赔偿责任范围和计算标准，赔偿责任范围具体包括：医疗费、误工费、住院伙食补助费、陪护费、残疾生活补助费、残疾用具费、丧葬费、被扶养人生活费、交通费、住宿费、精神损害抚慰金以及参加医疗事故处理的患者近亲属所需的交通费、误工费、住宿费。

医疗责任保险条款约定，保险公司承担依法应由被保险人承担的民事赔偿责任。此处的依法主要是指遵循《中华人民共和国民法典》《最高人民法院关于审理人身损害赔偿案件适用法律若干问题的解释》等相关法律规定。医疗事故处理过程中，医患之间主要依据《医疗事故处理条例》协商人身损害赔偿事宜。而《医疗事故处理条例》与《最高人民法院关于审理人身损害赔偿案件适用法律若干问题的解释》在赔偿金额和计算项目上差异很大。因此，接到被保险人的索赔申请后，理赔人员应及时介入、跟进案件的调查处理过程，参与被保险人与患方之间就损害赔偿达成的协商，告知被保险人未经保险公司书面同意，被保险人对患方不得作出任何承诺、拒绝、出价、约定、付款或赔偿。同时，在赔案处理中确定具体赔偿项目及计算标准时，既要遵守法律、有效法规、《最高人民法院关于审理人身损害赔偿案件适用法律若干问题的解释》相关规定，又要充分考虑保险条款中赔付标准。唯有努力提高医疗责任险赔案的及时性与规范性，才能维护保险人、被保险人、患者的合法权益，促进医疗责任险的顺利发展。

拓展阅读

1.《医疗事故处理条例》
2.《医疗事故技术鉴定暂行办法》
3.《医疗纠纷预防和处理条例》

做一做

1. 年轻女性切菜不慎割破了手指，就诊某县人民医院。医生清创缝合后，考虑到伤口是被生锈菜刀割伤，建议其注射破伤风抗毒素。伤者考虑到家中还有小孩急等着照顾，联想既往注射过破伤风抗毒素未发生过敏现象，遂要求不做皮试直接注射破伤风抗毒素。医生告知不做皮试的后果，对方执意而为之，并且签字愿意一切后果自负。遗憾的是注射破伤风抗毒素 15 分钟后过敏休克经抢救无效而亡。该事故是否属于医疗责任保险责任，为什么？

2. 尿毒症患者出院回家途中死亡，家属要求医院对其赔偿。该医院事前向某保险公司投保了医疗责任保险，保险公司如何界定保险责任？如何进行理赔调查？

项目小结

本项目介绍了医疗责任保险理赔以及其他常见责任保险的险种。鉴于该类责任保险人伤理赔流程和机动车责任保险人伤理赔流程大同小异，均需要经过报案、调度、查勘、跟踪、定损、核损、理算以及支付环节，其赔款计算相对比较简单，因此未对其理赔实务做详细介绍。医疗责任保险理赔中保险责任的界定有难度，需要重点掌握。

习题与实训

1. 某中学投保校园责任保险，保险期限一年。每人每次事故赔偿限额为10万元。该校高一新生入校后，由学校组织进行封闭式住宿军训。老师和教官对参加军训的学生进行了军训注意事项的教育，并提醒学生在训练时如有不舒服及时举手提出。随后，同学们按照教官要求挺胸笔直立正练习站姿。当时正值炎夏，气温高达34.5度，训练开始后不久，张某热得汗流浃背，可教官不在操练队伍的前列，所以未报告身体不适。后来他突然眼前一黑直挺挺地向前栽倒，造成面部外伤，随即被教官和老师送到医院，经诊断为下颌骨多发性骨折和双侧下颌骨髁状空骨折。为此，张某监护人诉至法院，起诉学校在组织军训过程中未采取必要的安全措施，致使张某受伤，要求学校承担赔偿责任。法院判决，学校承担70%赔偿责任。该学校即要求保险公司承担赔偿责任。你认为保险公司是否应该赔偿？为什么？

2. 某旅行社在某保险公司购买了旅行社责任保险，约定年度累计赔偿限额为200万元，每人每次事故赔偿限额12万元。赵某所在单位与某旅行社签订赴外地七日旅游合同。合同签订当日晚，赵某及其所在单位职工一起在旅行社的组织下，乘坐某次火车。次日清晨6点左右，同行人员工发现赵某不在铺上，寻找不见后报告列车长，最终在中途车站附近发现赵某尸体。经公安部门现场勘验，认定其这意外坠车死亡。赵某家属就此向人民法院提起诉讼，法院判决某旅行社承担相应的赔偿责任。旅行社支付了赔偿费用后，即向保险公司要求赔偿。你认为保险公司是否应该赔偿？为什么？

5 项目五
意外伤害保险理赔

学习目标

【知识学习目标】

- 了解意外伤害保险理赔流程；
- 熟悉意外伤害保险中常见的免责事项；
- 熟悉与客户沟通理赔结论的准备工作与基本技巧；
- 掌握意外伤害保险的概念与特点；
- 掌握意外伤害保险调查要点和人伤调查方法；
- 掌握意外伤害保险单证审核要点；
- 掌握意外伤害保险责任界定需要注意的事项。

【技能训练目标】

- 能开展意外伤害保险案件的理赔调查并缮制调查报告；
- 能对意外伤害保险案件进行保险责任的界定；
- 能对意外伤害保险案件进行保险金额的核定。

工作任务

- 能够完成意外伤害保险案件的理赔调查；
- 能够完成意外伤害保险案件的立案；
- 能够完成意外伤害保险案件的理算。

导入案例

李某投保了意外伤害保险，同时附加了意外伤害医疗保险。一天，李某因支气管发炎，去医院求治。医院按照医疗规程操作，首先为被保险人进行青霉素皮试，结果呈阴性。然后按规定的药物剂量为其注射青霉素。两天后，被保险人发生过敏反应，虽经医院全力抢救，但医治无效死亡。医院出具的死亡证明是：迟发性青霉素过敏。李某的受益人持医院证明及保险合同向保险人提出索赔申请。

问题：

(1) 什么是意外伤害保险？

(2) 李某发生的事故是否属于意外伤害事故？保险公司是否应向李某的受益人给付意外伤害保险金？

任务1 意外伤害保险理赔基础知识

任务情景

2020年6月10日，王云在工作期间因钢丝绳断裂砸到头部，引起脑干血肿抢救无效死亡，向保险公司报案并提出索赔申请，要求赔偿人民币30000元。

问题：从哪些方面核查王云身故是意外导致？

意外伤害保险主要是以被保险人因遭受意外伤害造成死亡、残疾为给付保险金条件的人身保险，属于人身保险业务范围。我国《保险法》规定，财险公司和寿险公司都可以经营意外伤害保险业务，因此，意外伤害保险的理赔是任何一家保险公司理赔人员无法逃避的业务版块。

一、意外伤害保险的概念

（一）意外伤害的含义

了解人身意外伤害保险的概念，首先需要明确什么是意外伤害。“意外伤害”在意外伤害保险中具有特定的含义，它包含意外和伤害两层含义，两者缺一不可。

1. 伤害

伤害是指被保险人身体遭受外来事故的侵害发生了损失、损伤的客观事实。伤害须由致害物、侵害对象和侵害事实三个要素共同构成，三者缺一不可。

致害物是指直接造成伤害的物体或物质。致害物是导致伤害的物质基础，没有致害物，就不可能构成伤害。根据致害物的不同，伤害可以分为器械伤害、自然伤害、化学伤害、生物伤害及精神伤害等。在意外伤害保险中，只有致害物是外来的，才被认为是伤害。如果致害物是在被保险人身体内部形成的内生疾病，就不构成意外伤害保险中所称的伤害，而应该属于健康保险保障的范围。

侵害对象是致害物侵害的客体，在意外伤害保险中是指被保险人的身体。在意外伤害保险中，不讨论对被保险人有关权益上的侵害，如著作权、名誉权、肖像权、姓名权、荣誉权等与人身相联系的权利。因此，意外伤害保险所承保的伤害必须是发生在被保险人生理或身体上的，而不是精神、权利等方面的侵害。

侵害事实是指致害物以一定的方式破坏性地接触并作用于被保险人身体的客观事实。如果致害物没有接触或作用于被保险人的身体，就不能形成侵害事实，也就不构成伤害。法医学将侵害的方式分为以下 15 种：碰撞、撞击、坠落、跌倒、坍塌、淹溺、灼烫、火灾、辐射、爆炸、中毒、触电、接触、掩埋和倾覆。

2. 意外

意外伤害保险中所称的“意外”并非人们在日常生活中通常所理解的意外，而是特指伤害事件的发生是被保险人事先没有预见到的，或者是违背被保险人的主观意愿的，这是就被保险人的主观状态而言的。理赔实务中，应注意从以下几方面理解意外：

（1）被保险人事先没有预见到伤害的发生，因此也无法躲避。首先，伤害的发生是被保险人事先不能预见或无法预见的，如游客在游乐场乘坐过山车时，因为机械故障而发生坠落，这并非游客所能预见到的。其次，伤害的发生是被保险人本可以预见，但由于疏忽大意而没有预见到的。比如，在停电时未切断电源就开始动手修理线路。被保险人对用电方面的知识足以使他预见到“一旦恢复供电，自己就有触电的危险”，但根据以往的经验认为需要较长时间才会恢复供电而未切断电源，结果突然恢复供电造成被保险人触电受伤甚至死亡。

被保险人不能预见的伤害，或被保险人能够预见但由于疏忽而没有预见到的伤害，还应该是偶然发生的事件或突然发生的事件。偶然性是相对于必然性而言的。在通常情况下不会发生的事件称为偶然性事件，正因为通常情况下不发生，所以才无法预见。而必然性事件或几乎是必然的事件，被保险人就应该能够预见，而且能够防备，因此不属于意外事件。突然性是相对于缓慢发生的事件而言的，是指事件发生的原因与结果之间具有直接瞬间的关系，使被保险人来不及预防，如爆炸、飞机失事等引起的人身伤亡均属意外。但如果是长期接触汞或粉尘逐渐发生汞中毒或者矽肺，这些均是可预见的，因而不属于意外伤害。

（2）被保险人虽然已经预见到伤害，但伤害仍然违背被保险人的主观意愿最终发生。一种情况是，被保险人预见到伤害即将发生时，在技术上已不能采取措施避免；另一种情况是，被保险人预见到伤害将要发生，在技术上也可以采取措施避免，但基于法律或职责上的规定不能躲避，或出于道德、公共利益的原因而甘冒危险。比如，银行工作人员面对持枪抢劫的歹徒，为保护国家财产、恪尽职守而与歹徒搏斗受伤，仍属意外事件所致的伤害。还应明确的是，凡是被保险人的故意行为导致其身体遭受伤害的，均不属于意外。

3. 意外伤害的构成

意外伤害保险中，意外伤害的构成包括意外和伤害两个必要条件，仅有主观上的意外而无伤害的客观事实，或者仅有伤害的客观事实而无意外事件的发生，均不能构成意外伤害。只有同时具备意外和伤害两个条件，即在意外的条件下发生伤害的客观事实，才构成意外伤害。所以人身意外伤害保险中的意外伤害可以表述为：在被保险人没有预见到或违背被保险人主观意愿的情况下，突然发生的外来致害物对被保险人的身体明显、剧烈的侵害的客观事实。

（二）意外伤害保险的概念

意外伤害保险是指被保险人在保险有效期内，因遭受外来的，突然发生的、非本意的意外事故，致使身体蒙受伤害而死亡、伤残或者合同约定的其他情形时，保险公司按照保险合同的规定给付保险金的保险。意外伤害保险包括三层含义：第一，意外事故的发生是首要条件；第二，被保险人遭受意外事故导致死亡或伤残的结果；第三，意外事故的发生与被保险人死亡或伤残的结果之间存在内在的必然联系，即前者是后者的直接原因。

（三）意外伤害医疗保险的概念

意外伤害医疗保险一般作为意外伤害保险的附加责任险，是指被保险人因遭受意外伤害支出的医疗费，由保险公司按照保险合同约定进行赔付的一种保险。

二、意外伤害保险的给付情形

意外伤害保险保险金的给付形式主要是两种：意外死亡保险金的给付和意外残疾、烧伤保险金的给付。意外伤害医疗类保险作为意外伤害保险附加险，其赔付项目主要是医疗费用，其给付方式有补偿给付和定额给付两种，但以补偿给付为主。

（一）意外死亡给付

被保险人在保险期间内，遭受意外伤害事故，自意外伤害事故发生之日起一定时间内（通常约定为180日），以该次意外伤害事故为直接且单独原因导致身故，保险人按保险单所载的意外伤害保险金额给付意外伤害身故保险金。保险期间内，因意外伤害下落不明并经法院宣告死亡，保险人应予以承认，并按照意外伤害保险条款约定给付意外死亡保险金。但是宣告死亡的被保险人重新出现或者确知其没有死亡，保险人应追回已给付的保险金。

（二）意外伤残给付

被保险人在保险期间内，遭受意外伤害事故，自意外伤害事故发生之日起一定时间内（通常约定为180日），以该次意外伤害事故为直接且单独原因导致残疾，保险人按保险单所载的意外伤害保险金额乘以一定的给付比例，给付意外伤害残疾保险金。

有些意外伤害保险条款约定，保险人按照《人身保险伤残评定标准及代码》所对应伤残等级的给付比例乘以保险单上所载的该项保险责任的保险金额给付意外伤残保险金。有些意外伤害保险条款约定，保险人按《人身保险伤残评定标准》所对应伤残等级的给付比例乘以保险金额给付残疾保险金。

拓展阅读

1.《人身保险伤残评定标准及代码》
2.《人身保险伤残评定标准》

（三）意外伤害医疗给付

购买意外伤害保险附加意外伤害医疗保险责任时，被保险人在保险期间内因遭受主合同所述意外伤害事故，且自意外伤害事故发生之日起一定时间内（通常约定为90日），在二级以上（含二级）医院或者保险人指定、认可的医疗机构进行治疗，保险人对其医疗费用按照合同约定进行赔付。

（四）合同约定的其他情形给付

随着国民经济发展，人们生活水平的提高以及保险意识的增加，目前国内意外伤害保险附加责任还包括一些特定的给付情形。比如《意外伤害骨折和脱臼保险》约定，在保险期间内被保险人遭受意外伤害，且自该意外伤害发生之日起90天内因该意外伤害被专科医生确诊为《骨折和脱臼保险金给付比例表》中各保障项目下所列完全性骨折或脱臼的，保险人按保障项目所对应给付比例乘以保险金额给付骨折保险金或脱臼保险金，但给付各项保险金之和不超过意外伤害保险总金额。某公司的《附加环球游境外旅行亲友慰问探访保险条款》约定，在保险期间内，若被保险人在境外旅行期间身故，或者因遭受严重意外伤害或罹患严重疾病，保险人对同一事故补偿一张往返于该被保险人所在地与探访者所在地之间的经济舱位机票或船票或车票的票款，用于该被保险人的一名成年亲属前往被保险人所在地，进行探访或照顾该被保险人。此外，保险人依据保险单所载附加险合同项下相应金额按日支付每日膳食住宿津贴，支付天数为该成年亲属到达被保险人所在地之日起至其离开之日止的实际天数。

三、意外伤害保险中常见的责任免除事项

责任免除又称除外责任，指保险人依照法律规定或保险合同约定不承担保险责任的事项。设置责任免除条款的意义在于：一是有助于进一步明确保险合同当事人双方的责任范围。保险责任是以正面列举方式约定了保险人承担赔偿责任的范围，责任免除则以反面排除方式约定保险人不予承担的风险责任范围，免责条款的设定有助于进一步明确保险人风险责任范围，避免分歧和误解，减少法律纷争；二是减轻投保人交费负担，按照权利与义务对等的原则，保险人对责任免除条款部分不承担赔付责任，投保人也无须对此支付保险费。

责任免除条款的生效必须满足三个条件：①免责条款的设定不违反法律法规的规定和公平合理的原则；②投保时，保险人必须就免责事项向投保人进行明确说明；③保险条款约定的免责情形与保险事故之间须存在关联性。

免责事项可以分为法定免责事项与约定免责事项。法定免责事项是指法律规定的、可以免除保险人保险责任的事项，约定免责事项则是指在保险合同中约定的、免除保险人保险责任的事项。针对保险人的明确说明义务，我国《保险法》对法定免责事项与约定免责事项的要求有所不同。

（一）法定免责事项

1. 投保时存在未如实告知情形

保险合同是最大诚信合同，合同的成立基于当事人的如实告知。告知是指投保人在

订立合同时，应当将与保险标的有关的重要事实如实向保险人陈述，以便让保险人做出合适的承保结论。《保险法》第十六条规定："订立保险合同，保险人就保险标的或者被保险人的有关情况提出询问的，投保人应当如实告知。投保人故意或者因重大过失未履行前款规定的如实告知义务，足以影响保险人决定是否同意承保或者提高保险费率的，保险人有权解除合同。"可见，告知义务是投保人应尽的法定义务。《保险法》第十六条规定："投保人故意不履行如实告知义务的，保险人对于合同解除前发生的保险事故，不承担赔偿或者给付保险金的责任，并不退还保险费。投保人因重大过失未履行如实告知义务，对保险事故的发生有严重影响的，保险人对于合同解除前发生的保险事故，不承担赔偿或者给付保险金的责任，但应当退还保险费。"可见，投保人未如实告知的行为属于故意还是重大过失，其法律后果有所不同，理赔实务中有必要区别故意和过失。故意是指明知或应知自己的行为会发生某种结果，并且希望或者放任这种结果发生的心理状态；过失是指应当预见自己的行为可能会发生某种结果，因为疏忽大意而没有预见，或者已经预见而轻信能够避免的心理状态。对故意未如实告知，无论投保人不实告知的事项对于保险事故的发生有无影响，保险人都可以不给付保险金，且解除保险合同，不退还保费；对重大过失未如实告知，则需要确定重大过失不实告知行为与保险事故发生之间是否存在直接因果关系，即前者对后者具有严重影响的，保险人才可以不给付保险金、解除保险合同，但应当退还保险费。

投保人未履行如实告知，依照《保险法》规定保险人有权解除保险合同，但是自保险人知道解除事由之日起，超过三十日不行使而消灭，而且保险合同成立之日起超过两年的，保险人不得解除合同，发生保险事故的，保险人应当承担保险责任。

2. 投保时，投保人对被保险人无保险利益

保险利益是指投保人对保险标的具有法律上承认的利益，保险合同的成立应以保险利益为前提。人身保险合同订立时，要求投保人对被保险人必须具有投保利益，而发生保险事故时，则不追究是否具有保险利益。依据《保险法》第三十一条的规定，投保人对下列人员具有保险利益：①本人；②配偶、子女、父母；③前项以外与投保人有抚养、赡养或者扶养关系的家庭其他成员、近亲属；④与投保人有劳动关系的劳动者；⑤除前款规定外，被保险人同意投保人为其订立合同的，视为投保人对被保险人具有保险利益。

在理赔实践中，因保险利益而导致保险合同无效的案件，可以参照中华人民共和国民法典》第五百六十六条的规定进行处理。《中华人民共和国民法典》第五百六十六条规定：合同解除后，尚未履行的，终止履行；已经履行的，根据履行情况和合同性质，当事人可以请求恢复原状或者采取其他补救措施，并有权请求赔偿损失。以此推论，若保险合同无效，则保险人和投保人（受益人）之间首先应当返还因合同取得的财产，即保险人返还给投保人（受益人）保险费，投保人（受益人）返还给保险人已经支付的保险金。

3. 投保人对被保险人的故意杀害、伤害

我国《保险法》第四十三条规定："投保人故意造成被保险人死亡、伤残或者疾病的，保险人不承担给付保险金的责任。"故意行为是指行为人主观上存在故意，而实施的导致被保险人身体伤害的行为。所谓主观上的故意，是指行为人明知自己的行为会造

成某种结果，仍希望或放任这种结果的发生。意外伤害保险理赔实务中，审核故意行为必须满足以下三个条件：

（1）主观上的故意：行为人对自己实施的行为有足够的认识，知道实施的行为所产生的后果，但行为人希望或放任这种结果的产生；

（2）行为人客观上已实施了能产生伤害被保险人后果的行为；

（3）行为人实施的行为造成了被保险人身体受到伤害的结果。

意外伤害保险理赔中，会面临一些投保人为获得保险金故意制造保险事故发生的道德风险，比如投保人为获取保险金而故意或过失地作为或不作为，而造成或扩大的危险。由于意外伤害保险具有保费低、保障高的特征，所以这种道德风险在意外伤害保险中较为常见，后果也更为严重，一般以被保险人的生命为代价。由于生命的无价，意外伤害保险通常是定额保险，投保人可以自己决定投保的保险金额，这就存在投保人为被保险人投保大额的意外伤害保险，然后故意杀害被保险人以骗取大额、甚至是巨额的保险金的可能。基于此，实务中需要注意审核被保险人的伤害是否属于投保人的故意伤害。

案例分析

郑某，女，26 岁，在某机械厂工作已 6 年，已婚，有一小孩，丈夫在外地工作。顾某，男，27 岁，未婚，一年多前进厂，为郑某徒弟。顾某和郑某在一起工作半年之后，相互产生爱慕之情。郑某虽已婚，但多次向顾某许诺，若顾某愿意与她结为夫妻，郑某立即与其夫离婚。顾某则表示不但愿意与郑某结为夫妻，而且愿意负担抚养其孩子。顾某得到郑某的许诺后，为表示诚意，2019 年底，经郑某同意后，顾某来到保险公司为本人和郑某投保了意外伤害保险，保险金额各为 50000 元，郑某的指定受益人为顾某，顾某的指定受益人为郑某。

2020 年 3 月 1 日，郑某告之顾某已办妥离婚手续，请顾某择选吉日成亲。顾某选择 4 月 1 日，并向亲朋好友四处奔告，准备完婚。一切嫁娶准备妥当，只等吉日到来。3 月 29 日，郑某突然告诉顾某，他们不能结婚，原因是其夫对她很体贴，离婚手续未办。顾某听后气晕倒地，而后顾某精神恍惚，不能上班，经医院检查为间歇性精神病。4 月 15 日 2 时许，顾某将准备好的炸药包藏在内衣里，走进郑某的车间，大吵大闹，并强行将郑某拖出车间。俩人出车间后，顾某将炸药包导火线点燃，迅速跑至郑某背后，将郑某紧紧抱住。一声巨响，两人双双命亡。

问题：保险公司应该如何处置两人的保险合同？

4. 被保险人在合同生效后两年内自杀的

《保险法》第四十四条规定：“以被保险人死亡为给付保险金条件的合同，自合同成立或者合同效力恢复之日起二年内，被保险人自杀的，保险人不承担给付保险金的责任，但被保险人自杀时为无民事行为能力人的除外。”

自杀，广义而言，系指自己结束自己生命的行为，不论非故意的还是有意图的自杀行为均属自杀。非故意的自杀是精神失常、神智不清状态下所为的行为，如误吞毒药、玩枪走火、失足落水等。这类自杀的被保险人通常是无民事行为能力人或限制民事行为能力人，对其自杀的后果辨别或认识不清。有意图的自杀即故意自杀，是指在主观上明知死亡的危害结果，而故意实施的结束自己生命的行为。故意自杀必须具备主客观条件。在主观上有结束自己生命的故意，并且对其行为所导致的后果有足够的认知；客观上实施了足以导致自己死亡的行为，并发生了死亡的后果，比如，被保险人为图谋保险金自杀、畏罪自杀等。而意外事故是指被保险人因遭遇外来的、突发的、非本意的、非疾病的并使被保险人身体受到伤害的客观事件，所以故意自杀一般都不能获得保险公司的赔偿，但无民事行为能力人自杀的除外，同时还需要考虑自杀是否在合同生效两年内。

案例分析

案例 1：陈先生，40 岁，某公司高管，2019 年 4 月在某保险公司投保险意外伤害保险，保额 10 万元，身故受益人是他的妻子李某。2019 年 12 月 4 日陈先生从自家住宅楼七楼跳楼自杀身亡，留下一双儿女和年轻的妻子。

案例 2：2019 年，20 岁的张小姐为自己购买了某保险公司意外伤害保险，保险期间为 30 年。2021 年张小姐结婚生子，不幸的是刚当上妈妈不到 40 天，张女士从自家窗台坠落身亡。理赔调查时，张小姐的家人告诉保险公司张小姐生前被诊断为严重的产后抑郁症。

问题：上述案例，保险公司是否需要给付意外伤害身故保险金，为什么？

5. 被保险人故意犯罪或者抗拒依法采取的刑事强制措施

故意犯罪是行为人明知自己的行为会发生危害社会的结果，并且希望或者放任这种结果发生，因而构成犯罪情形。刑事强制措施是指公安机关、人民检察院、人民法院为了有效地同犯罪作斗争，依法对犯罪嫌疑人、被告人所采取的限制或剥夺人身自由的方法和手段，刑事强制措施主要包括拘传、取保候审、监视居住、拘留和逮捕等情形。对于被保险人犯罪行为导致的保险事故，根据我国《保险法》的规定，保险人主张不承担给付保险金责任的，应当证明被保险人的死亡、伤残结果与其实施的故意犯罪或者抗拒依法采取的刑事强制措施的行为之间存在因果关系。

案例分析

案例 1：张某于 2018 年 4 月 28 日到保险公司为其儿子张乙投保了意外伤害保险，保险期限一年。2018 年 12 月 5 日晚，张乙与朋友李某潜入某大厦办公室盗窃，攀爬大楼外的下水管道离开时，张乙失手坠楼身亡。

案例 2：A 公司为其职工王某向 B 保险公司投保有意外伤害保险（所用条款为该保险公司基本意外伤害保险主险标准条款，无附加条款及特别约定）。张某出差时于所住酒店内嫖娼被举报，为躲避公安机关调查，其翻窗逃跑，不慎坠楼身亡。

问题：上述案件，保险公司是否需要给付意外伤害身故保险金，为什么？

（二）约定免责事项

1. 现行法律法规禁止性规定所导致的保险事故

为体现对现行法律、行政法规及社会公德的遵循，保险人对现行其他法律明确规定的禁止性行为所导致的保险事故进行责任除外处理。比如：被保险人酒后驾驶、无有效驾驶执照驾驶或驾驶无有效行驶证的机动交通工具导致的保险事故以及被保险人的吸毒造成的伤残或死亡，保险公司作责任除外处理。

（1）被保险人服用、吸食或注射毒品。毒品是指鸦片、海洛因、甲基苯丙胺（冰毒）、吗啡、大麻、可卡因以及国家规定管制的其他能够使人形成瘾癖的麻醉药品和精神药品。保险人在主张对被保险人服用、吸食或注射毒品导致保险事故免责时，应把握以下两个要件：①被保险人是否对毒品及吸食毒品的后果有足够的认识，如不知是毒品而是误用，则不构成免责；②是否存在故意吸食、注射毒品的行为，即明知吸用毒品的行为是违法行为，如果不是出于违法的目的而是用于治疗疾病的目的吸用毒品亦不构成免责。对于符合上述两个构成要件的案件，保险公司可以免责。但对被保险人因过失而吸毒，或违背自己意志而吸毒的，或因疾病遵照医嘱进行服用、注射毒品的，不能以吸毒论处，保险人不能免责。

（2）被保险人酒后驾驶。酒后驾驶是指经检测或鉴定证实发生事故时车辆驾驶人员每百毫升血液中的酒精含量达到或超过一定的标准，公安机关交通管理部门依据《道路交通安全法》的规定认定为饮酒后驾驶或醉酒后驾驶。驾驶人员每 100 毫升血液酒精含量大于或等于 20 毫克，并每 100 毫升血液酒精含量小于 80 毫克为饮酒后驾车；每 100 毫升血液酒精含量大于或等于 80 毫克为醉酒驾车。一般来讲，保险公司在主张酒后驾驶免责时，应结合交警的现场检测或者医院的酒精测试以及交警部门的责任认定结果做出处理，并根据酒后驾驶与保险事故的因果关联程度而进行相应的处理：对保险事故的发生有直接影响的（表现为被保险人对交通事故的发生负全部责任、主要责任或者次要责任），保险人可以拒付；对保险事故发生无影响的（表现为被保险人对交通事故无责任），保险人不能免责，需全额承担保险责任。但也有保险公司在保险条款中将被保险人酒后驾驶约定为状态免责，即只要存在被保险人酒驾的情况，无论该情况与事故后果是否具有因果关联性，都一律免责，不承担保险责任。

（3）无合法有效驾驶证驾驶或驾驶无有效行驶证的机动车。依据我国《道路交通安全法》规定，无合法有效驾驶证驾驶的情形有：①没有取得驾驶资格；②驾驶与驾驶证准驾车型不相符合的车辆；③持审验不合格的驾驶证驾驶；④未经公安交通管理部门同意，持未审验的驾驶证驾驶；⑤持学习驾驶证学习驾车时，无教练员随车指导，或不按指定时间、路线学习驾车。

《道路交通管理条例》第十七条的规定，车辆必须经过车辆管理机关检验合格，领取号牌、行驶证后方准行驶，因此行驶证是车辆得以行驶的前提之一。为保证车辆的正常行驶，该条例第二十条规定：机动车必须按车辆管理机关规定的期限接受检验，未按规定检验或检验不合格的，不准继续驾驶。保险公司在主张无合法有效驾驶证驾驶或驾驶无有效行驶证的机动车免责时可以参照酒后驾驶的处理规则。

案例分析

2019 年 11 月，许某在某保险公司投保了一份“驾驶人员意外伤害定额保险”，保险公司承担被保险人在驾驶机动车辆过程中发生交通意外伤害事故时的保险责任，意外伤害身故保险金额为 13 万元。在保险凭证背面印刷的“责任免除”条款中规定，“存在下列情形之一，导致被保险人身故，残疾或支付医疗费用的，本公司不承担给付保险金责任：……（十）被保险人酒后驾驶，无有效驾驶执照驾驶，或驾驶无有效行驶证的机动交通工具”。许某在保单上签字予以确认。

2020年9月，许某驾驶变型拖拉机行驶至山东省枣庄市薛城区时，因操作不当，驶入路旁水塘里，许某当场溺水死亡。经枣庄市公安局薛城分局交警大队认定，许某应承担事故的全部责任。此前，许某曾于2017年5月取得机动车驾驶证，准驾车型为C1，即准驾小型汽车、小型自动挡汽车、低速载货汽车。2018年7月，许某取得“拖拉机变型运输机驾驶员”五级职业资格证书。许某死后，许父整理儿子遗物，发现儿子在保险公司投保的保单，遂至保险公司理赔。

问题：该案件，保险公司如何处理？

（4）因被保险人挑衅或故意行为而导致的打斗、被袭击或被谋杀。挑衅或故意行为而导致的打斗、被袭击或被谋杀是指被保险人故意制造事端挑起的斗殴。寻衅斗殴不一定构成犯罪，但具有社会危害性，属于违法行为，因此保险人不予赔付。

案例分析

2020年8月24日凌晨，艾某和朋友与一伙人发生争吵、推搡，进而引发斗殴，参与斗殴的艾某当场身亡。之后，艾某的母亲想起儿子于2020年4月26日在一家保险公司买的一份意外伤害保险，身故保险金额为6万元，期限到2021年4月25日，于是找到该保险公司要求理赔。

该险种是投保人购买保险卡，按照保险卡的提示登录保险公司网站自助卡激活页面，输入投保人的投保信息，即成功激活。但该意外伤害保险条款中提到，被保险人打架斗殴等死亡的，保险公司不承担给付保险金的责任。

保险公司认为，根据刑事判决书认定的事实，被保险人身故属于意外伤害保险条款中责任免除，因被保险人斗殴而导致被保险人身故、残疾或烧伤等约定的情形，保险公司不承担赔付责任。

艾某的母亲认为，儿子的死亡是一个意外，儿子也并非本意要引起自身被杀害。此外，因语言障碍，艾某未知免责内容，而保险公司没有尽到解释说明的义务，免责不生效。保险公司则认为，艾某激活注册的合同生效后，期间艾某并未对语言文字提出异议，现投保人已经死亡，受益人不能主观判断投保人不知道免责条款，“斗殴”属于法律法规禁止性规定，保险公司尽到告知的义务即可。故保险公司应当免除赔付责任。

问题：保险公司是否应向艾某的母亲支付保险金，为什么？

2. 系统性风险所导致的保险事故

战争、军事行动、核爆炸等系统性风险，保险公司难以统计损失发生的概率和损失的程度，从而难以进行费率的厘定。同时这类风险一旦发生，损失过大，保险公司无力承担，所以保险公司一般作责任免除处理。特殊人群和情形保险公司会经过特别约定并回收保险费后方能承保。

3. 风险因素较高的行为

被保险人在进行高风险运动期间，意外伤害发生的概率较日常活动大幅增加，所以保险公司一般会对高风险运动作责任免除的特别约定。一般，作责任免除的高风险运动包括：潜水、跳伞、攀岩运动、探险活动、武术比赛、摔跤比赛、特技表演、赛马、赛车等。特殊情形下保险公司在经过特别约定并收取保险费后方能承保。

案例分析

2020 年 7 月，家住福建的柳先生相约朋友去海南冲浪。出发前，他和朋友各自购买了一份短期意外险，该保险条款中约定了潜水、冲浪等高风险水上运动属于责任免除事项。在冲浪进行过程中，由于安全装备有限，柳先生突然掉入水中，因不能及时施救，且水比较深，最终柳先生溺水身亡。事后，柳先生家人到保险公司索赔时，保险公司却做出了拒赔的决定。

问题：保险公司的拒赔理由是否充分，为什么？

四、意外伤害保险伤残鉴定

（一）意外伤害保险伤残鉴定标准

自我国保险业恢复保险业务以来，各家保险公司在意外伤害保险条款中一般采用 1998 年中国人民银行公布的《人身保险残疾与保险金给付比例表》这一残疾标准。该标准只有 7 级 34 项，项目少，给付范围涵盖不足、部分条目操作性欠佳，特别是国家有关部门相继出台《劳动能力鉴定职工工伤与职业病致残等级》《道路交通事故受伤人员伤残评定》《职工非因工伤残或因病丧失劳动能力程度鉴定标准（试行）》等伤残标准后，因《人身保险残疾与保险金给付比例表》中残疾标准问题引发的纠纷与诉讼不断增多，该标准已不能适应行业发展和消费者的现实需求。

为此，2013 年 6 月中国保险行业协会联合中国法医学会共同发布了《人身保险伤残评定标准》，该标准含 10 级 281 项，改变了原标准以肢体残疾、关节功能丧失为主的情况，增加了神经精神和烧伤残疾，扩大了胸腹脏器损伤、智力障碍等残疾范围，大大扩大了伤残责任范围。

2014 年 1 月 17 日，中国保监会发布《〈人身保险伤残评定标准及代码〉行业标准的通知》。通知指出：为全面、系统、规范、详细地评定由于意外伤害因素引起的伤残程度，确定意外险产品或包括意外责任的保险产品中伤残程度的评定等级以及保险金给付比例，改善保险公司理赔实务的可操作性和准确性，提高行业理赔管理的规范化水平，全国金融标准化技术委员会保险分技术委员会制定了《人身保险伤残评定标准及代码》（标准编号为 JR/T 0083－2013），请机关各部门、各保监局、各保险公司、保险资产管理公司、中国保险行业协会、中国保险学会、全国金融标准化技术委员会保险分技术委员会遵照执行。

对于伤残鉴定标准的选用，目前国内意外伤害保险相关条款中，有些约定采用《人身保险伤残评定标准及代码》，有些约定采用《人身保险伤残评定标准》。《人身保险伤残评定标准及代码》与《人身保险伤残评定标准》相比，前者多了人身保险伤残评定标准编码规则，二者关于伤残鉴定的核心内容是一致的。

意外伤害保险伤残鉴定专业性强，内容繁杂，具体如何鉴定此处不再赘述，只对

《人身保险伤残评定标准》的应用做简单介绍。

（二）《人身保险伤残评定标准》的基本内容和结构

《人身保险伤残评定标准》参照《国际功能、残疾和健康分类标准》（简称“ICF”）有关功能和残疾的分类理论与方法，构建了“神经系统的结构和精神功能”“眼、耳和有关的结构和功能”“发声和言语的结构和功能”“心血管、免疫和呼吸系统的结构和功能”“消化、代谢和内分泌系统有关的结构和功能”“泌尿和生殖系统有关的结构和功能”“神经肌肉骨骼和运动有关的结构和功能”“皮肤和有关的结构和功能”8大类，共281项人身保险伤残条目。

《人身保险伤残评定标准》对功能和残疾进行了分类和分级，将人身保险伤残程度划分为一至十级，最重为第一级，最轻为第十级。与人身保险伤残程度等级相对应的保险金给付比例分为十档，伤残程度第一级对应的保险金给付比例为100%，伤残程度第十级对应的保险金给付比例为10%，每级相差10%。

（三）伤残评定原则

评定伤残时，应根据人体的身体结构与功能损伤情况确定所涉及的伤残类别。应根据伤残情况，在同类别伤残下，确定伤残等级。当同一保险事故造成两处或两处以上伤残时，首先对各处伤残程度分别进行评定，如果几处伤残等级不同，以最重的伤残等级作为最终的评定结论；如果两处或两处以上伤残等级相同，伤残等级在原评定基础上最多晋升一级，最高晋升至第一级。同一部位和性质的伤残，不应采用标准条文两条以上或者同一条文两次以上进行评定。

（四）伤残评定时机

评定时机应以外伤/事故直接所致的损伤或确因损伤所致的并发症经过诊断、治疗达到临床医学一般原则所承认的症状及体征稳定为准。一般损伤为伤后3—6个月；颅脑及神经系统损伤为伤后6个月以上；颅脑损伤存在智力缺损者为伤后一年；伤后伤口不愈合或延期愈合可根据临床治疗情况可适当延长评定时机。但是意外伤害保险条款通常约定，在保险期间内被保险人遭受意外伤害，如第180日治疗仍未结束的，按当日的身体情况进行伤残评定，并据此给付残疾保险金。

（五）伤病关系

在评定人身保险伤残时，应排除其原有伤、病等进行评定。如存在伤病关系者（即同一部位或同一功能系统存在原发疾病或者既往损伤）应先进行损伤参与度的评定，后根据参与度进行伤残等级评定。

根据外伤在损害后果发生中的原因力大小，损伤参与度采用六等级划分法：

A级：既有损伤（事件），又有疾病，损害后果完全由疾病造成。

B级：既有损伤（事件），又有疾病，损害后果主要由疾病造成，损伤（事件）在后果中作用轻微。

C级：既有损伤（事件），又有疾病，损害后果主要与疾病有关联，损伤（事件）

在后果中起诱发作用。

D 级：既有损伤（事件），又有疾病，损害后果由疾病和损伤（事件）共同造成。

E 级：既有损伤（事件），又有疾病，损害后果主要由损伤（事件）造成，疾病为辅助因素。

F 级：既有损伤（事件），又有疾病，损害后果完全由损伤（事件）造成，与疾病无关。

损伤参与度等级划分如表 5－1 所示。

表 5－1　　　　损伤参与度等级划分表

划分等级	理论系数值（%）	责任程度	赔偿参考范围（%）
A	0	无	0
B	10	很少部分	1～20
C	25	少部分	20～40
D	50	部分	40～70
E	75	大部分	70～99
F	100	全部	100

拓展阅读

《人身保险伤残评定标准操作细则》

做一做

2018 年 6 月 9 日，某市郑某（男性、28 岁）为亲戚修建房子时不慎被房梁砸到而坠落。伤后当日入住某医院，被诊断为左胫骨平台骨折。7 月 27 日，伤者到司法鉴定进行伤残鉴定，检查左膝外观无明显畸形，左膝部压痛，左膝关节活动部分受限，双下肢肌力 5 级，肌张力正常，皮肤触痛觉存在。2018 年 7 月 26 日左膝部正侧位 X 线片及平扫并图像重组 CT 片示：左胫骨平台骨折内固定术后，可见胫骨平台塌陷，骨折线纵向延伸至胫骨上段。

问题：该伤者是否能够达到伤残，为什么？

任务2　意外伤害保险理赔实务

任务情景

2017年12月7日，莱西市××单位为辖区内包括张月新在内的168801位60岁以上老人在××公司投保了《老年人意外伤害保险》。

2018年6月7日，张月新掉进莱西市泰光小学机井处死亡。同日，医疗机构出具《居民死亡医学证明（推断）书》，在死亡原因处载明为意外，莱西市公安局李权庄派出所盖章确认。2018年6月8日，张月新被送往莱西市殡仪馆火化。之后莱西市××单位向保险公司索赔。

问题：保险人接报案后，如何开展理赔调查？

一、意外伤害保险理赔流程

意外伤害保险理赔流程主要包括报案、受理与立案、初审、调查、理赔计算、审批、结案、归档等几个环节，具体如图5－1所示。

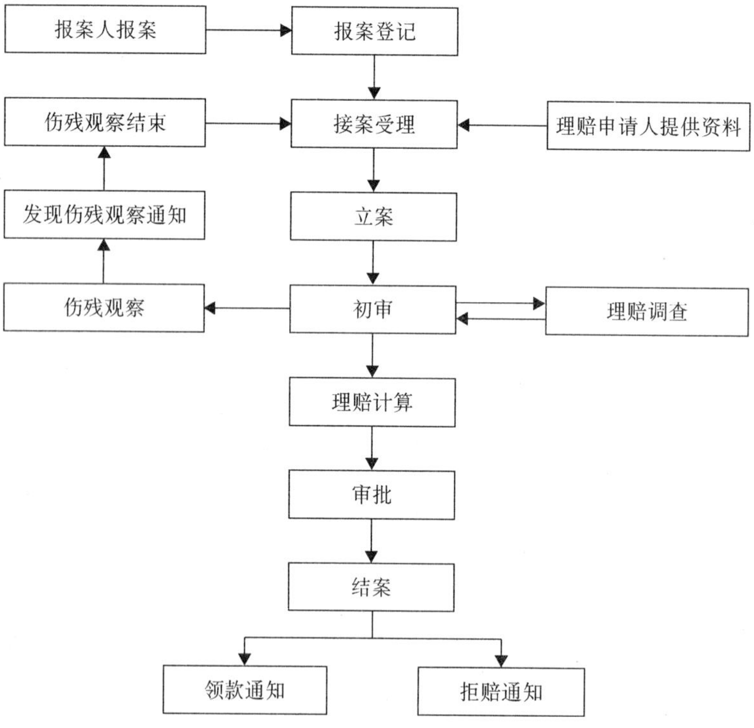

图5－1　意外伤害保险的理赔流程图

作业流程简述如下：当一个被保险人出险后报案时，无论其持有几份保险合同，接案人员只对其作一个报案登记。在被保险人将理赔资料交至保险公司时，案件受理人员审核资料是否齐全，对资料齐全的进行立案处理。核赔人员对每份保险合同分别进行初次理赔审核，对需要调查的案件提出调查要点并通知调查人员；对无需调查的案件，对每份保险合同分别审核并进行理赔计算，形成理赔计算书，将案卷移交审批人员（高级核赔人员）。调查人员经过调查，对本次出险事故形成统一的调查报告并移交核赔人员，核赔人员审核调查内容并进行理赔计算，形成理赔计算书，将案卷移交审批人员。审批人员对赔案处理结果进行复核审批后移交结案人员。结案人员进行领款人身份确认等结案处理，待领款人领款后，将案卷按结案时间归档，至此理赔流程结束。

二、报案

1. 报案人及报案方式

报案人的身份没有具体的限制，可以是被保险人本人，也可以是其他知情人，但报案是投保人、被保险人及受益人的法定义务。

报案方式包括柜面报案、电话报案、传真或其他方式报案。随着互联网信息技术的发展，许多保险公司都推出了网上报案、微信报案等各种新形式的报案渠道。

2. 报案作业流程

（1）询问案情。报案信息是保险事故发生后的第一手资料，其信息不仅相对更加真实，更是保险公司开展下一步工作的基础，因此保险公司工作人员在接到客户报案后，应当询问保险事故情况。具体内容如下：

①报案人情况：报案人姓名、联系地址及电话、与出险人关系等；

②保险情况：保单号码、险种名称、被保险人姓名等；

③出险情况：出险时间、地点、原因、经过、伤害程度及采取措施、就诊医院、病案号等。

（2）核实保单信息。核对保单信息与报案出险事故是否匹配。如发现信息不匹配，应当及时与报案人确认出险人信息及保单信息。对于重大赔案，应尽可能详细地问清楚事故情况与出险人治疗情况等有关可能涉及调查的信息。

（3）报案登记。根据所在公司要求，认真、详细、规范填写报案内容，并生成相应的报案号。

（4）报案处理。对客户进行理赔指导，告知客户理赔流程、理赔资料以及理赔注意事项等内容。如需伤残鉴定的应告知客户有关伤残鉴定的注意事项等。意外事故造成被保险人死亡或重大伤残的案件，或预计赔付金额较大的案件、社会影响较大的案件，报案人在事故第一现场报案的，接报案人员应告知其要尽量保护好第一现场，并及时通知承保公司尽快安排理赔人员赶赴第一现场查勘。对于一些高额、可疑或者特殊的赔案，接报案人员应当在接到报案后立即通报理赔部门，以便理赔人员第一时间安排调查，进行现场查勘等理赔处理。

三、案件受理

案件受理是保险金申请人收集理赔资料后向保险公司正式提出理赔申请，保险公司理赔人员根据申请人提供的索赔资料，对赔案进行初步审核，决定是否接受申请人提出的理赔申请的过程。立案是保险公司工作人员接受赔案后在公司系统内进行信息录入与资料扫描的过程。

1. 审核保险合同的有效性

理赔人员根据保险合同、“人身险保单抄单”“人身险保险金给付申请书”及相关证明材料判断申请理赔的保险合同在出险时是否有效、保险责任是否终止、出险日期是否在保险合同载明的保险期间内，申请人申请索赔是否超过索赔期间。

2. 审核保险金申请人

除保险合同有特别约定外，一般而言，残疾保险金申请人为被保险人本人；身故保险金申请人为指定的受益人，如未指定受益人的或受益人丧失受益的，则由法定继承人作为申请人；申请人为无民事行为能力人或者限制民事行为能力人的，由其法定代理人代为提出申请；被保险人、受益人或被保险人的继承人也可委托他人（包括投保单位）代为申请。

3. 审核申请材料

申请人提出理赔申请时，根据保险事故的性质和申请类别，申请人应提交不同的证明文件（以条款或双方签订的协议为准）。接案人员对申请材料的审核，主要审查证明材料是否为相应事故类型的各种证明材料、证明材料的效力、证明材料是否完整有效等。如材料不完整，应告知索赔申请人尽快补齐证明材料。

4. 审核出险事故的性质

根据保险合同、“保险金给付申请书”及相关证明材料，判定出险事故是否为保险责任范围内的事故。审核出险事故是否为保险合同载明的保险责任范围内的事故、出险事故是否为保险合同载明的任何一种责任免除的情形；建筑工程意外险、补充工伤保险等险种，出险地点是否在合同约定的施工或作业地点；被保险人或连带被保险人是否在条款规定的投保范围内等。

5. 初步估损

对于初步审核属于保险责任范围的案件，根据保险合同和损失情况，估算给付金额。

6. 立案

对于符合以下条件的理赔申请，保险公司应当受理并立案：

（1）发生保险合同约定的保险事故；

（2）被保险人在保险合同承担保险责任的有效期内出险；

（3）理赔申请在条款规定的时效内；

（4）提供条款约定的相关证明资料。

经审核，对于符合立案条件的，进行立案登记；对于证明材料不完整的，向申请人说明原因，通知申请人尽快补齐证明材料；对于不符合受理条件的，理赔人员应当及时通知保险金申请人，退还相关理赔申请资料并解释不予受理的原因。

四、初审

立案后，核赔人员对案件进行初审。初审的范围包括报案承保情况、理赔资料及证明情况、是否属于保险责任及是否存在免责情形等。经审核，确定需要调查的案件，核赔人员列明调查事项后提交调查岗。如果审核时发现客户在投保时未履行如实告知义务，应提起核保，核保的结论将作为核赔人员赔案处理结论的重要依据。

五、理赔调查

理赔调查是指案件处理人员结合保险条款及事故发生经过，在案件处理过程中，为进一步厘清事实、确定保险责任，而进行的调查走访、搜集证据资料等理赔工作，包括医疗跟踪。

（一）理赔调查的范围

理赔调查不是每个赔案的必经环节，在意外伤害保险理赔实务中，一般需要进行理赔调查或医疗跟踪的案件包括：

（1）死亡或者失踪案件；

（2）永久性残疾案件；

（3）群死群伤等重大案件；

（4）重大疾病案件；

（5）估损金额超过一定金额的案件，比如某公司规定意外险案件报损、估损或立案金额超过 3000 元的案件；

（6）怀疑有既往病史，先天性疾病或保单条款责任免除条款规定的其他情况的案件；

（7）保险事故的原因及其真实性存在疑问，投保文件记载的职业与出险时的职业有较大差异，可能存在保险欺诈或其他保险责任免除情形的案件；

（8）理赔纠纷案件，如涉及法律纠纷，涉及第三方责任，保险责任不清等；

（9）估损金额超出权限的案件；

（10）案件处理人员认为需要进行调查的其他案件。

（二）理赔调查原则

1. 实事求是原则

调查人员应从具体案件的实际情况出发，求真务实，不先入为主，不偏听偏信，注重事故现场调查和听取知情人的意见，全面了解事故发生、发展的完整经过。对客观上存在的事实，要尽可能地收集相关证据。

2. 及时高效原则

案件发生后，调查的第一手材料往往存在于事故发生的当时，这就要求调查人员具备高度的责任感和快速的反应能力，及时赶赴现场，高质量完成调查，以便掌握事故的第一手资料。事故发生后不久，痕迹明显，知情人记忆清晰，以最快的速度赶到现场，及时进行调查，便于尽快查明案情，获取证据。

3. 守法原则

调查工作必须在法律允许的范围内开展，做到依法办事。调查过程中不得涉及与调查无关的事项，不得侵犯客户的隐私权，不得接受任何礼物、馈赠和宴请，不得徇私舞弊，或以威胁、引诱、欺骗及其他非法的方法收集证据。

4. 保密原则

对调查过程中所涉及的有关人员的隐私、公司商业秘密等情况，调查人员应当严格保密。不得超越职责权限，在赔案审批完结前调查人员不得对客户做出任何承诺。除赔案处理人员外，调查人员不得向家人、亲友、销售人员等透露理赔案件有关情况。

5. 效益原则

效益原则要求调查人员在实际工作中，运用科学的调查方法和手段，合理控制调查成本。在调查开展前事先制定调查计划或最佳路线，对于单一案件的调查，应首先到最可能取得有力证据的地方调查；如多个案件可以同时调查的，应尽可能避免调查线路的重复，而且每到一处调查地点尽可能调查详尽、清楚，避免重复调查。

（三）理赔调查的分类

理赔调查工作包括及时报案调查和非及时报案调查。及时报案调查的案件是指在事故发生后立即报案的案件或被保险人尚在住院治疗中的案件。此类案件要求案件处理人员及时介入，大量收集第一手理赔资料，并结合案件情况，不断调整调查计划，跟进案件进程，以帮助保险公司作出准确理赔决定。非及时报案调查的案件一般指事故现场已经清理，被保险人相关治疗、善后工作已经结束，但案件处理人员在理赔过程中发现疑点提请调查的案件。此类案件的调查，一般为针对性的调查，主要在于核实相关资料证明是否符合事实经过。

（四）理赔调查作业流程

1. 案件分析

调查分析是调查工作开展的基础，分析精准才能目标明确、方法得当，提高工作效率。核赔人员认为需要调查的赔案，下发调查指令时通常会提出一些调查要点，但是这些调查要点只是基本调查方向指引，具体调查内容还需根据个案情况予以细化。因此，调查人员接到调查指令后，需要对保单信息、投保资料、报案信息、客户已提交的索赔申请及其他相关索赔资料从客观性、全面性、可信度三个方面进行分析。客观性指应当站在公正的角度对已知信息与资料进行分析，不可戴有色眼镜，不可先入为主。全面性指应当从承保、保单、交费及既往理赔等全面了解保单情况，从意外发生的时间、地点、结果、致伤部位与程度、治疗经过等全面了解事故情况。可信度指依据一般常识与调查人员的专业经验来判定已知信息与资料是否合理，是否真实，是否可采信。

2. 制定调查计划

对赔案进行分析、逻辑推演，提出调查假设，确定调查任务与重点，制定具体的调查计划。调查计划主要包括：调查重点与内容、调查途径与方式、证据收集方法等三方面内容。在赔案调查过程中，调查计划不是一成不变的。理赔调查是对某事件客观认识的过程，是一个不断解决问题，又不断遇到新问题，循序渐进不断深化的过程。因此，调查计划经常会随着已核实事实、已获取证据及对事件的认识程度而做出相应的修正与调整。

工作实例

某人寿保险公司受理一赔案：被保险人李某在单位工作时不慎被机床切去三根手指，当即被送往医院救治，最终造成三根手指缺失。调查人员在接到该赔案后，对案件情况与已获取资料进行了认真的分析，制定了调查计划，如表5－2所示。

表5－2　该赔案调查计划列表

调查要点	调查内容	调查方法	收集证据
事故经过	事故发生时间、地点、原因、现场情况及救治情况	走访单位同事	笔录或录音
		面见被保险人本人	笔录
核实残疾情况	核实出险人身份、核实伤残部位、伤残程度	面见被保险人本人	拍照

3. 调查准备

调查出发前须检查是否携带身份证件文件、查勘工具、单证是否齐全。身份证件主要有工作证、名片、身份证、公司介绍信；查勘工具主要包括录音笔、手机（安装E赔)、充电设备、印泥等；单证主要包括索赔申请书、理赔告知书、询问笔录、住院探视表、调查授权书、保险条款、健康告知等。

4. 调查实施

到达调查地点后，按照已制定的调查方案开展调查工作，并在调查工作中取得排除或者确认风险点的证据材料。向接受调查的对象出示调查人员身份证明文件、表明身份(但调查属于暗访等不宜表明身份的情况除外)，拍摄能反映调查地点门牌照及个人与门牌的影像，对案件有关当事人以及知情人的谈话调查，要及时形成理赔调查笔录，记录调查人姓名、调查时间、被调查人姓名、职业、年龄、工作单位以及被调查人所提供的相关内容，并请被调查人签字。

对于需要证明就诊事实、住院情况的案件，应到就诊医院向主治医师了解出险人所有的病情、病史、诊断记录、病历卡、出院小结等相关资料，并与被保险人提供的资料比对、核实，如有不相符或涂改、修改之处，应将病历资料复印或拍照取证，复印件应加盖医院公章。对有转院情况的案件，调查人员应尽可能到所有治疗过的医院进行调查、取证。对属于交通事故的案件，调查人员应到交通、公安等事故处理部门进行调查取证，重点了解案发原因、经过、责任归属及处理结果。如有事故现场的报案，还应赶赴现场进行查勘取证，查明事故的原因和经过。

调查过程中，应尽可能就申请人在同业公司投保或索赔的情况与同业公司进行信息交流。对于出险人同时持有其他保险公司签发保险合同的案件，应查明该承保公司的调查结果及处理意见。

想一想

调查人员面见被保险人，向其了解出险经过，而被保险人对保险公司调查极为抵触，不想配合，这时调查人员如何说服客户?

5. 缮制调查报告

调查结束后，调查人员应结合案件对调查全过程进行分析、归纳与总结，并形成调查报告。调查报告必须真实、完整、不加主观推测判断，并附有关证明材料。撰写调查报告时，应当包括调查原因、调查经过、调查取得的资料信息、调查分析和调查结论。完整反映调查经过、获取的证据、发现的问题与调查的方式、调查分析和调查结论。描述应客观全面、条理清楚，对调查指令列明的调查要点一一回应或相应说明，并对调查过程中发现的重要疑点详细描述。调查结论应当清晰明确，对整个调查情况给出定性说明，根据调查内容提出建议。

（五）理赔调查注意事项

为保证案件调查的客观性和公平性，理赔调查应实行双人调查，遵循回避原则，与案件有关联性或与案件当事人有亲属关系的调查人员不可以参加案件调查。

鉴于调查人员对于赔案信息掌握有限，调查人员在调查过程中禁止就理赔事项做出任何形式的承诺，以免产生不必要的理赔纠纷。

调查取证还应注意时效性、权威性和真实性。接到调查任务后，尽可能早一点开展调查，并在保险公司规定的调查时效内完成调查工作。证明材料必须是客观存在、与案件相关联、法律容许的，并通过合法途径取证的事实材料。

做一做

被保险人李某外出游玩时不慎摔伤，导致股骨骨折，花费医疗费用3万元。调查人员小李被指派负责调查本案，小李查看案件资料后发现李某系其姑姑。

问题：小李应该怎么做?

（六）理赔调查的要点与内容

1. 意外伤害身故理赔调查

（1）意外身故调查要点主要有：核实出险人身份；核实事故经过，事故是否系意外伤害事故；核实意外伤害事故是否系造成身故的直接原因（近因）；核实是否存在除外责任，特别是自杀等情况等。

（2）意外伤害身故调查内容。

①意外事故经过的调查。主要调查事故发生时间、地点、原因周围环境、现场死亡情况、有无目击者等事故详细经过等。

②出险人情况调查。主要调查出险人事故发生前的行踪、在事发现场的原因、年龄、身体状况、职业、家庭关系、经济状况、是否有饮酒或服用药物史等。

③事故后续处理情况的调查。主要调查事发后由何部门或单位介入处理，经办人是谁，出具过何种事故证明材料，向参与事故处理的人员了解处理情况；事故导致出险人何种损伤，如何进行的救治，参加救治和处理事故有哪些人员；对就诊医疗机构及出险地附近的其他医疗机构进行调查，包括就诊日期、伤患情况、既往病史、伤者被送至医疗机构时的伤势状况、有无疾病引起的可能性等。

④对责任免除事项的调查。主要对出险人是否存在故意犯罪、自杀、酒驾、无证驾驶、高风险运动等责任免除的情况进行调查。

想一想

自杀有哪些特点？对于怀疑自杀的理赔案件，调查时应当特别关注哪些内容？

（3）各类意外伤害身故的调查重点。

①交通意外身故的调查重点。重点调查交通事故发生时的道路状况、路面情况、有无可见的障碍物、事发车辆的速度及方向、车辆碰撞点、碰撞后车辆的位置、出险人乘坐的位置、滑行痕迹以及交警处理情况等。

做一做

田某投保某保险公司意外伤害保险，保额30万元，保单于2020年10月10日生效，保险期间一年。2021年3月5日田某骑摩托车上班，在十字路口躲避侧面驶来的大货车不及时，被货车撞伤，当场死亡。田某的家人到保险公司申请理赔。

问题：本案重点调查哪些内容，其调查方法有哪些？

②一氧化碳中毒身故的调查重点。重点调查出险人年龄、既往健康状况、家庭、财务、感情、工作状况，出险人的衣着状态、是否有企图逃离的迹象、出险人尸表特征、出险人血液碳氧血红蛋白（COHb）浓度、事故发生状况以及公安等司法机关调查情况等。

做一做

钱某一家三口在某保险公司投保意外伤害保险，每人保额为30万元，保单于2020年8月10日生效，保险期间为一年。2020年12月5日保险公司接到钱某的报案，称妻子韩某及女儿小钱2020年12月4日在家中一氧化碳中毒，经抢救无效死亡。

问题：本案重点调查哪些内容，其调查方法有哪些？

③溺水身故的调查重点。重点调查出险人健康状况、游泳技术如何、出险人为何在水里、出险人距离岸边的距离、出险人被发现时衣着如何、身体是否存在其他伤痕，出险人尸表特征、出险地点是否系溺水事故多发地、事发当天事故地的水深、水温以及公安等司法机关调查情况。

该事故是否已由公安等司法部门调查，事故调查结果如何，是否进行事故原因等相关鉴定。

工作实例

赵某一家外出旅行前投保了某保险公司的交通工具意外伤害保险，每人保额为 20 万元，保单于 2019 年 7 月 10 日生效，保险期间为 10 天。2019 年 7 月 15 日赵某一家在三亚某海岛坐船游玩，期间赵某想为儿子捞回掉落海中的玩具，不慎失足掉入海中，赵某被船员救起，抢救无效死亡。

问题：本案重点调查哪些内容，其调查方法有哪些？

后续调查情况：本案已由公安部门调查，公安部门出具的最终调查情况将对本案处理结果起到关键性作用，故调查人员积极与公安部门取得联系，详细了解调查情况和案件定性。根据公安调查，赵某乘坐的船为正规旅游汽船，每船可坐 70 人，船上多处张贴有乘客须知和安全提示，船身有围栏，赵某上船后一开始佩戴有安全浮漂，船行至海中时赵某脱下浮漂，与妻子一同抱着儿子在船头看海，儿子的玩具掉入海中，赵某自己翻越船栏去捞，不慎落入海中。

理赔结果：赵某上船后没有按照乘客须知和安全提示的要求全程乘坐于客舱中，并自行摘下安全浮漂，翻越船栏，其行为违反承运人关于乘坐客运交通工具安全注意事项，属于条款约定的免责事项，应当拒赔。

④坠落身故的调查重点。重点调查坠落时间、高度、现场光线如何，坠落起始点是否光滑、狭窄，有无围栏，有无任何证据显示出险人努力防止坠落，出险人是否从窗户落下、窗户的大小及高度如何、窗帘是否合拢、围栏或窗户下是否有垫脚物，出险人是否从脚手架坠落，现场有无目击者等情况，并向目击者了解情况。工作期间发生事故的，需要核实出险人职业情况，是否违反安全规则，是否按要求佩戴安全设备等。该事故是否已由公安、安监等部门调查，事故调查结果如何，是否进行事故原因等相关鉴定。

工作实例

王小娥一家三口均在某保险公司投保意外伤害保险，每人保额为 30 万元，保单于 2018 年 3 月 18 日生效，2018 年 7 月 5 日保险公司收到王小娥丈夫的电话报案，称王小娥不慎从五层楼窗户摔下，抢救无效死亡。调查人员立即前往事故现场对案件展开调查。

问题：本案的调查要点与具体内容有哪些？

后续调查工作：①调查人员对事发现场状况和环境进行查勘，发现事故发生地为一家医院五楼，王小娥在此处住院，医院为保护病人安全五楼病房窗户内侧有一米多高的铁栏杆，铁栏杆达到一般人的胸部。②调查人员从王小娥丈夫处了解到，王小娥没有工作，家中两个孩子，丈夫常年在外打工，不久前确诊“肝癌多处转移”住院。事故发生时，其外出买饭，王小娥自己一人在病房中。③从主治医生处了解到，王小娥性格偏执，得知罹患肝癌后曾多次向医生表示拒绝治疗，其丈夫曾多次表示经济困难，对治疗也不积极。医院认为王小娥是自杀，正在与王小娥的家人协商后事。

⑤烧伤身故的调查重点。重点调查失火的原因，建筑物内有无喷淋系统等设备、失火时有无使用灭火器或安全通道逃生、房间是否上锁、房间内是否有电话；向消防队了解失火多久报警、消防队救火情况；向火灾现场逃离人员了解火灾现场的具体情况和出险人的情况。该事故是否已由公安等司法部门调查，事故调查结果如何，是否进行事故原因等相关鉴定。

⑥药物中毒身故的调查重点。重点调查出险人的身体及精神状况，使用该药物多久、使用量如何、是否曾有服药过量的记录、有无同时服用其他药物，出险人身体上有无伤痕，有无企图救助的证据，药物名称及有效期、是否属于违禁药品，有无处方、医嘱的服药时间、剂量及医师姓名，药物来源、服用剂量、时间，毒物检验报告等。该事故是否已由公安等司法部门调查，事故调查结果如何，是否进行事故原因等相关鉴定。

⑦触电身故的调查重点。重点调查出险人在现场的原因、出险人的衣着、致死的原因、事发地外部环境、电力设备的情况、出险人与电力设备的位置以及公安等司法机关调查情况等。

2. 意外伤害伤残理赔调查

（1）意外伤害伤残调查要点。主要核实出险人身份，核实意外事故是否是造成伤残的直接原因、伤残部位和程度、是否存在责任免除情形。

（2）意外伤害伤残的调查内容。

①核实事故经过，了解造成残疾的原因。

②核实出险人情况与伤残程度。查看出险人的伤残部位与程度。对器官、肢体等身体结构性伤残，应当向出险人索要相关检查报告。对于器官肢体的缺失、骨折或切除等伤残，应当与病历记录核对一致性，并拍照。对于器官系统等身体功能性伤残，除与病历核对一致性外，还需要核对功能障碍情况，对出险人进行简单的功能测试，必要时可陪同出险人一同进行伤残等级鉴定；如出险人已自行鉴定完毕，则需仔细核对鉴定报告与当前功能障碍是否一致。走访出险人的单位和邻居，了解出险人平时的身体情况，出险人投保前是否已有残疾。

③核实伤残鉴定报告。走访鉴定机构，了解鉴定人与被鉴定人是否存在利害关系，核实鉴定医师的资格，了解整个鉴定的过程。对鉴定结论有异议时可向鉴定机构询问。对鉴定人、鉴定过程和鉴定结论有疑问，或使用鉴定标准不正确的，调查人员应要求出险人重新鉴定。

④对免责事项的调查。对是否存在故意犯罪、酒驾、自伤自残、高风险运动、违反安全规则等除外责任情况进行调查。调查人员应当特别注意对自伤自残的调查，重点调查出险人是否有自伤自残的动机，诸如财务、健康、家庭问题等。特别需要重点调查出

险人的家庭与财务情况，判断该出险人的保险金额是否已超出其家庭财务的常规标准，事发前出险人是否出现财务危机等情况。

做一做

赵某系快递员，由所在快递公司集体投保某保险公司的团体意外伤害保险，保额为20万元，保险期间内赵某骑电动车为客户送餐时被一轿车撞伤，导致胸部4根肋骨骨折，出院后赵某向保险公司申请理赔伤残保险金。

问题：本案重点调查哪些内容？如何核实伤残情况？

3. 意外伤害医疗理赔调查

意外伤害医疗理赔调查除对意外伤害事故进行调查外，还要对医疗行为的真实性进行核实，调查是否存在免责及欺诈情形。

（1）意外伤害医疗理赔调查要点。重点核实出险人身份、事故经过和原因；核实就诊医院是否符合要求，就诊治疗过程是否恰当合理，是否存在不当治疗等；核实是否存在除外责任或虚假医疗的情况。

（2）意外伤害医疗理赔调查内容。①核实意外事故经过，向出险人了解意外事故发生的时间、地点、经过；向公安等有关部门了解意外事故的经过，调取调查记录和结论；对事故现场进行查勘，走访询问目击证人或其他受伤人员，了解被保险人出险时间和经过；了解是否属于他人故意或过失行为所致，侵权人是否已承担医疗费用等。

②核实出险人。面见出险人，核实身份，确认是否为被保险人本人。

③核实治疗经过。到医疗机构调查核实就诊记录；核实出险人治疗期间用药、药量及检查项目是否与出险人伤情吻合；排查出险人投保前身体情况、是否存在投保前的检查或治疗记录等。

④对欺诈行为的调查

意外医疗类保险具有诈骗成本低、诈骗数额小、调查成本高且易被忽视等特点，近年该类欺诈案件数量呈逐年上升趋势，其中以先出险后投保与冒名顶替最为多见，因此在理赔调查时应当关注该类保险诈骗行为。

对保单生效后三天内出险的案件，应加大调查力度和调查范围，多途径调查了解被保险人的出险时间、地点、经过及治疗情况，依据外围调查的线索重点排查被保险人住所地、出险地或怀疑出险地就近医院。

对以多种理由拒绝面见调查人员的出险人，调查人员务必当面核实出险人身份，并拍照固定受伤者相貌和受伤部位、伤痕、手术刀口等证据，便于与被保险人身份证明、病历记录的受伤部位、手术刀口等进行核对。

工作实例

2019 年 11 月 6 日熊某为其雇工陈某投保某保险公司意外伤害保险，其中含附加意外伤害医疗保险，保额为 1 万元，含附加意外伤害住院津贴保险，保额为 2000 元。2020 年 4 月 23 日被保险人陈某委托保险公司业务员路某报案称：2020 年 3 月 12 日陈某在单位干活时不慎被压盒机挤伤左手及前臂，住院治疗 32 天，现已出院，花费医疗费用 17890 元，要求理赔医疗保险金。

问题：本案重点调查哪些内容？

后续调查情况：保险公司接到赔案后指派调查人员调查。2018 年 4 月 24 日调查人员来到被保险人单位，面见“陈某”本人，见伤者左手及前臂绷带包扎，在核实伤者身份时调查人员认为伤者的外貌与被保险人身份证上的照片不太相符，但当时在场的该单位多位工作人员均坚称该人就是陈某，调查人员对持身份证的“陈某”拍照后离开。之后，调查人员多次到该单位暗访未果，该单位领导为此拨打保险监管机构投诉电话投诉保险公司的调查妨碍单位正常工作，并要求尽快理赔。调查人员并未放弃，依据陈某身份证上的地址委托陈某老家所在地分公司代为调查，经该分公司调查人员拿着“陈某”的照片走访陈某老家多位村民，证实照片中的人不是陈某。

做一做

总结意外伤害保险欺诈常见类型有哪些，并制订相应的调查方案。

相关链接

3000 万“杀妻骗保”案终宣判无期徒刑！

新闻报道网址：http：//www. nbd. com. cn/articles/2019 －12 －25/1395960. html

（七）调查方法

1. 走访

走访是理赔调查最常用的方法，通过对出险人本人、事故目击者或知情人、现场救援人员、出险人家属或亲朋好友、销售人员、出险人单位同事、就诊医疗机构的医护人员、处理事故的政府机构的面谈，询问出险人出险经过，了解出险人的身份、职业、经济、精神及家庭状况、出险前后的身体、有无病假、医疗费用报销等，对出险人居住地附近的医院或出险地医院进行排查，收集与事故有关的书证、物证、证言等。

走访的目的在于通过外围调查核实出险人的出险情况是否属实、是否存在免责及未如实告知等情形。走访的特点是沟通直接、证据真实性较强，但同时也存在调查难度大、走访人员情况复杂及不愿意接受面谈的问题。因此走访前应当制订好计划，选择走访对象、计划合适的走访时间及地点。

2. 现场查勘

现场查勘是对意外伤害保险事故发生地点及遗留物进行的现场勘验、检查和调查活动，其目的是运用查勘技术手段收集证据材料，初步判定事故性质是否为意外伤害。

现场查勘能够获得较为直观的案件印象及案件线索。由于现场情况复杂多变，调查人员应具有较强的应变能力及固定证据的能力。对于及时报案的案件，一般应由两名或两名以上调查人员立即赶赴现场进行勘查。对案情复杂、现场混乱的案件，可以聘请相关专业技术人员协助调查。现场查勘必须在出险人或其近亲属、单位领导的陪同下进行，遇到紧急突发事件应及时处理。出险现场为当事人的生活起居地或其他私密性场所时，一般应取得当事人的同意。查勘过程中不得随意移动现场物品，涉及刑事案件现场，未取得司法部门的同意，不得进行现场勘查。对于死因不明或原因复杂的赔案，调查人员在现场查勘后应当与出险人家人或受益人进行沟通，力争进行尸检或事故原因鉴定。如出险人家人或受益人不同意尸检，应当向其送达告知书，并告知保险公司保留尸检的权利，因不同意尸检以致无法查明死亡原因的，由出险人家人或受益人承担不利后果。对于怀疑酒后驾驶的，应当立即向交警部门建议测定血液酒精含量。

3. 电话调查

案件金额较小、疑点不大，或者不方便走访的情况下，调查人员可通过电话询问的方式，对出险人的承保情况、出险情况以及其他需要了解的重要情况向出险人本人或其他相关人员进行调查。

电话调查实施方便、时效性强，但同时也存在调查结果可信度较差的问题。电话调查前应当制订好计划，选择合适的询问时间。接通电话后，调查人员应当向询问人表明身份，告知来电的意图。电话询问期间，应注意稳定对方的情绪，消除对方的思想顾虑，引导对方回忆有关情况、重要问题和细节，可反复多次询问同一事实或事项，以确认其前后陈述是否一致，并做好录音。

4. 医疗机构核实与排查

医疗机构核实，是指对于客户提供的病历、诊疗记录或检查报告等治疗资料，到相关医疗机构调阅核对，确认真实性，并进一步获取新信息的过程。医疗机构排查，是指根据案情及已获取的信息，到相关医疗机构进行拉网式排查出险人的诊疗记录。医疗机构核实与排查经常可以一同进行。

需要医疗机构核实与排查的情况一般有：①存在病历资料涂改、信息不全等疑点的；②存在先出险后投保、冒名顶替或匿名治疗可能性的；③存在既往病史，或客户医疗线索的；④其他需要核实或排查的情况。

医疗机构核实与排查前，做好准备工作，分析需要排查的医院，获取出险人授权书。核实医疗信息时，应根据出险人姓名、性别、年龄、住所地或家属姓名等确认出险人身份，核实入院记录、治疗、检查等相关治疗信息，排查其他就诊记录。

工作实例

2017 年 5 月 21 日某公司为其员工魏某投保意外伤害保险，保额 8 万元，保单自 5 月 22 日零时起生效，保险期间为一年。2017 年 10 月 19 日魏某到保险公司申请理赔，声称 2017 年 5 月 23 日在安装空调时不慎从梯子上摔下导致双足跟骨骨折，住院治疗，现已痊愈。

问题：本案风险点是什么？调查重点是什么？可以采用哪些调查方法？

分析：本案因出险时间距投保时间较近，高度怀疑先出险后投保，调查重点为核实出险时间与经过、核实出险人是否为被保险人本人。调查人员在分析案情后制定了调查计划，展开调查。采用面见、走访、医院排查等调查方法。首先是面见被保险人魏某，核实身份是否属实并验伤。其次是外围走访，向魏某的同事了解魏某工作及出险情况，同事走访事发地工作人员。最后排查事发地附近的医院，查看 120 记录，也可到医保办核查魏某医保就诊记录。

5. 专业机构鉴定

案件涉及专业性技术问题且对理赔结论有重大影响的，保险公司可以委托具有专业资质的专业机构如鉴定机构、医疗机构等，进行检验和鉴定。检验和鉴定后应要求专业机构出具鉴定或检验报告书。对出险人自行鉴定的结果有疑问的，保险公司可以委托公信力更强的鉴定机构重新鉴定、检验。

专门机构鉴定专业性强、可信度高，但需要花费较长的时间。实务中，一般需要委托专业机构鉴定的事项有：出险人的死亡原因；出险人的残疾程度；事故发生的原因与性质；笔记、印章、印刷等文书真伪；诊治的合理性。专业机构鉴定时，应当委托具有专业资质，且业务范围符合鉴定事项的司法鉴定机构或专业机构。

（八）调查证据的收集与固定

证据是证明事实情况的载体，是核赔人员进行赔案核定的前提与依据，也是理赔纠纷中证明事实、判定纠纷、确定权益的基础。因此，调查人员对于收集到的证据应当妥善保管，以便在赔案审核及后期调解或诉讼中使用。

理赔调查时，调查人员应以客观的态度、合法的方式收集证据，既要收集对保险公司有利的证据，又要收集对客户有利的证据。实践证明，离事故时间越近，越容易找到人证、物证等证据，且证据的变化越小，因此迅速、及时的收集证据可以减少不必要的证据收集障碍。在收集证据时应当力求准确，特别是询问笔录，在记录时务必求真务实。证据的收集应当贯穿全部的调查过程，且从不同的角度收集证据，而不能只收集主要证据，忽略次要证据，或只收集对己有利的证据，而放弃对己不利的证据。此外，收集证据还要注意与案件事实有关。

收集固定证据的方法很多，既包括传统方式如绘图、笔录，也包括利用现代科技手段如录音录像、DNA 检测等。调查人员需要掌握不同的证据收集方法，在实践中根据调查方式与证据的情况采用适当的方法固定证据。

笔录是最常用的固定证据方式，可以分为询问笔录、现场勘查笔录等。现场查勘笔录主要记录现场查勘过程，发现的尸体、活体、痕迹、物品、凶器等的位置、状态及其相互关系。现场查勘笔录通常分为三部分，即受理部分、查勘部分、处理部分。受理部分主要记载接受报案情况、查勘人员组成情况、现场保护情况。查勘部分主要记载现场状况及环境，现场查勘过程及发现痕迹、物品、尸体的位置、特征。处理部分主要记载现场查勘结束后对现场及提取的痕迹物品的处理情况。最后，见证人、查勘人员签名确认。查勘笔录应当如实客观记录，用语要准确，禁止加入个人推测、分析与判断。询问笔录是调查人员走访出险人、知情人、重要证人或其他与赔案关系密切的人员时对其陈述的内容进行的文字记录。调查人员做笔录时，应当向被询问人讲明，与其沟通，消除被询问人的顾虑，可边询问边做笔录。结束后一定请被询问人阅读笔录并签名，否则该笔录不产生法律效力。

拓展阅读

询问笔录（样板）

询问人/记录人信息：

姓名：×××　　工作单位：××××××

被询问人信息：

姓名：×××　　工作单位：××××××××××××　　与被保险人（×××）之关系：××××

身份证号：××××××××××××××××××

询问地点：××××××××　　时间：××××年××月××日××时

具体内容：

您好，我是某保险公司理赔服务人员。为了保障被保险人的正当权益，顺利进入理赔环节，需要向您了解相关情况，请您配合，非常感谢！

问：请把事故经过描述一下。（包括何时、何地、何人、事件原因、事件过程、事件结果、意外致害物、致伤程度，受伤接触的部位）

答：××××××

问：是否向公安机关报案？事故处理情况及处理结果如何？是否进行过救治？就诊医院是哪家？目前的治疗情况？

答：××××××

问：是否曾在其他保险公司投保？具体什么险种？保额多少？是否进行过索赔？

答：××××××

问：是否参加医保？是否已报销医疗费用？是否获得其他补偿？

答：××××××

问：就本次事故，您还有什么要补充的吗？

答：××××××

非常感谢您对此次谈话给予的支持，在谈话结束之际，请您核对以上谈话内容并签名。

被询问人：×××（签名并按手印）　　联系电话：×××××××××

工作实例

2018年8月3日某保险公司接到电话报案，称：该公司承保客户李某在内蒙古呼伦贝尔草原旅游期间参加骑马项目，突然从马上摔下，经抢救无效死亡。保险公司经查询业务系统证实客户李某在旅行前投保该公司旅行意外险，保单于2018年8月1日生效，保险期间为7天，意外伤害保额为30万元。

问题：该案件的调查要点是什么？调查中可采取哪些调查方法？如何收集证据？

调查人员后续做了以下工作：①为获取第一手资料，调查人员首先通过电话与李某家属取得联系，了解出险情况及李某的身体情况，电话询问全程录音。②通过微信从李某家属处获取到了李某的死亡证明（照片），死亡证明上记载死亡原因为猝死。③调查人员赶至李某出险现场，查看了李某骑的马和摔落的现场，并现场拍照。④向牵马师和导游了解李某出险情况，并做询问笔录。⑤向家属获取了李某的急救病历并拍照。综合以上调查情况，证实李某系突发心脏病从马上摔下，属于疾病死亡，而非意外伤害事故。

做一做

上述案件中，调查人员向牵马师和导游了解情况并做询问笔录，你能根据以上案件情况，事先准备好对牵马师和导游的问题，制作询问笔录框架吗？

六、审核理赔资料

对理赔资料的审核判断可归结为一条作业流水线，即“资料的形式审核→资料的内容审核→判断资料的证明力→认定案件事实”。在实践中，为保证理赔资料审核的公平公正和正确性，理赔人员应当认真学习我国《民事诉讼法》第六章、《最高人民法院关于适用〈中华人民共和国民事诉讼法〉若干问题的意见》第三部分和《最高人民法院关于民事诉讼证据的若干规定》等涉及证据规则的法律法规，并参照上述法律法规进行资料审核。

（一）资料的审核方法

1. 形式审核

（1）资料是原件还是复印件。原件还是复印件关系到该资料是否可以被采信及证明力的大小。原则上，客户需要提供原件给保险公司。如客户需要将原件拿回，保险公司可在审核原件无误后留存复印件，但复印件上应有审核原件人的签名及加盖“与原件一致章”，这样的复印件可以视同原件。如客户提交的资料为复印件，则需要考虑是否应当调查核实其真实性。

（2）文件格式。文件格式是否规范，符合相关部门出具文件的规则与习惯。比如病历需要符合病历书写规范，交通事故责任认定书应当符合交警部门的书写规范等。

（3）是否已具备形式要件。有些文件需要具备形式要件，特别是政府部门出具的文件。比如，交通事故认定书必须有负责事故处理的交警签名且交警部门签章；医疗费用单据应当机打并加盖付费章；保险公司的询问笔录必须有被询问人签名等。

2. 内容审核

首先应当仔细查看内容是否有涂改、添写或者污染等，字迹是否清晰，前后是否一致；其次，要仔细审核内容是否前后矛盾，是否符合常理，有无夸大或捏造事实的情况。比如，病历中的姓名与出险人本人是否一致，事故证明出具的日期是否符合常理等。

3. 关联性审核

审核该资料是否与赔案事故相关联，是否可以与其他证据一同形成证据链。比如，应当提交被保险人的诊断证明，结果提交了其他人的，该资料不具有关联性，因此不能被采用。

拓展阅读

《最高人民法院关于民事诉讼证据的若干规定》

第八十七条　审判人员对单一证据可以从下列方面进行审核认定：

（一）证据是否为原件、原物，复制件、复制品与原件、原物是否相符；

（二）证据与本案事实是否相关；

（三）证据的形式、来源是否符合法律规定；

（四）证据的内容是否真实；

（五）证人或者提供证据的人与当事人有无利害关系。

第八十八条　审判人员对案件的全部证据，应当从各证据与案件事实的关联程度、各证据之间的联系等方面进行综合审查判断。

（二）辨伪

1. 形式辨伪

从资料的外在形式辨别资料是否为伪造资料。伪造资料的特点包括书写格式异常、纸质材料或颜色异常、纸质资料前后大小或颜色不一致、发票水印异常或防伪标识异常、资料编号不统一、印章不是通常版本等。

工作实例

保险公司核赔人员小张在审核某意外伤害医疗保险理赔资料时，发现被保险人提供的住院病历共20页。其中入院记录在第3页，该页与其余19页的纸质、颜色不一致，入院记录这一页的纸明显较其他页黄而薄。再仔细辨别，发现其他页都有骑缝章的红印，而入院记录这一页上一点红印都没有。小张怀疑该页被伪造后插入病历中，要求调查人员调取住院病历。调查人员到医院复印被保险人的住院病历时，发现入院记录首页记载“酒后驾驶摩托车摔伤2小时”，最终确定被保险人为掩盖酒后无证驾驶的事实，而伪造了入院记录一页。

2. 内容辨伪

理赔实践中存在伪造病历、发票、鉴定报告等情况，资料内容辨伪是对核赔人员细致、耐心与经验的考验，需要核赔人员在理赔工作中不断锻炼与积累。内容辩伪主要关注以下几个方面：证据的来源是否异常、内容用词是否符合出具机构的日常习惯、内容是否有违常理、落款日期是否异常等。

（三）理赔资料的证明力

证据的证明力，是指证据在证明案件事实方面所起的作用。具有真实性、合法性与关联性的资料可以起到证明案件事实的作用，但证据的形态、来源和内容不同，其证明作用力的大小和强弱也有所不同。

根据司法证明理论和实践经验，数个证据对同一事实的证明力大小规则为：第一，原生证据的证明力大于派生证据的证明力；第二，直接证据的证明力大于间接证据的证明力；第三，经过公证的书证的证明力大于其他未经公证的书证的证明力；第四，国家机关依据职权出具的证明文书的证明力大于其他书证的证明力；第五，物证或鉴定结论的证明力大于其他言词证据的证明力；第六，与案件当事人没有亲友关系或利害关系的证人证言的证明力大于有上述关系的证人证言的证明力。

想一想

小张审核的理赔资料中有一份交警大队出具的交通事故责任认定书，认定书内容为：被保险人李某乘坐妻子曹某驾驶的轿车回家途中，曹某驾驶不当撞到路边护栏上，造成李某头部撞伤就医治疗。另一份证据为保险公司调查人员小王与李某的谈话录音，录音是在李某不知情的情况下录的，背景嘈杂不清晰，大致内容为王某称事故当天自己酒后驾驶撞到护栏上，因害怕被交警知道，而与妻子曹某商量，让妻子宣称是她开的车。

请想一想这两份证据的证明力大小如何？如果本案诉讼，你认为法官会采信哪份证据？基于上述情况，如果保险公司以酒驾及替驾拒赔，还需要做哪些工作？

七、核定保险责任

核定保险责任是核赔工作的重要环节。核定保险责任，是指按照保险条款的约定，以理赔资料证明的事实为基础，确定事故是否属于保险责任范围，是否应当承担保险责任。

（一）意外伤害理赔案件责任核定的要点

1. 意外伤害事故发生在保险期间内

意外伤害事故发生的时间必须在保险期间之内，未发生在保险期间内则不属于保险责任范围。如果意外伤害事故发生在保险期间之前，而被保险人系在保险期间内身故，不构成保险责任。

客户选择保单自动续保的，上一年度保险期间到期时客户无需再重新办理投保，保险公司将原保单自动续保，并为客户提供续保交费宽限期（一般为30—60天），意外伤害事故在交费宽限期内发生的，保险公司仍要承担给付保险金的保险责任。

对于保险合同生效后极短期内（一般7天内）发生意外伤害事故的赔案，需要重点关注和调查发生意外事故的真实时间，防范先出险后投保欺诈案件。

2. 事故属于意外伤害事故

在意外伤害保险理赔中，人身伤害必须是意外伤害造成的。人身伤害是指人的身体受到伤害的客观事实，这是比较容易明确的客观事实，关键是事故是否为意外伤害事故，即意外伤害的认定。按照我国保险业对意外伤害的定义，意外伤害事故必须同时满足四个要素：

（1）外来的。即保险事故是来自于被保险人身体之外的原因，如烧伤、触电、车祸等。比如，被保险人在游泳时不幸溺水身亡，属于意外伤害事故；而在水中游泳时突发心脏病死亡，则不属于意外伤害，因为死亡是身体内部本已存在的疾病引起的。

（2）突发性。即意外伤害是在极短时间内发生的，由于时间短，一般人来不及反应与预防。比如，天然气爆炸、地震、交通事故等。尘肺、接触性皮炎等职业病虽然也是外来的致害物所致，但由于伤害是逐步形成的，而且是可以预见和预防的，故不属于意外伤害。

（3）非本意的。即被保险人未预料到的、非故意和非自愿的行为。比如飞机坠毁、车祸等。有些意外伤害事故是被保险人应当可以预料到的，但由于疏忽大意而未能预料到；或者虽然预料到，但对于事故结果在客观上无法抗拒，在技术上不能采取措施避免；或者在技术上可以采取措施避免，但由于法律或职责要求必须履行应尽义务而不能躲避。比如被保险人认为自己具有多年游泳经验，到深水区游泳，结果溺水身亡；警务人员为保护人民安全，在与歹徒搏斗中受伤。以上情况，虽然被保险人预料到事故可能发生，但对于事故结果并非本人所愿，故仍属于意外伤害。

凡因被保险人的故意行为使自己遭受到伤害，如自杀、自伤，均不属于意外伤害。在实际操作中，一般综合考虑以下因素来判定是否构成非本意的：①是否存在外来的致害物；②侵害的对象是否是被保险人的身体；③是否发生了侵害的客观事实；④伤害的发生是否是被保险人的故意行为造成的；⑤伤害的发生是否是被保险人事先无法预见的；⑥被保险人是否由于疏忽没有预见到伤害的发生；⑦被保险人预见伤害即将发生时在技术上能否能够采取措施避免；⑧被保险人是否由于法律或职责上的规定不能采取措施避免发生事故。

（4）非疾病的。即导致保险事故发生的近因不是疾病。在日常工作中，经常看到一些公司高级管理人员、教授或公司职员等因加班或劳累猝然死亡，猝死是否属于意外伤害事故呢？猝死具有突发的、非本意的特点，但不属于意外伤害事故。根据《法医学词典》的解释，猝死是指外表似乎健康的人因内在的病变而发生急速的、意外的死亡，属于自身潜在疾病所致，属于病理性死亡。

3. 意外伤害事故属于保险责任范围，而非责任除外事项

在确定事故属于意外伤害后，就要判断该意外伤害事故是否属于保险合同约定的保

障责任范围。比如客户投保了交通工具意外伤害保险，保障责任范围为在公共交通工具上发生意外伤害事故，如果该客户系爬山途中意外摔伤，显然不在保险责任范围内；比如团体保单特别约定“仅承担员工工作期间发生的意外伤害事故导致的身故或伤残”，则非工作期间的意外事故不属于保障范围。

在确定意外伤害事故属于保险合同约定的保障责任范围后，还要排除该意外伤害事故是否属于保险合同约定的责任除外事项。比如，在交通工具意外伤害保险中一般将搭乘“超载”车辆列为责任除外事项，如果被保险人系搭乘超载车辆发生的交通事故，则属于除外责任范围。意外伤害保险中常见的除外事项还有：故意犯罪、寻衅殴斗、醉酒、无证驾驶、驾驶无牌车辆、高风险运动等。

4. 意外伤害事故与人伤损害结果之间具有因果关系

在意外伤害保险中，被保险人在保险期间内遭受意外伤害并且在责任期间内死亡、残疾、医疗的，并不意味着必然构成保险责任。只有当意外伤害与人伤事故结果之间存在因果关系，即意外伤害是死亡、残疾、医疗的直接原因或近因时，才构成保险责任。例如，被保险人王某骑车被货车撞倒，造成胫骨骨折住院治疗，之后在治疗过程中又因急性心肌梗塞死亡。由于意外伤害与死亡结果之间没有内在联系，死亡并非是意外伤害的结果，死亡系新介入的独立原因即心肌梗塞导致的，因此保险责任不成立。

5. 被保险人死亡、残疾的事故结果发生在责任期间内

责任期间是指保险条款约定的，被保险人在保险期间内遭受意外伤害导致的结果发生在一段时间内，则保险公司承担保险责任。意外伤害保险的责任期间一般为 180 天，即被保险人在保险期间内遭受意外伤害事故，在意外伤害事故发生之日起 180 日内身故、残疾的，保险公司承担保险责任。超过责任期之后被保险人身故、残疾的，保险公司不再承担保险责任。

近年来，许多保险公司在保险条款中增加了对于事故结果超过 180 天的仍承担保险责任，但需要证明事故结果与意外伤害之间有直接因果关系。

6. 确定伤残程度与等级

伤残是指永久丧失全部或部分劳动能力和身体器官机能。暂时丧失全部或部分劳动能力和身体器官机能，不能认为是残疾。伤残包括两种情况：一是身体组织、器官等结构的永久丧失，比如手指缺失、眼球缺失；二是身体器官功能的永久丧失，比如失明。

伤疾程度或等级关乎是否属于保险责任及赔付金额，因此伤残程度的评定至关重要。关于意外伤害人伤鉴定，实务操作主要注意以下几点：

（1）伤残鉴定标准。按照中国保险行业协会《关于〈人身保险伤残评定标准〉适用问题的通知》（中保协发〔2014〕294 号）的文件精神，意外伤害保险产品在 2014 年 1 月 1 日起个险及团险保单全部使用《人身保险伤残评定标准》。保险责任涉及意外伤残给付的团体保单除使用《人身保险伤残评定标准》外，还可以按照团体单位的需求参考使用《劳动能力鉴定、职工工伤与职业病致残等级》（工伤评残标准）、《人体损伤致残程度分级》等国家或行业伤残标准。上述三个标准在伤残项目数量、项目内容、评残侧重点及宽松度上均存在差别，因此被保险人进行伤残鉴定时，或保险公司调查人员对被保险人的伤残程度进行核实时，一定要以保险合同约定的伤残标准为依据。

（2）伤残鉴定的时间限制。伤残鉴定应当在责任期间内完成，即自被保险人治疗

结束后进行伤残鉴定，如果自遭受意外伤害之日起180天内治疗仍未结束，按第180天的身体情况进行评残。

（3）鉴定机构。伤残程度鉴定不仅涉及到医学或法医学知识，还需要一些监测仪器的帮助。意外伤害伤残鉴定机构一般是由保险公司指定的，或保险公司与客户协商确定。无论是保险公司指定，还是协商确定，鉴定机构应当是经省级司法部门审批的、具有司法鉴定资格并已经对外公示的机构。

（4）鉴定或评定伤残的流程。接到出险人伤残理赔申请后，核赔人员首先根据客户提交的病历资料及调查人员调查获取的人伤照片等资料初步判断出险人是否达到伤残，然后通知出险人到保险公司认可的鉴定机构进行鉴定。出险人按照鉴定机构要求提交病历等鉴定资料，如需对出险人身体进行现场检查，保险公司调查人员应当陪同出险人一同到鉴定机构检查。

如果意外事故导致肢体或器官明显缺失，可直接由保险公司调查人员或核赔人员进行评定，此种情况下调查人员必须面见出险人，确认出险人及伤残部位并拍照留存。

做一做

李某投保某保险公司意外伤害保险，保额10万元，保险期间自2017年2月3日至2018年2月2日止。2018年2月1日李某在骑自行车下班路上被一辆小轿车撞伤，导致胫骨平台骨折入院行手术治疗。出院后李某认为自己膝关节不能活动，构成伤残，要求保险公司赔付伤残保险金。

问题：李某的伤残责任期间自何时起至何时止？对于李某的伤残鉴定，保险公司还应当做哪些工作？

7. 职业未如实告知或变更后未及时通知

对于意外伤害保险而言，职业是厘定费率的重要风险因素，不同职业的人在投保相同保额的保险时，其交纳的保险费是不同的，因此意外伤害保险对被保险人的职业特别关注。如果存在投保时未如实告知职业，或者在保险期间内被保险人职业变更后未及时通知保险公司的情况，都将影响保险责任的认定与保险金理算。

案例分析

2019年1月李某通过某保险公司APP端投保意外伤害保险，在投保时李某填写其职业为务农，保险公司按李某为农民正常承保。保单生效两个月后，李某跟随亲戚到招远金矿挖矿。某日，李某下矿工作时被矿洞掉下的石头砸死。保险公司经调查发现，李某投保时确实在家中务农，但之后长期从事井下挖金矿工作，挖矿工属于6类职业，而该公司的意外伤害保险仅承保4类以下职业。

问题：李某的职业由务农变更为矿工，对承保风险有影响吗？职业变更后，李某应该怎么做？对于本案，保险公司会作出何种理赔决定？

分析：李某的职业由务农变更为金矿挖矿，其个人发生意外事故的风险几率明显增加。保险公司意外伤害保险条款中有“职业或工种变更”条款，主要内容为在职业变更后10日内需通知保险公司，对于风险增加的，公司可以加收保险费或不再承保。如果在职业或工种变更之后，未及时通知保险公司而发生保险事故的，保险公司按实收保险费与应收保险费的比例计算给付保险金；如果变更后的职业或工种属于拒保范围内的，保险公司不承担给付保险金责任。因此，本案保险公司按照条款约定不承担保险责任（注：作出拒赔决定的前提是投保时保险公司已经履行了明确说明义务）。

8. 就诊医疗机构是否符合保险合同的约定

意外伤害医疗费用保险通常会对出险人就诊治疗的医疗机构有级别或性质上的约定，一般约定出险后需到二级以上医疗机构就诊，对于在非约定医疗机构就诊治疗的，保险公司不承担保险责任，因此，理赔实务中，应当审核医疗机构是否符合保险合同约定。紧急情况下出险人可在非约定医疗机构就诊，情况好转时应当尽快转至符合约定标准的医疗机构。

（二）责任核定结果

核赔人员按照上述责任核定要点对案件事实进行确认，并依据保险法和保险条款作出是否应当承担保险责任的结论。责任核定结果有以下几种：

（1）正常赔付。被保险人发生的保险事故属实，属于保险合同约定的保障责任范围，未发现免责事项，则按照合同约定正常给予赔付。

（2）比例赔付。被保险人发生的保险事故属实，属于保险合同约定的保障责任范围，但在某些情况下，根据条款约定应当按照一定比例给付保险金。比例赔付典型的情况是职业变更未通知。

（3）协议赔付。因拒赔证据不充分、责任无法认定、合同条款存在瑕疵，或双方都存在过错等原因不适宜拒赔或全额赔付的，可以与客户协商赔付。

（4）通融赔付。被保险人发生的保险事故不属于保险责任范围或属于免责事项，保险公司也没有过错，但考虑到案件本身以外的因素，比如社会影响、重大事件等，不宜做出拒付决定，可以与客户协商，通融赔付。

（5）拒绝赔付。按照保险法的规定或保险条款的约定，认为应当拒赔，保险公司不承担给付保险金的责任。拒赔的原因主要有：保险事故不属于保险责任范围；保险事故属于免责事项；事故系保险欺诈；存在未如实告知的情况，且未告知的事项与事故具有关联性；职业变更后按照承保规则不能再承保。

八、理赔计算

（一）意外身故保险金的理算

对属于保险责任、决定正常给付的赔案，核赔人员按照保险条款约定给付身故保险金额。但此前已给付过残疾保险金的，一般应当扣除已给付的残疾保险金。

（二）残疾保险金的理算

1. 确定伤残等级与给付比例

（1）伤残鉴定标准不同对应的伤残等级与给付比例不同。《人身保险伤残评定标准》（即《人身保险伤残评定标准与代码》）是保险行业通用标准，广泛应用于个险及团险保险产品中。该标准为十级，最重为第一级，最轻为第十级，伤残程度第一级对应的保险金给付比例为100%，伤残程度第十级对应的保险金给付比例为10%，每级相差10%。

团体保险除《人身保险伤残评定标准》之外，还可以使用《劳动能力鉴定职工工伤与职业病致残等级》（工伤评残标准）、《人体损伤致残程度分级》等其他标准。保险公司在采用上述标准时，可以在保险条款或保险单中约定保障的伤残等级和伤残等级所对应的给付比例，约定的比例不局限于一级至十级每级10%。比如，某些保险公司的补充工伤团体意外伤害保险，以《劳动能力鉴定职工工伤与职业病致残等级》（工伤评残标准）为评残标准，保障责任仅限于五至十级伤残，给付比例做了特别约定，十级对应给付比例为5%，九级为10%，八级为20%。因此，团体保险在核定金额时一定要按照保险单及保险条款的约定计算。

（2）多处伤残时，伤残等级与给付比例规则。意外伤害保险理赔中多处伤残的计算规则与侵权责任伤残赔偿金计算规则是不同的。在意外伤害保险中，因同一保险事故造成两处或两处以上伤残时，首先对各处伤残程度分别进行评定，如果几处伤残等级不同，以最重的伤残等级作为最终的评定结论；如果两处或两处以上伤残等级相同，伤残等级在原评定基础上晋升一级，最高晋升至第一级。

2. 核算方法

对属于保险责任、决定正常给付的赔案，伤残保险金 = 基本保险金额 × 伤残等级所对应的给付比例，但意外伤残保险金以基本保险金额为限，累计给付的意外伤残保险金的总额不得超过基本保险金额。

在本次意外伤害导致伤残同时合并前次意外伤害所致伤残，或同时合并投保前已有伤残的情况下，处理原则为按照本次伤残等级标准给付伤残保险金，但必须扣除前次伤残已给付的意外伤残保险金或投保前已有伤残所对应的意外伤残保险金。

工作实例

孙某系某面粉厂工人，所在单位为员工投保了团体意外伤害保险，保额为10万元。保险期间内，孙某在工作时手指被机器砸伤，出院后向保险公司申请理赔保险金。保险公司调查人员查看确定孙某右手的拇指、食指、中指均全部缺失，符合《人身保险伤残评定标准与代码》八级伤残。

问题：本案伤残保险金如何计算？

后续工作：本案中孙某经评定为八级伤残，八级伤残所对应给付比例为30%，伤残保险金计算为10万 ×30% =3万元。

做一做

上述案例中，如果经保险公司调查，证实孙某三年前曾在工作中发生意外导致右手拇指缺失，按照《人身保险伤残评定标准与代码》评定右手拇指缺失为十级伤残。

问题：本案计算伤残保险金的规则是什么？如何计算？

（三）意外医疗费用保险金的理算

1. 理算注意事项

（1）免赔额。免赔额又称自付额，是医疗费用类保险的特有条款，指保险合同约定的保险公司对于被保险人发生的损失不负赔偿责任的额度。免赔额通常是一个固定的额度，比如 100 元。免赔额可以分为绝对免赔额和相对免赔额。

绝对免赔额是指保险合同约定被保险人自行承担一定数额的医疗费用，保险公司只对超过一定限额的费用进行赔偿。比如，保险合同约定绝对免赔额为 200 元，医疗费用支出为 100 元，被保险人就自行承担 100 元；如医疗费用支出为 350 元，被保险人需自己承担 200 元，保险公司赔付 150 元。

相对免赔额是指保险合同约定当被保险人发生的费用超过一定限额后保险公司予以全部赔偿，即对于被保险人的医疗费用支出只要达到一定数额以上，保险公司将不作任何扣除而全部予以赔付；如果医疗费用在该数额以下则保险公司不承担给付保险金的责任。比如，保险合同约定相对免赔额为 1000 元，当医疗费用支出为 500 元时，被保险人只能自行承担 500 元；当医疗费用支出为 1100 元时，保险公司承担 1100 元。

（2）赔付比例。赔付比例也称为共付比例，指对超过免赔额以上的医疗费用，采用保险人与被保险人共同分摊的比例给付方法。通常免赔额以上的医疗费用，保险公司承担 70%—90%，剩余 10%—30% 由被保险人自行承担。

（3）给付限额。给付限额分为每次限额和年度限额。每次限额，指在保险期间内每次发生保险事故所给付的医疗费用保险金不得超过约定的保险金给付限额。年度限额，指在保险期间内无论一次或多次发生保险事故，累计给付的医疗费用保险金不得超过约定的保险金限额。显然，约定每次限额的保险合同比约定年度限额的保险合同会更受客户欢迎，前者意味着多次出险时每次在限额内均可获得最大限度的保险金，而后者意味着多次出险时可能因上一次保险事故已获得理赔的保险金达到限额，本次无法再理赔。

（4）必要且合理的医疗费用。“必要且合理的医疗费用”是意外伤害医疗费用保险条款中对所保障的医疗费用范围的通常表述。必要且合理，指对意外伤害事故所致人伤进行救治的通常医疗标准，对于与受伤不符的检查或治疗等费用，理算时均应当予以扣除。核赔人员应当仔细核对病历、诊断证明与医疗费收据、费用清单、医嘱单及处方是否相符。医疗费用，包括床位费、手术费、药品费、治疗费、护理费、检查检验费、特殊检查治疗费等费用。必要且合理的医疗费用，除符合上述标准之外，还必须是符合当地社会医疗保险可报销范围内的费用。可以纳入医保报销范围内的药品、医疗材料、检查项目、服务设施的具体范围和比例参照国家及当地社会医疗保险部门制定的《基本医疗保险药品目录》《基本医疗保险诊疗项目目录》《基本医疗保险医疗服务设施项目范围》（即“三大目录”）的规定。

国家对于基本医疗保险用药范围通过制定《基本医疗保险药品目录》进行管理，药品分为甲类药品、乙类药品与丙类（自费）药品三类。甲类药品的费用全部纳入医保报销范围，乙类药品由参保人员自付一定比例后剩余部分纳入医保报销范围，丙类为完全自费药品。三类药品的区别如表 5-3 所示。

表 5－3　国家基本医保药品分类及区别

类别	甲类药品	乙类药品	丙类（自费）药品
定义与范围	国家统一制定的临床治疗必需、使用广泛且疗效好，同类药品中价格低的药品。这类药品所发生的费用100%纳入基本医疗保险基金给付范围	可供临床治疗选择使用、疗效好、同类药品中比“甲类目录”药品价格略高的药品。该类药品的费用先由参保人员自付一定比例，剩余比例的费用纳入基本医疗保险基金给付范围	未纳入基本医疗保险基金支付范围的完全自费的药品
纳入医保报销的比例	100%	自付比例由各地医保部门根据实际当地情况规定，一般为80%—90%	0

基本医疗保险诊疗项目包括各种医疗技术劳务项目和采用医疗仪器、设备、医用材料进行的诊断及治疗项目。

表5－4和表5－5是国家基本医疗保险诊疗项目范围。基本医疗保险支付部分费用的诊疗项目，医保报销比例由各省市医保部门自行确定，各地医保政策存在差异，核算保险金时应当以当地医保政策为准。

表 5－4　基本医疗保险不予支付的诊疗项目

类别	不予支付的项目
服务项目类	①挂号费、院外会诊费、病历工本费等 ②出诊费、检查治疗加急费、点名手术附加费、优质优价费、自请特别护士等特需医疗服务
非疾病治疗项目类	①各种美容、健美项目以及非功能性整容、矫形手术等 ②各种减肥、增胖、增高项目 ③各种健康体检 ④各种预防、保健性的诊疗项目 ⑤各种医疗咨询、医疗鉴定
诊疗设备及医用材料类	①应用正电子发射断层扫描装置（PET）、电子束CT、眼科准分子激光治疗仪等大型医疗设备进行的检查、治疗项目 ②眼镜、义齿、义眼、义肢、助听器等康复性器具 ③各种自用的保健、按摩、检查和治疗器械 ④各省物价部门规定不可单独收费的一次性医用材料
治疗项目类	①各类器官或组织移植的器官源或组织源 ②除肾脏、心脏瓣膜、角膜、皮肤、血管、骨、骨髓移植外的其他器官或组织移植 ③近视眼矫形术 ④气功疗法、音乐疗法、保健性的营养疗法、磁疗等辅助性治疗项目
其他	①各种不育（孕）症、性功能障碍的诊疗项目 ②各种科研性、临床验证性的诊疗项目

表 5－5　　**基本医疗保险支付部分费用的诊疗项目**

类别	部分支付的项目
诊疗设备及医用材料类	①应用 X－射线计算机体层摄影装置（CT）、立体定向放射装置（γ－刀、X－刀）、心脏及血管造影 X 线机（含数字减影设备）、核磁共振成像装置（MRI）、单光子发射电子计算机扫描装置（SPECT）、彩色多普勒仪、医疗直线加速器等大型医疗设备进行的检查、治疗项目 ②体外震波碎石与高压氧治疗 ③心脏起搏器、人工关节、人工晶体、血管支架等体内置换的人工器官、体内置放材料 ④各省物价部门规定的可单独收费的一次性医用材料
治疗项目类	①血液透析、腹膜透析 ②肾脏、心脏瓣膜、角膜、皮肤、血管、骨、骨髓移植 ③心脏激光打孔、抗肿瘤细胞免疫疗法和快中子治疗项目
各省劳动保障部门规定的其他项目	主要是一些价格昂贵的医疗仪器与设备的检查、治疗项目和医用材料

基本医疗保险医疗服务设施指患者在接受诊断、治疗和护理过程中必须的生活服务设施。《关于确定城镇职工基本医疗保险医疗服务设施范围和支付标准的意见》中规定，基本医疗保险基金不予支付的生活服务项目和服务设施费用主要包括：就（转）诊交通费、急救车费；空调费、电视费、电话费、婴儿保温箱费、食品保温箱费、电炉费、电冰箱及损坏公物赔偿费；陪护费、护工费、洗理费、门诊煎药费；膳食费；文娱活动费以及其他特需生活服务费用。其他医疗服务设施项目是否纳入基本医疗保险基金支付范围，由各省区市自行规定。

《基本医疗保险药品目录》《基本医疗保险诊疗项目目录》《基本医疗保险医疗服务设施项目范围》三大目录经常调整，保险公司核赔人员应当关注当地医保最新政策。

做一做

被保险人投保某保险公司的意外伤害医疗费用保险。保险期间内，因夜间骑车不慎撞在水泥桩上跌伤，拨打 120 急救电话后被送往当地医院，经检查诊断为头皮挫伤、脑震荡，支出医疗费共计 1330 元。费用清单中有救护车费 100 元，脑 CT 检查费 500 元，清创缝合费 300 元，消炎及活血化瘀中成药费 280 元，治疗胃炎的药品费 150 元。经查消炎药与活血化瘀药品为甲类药品，脑 CT 自付比例 20%。

问题：在核算保险金时，按照必须且合理的医疗费用进行核定，首先应当扣除哪些费用？

（5）保险期间届满治疗仍未结束。保险合同有效期届满时，保险事故导致的就诊治疗仍未结束的，后续的医疗费用是否继续承担？首先应当按照保险合同约定处理，如果保险合同未明确约定，则遵循有利于客户的原则，保险公司继续承担责任期满后的医疗费用直至治疗完结或者达到保险金额为止。典型的情况是骨折二次手术，骨折的治疗过程通常分为两个阶级，需要两次手术，第一次为骨折部位固定术，第二次为拆内固定术，第二次手术经常发生在保险期间届满后，内固定拆除手术是骨折固定术后的继续治疗。如果保险合同对此情况作出明确约定，则应当按照合同约定处理并计算保险金。

（6）费用补偿原则。费用补偿原则指保险公司在向被保险人给付保险金时，若被保险人发生的属于保险责任范围内的医疗费用已经通过其他途径获得补偿，且按照保险合同约定给付的保险金与被保险人从医保或其他途径获得的补偿金额之和，如果超过了被保险人实际发生的医疗费用，则保险公司按实际发生的医疗费用扣除被保险人从医保或其他途径获得的补偿金额后的余额向被保险人或受益人给付保险金，但保险公司给付的保险金与被保险人已获的报销或补偿的金额之和不得超过实际医疗费用花费。其他途径获得的补偿包括但不限于侵权方赔偿、工伤保险补偿、企业福利补偿及商业保险公司赔偿等。

按照费用补偿原则，如果客户在同一保险公司同时投保有两份以上（含两份）意外医疗费用保险时，理算规则为先对其中一份保单进行理算，然后以该保单的赔付金额作为下一顺序保单的第三方给付，依次累计理算。在对多份保单进行理算时可先与客户充分沟通，并按照“客户利益最大化”原则执行，但给付的总金额不得超过客户实际支付金额。

2. 核算方法

（1）没有医保报销及其他途径获得补偿情况下的核算方法。该种情况下，首先按照当地的医保政策确定并计算应当纳入保险责任范围内的医疗费用，然后减去保险合同约定的免赔额之后的余额乘以赔付比例。如果计算出来的医疗保险金超过保单的保险金额，则仅给付保险金额。

计算公式：（该次治疗已支出的、必须且合理的医疗费用 - 免赔额）×赔付比例

工作实例

被保险人投保某保险公司的意外伤害医疗费用保险，保险金额为6000元，保单约定免赔额100元，赔付比例80%。保险期间内被保险人不慎扭伤脚踝导致外踝骨折，住院10天，共花费医疗费用10000元。费用明细中：急救车费用120元，CT检查500元（自付20%），磁共振检查600元（自付20%），骨折用钢钉3000元（自付40%），剩余药品、材料及医疗设施均为可纳入医保的费用。

问题：如何计算应当给付的保险金？应当给付保险金额是多少？

后续工作：该赔案的计算公式为：（10000 - 120 - 500×20% - 600×20% - 3000×40% - 100）×80% = 6688元，被保险人保单约定的保险金额为6000元，故只能赔付被保险人6000元。

（2）获得医保报销情况下的核算方法。在已获得医保报销的情况下，首先按照客户提供的医保结算单确定并计算应当纳入保险责任范围内的医疗费用，然后减去医保已报销的金额，再减去保险合同约定的免赔额，之后的剩余金额乘以赔付比例，但最高不能超过保险合同约定的保险金额。

计算公式为：（该次治疗已支出的、必须且合理的医疗费用－社会医疗保险已报销的费用－免赔额）×赔付比例

工作实例

被保险人投保某保险公司意外伤害医疗费用保险，保险金额为6000元，保单约定免赔额为50元，赔付比例100%。保险期间内被保险人不慎扭伤脚踝导致外踝骨折，住院10天，医疗费用共计10000元，医保报销5000元。医保结算单显示：完全自费费用为120元，自付费用为1420元。

问题：如何计算应当给付的保险金？应当给付保险金额是多少？

后续工作：该赔案的计算公式为：（10000－120－1420－5000－50）×100%＝3410元。

（3）获得其他途径补偿情况下的核算方法。

首先按照当地的医保政策或医保结算单确定并计算保险责任范围内的医疗费用，然后按照保险合同约定的计算方式计算，目前保险业内对于有第三方赔偿情况下有两种计算方式计算并确定最终的赔付金额，具体应当以保险条款约定为准。

第一种为直接扣减方式，该方式的机算公式为：（必须且合理的医疗费用－社会医疗保险已报销的费用－其他途径获得补偿的费用－免赔额）×赔付比例。这种方式计算简单，但最终客户仍需要自己承担一小部分医疗费用。

第二种方式为不直接扣减方式，计算保险金时暂不扣减已从其他途径获得补偿的金额而是按照保险合同约定计算出一个数额，这个数额与剩余客户自己承担的金额（即总花费减去医保报销及其他途径获得补偿数额的余额）、保险金额三者比较，三者中的较小者为最终的赔付金额。这种方式既给予客户最大化的赔偿，又不会超过客户实际支付的医疗费用。

比如，一客户因车祸导致骨折住院治疗，共花费医疗费用15000元，其中剔除金额为1000元，侵权人赔偿医疗费用10000元。出险人投保的意外伤害医疗费用保险，保险金额为6000元，免赔额为100元，赔付比例为90%。

按照第一种方式计算：（15000－1000－10000－100）×90%＝3510元

按照第二种方式计算：

①不扣减已获得补偿的金额计算：（15000－1000－100）×90%＝12510元；

②剩余客户自己承担的金额：15000－10000＝5000元；

③保险金额6000元。

取上述三种计算方法中较小者，5000元为最终理算金额。

第一种方式在保险条款中会明确约定扣除第三方赔付的金额后再按照保险合同约定的免赔额与赔付比例计算；第二种方式一般在保险合同中未写明必须扣除第三方赔付，仅写明费用补偿原则。

（四）意外医疗住院津贴保险金的理算

1. 理算注意事项

（1）免赔天数。免赔天数与免赔额相似，是住院津贴险种的特有条款，指保险合

同中约定保险公司对住院在一定天数以内的不承担给付保险金的责任，对超过的天数承担给付住院津贴保险金责任。免赔天数通常是一个固定数，比如 3 天，免赔天数一般是绝对免赔。比如，保险合同约定免赔天数为 3 天，则住院 3 天以内的不给付津贴保险金，对 3 天以上的住院承担给付津贴责任。

（2）给付天数限制。给付天数限制包括每次住院天数限制与保单年度内总天数限制，以保险合同约定为准。当前保险行业内的津贴类保险，通常每次住院的给付天数最高以 90 日为限，保单年度内给付天数最高以 180 天为限。被保险人因同一意外伤害及其并发症需要多次住院治疗的，无论期间是否跨保单年度，都视为同一次住院。不论次或多次住院，其累计给付天数不能超过保险合同约定的年度最高天数。

（3）住院天数。住院天数，指被保险人在医院办理住院手续后在病房内实际的住院治疗天数，通常以住院收费凭证上实际收取的床位费的天数为准，但不包括挂床住院及不合理的住院天数。对于疑似挂床住院的，需要全面调查，甚至面见主治医生核实。

2. 核算方法

住院津贴的理算公式为：每日住院津贴金额 × （实际住院天数 - 免赔天数）

工作实例

周某投保某保险公司的意外伤害保险并附加意外伤害住院津贴保险，附加意外伤害住院津贴保险的每日保险金额为 50 元，免赔天数为 5 天。保险期间内，周某步行上班途中被一辆轿车摔倒，造成左股骨颈骨折住院治疗，住院 20 天后出院。

问题：计算住院津贴保险金时需要注意什么？如何计算？

后续工作：该客户住院津贴保险金为：50 × （20 - 5） = 750 元。

做一做

被保险人小王在保险公司投保了学平险，其中附加意外伤害医疗费用保险的保险金额为 5000 元，免赔额为 100 元，赔付比例为 80%，附加意外伤害住院津贴每日保险金额为 50 元，免赔天数为 3 天。保险期间内，小王在学校踢球时被其他同学撞倒，造成尺骨骨折，住院 10 天，医疗费用共计 6642 元，其中需要剔除的自费与自负金额为 536 元，城镇居民医疗保险已报销 3122 元。小王出院后，其父亲向保险公司申请理赔医疗保险金和住院津贴保险金。请按照保险合同约定计算应当给付小王的医疗保险金和住院津贴保险金分别为多少元？

（五）特殊情况下的保险金核算

1. 比例给付计算

对于属于保险责任，但经调查核实，存在未如实告知职业类别，或者职业变更未及时通知保险公司的，在职业类别危险程度增加的情况下发生意外事故导致身故、伤残、医疗的，核赔人员将根据保险条款约定拒赔或按比例给付保险金。

比例赔付计算公式为：核算赔付金额 = 正常理算金额 ×（实交保险费/应交保险费）

工作实例

张某为自己投保了某保险公司的意外伤害保险，保险期间为一年，保额为20万元，指定妻子田某为身故受益人。投保时张某在投保单职业一栏填写为快递员（2类职业），三个月后张某为增加收入，改为货物运输司机（5类职业）从事快递货物运送工作，从山东到苏州每两天往返一次，但张某未通知保险公司其职业变更情况。半年后的深夜，张某在从苏州至山东的高速公路上因疲劳驾驶发生交通事故，当场死亡。

问题：本案如何计算给付保险金？在计算保险金前应当先做哪些工作？

后续工作：本案存在职业变更未及时通知的情况，按照保险条款约定应当拒赔或者按比例给付保险金。核赔人员应当先查找该险种的费率表，看5类职业是否可承保，如果可承保，则需要查看并计算2类职业与5类职业所对应费率，最后按照比例计算保险金。经查：上述案件中的险种为1—6类职业均可承保，快递员为2类职业，按照2类职业张某应交保费为550元，货运驾驶员为5类职业，按照5类职业应交保费为1540元。保险金计算公式为：200000 ×（550/1540）= 71400元。

2. 保单欠费结算

如果保单项下存在欠费，理算时需要最终扣除欠费金额。比如，出险时保单处于自动续保交费宽限期内，保单尚未交纳续保保单的保险费，则核赔人员在计算应当给付的保险金后必须扣除应交而未交的保险费。

做一做

崔某投保某保险公司意外伤害保险，保险期间为一年，保费为200元，保险金额为10万元，并选择保单到期后自动续保。保单到期后崔某因工作繁忙忘记交费，在60天续保交费宽限期内崔某发生交通事故导致脾破裂，救治期间将脾部分切除。

问题：核赔人员按照《人身保险伤残等级及代码》核定崔某构成9级伤残，保险金如何计算？最终赔付金额多少？

九、审批

审批是具有审批权限的核赔人员对于已处理完毕的案件进行全面审核的过程。审批人员应根据案卷资料，分别对事故性质、理算规则及结果、理赔申请人资格及处理依据等进行全面审核，最终做出审批结论。审批人员如认为理赔结论不正确、理算错误、保险金分配错误或者合同结算错误的案件，将退回赔案初审岗重新处理或者理算；审批人员如认为调查不充分的，可回退到赔案初审岗，要求赔案初审人员再次提起调查；审批人员认为案件处理正确的，在审批权限内对案件进行签批处理。

十、结案与通知理赔结论

在赔案结束后，保险公司应当向保险金申请人送达理赔结论通知书，告知申请人理赔结论及保险金核算依据。对于拒付案件，应当按照《保险法》规定在做出拒赔结论后3日内向保险金权益人送达“拒赔通知书”，告知具体的拒赔理由。对于协议给付的案件，需与保险金申请人签署理赔协议书。送达理赔结论书时，理赔人员应做好准备工作，注意态度与沟通技巧，按照保险合同约定向客户有理有据地解释理赔结果，力争获得客户对理赔结果的认可。

（一）理赔沟通准备

根据“首因效应理论”，最先接触到的事物会给人留下较为强烈的印象和影响，也就是先入为主的效应。“首因效应”对人们后来形成的总印象具有较大的决定力和影响力，因此在与客户沟通前应当做好准备工作。

1. 熟悉保险产品条款

理赔人员应当熟悉客户索赔保险产品的保险条款，特别是保险责任、责任免除及保险金申请等内容，做到可以正确回答客户的提问。

2. 熟悉赔案情况与客户资料

在与客户沟通前，应当了解赔案情况，熟悉客户提供的各项理赔资料与公司的调查情况，做到有针对性的向客户解释说明。

3. 预估客户心理

根据赔案情况，理赔人员在与客户沟通之前应当依据对客户情况的了解及理赔经验，预先估计客户可能提出的问题与要求，做好应对工作。

做一做

小张是某保险公司核赔人员，其正在处理一件拒赔案件，客户投保意外伤害保险，保险期间内无证驾驶无牌摩托车发生交通事故死亡，保险条款约定无证驾驶无牌车辆导致死亡属于免责事项，在作出拒赔决定前小张需要和客户的家人进行一次沟通，尽量获得客户家人的理解，避免不必要的投诉。

问题：在与客户家人沟通前，小张应当做哪些准备工作？

（二）沟通技巧

1. 尊重与真诚的态度

人伤赔案的客户遭受到人身伤害，无论人伤的轻与重，其所遭受的痛苦都是值得同情的，人伤理赔的客户希望得到尊重和重视，因此在面对客户时应当首先本着尊重客户的态度。同时也应当真诚对待客户，诚信是保险合同双方应尽的义务，也是保险的基本原则，在向客户解释时应当秉持真诚的态度与原则。

2. 树立良好心态，认真倾听客户意见

客户对于理赔工作不理解或不满意是客户的正常反应，对于客户的抱怨，理赔人员应当树立良好的心态，做到心情平和，认真倾听，并理解客户的心理，要持容忍的态度，创造一个轻松、宽容的环境，让客户把真实的想法和要求表达出来。有时客户只是发发牢骚，对理赔并无恶意；有时客户的意见反而是对理赔工作的良好建议，是理赔工作应当改进与提高的基础；有时客户反映的意见，可能恰恰是理赔调查未涉及的内容，可能对赔案结果有重要影响，因此要认真倾听客户的意见。

3. 以事实为基础，以法律和保险条款为依据，耐心向客户解释

事实是理赔沟通的基础，法律和保险条款是理赔处理的依据，在向客户解释理赔结果时，同样应当以事实为基础，以法律和条款为依据。针对客户提出的质疑与要求，也应当在保险事故事实的基础上，依据法律和保险条款约定来向客户解释。

想一想

如果客户对保险条款的理解与你不一致时，你应当怎么办？如何做出正确的判断，并进一步说服客户？

4. 洞察客户心理，积极引导客户接受理赔结果

在与客户的交流中，不断分析客户的心态，洞察客户的心理，理解客户的要求，做到目标明确，积极地引导客户接受理赔结果。

工作实例

一客户对保险公司理赔给付的意外医疗保险金不满意，客户提出为什么剔除某一种药品的费用，导致获得保险金很少，要求理赔人员向其解释。

问题：客户抱怨的关键问题是什么？怎样向客户解释才能让其接受理赔结论？

后续工作：理赔人员与客户电话联系，首先向客户表达了慰问，然后向客户解释保险条款中约定关于合理用药的释义，解释剔除某一药品系因为该药品属于医保外自费药品，但客户仍旧不接受。理赔人员建议他与客户一起拨打医院医保办电话，核实某药品是否为医保目录外药品，不在医保报销范围内，客户接受了这一建议。第二天理赔人员再次向客户解释理赔结论，并询问客户打医保办电话的结果，客户虽然仍旧抱怨赔偿金额少，但接受了理赔结论。

项目小结

意外伤害保险是指以被保险人因意外事故而导致身故、残疾或者发生保险合同约定的其他事故为给付保险金条件的人身保险。本项目介绍了意外伤害保险理赔基础以及实务，重点掌握意外伤害保险理赔调查及理算。

习题与实训

一、选择题

1. 下列各项中（　　）伤害不是意外伤害保险所承保的伤害。

A. 伤害的发生是被保险人事先所能预见的

B. 伤害的发生是被保险人事先无法预见的

C. 伤害的发生被保险人事先能够预见，但因疏忽而没有预见到的

D. 伤害的发生被保险人事先能够预见，但就是故意不采取措施避免的

2. 意外伤害保险对下列情况应当赔付的是（　　）。

A. 张某睡觉时心脏病突发，不治死亡

B. 李某在乘坐飞机时，突遇强对流天气，由于机身剧烈颠簸引发心肌梗塞死亡

C. 某丙“安乐死”

D. 某丁在一次矿难中下落不明，经法院宣告死亡

3. 故意寻衅斗殴所遭受的外来伤害属于（　　）。

A. 可保意外伤害　　B. 不可保意外伤害

C. 特约承保意外伤害　　D. 附条件可保意外伤害

4. 意外伤害保险的责任期间自（　　）开始计算。

A. 保险期间开始时　　B. 保险期间结束时

C. 意外伤害事故开始时　　D. 意外伤害事故结束时

5. 项某投保了某保险公司的意外伤害保险，保险期间内项某左脚意外碰伤，进而左下肢大面积肿胀，经诊断为糖尿病二期、左足外伤及急性坏疽，当日做了左大腿中下1/3截肢手术。出院后项某向保险人提出索赔，保险公司核赔人员有不同的处理意见，其中正确的应该是（　　）。

A. 截肢的近因系糖尿病所致，而非意外事故，保险人不给付保险金

B. 截肢是意外伤害引起，这一意外事故属于保险责任，保险人应给付保险金

C. 糖尿病属于新介入原因，与意外碰伤之间无直接因果关系，保险人不给付保险金

D. 截肢与意外碰伤和糖尿病均有关，保险人给付保险合同约定给付金额的50%保险金

6. 李某为自己投保了保险金额为50万元的意外伤害保险，在保险期间内李某发生了交通事故导致下肢踝关节以上截肢，经评定属于6级伤残。根据保险合同的约定，保险公司应当给付李某的保险金是（　　）。

A. 50万元　　B. 30万元　　C. 25万元　　D. 15万元

7. 下列哪一项费用属于保险条款约定的必须且合理的医疗费

用（　　）。

A. 空调费　　B. 挂号费　　C. 血常规化验费 D. 挂床费用

8. 张某投保了一份意外伤害医疗费用补偿保险，保险合同约定的绝对免赔额为 1000 元，赔付比例为 70%，保险金额为 5 万元。假设张某在某年度发生意外摔伤导致腰椎骨骨折，支付必须且合理的医疗费用 6 万元，如果不考虑其他因素，则张某需要自己承担的医疗费用为（　　）。

A. 1000 元　　B. 18700 元　　C. 19000 元　　D. 10000 元

9. 下列哪些情况不属于意外伤害保险责任免除事项（　　）。

A. 小李自己服用大剂量安定死亡

B. 王某在入室盗窃时不慎从五楼摔下死亡

C. 田某自己将食指切下

D. 小范与朋友发生口角，被朋友打伤

二、问答题

1. 被保险人李强在朋友的推荐下购买了某保险公司的意外伤害保险，2010 年 11 月 17 日，保险公司签发了意外伤害保险单，该保险单载明：投保人、被保险人均为李强；被保险人因遭受意外伤害，并自事故发生之日起 180 日内，以此事故为直接且单独原因身故的，保险公司给付意外伤害身故保险金 10 万元，保险有效期至 2011 年 11 月 17 日。2010 年 12 月 25 日，李强从梯子上摔下致头部受伤，经救治无效于 2011 年 1 月 2 日死亡。医院出具的死亡报告载明以下内容：第一，李强摔伤导致其急性重型闭合性颅脑外伤等身体损伤；第二，李强生前患高血压多年，5 年前出现过脑梗塞；第三，李强入院后接受手术治疗，并发心源性猝死，经抢救无效死亡。受益人携相关资料到保险公司，请求保险公司给付保险金。

问题：

（1）请说明受益人申请理赔都需要提交哪些资料？

（2）如果你是保险公司调查人员，请说明本案调查要点和内容？

（3）如果保险公司认为，李强的死因是心源性猝死，而导致心源性猝死的原因是李强患有的高血压和脑梗塞等疾病，意外伤害不是导致死亡的原因，那么保险公司可以采取哪些方法来证明自己的主张？

2. 被保险人张某于 2009 年投保某保险公司意外伤害保险，保险金额 10 万元，保险期限为 2009 年 10 月 20 日至 2010 年 10 月 19 日。2010 年 11 月 10 日张某突然发病，全身抽搐，病势来得凶猛，经医院抢救无效于当月 15 日死亡。医生诊断病人死亡的原因是狂犬病，此时张某的家人方才回想起，张某的确被狗咬伤过，但被咬的时间是在 2010 年 10 月 12 日。张某被咬后并无症状，他也未在意，也未与肇事人交涉，但为了安全起见，还是去了当地的疾病预防中心注射了狂犬疫苗。事后，张某的家人携相关资料来到保险公司要求理赔保险金，请问保险公司是否应该给付保险金并讲明理由？

3. 被保险人程某，女，2013年9月17日为自己投保了意外伤害保险，并附加意外伤害医疗费用保险，意外伤害保险的保额为2万元，附加意外医疗费用保险的保额为5000元，其中意外医疗保险条款约免赔额（绝对免赔额）为100元，赔付比例为100%。2013年11月29日程某报案，声称2013年11月17日其在内蒙古旅行期间，在某游乐园进行滑草游戏时不慎摔伤，造成左下肢髌骨骨折，左足跟骨撕脱性骨折，住院治疗20天后出院，共支出医疗费用为15950元，现向保险公司提出索赔申请。

问题：

（1）请说明程某申请理赔都需要提交哪些资料？

（2）请说明本案的调查要点和内容？

（3）如果游乐园投保了某保险公司的公众责任保险，程某已获得某保险公司按照公众责任保险合同约定支付的12000元医疗保险金，则程某还能按照附加意外医疗费用保险合同的约定最多获得多少元保险金？

4. 意外伤害保险理赔欺诈在人身保险理赔欺诈中占比最高，如何防范意外伤害保险理赔欺诈？

5. 对于没有确凿证据，但存在保险欺诈嫌疑的理赔案件，应当如何处理？

附录1

人伤事故保险索赔告知书

尊敬的客户：

您的车辆发生交通事故现涉及人员伤亡，我公司将依据相关法律法规及保险合同进行理赔。为了您能够顺利索赔，减少不合理费用的支出以及维护您自身权益，特将常见赔偿项目及注意事项温馨告知如下：

一、依据保险条款规定的常见赔偿项目（如下表）

<table>
<tr><th>赔偿项目</th><th>赔偿条件及标准</th><th>索赔证明资料</th></tr>
<tr><td>医疗费</td><td>在县级以上医院治疗因交通事故创伤发生的必要的合理的医疗费用，保险公司在基本医疗保险标准范围内予以核定。
如发现因治疗非事故原因所致的疾病或挂床等不合理的医疗费用，我司有权进行重新核定并剔除相关费用。如伤者需转院治疗、住家庭病床、院外购药、聘请外地专家进行会诊等请事先告知保险公司</td><td rowspan="3">1. 门诊治疗请附以下单据：
（1）检查费：相应的化验报告单、B超检查报告单、心电图检查报告单及其他有关单据
（2）放射费：相应的各种X线、CT、核磁共振等报告单
（3）西药费、中成药费：双处方复写联：需有划价、最好按单个药品划价
2. 住院治疗的伤者请提供
住院病历、手术记录、入院记录、出院记录、诊断证明、重要检查报告、医疗费收据、住院费用明细清单
注：无相应单据的收费收据，公司将收据退还，请在一周内将单据补全后核赔。若在规定时间内不能补齐，我公司将按现有单据核赔，无相应单据的费用，公司不以赔付
3. 受伤人员的身份证明（身份证或户口册的复印件）</td></tr>
<tr><td>后续治疗费</td><td>根据医疗证明或者鉴定结论确定必然发生的合理的后续治疗费用（如拆除骨折内固定），但主张的后续医疗费用若超过一般需要水平或一时难以确定的费用，可以待实际发生后予以处理</td></tr>
<tr><td>住院伙食补助费</td><td>指受害人遭受人身损害后，在医院住院治疗期间支出的伙食补贴，仅限于受害人在住院期间享有。参照当地国家机关一般工作人员的出差伙食补助费标准予以确定</td></tr>
<tr><td>误工费</td><td>误工费是受害人发生交通事故而无法从事正常工作或劳动而实际减少的收入，无实际减少的不计算误工费
总误工时间一般不应超过中华人民共和国公安部颁布的《人身损害受伤人员误工损失日评定准则》（GA/T 521－2004）标准
无固定收入或不能举证证明其实际收入的，按出险时当年度城镇居民年人均可支配收入（非农业户口）或农村居民年人均可支配收入（农业户口）计算</td><td>县级以上医疗机构出具的误工证明、身份证明（户籍证明）、劳动合同、收入证明、出险前三个月工资册、完税证明（超国家规定的个人收入起征点均要提供）</td></tr>
</table>

续表

赔偿项目	赔偿条件及标准	索赔证明资料
护理费	护理费指受害人因为身体受损害生活无法自理，需医务人员以外的其他特聘人员陪护而支出的护理费，**护理费按当地护工从事同等级别护理的劳动报酬标准**或按出险地农村居民人均纯收入标准计算	县级以上医疗机构或司法鉴定机构出具的护理期限证明
残疾赔偿金	待治疗终结或已无治疗的必要或已无治好的可能（一般骨折鉴定时间为三个月，颅脑损伤及功能障碍鉴定时间为六个月） 伤残鉴定书由具有伤残评定资格机构参照《道路交通事故受伤人员伤残评定》（GB18667－2002）进行伤残评定 **请在鉴定前及时通知我司，受害者必须与我公司共同委托鉴定机构进行鉴定，否则我公司有权申请重新鉴定**	司法鉴定机构出具的伤残鉴定书、身份证明（户籍证明）
死亡赔偿金、丧葬费	死亡赔偿金按照受诉法院所在地上一年度城镇居民人均可支配收入或者农村居民人均纯收入标准，按二十年计算。但六十周岁以上的，年龄每增加一岁减少一年；七十五周岁以上的，按五年计算。丧葬费按照上一年度全社会单位在岗职工年平均工资标准，以六个月总额计算	尸检报告或医学死亡证明、伤者火化证明或安葬证明、户籍（注销）证明

注：以上需赔偿项目必须出具交警部门或调解委员会的调解书，并且加盖调解部门的公章。

二、以上内容未尽事宜以《最高人民法院关于审理人身损害赔偿案件适用法律若干问题的解释》和保险条款相关规定的内容为准。

我已认真阅读上述各项内容，对赔偿项目及赔偿范围已了解（请抄写）
被保险人或受托人（签字）： 联系电话： 日期： 年 月 日

第一联：保险公司留存联 第二联：被保险人留存联

附录 2

机动车辆保险事故医疗查勘报告

致：　　　　　　　　　　　　　　　　案件号码：

被保险人		保 单 号		车牌号			
联 系 人		电话		险别及限额			
出险时间		报案时间					
伤者姓名		性别		年龄		户籍户别	
单位住址		工种/收入					
电　　话		护理人员					
既 往 史							
家庭成员							
事故经过							
医院		科室		住院号		医生	
诊断							
病情及治疗							
沟通情况							
费用预估（元）	医疗费		交通费		伤残等级		
	误工费		后续医疗费		伤残补偿金		
	护理费		残疾用具费		被抚养人生活费		
	住宿费		丧葬费		住院伙食补助费		
	当前医疗费用		人伤费用合计				
风险要点							
控制措施							
查勘时间		查勘 人		联系电话			

附录3

车险人伤信息表

出险时间				报案时间		
伤者姓名			性别		年　龄	
户籍户别				联系电话		
现在住址			现在住址居住时间			
现工作单位			工种/收入			
既往病史						
家庭成员	被赡养人	年龄	共同赡抚养人（具有劳动能力的）	人数	被抚养人（未成年子女）	年龄
	父		兄弟		子	
	母		姐妹		女	
	祖父		配偶			
	祖母					
护理人员	姓　　名			联系电话		
	与伤者关系					
	工作单位及收入					
备　　注						
伤者或家属签字		时间		查勘人员签字		

附录 4

保险车辆人员伤亡索赔须知

尊敬的被保险人：

悉知您发生保险事故，我司对您表示慰问！为避免给您带来不必要的损失，同时使伤者获得及时、合理的治疗，方便您办理保险索赔，请做好如下工作并提供相应资料：

一、24 小时服务专线：＊＊＊＊＊

二、请您配合我司人员到医院了解伤情，我司将协助您控制不合理医疗费用的发生。

三、伤者在此次事故中的医疗费用赔偿标准：

1. 医疗费用按照《当地城镇职工社会医疗保险规定标准》给予赔偿。

2. 在手术治疗中需使用植入性材料的，其材料符合医保规定的国产普及型予以全额认可；使用国产豪华型或进口材料的，其超出医保规定的差价部分由客户自行承担。

3. 治疗中各种自费和进口用药、超范围的检查、康复理疗项目将不给予赔偿。

4. 自身疾病的治疗费用不予赔偿。

5. 精神损失费、无医院证明的营养费、扩大医疗、超出伤情需要的误工和陪护费用不予赔偿。

6. 不符合城镇户籍标准按照城镇户籍给予赔付的费用不予赔偿。

7. 在治疗过程中要求转院的，及时通知我司并出具转院证明，我司同意方可转院治疗。

四、被起诉的、需伤残鉴定的，请及时通知我司协助您处理，避免您不必要的损失。

五、对各项赔偿费用需要经过我司审核后方可赔付，为减少您的损失请您随时咨询我司事故处理人员。

六、人员伤、亡索赔时，应提供就诊医院治疗及伤者的相关资料）。

序号	人伤索赔需提供资料		
门诊治疗	1、2、3、4、6、11、13	1. 门诊病历、诊断证明书	9. 陪护证明
		2. 医药费原始发票	10. 户口本、身份证复印件
住院治疗	1、2、3、4、5、6、7、9、10、11、13	3. 医疗费用清单	11. 损害赔偿调解书
		4. 休假证明	12. 法院民事判决书

续表

序号	人伤索赔需提供资料		
伤残	1、2、3、4、5、6、7、8、9、10、11、13	5. 二次手术证明	13. 交通事故责任认定书
		6. 受伤前、后三个月工资表、减少收入证明	14. 死者丧葬费发票
死亡	10、11、13、14、15、16	7. 住宿费、交通费的票据	15. 死者生前供养证明资料及被抚养人证明
		8. 伤残评定书	16. 死亡证明书或验尸报告、销户证明或火化证

附录 5

案件询问笔录

询问地点：______________________ 时间：______________________
询问人：______________ 记录人：____________ 单位：______________
被询问人姓名：__________ 性别：______________ 年龄：______________
工作单位：______________________ 职业：______________________
身份证号：______________________ 联系电话（或手机）______________

兹将询问内容记录如下：依照《保险法》和机动车辆条款规定，我们就您所报案件的真实性进行调查询问，希望您能理解和配合，回答情况要属实，因为任何虚假的证词都可能导致保险人依照法律和保险条款的规定行使拒赔权，或诉讼法律。

1. 姓名，电话，住址，工作单位。

____

____

____

2. 你与被保险人关系，电话多少？

____

____

____

3. 当时车上几个人，有人受伤吗？

____

____

____

4. 出险时的具体时间是几点，你确认吗？

____

____

5. 保险单及条款是否在被保险人这里？

____

____

____

被询问人（签字、手印）：

附录 6

调查报告模板

一、保单情况

××××年××月××日×××为被保险人×××投保了我公司的××××意外伤害保险，保额为××万元，保单××月××日生效。

二、出险情况

××××年××月××日，被保险人×××在××地方发生×××××，后经××××医院抢救无效死亡。××××年××月××日保单受益人向我公司提出索赔申请。

三、调查目的与计划

综合提供的资料及已了解到的出险情况，本案调查目的为核实被保险人出险情况，排查有无免责情形。调查计划如下：

1. 查勘事故现场；
2. 走访××××医院急诊室医生，核实被保险人抢救情况；
3. 走访被保险人单位的同事或领导了解出险经过与抢救情况；
4. 面见被保险人的家人，了解核实被保险人工作生活情况，出险情况与抢救经过。

四、调查情况

（一）现场查勘

××××年××月××日调查人员来到××××地方，现场查勘情况为××××××××。

（二）对救治医生的走访

××××年××月××日调查人员来到××××医院急诊室面见医生××，向其了解对××月××日对被保险人×××的救治情况。据医生××介绍，当天情况为××××××××。

（三）走访被保险人领导、同事

××××年××月××日调查人员来到××单位向被保险人的同事××了解被保险人的工作情况与身体情况。据××介绍，被保险人工作认真，以往身体健康，××××××××。

（四）面见被保险人家人

××××年××月××日调查人员来到被保险人家中面见被保险人的母亲，向其了解被保险人平时的生活工作情况、本次出险经过与抢救情况。据被保险人母亲介绍，被保险人个性开朗，平时身体健康，工作认真。××××年××月××日其接到单位电话，告知被保险人出事了，具体出险情况不清楚，自己赶到医院时被保险人正在抢救中。

五、调查结论

综合上述调查情况，被保险人×××出险情况属实，未发现相关责任除外情形。

调查人：××× ××

××××年××月××日